THE ART AND
SCIENCE OF LEADERSHIP

领 导 学
领导的艺术与科学

Business Administration Classics
工商管理经典译丛

（第7版）（SEVENTH EDITION）

安弗莎妮·纳哈雯蒂（Afsaneh Nahavandi） 著

刘永强 程德俊 译

中国人民大学出版社

·北京·

工商管理经典译丛
出版说明

　　随着中国改革开放的深入发展，中国经济高速增长，为中国企业带来了勃勃生机，也为中国管理人才提供了成长和一显身手的广阔天地。时代呼唤能够在国际市场上搏击的中国企业家，时代呼唤谙熟国际市场规则的职业经理人。中国的工商管理教育事业也迎来了快速发展的良机。中国人民大学出版社正是为了适应这样一种时代的需要，从1997年开始就组织策划"工商管理经典译丛"，这是国内第一套与国际管理教育全面接轨的引进版工商管理类丛书，该套丛书凝聚着100多位管理学专家学者的心血，一经推出，立即受到了国内管理学界和企业界读者们的一致好评和普遍欢迎，并持续畅销数年。全国人民代表大会常务委员会副委员长、国家自然科学基金会管理科学部主任成思危先生，以及全国MBA教育指导委员会的专家们，都对这套丛书给予了很高的评价，认为这套译丛为中国工商管理教育事业做了开创性的工作，为国内管理专业教学首次系统地引进了优秀的范本，并为广大管理专业教师提高教材甄选和编写水平发挥了很大的作用。其中《人力资源管理》（第六版）获第十二届"中国图书奖"；《管理学》（第四版）获全国优秀畅销书奖。

　　进入21世纪后，随着经济全球化和信息化的发展，国际MBA教育在课程体系上进行了重大的改革，从20世纪80年代以行为科学为基础，注重营销管理、运营管理、财务管理到战略管理等方面的研究，到开始重视沟通、创业、公共关系和商业伦理等人文类内容，并且增加了基于网络的电子商务、技术管理、业务流程重组和统计学等技术类内容。另外，管理教育的国际化趋势也越来越明显，主要表现在师资的国际化、生源的国际化和教材的国际化方面。近年来，随着我国MBA和工商管理教育事业的快速发展，国内管理类引进版图书的品种越来越多，出版和更新的周期也在明显加快。为此，我们这套"工商管理经典译丛"也适时更新版本，增加新的内容，同时还将陆续推出新的系列和配套参考书，以顺应国际管理教育发展的大趋势。

　　本译丛选入的书目，都是世界著名的权威出版机构畅销全球的工商管理图书，被世界各国和地区的著名大学商学院和管理学院所普遍选用，是国际工商管理教育界最具影响力的教学用书。本丛书的作者，皆为管理学界享有盛誉的著名教授，他们的这些著作，经过了世界各地数千所大学和管理学院教学实践的检验，被证明是论述精辟、视野开阔、资料丰富、通俗易懂，又具有生动性、启发性和可操作性的经典之作。本译丛的译者，大多是国内各著名大学的优秀中青年学术骨干，他们不仅在长期的教学研究和社会实践中积累了丰富的经验，而且具有较高的翻译水平。

本丛书的引进和运作过程，从市场调研与选题策划、每本书的推荐与论证、对译者翻译水平的考察与甄选、翻译规程与交稿要求的制定、对翻译质量的严格把关和控制，到版式、封面和插图的设计等各方面，都坚持高水平和高标准的原则，力图奉献给读者一套译文准确、文字流畅、从内容到形式都保持原著风格的工商管理精品图书。

本丛书参考了国际上通行的 MBA 和工商管理专业核心课程的设置，充分兼顾了我国管理各专业现行通开课与专业课程设置，以及企业管理培训的要求，故适应面较广，既可用于管理各专业不同层次的教学参考，又可供各类管理人员培训和自学使用。

为了本丛书的出版，我们成立了由中国人民大学、北京大学、中国社会科学院等单位专家学者组成的编辑委员会，这些专家学者给了我们强有力的支持，使本丛书得以在管理学界和企业界产生较大的影响。许多我国留美学者和国内管理学界著名专家教授，参与了原著的推荐、论证和翻译工作，原我社编辑闻洁女士在这套书的总体策划中付出了很多心血。在此，谨向他们致以崇高的敬意并表示衷心的感谢。

愿这套丛书为我国 MBA 和工商管理教育事业的发展，为中国企业管理水平的不断提升继续做出应有的贡献。

中国人民大学出版社

译者序

领导技能的培养一直是人力资源管理教育的核心。然而,领导学科的发展一直处于一个相对滞后的状况。在国内大多数工商管理硕士和本科工商管理教育中,领导学还没有被列为核心课程。其中有师资的原因、教材的原因、环境的原因等。但是,最根本的原因还在于我们认为领导学完全是一门艺术,从而试图用领导者的个人经验替代科学的领导研究。大量的领导学课程都是讲授者个人经验的总结。讲授者自认为他的方法放之四海而皆准,而实际上那只是特定环境下的产物。当我们缺乏科学的眼光来批判经验的时候,经验本身就成为进一步学习的障碍。久而久之,我们大多数人反而产生了"熟练的无能",使得我们对新的环境和情境熟视无睹。领导技能既具有隐性知识的一面,也具有显性知识的一面。经验是增加我们隐性知识的一种重要途径。经验与科学最大的差异在于外部效度,即可推广性。但是缺乏科学理论指导的经验,往往是无效的。心理学的研究已经表明,人类在认知世界的过程中,有很多天生的障碍和弱点,比如过度自信、自我服务、群体思维等。科学的研究能够帮助我们打破这些障碍,更好地认知自我,了解他人,从而提高领导的技能。再有天赋的体育运动员,如果缺乏高水平教练的指导,也难以取得很好的成绩。在体育教练的身上凝聚的就是人们用科学的方法对人类运动行为进行研究的知识总结。现在,我们要用科学的领导学知识武装自己,甚至成为其他领导者的教练。另外,领导还是一种高度文化导向和情境导向的管理行为,这标志着国外的领导理论要适应中国必须进行修正和本土化。国内领导研究的缺乏使得我们在课堂上很少能够针对国内情境提出解决方法。

正如作者所说,"领导者不是天生的,而是培养出来的",这是本书的基石。《领导学——领导的艺术与科学》一书从科学的角度展示了领导研究的过去、现在和未来,不同领导观点之间的争论和冲突,以及实践中领导者的困境。坚持科学研究的方法和视角,使得本书观点严谨,内容丰富,无论对学习者还是实践者都具有很大的启发。在我们的领导学课程教学中,也曾多次使用该书作为教材。在教学过程中,我们感觉这是一本值得向大家推荐的好图书。虽然翻译界流传这样一句话,"翻译家都是可悲的",但是这次中国人民大学出版社邀请我们翻译本书的第7版,我们还是欣然同意,力争做到当下完美,而不管未来的"可悲"。当然,在半年的时间之内将一本图书完整翻译出来,并不是我们两个人所能完成的工作。这离不开我们团队的辛勤劳动。第7版是在第5版的基础上,由刘永强博士翻译、校对和统稿的。南京财经大学硕士研究生程丽校译了第7~9章。由于时间紧,我们对没有改动的第 5 版的译文，仅做了校译，并予以采用。因此，我们对在第 5 版翻译过程中作出贡献的所有人表示感谢，他们是南京大学的徐森、赵勇、李晓钰和王德鑫。最后，感谢中国人民大学出版社编辑的辛勤付出。

刘永强　程德俊

前　言

　　有效地领导他人既是严峻的挑战，也是重大的机遇，更是严肃的责任。自《领导学——领导的艺术与科学》第 1 版问世以来，领导学理论日益受到读者的青睐。各类组织和机构比以往任何时候更需要有效的领导者。有效的领导者需要了解当今全球动态环境的复杂性，有足够的智慧来处理复杂的问题，有敏锐的移情能力，来激励下属追求卓越。每个文明都关注自己的领导人，或褒或贬。纵观历史，芸芸众生的命运掌握在皇帝、国王、皇后以及其他各类领导人手中，其命运的好坏取决于他们领导力水平的高低，取决于他们争权夺利的斗争及随之而来的各种战争的成败。

　　世界各国儿童，都会在很小的时候，从他们读到或听到的神话故事中，从他们观察到的艺术品中，或从他人那里获得的忠告中，了解到领导人至关重要，其人善与恶决定着人们是否享受幸福、是否遭受苦难。

　　毫无疑问，我们沉醉于领导我们的人。一些人认为领导是一个神奇的过程。实际上，当我们反省历史上的领导人，抑或当我们面见当代的领导人时，我们惊叹于他们看似无所不能的奇迹。他们或调动军队，或创立新国家，甚至仅凭个人意志力量就摧毁了整个文明。最近，商界领袖在金融危机中的表现更进一步说明领导者的善与恶所产生的影响力。因此，在每个层次上，领导者都影响着我们在地球上的生存。

　　尽管领导者通常是光芒四射的，但我们没能认识到，单靠领导者个人是无法成就伟业的。相反，是他们的追随者在推动着历史，是士兵赢得了战争的胜利，是员工的辛苦工作挽救了摇摇欲坠的公司，是志愿者的主动性保证组织能够实现目标，是公务员的奉献使得政府得以运转。我们也必须记住，许多杰出的领导者发现自己被曾经崇拜他的下属抛弃和拒绝。戴高乐担任法兰西首脑的道路就是漫长、曲折的，是一个不断失败的过程。第二次世界大战以后他作为英雄就职总统，其后曾两次被迫离职。丘吉尔也两次被迫辞职——在他的生命中很长时间，他的领导地位既没有得到人们的重视，也没有得到认可。巴基斯坦的贝·布托在被谋杀后从民族英雄到国家罪人，任由人评说。克莱斯勒公司的李·艾柯卡（Lee Iaccoca）也并不是为人们所认可的英雄。在成功领导 IBM 公司很多年以后，小托马斯·沃森（Thomas J. Watson Jr.）被赶下台。已从通用电气公司领导者位置上退休的杰克·韦尔奇（Jack Welch），被许多人认为是美国最成功的首席执行官之一。但是在担任通用电气首席执行官的早期，由于不断利用裁员来缩小公司规模，人们给他起了个"中子杰克"（Neutron Jack）的绰号。世界上通过选举当选的领导人也都面临相同的挑战。他们的领导魔力并不会在任何时候或者对所有人都起作用。

如果一个领导者的权力真的具有魔力，为什么会时而增长，时而消退？为什么不能在任何时候都有效？为什么对某些追随者有效，对另一些却无效？这些问题以及一些其他问题将在本书中得到回答。

为了让我们的组织变得有效，让社会成功运转，我们必须能够挑选、开发和培训正确的领导者，并帮助他们成功。因为领导他人实现组织目标的过程适用于任何组织环境，本书不仅对商业组织、公共组织，也将对其他类型组织的领导问题进行广泛的回顾和分析。现在领导学研究已经使得领导不再神秘，并且使得我们这些普通人也能够学习它。尽管我们还会碰到很多领导者，他们的绩效和行为不能用科学的方法进行分析，但是总体上，我们已经深刻领会了领导学，知道如何把一个人培养成为领导者。领导学新的理论基础是领导者不是天生的，而是培养出来的。我们中的大部分人可以通过学习成为一个有效的领导者。或许，我们中间能重塑人类文明的人寥寥无几。但很大程度上，我们都能完善自己的领导技能，关心追随者，改善我们所在的组织和社区。

一些基本假设

第 7 版继承了前六个版本的优点，同时更新了理论和案例。和前六版一样，第 7 版也介绍了领导学领域中许多争论的热点和数据库。我继续强调整合各种领导学理念，并强调跨文化研究视角，从各种理论中提炼有用且实用的概念。但是，全书的指导哲学、假设前提和方法论都保持不变。

● 领导是关于非领导者的。领导者存在的目的是帮助他人实现目标。但是，我们常关注领导者本人，而有效的领导力是而且必须是关于非领导者的。

● 领导是一个复杂的过程。这一复杂的过程是无法简单地用某一词语、某种概念进行定义，或简单地通过某种行为进行解释的。

● 我们所有人都能通过学习成为有效的领导者。或难或易，我们都会在组织的激励和支持下，并通过实践，提升自己的领导技能。尽管去推动团队、部门、组织提高效率与效果并非易事，但是实现目标并不需要魔力。我们可以运用许多领导学理论来实现这些组织目标。

● 跨文化视角对理解领导至关重要。领导是一个与文化密切相关的过程。本书对跨文化领导进行深入的分析，并对以性别为基础的领导也做了详尽的研究，由此占据了本书对领导效果研究的主要篇章。

● 理论是有益的工具。尽管领导学理论有时看上去深奥、复杂，甚至相互矛盾。但是，它们是有用的工具，能帮助我们明晰领导作用的复杂过程。单一理论无法解释领导的复杂过程，但是许多理论，甚至是旧的理论，如果一起运用，就可以为我们描绘出相对完整的全景，来说明什么样的行为能够产生有效的领导。

● 应用和实践是学习的关键。领导的习得不能照搬书本所获，也不可以照搬课堂所习。知识是精华，而本书所述的概念和理论则涵盖这些精华。不经过实践，就无法学会如何领导。本书因此提供了许多实例、案例、各种教学栏目如"领导的挑战"，以及章末的各种练习和自我评估，为读者提供参与领导过程的机会，也为他们提供实践领导的起点，从而获得领导学的完整理论与知识。

第7版的新内容

领导学领域的研究是动态、广泛并且是跨学科的。一如其他版本，本版吸收了广泛的最新研究成果。此外，过去的几年中，我有机会教授几个人数众多的本科生班级，学生对领导学这门课的反馈，也被我吸收进来，对旧版本进行修改。尽管整体框架没有改动，但每一章的提纲都做了修改。我也增加了几个新专栏，确保学生能易学易用。具体的修改内容包括：

● 共有大约200种新文献，更新了全书每一章的内容。文献差不多都是2010年以后的研究新成果。

● 大约150种文献被更新替代，或者因为实例不再适当，或者因其中的领导者已经离职或退休。

● 每章的相关内容，或被更新，或被修改。

● 每章增设两个新的教学专栏：

■ 每章始于"领导问题"专栏，让学生关注本章讨论的理论和实践问题。该问题又会在"领导问题回顾"专栏中特意重新提出。

■ 每章包括"你怎么办？"专栏，为学生提供一个简单的行动导向脚本，帮助他们把所学的材料和实际的运用结合起来。

除了更新每一章的研究文献和实用案例，有六章做了实质性的修改。这些修改如下。

● 第2章：

■ 引入全球领导和组织行为有效性研究成果，并做了实质性修改。

■ 引入性别及多样性的研究，并做了实质性修改。

■ 增加新练习——世界地图。

■ 修改了文化思维模式自我评估。

● 第4章：

■ 增加关于积极主动的个性的新材料和新的自我评估内容。

■ 用黑三角研究新成果更新马基雅维利主义和自恋的内容。

■ 对坏领导者的内容做了大量修改。

■ 增加了SOHO中国关于张欣的新案例。

● 第6章：

■ 本章换了标题，来研究当代领导。

■ 对基于价值观的领导，例如服务型、真诚型和积极型领导进行了大量修改。

■ 增加专栏"学以致用：在积极型领导与现实主义之间的平衡"。

■ 修改真诚型领导的自我评估。

■ 修改钟彬娴的案例，更新她离职的内容。

● 第7章：

■ 增加专栏"领导变革：公众联盟——建立社区中的领导"。

- ■ 实质性修改"实践中的领导"案例，反映宝洁公司的变革。
- ● 第 8 章：
- ■ 增加专栏"领导变革：谷歌——全球最快乐的工作场所？"。
- ■ 增加提高团队效率的新材料。
- ● 第 9 章：
- ■ 修改了本章的框架。
- ■ 新增专栏"领导变革：穆拉利撑起福特"。
- ■ 新增练习"六顶思考帽"。
- ■ 实质性修改"实践中的领导"案例，反映百思买的策略变化。

教师资源中心

教师可以从 www.pearsonhighered.com/educator 上获得一系列网上教学资源，并能下载、打印，进行教学演示。网上注册密码的获取，请与培生教育集团北京代表处联系。采用该教材的教师可以获得如下附件（获得更详细的信息，请访问 www.pearsonhighered.com/educator）：

- ■ 教师手册，含题库。
- ■ 教学演示 PPT。

谁应该阅读本书

《领导学——领导的艺术与科学》的目标对象是学习领导学的学生——不管他们是高年级的本科生或研究生，还是希望学习和成长的管理者。本书为那些不仅想了解该领域不同领导理论和研究，而且希望应用这些知识成为领导者和提高组织领导技能的人而撰写。书中使用的例子和案例来自不同类型的行业以及私人和公共部门。尽管这些理论是由心理学和管理研究者提出并检验的，也同样广泛适用于各类组织及其领导者。

目　录

第1部分　构建框架 ·· 1

第1章　领导的定义和重要性 ··· 3

1.1　有效的领导 ··· 3

1.2　有效领导的障碍 ·· 9

1.3　领导与管理 ··· 10

1.4　领导的角色和功能 ··· 11

1.5　组织变革和对领导期望的变化 ····················· 16

1.6　结　论 ··· 22

第2章　全球情境和文化情境 ·· 27

2.1　文化的定义和层次 ··· 28

2.2　国家文化的模型 ·· 30

2.3　群体文化：性别和领导 ································· 38

2.4　开发文化思维模式 ··· 43

2.5　结　论 ··· 47

第3章　现代领导学的理论基础 ··· 55

3.1　现代领导理论发展史：三个时期 ················· 55

3.2　早期理论 ··· 58

3.3　结　论 ··· 76

第4章　个体差异与特质 ·· 85

4.1　个体差异化特征的要素及影响 ····················· 86

4.2　领导者的人口统计学特征 ····························· 88

4.3　价值观 ··· 89

4.4　能力和技能 ··· 92

4.5　提高领导能力的个人特质 ····························· 97

4.6　个体特征的应用 ·· 108

4.7　结　论 ··· 109

第5章　权　力 ··· 116

5.1　定义和后果 ··· 117

5.2　权力来源 ··· 121

5.3　权力的阴暗面：权力滥用、腐败和破坏性领导 ····· 127

5.4　授权：改变权力面孔 ····································· 134

  5.5 结 论 ·· 137

第 2 部分   当代观点 ·· 145

第 6 章 当代领导：感召型领导及其与追随者的关系 ······················ 147
  6.1 领导学研究的新时代 ·· 148
  6.2 魅力型领导：领导者和追随者之间的关系 ······································ 148
  6.3 交易型领导和变革型领导 ·· 156
  6.4 基于价值观的领导：服务型、真诚型和积极型领导 ························· 162
  6.5 结 论 ·· 169

第 7 章 领导的其他视角：高层领导和非营利组织领导 ····················· 177
  7.1 高层领导者的定义和作用 ·· 178
  7.2 高层领导者的性格特征 ·· 184
  7.3 高层管理者如何影响他们的组织 ·· 192
  7.4 非营利组织面临的独特挑战 ·· 196
  7.5 结 论 ·· 200

第 3 部分   如何领导 ·· 209

第 8 章 领导团队 ·· 211
  8.1 员工参与和团队：益处以及使用标准 ·· 212
  8.2 授权问题 ·· 216
  8.3 参与管理的演变：团队和自我领导 ··· 219
  8.4 有效地领导团队 ·· 224
  8.5 结 论 ·· 230

第 9 章 领导变革 ·· 237
  9.1 变革的因素 ··· 238
  9.2 变革的类型和过程 ··· 240
  9.3 变革的阻力及其解决办法 ·· 245
  9.4 领导变革：创新、愿景、组织领导和组织文化 ································· 247
  9.5 结 论 ·· 257

第 10 章 领导力开发 ··· 264
  10.1 定义和基本要素 ··· 265
  10.2 有效开发项目的必备要素 ·· 268
  10.3 领导力开发的方法 ·· 270
  10.4 开发和文化 ·· 279
  10.5 开发的有效性 ·· 282
  10.6 结 论 ··· 284

参考文献 ··· 289

第 1 部分

构建框架

Building Blocks

▷▷▷ 第 1 章　领导的定义和重要性

▷▷▷ 第 2 章　全球情境和文化情境

▷▷▷ 第 3 章　现代领导学的理论基础

▷▷▷ 第 4 章　个体差异与特质

▷▷▷ 第 5 章　权　力

第 1 部分建立了理解领导过程的基础。在学习了第 1 部分以后,你将能够定义领导的基本组成部分,做好将它们整合起来理解更为复杂的领导过程的准备。领导包含几个关键组成部分之间的互动:领导者、被领导者和情境。自 19 世纪末现代领导学在西方诞生以来,不同的研究对领导给出了不同定义。作为一种社会现象,社会文化显著影响了我们对领导的定义,同时也影响了我们实际上如何进行领导,以及我们对领导的期望。通过对该领域发展历史的回顾,我们能够更好地理解今天的领导行为。同时,也使得我们能够更好地认识到,随着社会、文化和组织的不断演变,领导过程以及我们对领导的期望也在不断发生变化。

第 1 章提供了领导及其有效性的定义,解释了为什么我们需要领导,描述了领导的功能、作用以及影响。第 2 章侧重于理解文化在领导中的作用,提供了解释文化影响领导的几个模型,并解释了性别和人口的多样化对领导的影响。第 3 章分析了领导理论的发展历史,回顾了权变理论这一当代领导学研究最重要方法的发展历史。第 4 章讨论了个体差异对于领导的影响,其中包含人口统计学因素、价值观、能力、技能和其他几种个人特质。第 5 章回顾了权力的概念以及它对领导的重要性。

第1章
领导的定义和重要性

学完本章，你将能够：

1. 定义领导和领导有效性。
2. 讨论有效领导的主要障碍。
3. 比较和对比领导和管理的异同。
4. 列明领导者和管理者的不同角色以及功能清单。
5. 解释组织变革及其如何影响领导。
6. 总结关于领导在组织中的角色以及影响的不同观点。

领导问题

领导，或者关注完成任务，或者关注下属；或者有全景视觉，或者对细节精雕细琢。此等方法，何优，何劣？你偏好何种方法？

何人能够成就为领导者？何种方式的领导是有效的？这个老掉牙的问题看似简单，但为了回答它，无数哲学家、社会科学家，各学科的学者，以及商业人士却为之探索了经年。然则，我们易于辨认出坏领导：他们以自我为中心、傲慢、没有条理、不讲诚信并且不愿沟通。但是，仅仅讲诚信、无私、做事有条理并善于沟通是不够的，这些性格不足以成就一位好领导者。本章将界定领导的内涵，包括领导的角色和功能等诸多方面。

1.1 有效的领导

当和领导者一起工作或对他们进行观察时，我们能够辨认出有效的领导。然而，领导是一个复杂的过程，领导的内涵和领导的有效性，有多种不同的定义。

1.1.1 谁是领导者

字典将领导定义为"指示人们沿着一定路径向前进的指导和引领行为，并起着开导作用"。领导者是有命令、权威和影响力的人。不同的研究者从不同的角度对领导给出了不同的定义。这些定义大同小异，它们实际上考虑了领导的不同方面。一些人将领导定义为群体的整合过程，一些人将领导定义为一个影响过程，一些人将领导看成是结构的起始和实现某种目标的手段，还有一些人甚至认为领导者是为被领导者提供服务的人。尽管这些定义之间存在一些差别，但是它们也有四个共同点：

● 首先，领导是一种群体和社会现象，如果没有被领导者就谈不上领导者。领导学的研究对象不是领导者而是其他人。

● 其次，领导总是包含人与人之间影响与说服的过程。领导者推动他人采取行动，迈向目标。

● 再次，领导者以目标和行为为导向，并且在群体和组织中发挥着积极的作用。领导者运用影响力并通过一系行动指南指导其他人成就目标。

● 最后，领导存在的假设前提是群体内存在某种等级形式。某些情况下，等级是正式并且得到很好界定的，领导者处于组织内部等级的顶层。在另外一些情况下，它又是非正式和灵活的。

综合以上四个因素，我们将领导者界定为能够影响组织中的他人和群体、帮助他们设定目标、引导他们达到目标从而使他们更加有效的任何人。当领导者就是要为他人谋事，通过他人成事，和他人合作做事。请注意，领导者的这个定义，不包括领导者的非正式职衔，也不包括领导者的个人特质和人格特征。两者都没有必要用来界定领导者的内涵。

这个广泛而通用的定义既涵盖有正式领导头衔的人，也包括没有头衔的人。对有机生活公司（OrganbicLife）总裁乔纳斯·福尔克（Jonas Falk）而言，领导就是"将由常人组成的团队塑造成明星"。有机生活公司是一家刚刚开业、为学校学生提供营养午餐的公司。对咨询顾问肯德·科尔曼（Kendr Coleman）而言，领导就是选择立场、站对队伍。微软奠基人比尔·盖茨认为，授权是领导的重要组成部分。对容器商店（Container Store）首席执行官来说，领导和沟通是一回事，沟通就是领导。在这里列举的实例中，领导者要推动下属采取行动，帮助他们实现目标。这些观点虽各有侧重，都是构建领导力的不同元素。

1.1.2 何时领导才有效

成为一个有效的领导者意味着什么？和领导学的定义一样，有效性也有很多定义。一些研究者如费德勒（Fiedler）（他的权变理论我们将在第3章进行讨论），主张根据群体绩效来定义领导的有效性。根据他的这个观点，当群体绩效好的时候，领导就是有效的。其他的一些模型，如我们将要在第3章提到的豪斯的路径—目标理论，则认为下属的满意度是确定领导有效性的主要因素；当下属满意时，领导就是有效的。还有一些观点，比如第6章和第9章将要提到的变革型和愿景型领导模式，则把领导的有效性定义为组织变革的成功实施。

领导有效性的定义与组织有效性的定义一样，多种多样。选择何种领导有效性的定义在很大程度上取决于进行有效性定义的个人及其所考虑的情境因素。比如心脏病专家斯蒂芬·奥斯特勒（Stephen Oesterle），曾担任美敦力公司（Medtronic）高级副总裁，负责医疗和技术。该公司是世界上最大的医疗器械和起搏器制造商之一，将挽救生命定义成个人和组织的共同目标。巴巴拉·沃（Barbara Waugh），一位20世纪60年代民权和反歧视的积极分子，世界知名的惠普实验室（通常被认为是世界上最好的工业研究实验室——WBIRL）的人事部经理，把领导的有效性定义成发现值得生存下去的故事：你决定想要的生活并为此而不停地追求。科罗拉多州丹佛市市长约翰·希肯卢珀（John Hickenlooper）则更多地将领导有效性定义为，关注合作、将个人的不同利益融合起来，并为受其决策影响的人带来收益。

1.1.3 有效性与成功

很显然，要界定领导有效性的内涵并不存在最佳方法。有趣的是，弗雷德·卢森斯（Fred Luthans）换了一种方法，通过区别有效的管理者和成功的管理者，来界定领导有效性的概念。根据他的解释，有效的管理者是那些能够使员工满意并且取得高效率的管理者，而成功的管理者则是那些提升较快的人。通过对一组管理者的研究，卢森斯发现，成功的管理者和有效的管理者的管理活动内容不同。有效的管理者花费大量的时间来与下属进行沟通，处理冲突，以及培训、发展和激励员工。然而，成功的管理者并不关注员工。他们关注建立自身的网络，例如与外部人士进行交流沟通、社交活动以及运用政治手段等。

有效的管理者和成功的管理者所从事的这些内部和外部的活动对于领导者达到他们的目标而言都是很重要的。然而，卢森斯在他的调查中发现，只有10%的管理者既是有效的又是成功的。他的研究为我们如何衡量领导的有效性以及如何奖励他们提供了重要启示。为了对绩效进行鼓励和奖赏，组织需要对那些导致有效性的领导行为，而非对那些导致个人快速晋升的领导行为进行奖励。如果一个组织在有效性和成功两者之间不能达到平衡，它会很快发现所拥有的只是一些华而不实，而不是能胜任工作的领导者。他们主要通过搞关系晋升到顶层，而不是关心员工，也不是关心目标是否实现。前面提到的芭芭拉·沃认为，人们关注所谓的愿景而不去关注沉默的执行者，这种关注正是使得许多组织无法发挥全部潜能的原因之一。洛杉矶一位有名的棒球教练乔·托尔（Joe Torre）认为，坚强、沉默、不说大话、持之以恒的管理者，才是做事的人。

理想情况下，任何关于领导有效性的定义必须包括领导者所担任的所有角色和功能。然而，很少有组织能够对此作出详细、彻底的分析，总是倾向于使用简单的方法。比如，股东和金融分析师认为如果一个公司的股票价格上涨，那么这个公司的总裁就是一个有效的领导者。然而，他们却忽略了公司员工的满意度。而对于一个政治家，如果他在选举中得票很高并且再次当选，那么就是有效的。当一支球队获胜的时候，它的教练就是有效的。而一个学校校长的有效性则要通过学生在标准化考试中取得的成绩来决定。但是，在很多情况下，领导有效性的定义是高度复杂并且是多方面的。

我们来看一下《纽约时报》管理者所面临的挑战。它是世界上最受尊重的报纸之一。2002 年，这份报纸获得了创纪录的七项普利策奖——毫无疑问的成功标志。但是，一年之后，曾经将公司带向成功的同一编辑管理团队却因为剽窃丑闻而被迫下台。这个管理团队等级森严的组织结构、专制的领导风格，以及关注于获胜和竞选的组织文化或多或少导致了丑闻的发生。从一个方面说，《纽约时报》是个非常有效的组织。然而，从另一个方面说，它却违背了记者行业的一个基本准则。政治舞台也为定义有效领导的复杂性提供了一些例子。美国前总统克林顿，尽管被参议院弹劾，在 1998 年和 1999 年的竞选中依然保持了较高的得票率。很多选民依然认为他的领导是有效的。已经去世的委内瑞拉前总统雨果·查韦斯，依然得到支持者的敬仰，因为他关心穷人，尽管他因为独裁而遭到反对者的鄙视。这些领导者是否有效取决于评判的视角。最近，通用汽车公司所遭受的困境进一步证明需要对领导有效性做更为宽泛的界定。

1.1.4 领导有效性的整合界定

贯穿于上述领导有效性案例的共同主线是对结果的关注。我们通过审视领导者所取得的成就来判断他们的有效性。而领导的过程指标，例如员工满意度，尽管很重要，却很少被当成领导有效性的首要指标。威科集团（Wolters Kluwer）是一家信息服务公司，其总裁南希·麦金特里（Nancy Mckintry）说：“每天结束时，不管是否有人尊重你的智慧或才能，也不论他们如何喜欢你，最终都是商场中获得的盈利说了算。”尽管《纽约时报》编辑管理团队创立了一种难以相处甚至有时非常敌对的文化，他们依然能得奖。美国的选民喜欢克林顿是因为在其治下，美国经济繁荣。查韦斯历经多种挑战而能生存，是因为他取得了实实在在的成绩。

更为宽泛地界定领导有效性的方法是考察其领导团队是否既能成功地保持组织内部稳定性和外部适应性，又能实现组织目标，并以此来考察领导者本人的有效性。总之，当下属能够完成目标，能够很好地协同、发挥作用，并且可以适应外部压力变化时，这样的领导者就是有效的。因此，我们认为领导有效性包含三个要素：

1. 目标成就，包括实现财务目标，提供高质量的产品以及服务，满足客户的需求等。

2. 顺畅的内部流程，包括内部团结、较高的下属满意度以及有效的组织运营。

3. 外部的适应性，主要是指团队成功进行变革和演化的能力。

领导问题回顾

领导，可以聚焦于任务、关注人、关注宏大的视野或关注细节等。这些都是领导的一部分，何者有效取决于领导者、下属和情境。通常，无论在何种情境下，有些领导方式都是无效的，例如利用恐吓和威胁来领导，在所有情境下都是无效的。但同时，也存在多种不同的、有效的方法和领导风格，关键是要了解领导发挥有效作用的情境。

1.1.5 我们为什么需要领导

领导是跨文化领域的一种普遍现象。领导为什么是必需的？领导者需要承担什么责任？我们真的需要领导吗？在商界，聘任新领导者会影响金融市场的信心，从而影响对公司信用等级的评估。例如，2000—2001年度，施乐（Xerox）历经风风雨雨，出现了严重的财务和领导方面的问题。公司选聘老员工安妮·马尔卡希（Anne Mulcahy）担任首席执行官，由此缓解了股东对公司的焦虑。同样在其他领域，新领导者掌权时也会出现类似的情况，甚至国家和市政府换任新领导者时也是如此。例如，2008年贝拉克·奥巴马在美国总统大选中获胜。人们或者感到重新获得生命活力而充满乐观，或者表现出高度的关切。我们因而认为领导至关重要。我们需要领导，其缘由与领导所发挥的功能、所担当的角色密切相关，也与人们愿意并且需要构建集体心理相关。总之，我们之所以需要领导，是因为以下理由：

- 维持群体秩序并专注于群体目标。人类群居并组建社会已有5万年的历史。无论群体的形成是出于本能的需要，还是出于完成个体无法完成的复杂难题的需要，群体的存在都需要有某种程度的组织形式和层级结构。尽管群体成员有共同的目标，但他们也有各自的需求和愿望，因而就需要有领导者将个体团结在一起，组织并协调各自的努力，从而达成群体目标。
- 完成任务。群体让我们可以完成个人不能承担或无法完成的任务。群体活动，就需要领导者来促进任务完成，明确群体目标，指明方向并协调群体活动。
- 理解世界。群体及其领导者为群体中的个人感知周围的世界，提供了认知反馈、检验与确认。领导者帮助我们认识这个世界，构建社会现实，解释各种事件的内涵和意义，明晰模糊的情境。
- 浪漫的理想。最后，正如一些研究者所认为的，领导者可以帮助我们实现那些神秘、浪漫的愿望。他们可以代表我们，象征我们自己，来实现我们文化的理想和成就。

1.1.6 领导的意义与重要性研究

尽管学者都认为领导至关重要，但是在研究领导的学者中，还存在广泛的争论，即领导是否确实影响组织。有些学者认为，环境、社会、行业和经济因素决定组织发展方向和组织绩效，其影响程度远超领导对它们的影响。这些外部因素与结构和战略等组织内部因素一道限制了领导者决策的备选方案，减少了领导者自由裁量的空间。例如，萨兰西克（Salancik）和普费弗（Pfeffer）研究了市长的绩效，发现领导者对市政府预算变革只发挥了 7%～15% 作用。同样，利博森（Lieberson）和奥康纳（O'Connor）发现领导者对大公司绩效有微弱的影响（占绩效的 7%～14%），而公司规模和经济因素对公司绩效存在广泛的影响。另外，关于管理者决策的自由裁量权的研究也表明，管理者对组织的影响不及组织的内外环境因素。

但是，也有其他研究表明领导的确对组织产生了有效的影响。例如，韦纳（Weiner）和马奥尼（Mahoney）对利博森和奥康纳的研究重新评估，发现在样本公司中，领导的变化可以解释 44% 的盈利能力。其他一些研究（Thomas，1988）指出，早期的研究成果得出的结论并不能如原先预期的那样，说明领导对组织有较强的影响；而最近的一些研究表明，领导对组织的影响可以通过更换领导者给组织带来分裂和破坏力来证明，同样也可以观察到一位首席执行官可给公司绩效带来强有力的影响。另外，研究还表明，领导对商业组织和公共组织的组织有效性要素能产生积极的影响，包括组织氛围和团队工作绩效。

承认领导是影响群体和组织绩效诸多因素的一部分，对调和有关领导的必要性和影响力的争论非常重要（见表 1—1）。另外，领导者的贡献通常是无形的，但领导者在为组织提出愿景，为下属指出努力的方向，并整合下属的各种活动来实现愿景方面，作用是显著的。问题的关键是要辨认出那些限制领导者行使权力、发挥决断权的情境。第 3 章将讨论这些情境，并把它们作为领导概念的一部分。它们也会出现在第 7 章有关高层领导者角色的描述中。最后，一些领导者缺乏发挥潜在影响的情境，恰恰进一步强调了下属在领导者成功发挥作用中的重要性，以及将组织理解为宽泛系统的必要性。

表 1—1　　　　　　　　　　　　　领导的意义与重要性

- 领导是影响组织绩效的诸多要素之一。
- 领导能间接影响其他绩效因子。
- 领导的重要性在于为组织提出愿景和行动方向。
- 辨认出领导发挥至关重要作用的情境很重要。
- 把领导者和下属以及其他组织因素相结合，领导可以产生重要影响。

领导变革

容器商店

"出于关爱员工，而不是威胁员工，你可以开办一个业绩惊人的公司。"基普·　廷德尔（Kip Tindell）说。他是一家非常成功的容器连锁商店的首席执行官。他为连锁店的各项业务制定了工作原则。当你参与家庭或者办公室的装修工程时，你可能有机会接触一个名叫容器商店的公司。这家公司为物品储存问题提供了富有创造性的、实际的、变革性的解决方法，并且创造了一系列的成功纪录，年增长率达到 26%。公司一直被评为就业的最佳去处之一，并且将其员工视为最重要的资产。其独特的文化以及善待员工也是领导发挥作用的原因。公司倡导的一个原则是："一个伟人的作用胜于三个普通人。"

廷德尔说："我们一直在讨论让我们的客户在每次进入她的小房间后，都可以跳舞，因为这些产品为她设计得那么精细，并且卖给她的时候是那么谨慎。"要达到这种层次的服务，公司相信，需要雇用和培训一群虔诚的并且开心的员工。在其他同类的公司中，通常一个售货员在公司的第一年要进行 8 个小时的培训，而在容器商店，在一个商店开业前花费超过 200 个小时来培训一员工一点也不稀奇。此外，为了营造出一个家庭友好的工作环境，公司为员工承担了接近 70% 的健康保险花费，并且提供比同类公司高出 50%～100% 的薪水。为了满足员工工作与生活的平衡，公司还提供了一系列灵活的措施。

容器商店在员工身上的投资获得了巨大回报。大多数零售公司的员工流动率是90%，而容器商店的员工流动率只有 10%。它的创始人基普·廷德尔和卡雷特·布恩（Carrett Boone）始终相信，独特的公司文化和公司的成功是分不开的。

资料来源：Birchall, J. 2006. "Training improves shelf life," *Financial Times*, March 8. http://search. ft. com/ftArticle? queryText = Kip + Tindell&y = 0&aje = true&x = 0&id = 060307009431 (accessed July 8, 2007); Bliss, J. 2011, "Container store—Flames of trust," *Sat-Metrix*. http://www. netpromoter. com/netpromoter _ community/blogs/jeanne_ bliss/2011/10/24/the-container-store—flames-of-trust (accessed May 30, 2013); Container Store's secret growth story, 2013. htttp://www. you-tube. com/watch? v = uDmfbrcGxSk (accessed May 30, 2013); Container store website, 2013. http://standfor. containerstore. com/putting-our-employees-first/ (accessed October 6, 2013); Containing Culture, 2007. *Chain Store Age* (April): 23–24; Klein, J. 2013. "Put people first," *Under 30 CEOs*. http://under30ceo. com/put-people-first-reflections-from-kip-tindell-ceo-the-container-store/ (accessed May 30, 2013).

1.2　有效领导的障碍

在各种不同的情况下都能成为一个有效的领导者，是一件富有挑战性的事情。即便对什么是领导、如何使得领导有效有了清晰的界定，成为一个有效的领导者也不容易。同时，组织会因为一个无效的或者没有才能的领导者而付出惨痛的代价。成为一个有效领导者的关键在于所拥有的知识、经验、实践能力，以及从失败中获得的教训。但遗憾的是，很多组织并不能为领导者提供一个合适的环境，可以让他们实践新的技能，试验新的行为，以及观察行为的效果。在很多情况下，由于犯错误的代价太大，很多新领导者和管理者往往选择普遍采取的做法。

没有实践和失败的经历，很难让一个领导者明白怎样才能成为一个有效的领导者。在一些情况下，失败的经历有可能成为一个领导者发展的决定要素。因此，问题是，什么是影响领导有效性的障碍？不考虑领导者本人的能力和素质的差异，领导有效性的主要障碍是：

● 首先，组织面临环境的不确定性。不确定性给快速反应和解决问题带来了压力。外部的力量，比如投票者和投资者，需要及时关注。在一个危机的环境中，没有时间和耐心去仔细研究。相反，如果时间允许的话，施行一种新的领导方法，将会使这些复杂的不确定性问题变得较为容易处理，尤其是从长远来看。因为没有足够的时间来解决即时冲突和问题，很可能导致危机不断发展，陷入恶性循环。知识和经验的缺乏将会导致冲突进一步升级，从而使创新行为在时间上成为不可能实现的事情。

● 其次，组织通常是刚性和无情的。由于短期和当前绩效的压力，组织不会给错误和试验预留空间。只有少数组织例外。比如维珍集团（Virgin Group）、3M 和苹果公司，鼓励员工冒险和犯错误。但大多数组织中刚性的奖惩制度不鼓励这种行为。

● 再次，在领导有效性的问题上，组织往往因循守旧。因此，简单的解决方法并不能够解决新的矛盾和复杂的问题。一些畅销书中提到的简单的解决方案，也仅仅是一种临时的解决方法。

● 又次，一直以来，所有的组织都在缔造一种可以影响如何做事以及合适行为的文化。当领导者尝试着去采用新的思想或者方法时，他们会面临当下文化产生的阻力。

● 最后，掌握和运用学术研究成果的困难，是领导有效性的另一个障碍。尽管科学研究是细致而严谨的，但研究人员有时也不清楚它的实用性，因而实践中领导者也无法使用他们的研究成果。

要成为一个有效的领导者，就需要复杂和无止境的学习，这需要经验的积累和组织的支持。对于实践者来说，无法掌握和运用学术研究成果，同时组织又有短期行为取向，这两者是多数管理人员在实施有效领导时遇到的困难和障碍。除了少数本身是天才、学东西既快又容易或者有大量空余时间的领导者容易克服这些障碍，对于大多数人而言，这些障碍很难超越。对于一个组织而言，必须允许各个层级的领导者犯错误，不断学习，并且发展新的技能，这样才能培养出有效的领导者。

1.3　领导与管理

领导者和管理者之间的区别是什么？二者之间有何相似或不同？这一问题是过去几年领导学讨论的前沿。凯文·克鲁斯（Kevin Kruse）是一位畅销书作者，也是一位创业家，他认为组织需要优秀的管理团队来计划、度量、雇佣、解聘、协调行动等。表 1—2 列出了领导者与管理者之间的主要区别。领导者应有一种长期的注重未来的倾向，以提供一种超越下属短视行为的意识；管理者则注重短期目标，注重自己的部门和集体日常问题的解决。扎兰尼克（Zaleznik）进一步指出，领导者而非管理者具有愿景，能够激励和鼓励被领导者为之奋斗。科特（Kotter）采用历史视角来观察领导与管理的争论，并指出作为工业革命后组织高度复杂化的结果，在过去 100 年中，管理得到了高速发展，而领导却是长期以来就存在的概念，并且最近领导这一概念也发生了变化。管理的功能是制定规划，保持计划、预算和控制的一致性，而领导的目标则是引导组织的运动与变革。

表 1—2	管理者与领导者
管理者	**领导者**
关注现在	关注未来
保持现状与稳定	引导变革
实施政策与程序	制定目标和战略
保持现有的结构	创造基于共享价值观的文化
对下属冷漠，客观公正	建立与下属的情感纽带
运用职权	运用个人权力

在这场争论中，那些认为领导者有别于管理者的学者认为，领导者显示出这样的特性，即领导者能使他的下属充满激情和活力，而管理者却简单地接受指令，关注工作细节。组织要发挥正常功能，二者都是必不可少的，不能互相代替。从效果上说，领导和管理之间存在明显的差异，一个有效的管理者履行很多一般领导者所具有的职能，但却没有达到一些非凡领导者的水平。比如，一个管理者通过激励他的下属和部门，有效完成了所有目标，他是一个有效的管理者，还是一个领导型的管理者？有效的管理者通常承担许多领导者承担的工作，从某种程度上或多或少地运用了自己个人魅力的影响。领导和管理之间的区别可能更在于效果的差异，而不在于概念的不同。一个有效的管理者为自己的下属提供愿景、未来导向的目标及其意义，提出目标和行动方案，塑造共享价值观，让下属目标集聚并以此来激励员工。这些行动都是属于领导者的行为。因此，有效的管理者可以被认为是领导者。管理学家明茨伯格进一步指出，优秀的领导者也应该管理好自己的团队和组织。如果以管理为代价，过分聚焦于领导行为，那么实现组织有效性的大量艰苦工作就会被忽略。要当好一名奉献于组织的领导者，意味着你必须时刻清醒地反省，同时又要停留在充满争斗、混乱、碎片化而无休止的管理活动中。

因此，任何指导群体完成组织目标的管理者也可以被认为是领导者，而一个优秀的领导者也必须履行各种管理职能。很多有关管理和领导之间的差别似乎来源于一个事实，也就是领导者的头衔内含一个假设：领导意味着能力。一个有效而成功的管理者当然是领导者，但是一个没能力的管理者并不是领导者。总体上说，关于领导者和管理者这两个概念的争论无助于我们理解优秀的领导者或优秀的管理者的构成要素。但是，这场争论却明确指出，许多人都需要有效的、能胜任的愿景型领导者或管理者。本书的重点不在于详述二者之间概念上的区别，在后面各章中这两个术语可以互换使用。

1.4　领导的角色和功能

尽管在不同组织和不同文化中领导可能发挥不同的功能和扮演不同的角色，研究人员仍然从不同的文化背景中得出了许多有关领导的功能与作用的一致性认识。

1.4.1 管理角色

为达到领导有效性的目的，领导者要扮演许多不同的角色。这些角色是一整套预期行为模式，并由其领导岗位的性质决定。除了执行管理者的一些基本职能——计划、组织、人事、指导和控制，领导者同时还要承担大量战略性和外部性的角色（我们会在第7章详细讨论）。此外，领导者的主要作用是为团队和组织提出大家认可的愿景和目标。比如，一个部门经理要通过计划和组织，安排各类人员来完成部门任务。在必要时，他还要监督下属的绩效，并纠正其行为。部门管理者还要和上级以及其他部门进行协调沟通，以便实现资源共享、行动协调一致。另外，在很多组织中，部门经理必须参与战略规划和制定组织的使命，而不总是关注本部门和本团队的工作。

研究者已经开发了多种理论框架对管理活动进行分类。其中，引用最多的是由明茨伯格提出的分类法。他认为，领导者的角色可以分为10种：首脑、领导者、联络者、监督者、传播者、发言人、企业家、排除干扰者、资源分配者和谈判者。但是，明茨伯格进一步指出，领导者并不是以一种有组织的、间隔的或者连贯的形式来承担这些角色。相反，一个典型的领导者的一天具有以下特点：各种各样烦琐的任务，频繁被打断，少有思考的时间，缺乏与下属的有效沟通。如今，明茨伯格的研究发现已经成为领导和管理内涵的重要组成部分。他所界定的角色被认为是领导者需要承担的主要角色和功能。

有趣的是，研究发现，在领导者如何扮演他们的角色和发挥作用方面，存在性别上的差异。在《女性优势：妇女领导的时代》一书中，沙莉·海格森（Sally Helgesen）对管理行为的普适性提出了质疑。在对5个女性领导者的案例研究中，海格森重复了明茨伯格20年前对7位男性领导者的研究方法。明茨伯格发现，男性领导者在工作中缺少情感，易被一些琐碎的事物打断，非工作事务少。男性领导者认为他们的身份直接与工作联系在一起，经常有孤独感，没有时间来认真思考、详细计划、与他人分享信息，他们也报告说，他们与工作以外的同事保持了复杂的关系网络。他们倾向于采取面对面的交流方式，而不是其他沟通方式。

海格森对女性领导者的研究发现，只有最后两类行为模式与明茨伯格对男性领导者的研究发现是一致的：女性领导者也有复杂的工作关系网，也总是采取面对面的交流方式。然而，在其他方面则表现出明显的差异性。女性领导者虽然也面对频繁的打断，但她们仍保持平静的、稳定的工作节奏。她们没有将这些打断看成是未计划的事件。相反，她们将这些事件看成是正常工作的一部分。她们也报告了大量与工作无关的活动。她们每个人都承担了多种身份角色，因此她们并没有感到孤独。她们有时间阅读并进行广泛的思考。此外，女性领导者也安排了时间与她们的同事和下属共享彼此的信息。

这两项研究中所体现出来的男性领导者和女性领导者的差异，可以部分归因于两项研究之间 20 年的时间跨度。然而，海格森所称的这种名为"网状"的女性领导风格，也被大量的其他研究和对领导者轶事的研究证实。海格森所指的这种网状组织，与以管理者为核心，组织中其他部分与之相联系的圆圈型组织不同。这种观点与我们传统上认为的组织是一种"金字塔"存在巨大的差异。第 2 章我们将对领导中的性别差异进行探讨。

1.4.2　领导的功能：创造并培育组织文化

领导的一个主要功能在于，为团队和组织创造和发展一种组织文化或氛围。领导者特别是那些组织的创始人，会给组织留下不可磨灭的印记，并代代相传。因而，组织事实上反映了创始人的个性特征。比如星巴克，这个世界知名的咖啡供应商，就反映了它的创始者霍华德·舒尔茨的梦想和担心。星巴克以它慷慨的福利计划和对员工无微不至的关心而闻名于世。舒尔茨经常重复这个故事：他的父亲因为失去一条腿而失去了工作，而失去工作对他和他的家人产生了毁灭性和长期性的影响。和其他组织的案例一样，在星巴克的案例中，创始人的领导风格及其家族史对公司文化产生了重大的影响。

如果公司创始人是工作狂或具有控制倾向，组织采取自上而下的决策模式和集权的管理模式的可能性比较大；如果创始人是参与型和团队导向的，那么组织可能会比较分权，且公开透明。诺姆·布罗茨基（Norm Brodsky）是一位创办了很多公司的富有经验的企业家。他认识到个人固执的个性特征在很大程度上影响了公司的文化。他同样意识到，他的妻子兼搭档关心员工的领导风格对员工产生了积极的影响。所以，他尝试着去软化自己的领导风格，并支持她主动关心员工。正如星巴克霍华德·舒尔茨的案例中所体现的那样，领导者的激情经常会转化成组织的使命或者主要目标。与此相似，戴维·尼尔曼（David Neeleman）对待顾客的激情以及高质量的服务也在影响着捷蓝航空公司（Jetblue）的所有运作流程。领导者制定愿景、指明方向，并作出组织的多数决策。即便不是所有，它们中的大部分会成为组织文化的主要因素（见图 1—1）。

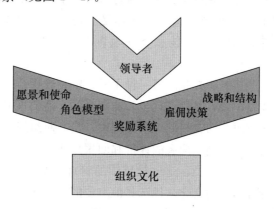

图 1—1　塑造组织文化过程中领导的功能

领导者是组织其他成员的榜样。他们创设并赋予其内涵，作为地位的象征，使之成为组织文化的主要物化表象，下属由此得到暗示，何种行为是可以或不可以接受的。例如，美敦力公司的高级副总裁奥斯特勒用两种以身作则的领导方式来领导企业。作为负责药物事业的领导者，其关键角色之一是寻求能提升公司价值的新技术。他在全球范围内搜寻技术，确保公司未来成功。他以自己作为一名马拉松长跑选手的经验为例，鼓励大家建立一种健康的生活方式，发挥它在重建生命中的作用。当然，这也成为他所在公司的使命。另一个例子是泰勒·温克勒（Tyler Winkler），他是安全服务公司（Secure Works）的销售和商业发展部门高级副总裁。他把工作重心都放在了如何提高公司产品的销售量上。他对员工所说的第一句话就是："在 3 个月内达成你的指标，不然滚蛋。"。他评估所有的事情，时刻监督着他的员工，提供具体的反馈和培训。当然，所有这一切都是为了提高公司的销售额。他的方法成为公司的制度和标准，并且建立了一支忠诚的员工队伍。

最近有关移情在领导中重要性的研究，指出了领导的另一个文化功能。研究者认为，领导者最主要的功能是管理团队成员的情绪。尽管关注内部流程问题，例如下属的情绪，一直被认为是领导的要素之一，但它却是领导的主要职能，而不是其外围任务。这一点越来越得到广泛认同。这个工作职能对于让下属在不确定和模糊情境下保持一种积极的心态至关重要。下属观察领导者情绪的变化，并且以此作为领导者的暗示，来确定相应的反应策略。在情绪管理上一个令人不可思议的案例就是鲍勃·莱度瑟（Bob Ladouceur），他是加利福尼亚州萨利高中的足球教练。他的球队保持着 20 赛季不败、赢得 399 场球赛的纪录，并由此构建了他的一代足球王朝。他聚焦于形塑队员的生活，而不只是简简单单地教会他们赢球。他执教 34 年后于 2013 年退休。加利福尼亚教区的高中球员被普遍认为不是最富有天赋或者最强壮的球员。然而，莱度瑟通过刻苦的训练和培养球员的坚强性格，取得了这一系列骄人的战绩。尽管他一直说，他所追求的是一个没有败绩的赛季，但是他同时也指出："如果一个队伍没有灵魂，那么你就是在浪费时间。"他要求他的球员很好地控制自己的情绪，在队友之间始终保持友爱。对于莱度瑟而言，对球员情绪的管理是队伍取得成功的一个重要因素。他认为其职业生涯中的精华在于他和下属及同事培育的良好人际关系，而不是赢球的纪录。

领导者塑造组织文化的另一种手段，就是选择合适的奖励制度和控制决策的标准。在某些组织中，奖励（现金和非现金的）需要根据员工对公司最终财务结果的贡献大小来发放。而在另外一些组织中，员工对组织文化多元性和社会责任的影响等工作成绩，也得到了应有的评价和回报。此外，高层领导者则负责挑选组织中的其他领导者和管理人员。这些被挑中的管理者最有可能符合目前领导者的理想模式，从而符合组织的文化。挑选其他重要的组织成员，也是领导者塑造组织文化的机遇。例如，许多公司在董事会下设提名委员会。通过提名委员会，高层管理者能够提名和挑选他们的继任者。因而，领导者不仅对当前组织文化形成了控制，而且对组织的未来文化产生了深刻的影响。为了挑选他的继任者，通用电气首席执行官杰克·韦尔奇详细观察，充分交流，并且面试了很多公司高层领导者。他从公司高层领导者那里寻求反馈。最终，他选择了杰夫·伊梅尔特（Jeff Immelt）作为公司的新首席执行官。然后，他顺利完成了权力交接。这种反复考察、慎重选择继任者的做法确保新领导者的所作所为与现行的组织文化保持一致性，尽管他会带来一些新理念。这种慎重的选拔继任者的过程也同时出现在 2009—2013 年的宝洁公司中（参见第 7 章）。

领导者拥有对组织结构和组织战略的决定权是另一种塑造组织文化的有效途径。管理者通过决定层级、管理跨度、报告关系以及正规化和专业化程度，塑造组织文化。一个高度分权的组织结构可能是开放、参与式组织文化的产物，而一个高度集权的组织结构常与机械式和官僚组织文化相伴。组织结构限制或鼓励了组织成员之间的互动，从而影响了组织成员之间形成共同的假设和规范。反过来，这种假设和规范又进一步强化了组织的结构。同样，一方面，领导者或管理层选择的公司战略受到了公司文化的影响；另一方面，公司战略也有助于塑造组织文化。一个采取主动扩张战略的领导者，需要塑造、鼓励创新和冒风险的组织文化。这与选择收缩战略的领导者有很大的差异。

学以致用

领导的基础

领导是一个复杂的过程，是一段旅程而不是目的地。每位有效的领导者都需要从他们所面临的每个情境和所犯的每个错误中进行学习，从而不断成长而止于至善。下面是有关领导的基本观点，它们将贯穿于本书的始终：

● 找到激情：若能引领他人充满激情地做事，我们此生最有价值。

● 学会了解自己：清楚地了解与认识自我的价值观和优缺点是成就一名领导者的基本出发点。

● 用新情境和新的行为方式进行试验：面对新的环境挑战时，我们将不断学习和成长；试着找出它们。

● 坦然面对失败：所有领导者都会失败。好的领导者会从他们所犯的错误中学习，并且将这些错误看做他们学习的机会。

面对富有挑战的新环境，人们很可能犯错。但是，正是这样的环境才能提供一些学习机会。

● 关注环境：理解领导者所处环境的所有要素，特别是下属，往往对于领导有效性具有关键作用。通过提问、认真倾听和有目的的观察，你就能够很好地理解周围的人和环境。

● 记住一切为了他人：领导者不能只关心自己的私事。领导是通过他人并和他人一起为他人成就事业。

● 不要跟自己太较真：具有幽默感并能分清事情的轻重缓急，大有裨益。你永远不会像你的支持者所想象的那样出色，你也不会像你的诋毁者所想象的那么差劲！因此，轻松、高兴起来！

1.5 组织变革和对领导期望的变化

从某种程度上说，只要环境需要，领导者就是一个站出来决策并承担责任的人。这种观点是传统组织中的主流看法。因为传统组织层级清晰，管理者和员工工作任务狭窄，工作职责明确。对其他人而言，领导者是疏通并实现群体愿望的促进者。领导者在多大程度上应该归因于其权力还是知识，因企业文化的不同而有所差异。这一点我们将会在第 2 章进行讨论。尽管美国的主流文化并不像其他一些文化是权威导向的，但是我们的很多领导理论都或明或暗地建立在这样一种假设基础上，即领导者必须对工作负责并且给其他人提供行动的指导。例如，建构主动理念认为：有效的领导行为涉及指明方向，分配任务，设置完成任务的最后期限。这些活动是有效领导行为不可或缺的。同样，有效领导行为还包括对权力的渴望和对他人的控制欲等必不可少的组成部分。这种管理动机论被广为接受并得到广泛运用。

> **你怎么办?**
>
> 经过面试、讨论，你接受了一份新工作，并且刚刚履新。之前你相信公司的员工参与、投入与弹性等管理理念。然而，上班一两个月后，在和新老板的合作中，你所能看到的只是命令和控制，很少有机会表达自己的想法。你怎么办?

1.5.1 领导的新角色

伴随着持续不断的创新需求、激烈的全球化竞争、经济压力和变化的人口统计学特征，组织正在经历彻底的变革。因此，许多传统领导者所发挥的功能和角色也相应地发生变化。图 1—2 展示了传统控制导向领导模式和新的结果导向领导模式，不断变化的组织环境迫使我们重新思考对领导的期望和要求。对由多元文化的成员组成的全球化团队，领导者根本没有必要对他们严加控制。多元化的全球化群体更需要推动和参与的领导技能，而不是去主动构建组织结构来控制的技能。例如，传统组织里的员工只对生产负责，而管理者则对计划、领导、控制和结果负责。然而，越来越多的组织让员工承担起应由管理者承担的责任。管理者需要提供愿景，为员工提供必需的资源，指导员工，而不妨碍员工工作。相应地，员工需要了解相关的战略和财务问题，自己规划活动，设置生产目标，并对结果负责。

许多管理者已经采用新的管理技巧来帮助他们面对领导新角色所必须面临的挑战。最近，《创业》刊文对商业领袖进行特写报道，介绍他们领导变革的理念。泰德·迪瓦恩（Ted Devine），一家专门从事线上商业保险公司的总裁，在界定领导内涵时说："拆除围墙、无障碍、无层级。每个人都可以和他人交谈。每个人都参与决策。我们一起合作。"同样，一家名为风味品（Spice Works）的网络管理公司总裁斯科特·亚伯（Scott Abel）认为，领导的作用在于激发员工的热情并发挥其

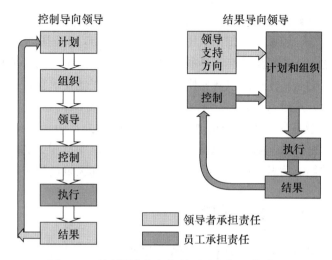

图 1—2　控制导向领导与结果导向领导的对比

能量。而 BET 网络合伙人希拉·约翰逊（Sheila Johnson）则支持这样的观点：合作的理念和组织的所有权。在该公司工作的柯蒂斯·西蒙德（Curtis Symond）说："首先，约翰逊用行动和激情来领导大家。在周遭都充满着她的兴奋和热情，很难不想参与，但真的和她合作也很难。"

　　领导者越来越关心的一点是吸收员工的想法，激励他们参与到实现组织目标的活动中。纽约市互惠公司（New York City Mutual.com）是一家拥有 37 名员工的共有基金顾问公司。当里克·萨皮奥（Rick Sapio）就任该公司的总裁时，他深知业务正处于高度的竞争压力之下，没有时间去和他的员工进行接触。但是在认识到和员工交流的重要性之后，萨皮奥创立了一个名为"Hassle"的电子信箱。通过这个电子信箱，员工可以对首席执行官表达他们所关心的问题和观点，他保证所有的邮件会在一周内得到回复。对那些更想面见首席执行官的员工，萨皮奥每周抽出一个小时在会议室与他们见面，任何人都可以进入那个会议室，给他提意见。他不在办公室会见他们，因为并不是所有人都可以随意进入他的办公室。伊梅尔特，通用电气公司的首席执行官，已经将学习和倾听每个人的意见作为他工作的首要职责。他的前任韦尔奇指出，一位伟大的领导者"要能了解为公司工作的每位员工的内心世界而不是表面现象"。大到宝洁、全食超市（Whole Foods）和丰田，小到一些初创公司，例如 Evernote，他们的领导者都崇尚平等主义和合作精神。他们认为，最重要的是快速决策、培训和创新。

　　这种全新的领导风格并不仅仅局限于商业组织，它们同样也可以在政府和其他一些非营利组织中得到运用。哈利·巴克斯特尔（Harry Baxter）是位于美国伊利诺伊州迪尔菲尔德市巴克斯特尔健康护理机构（Baxter）的董事会主席兼首席执行官。他喜欢专注于做正确的事情而不是强调用正确的方法提高效率。他说："我几乎没有确定的答案，但是我有很多观点。"美国造币公司（Mint）的前主任菲利浦·迪尔（Philip Diehl）的领导团队通过提问、倾听利益相关者的意见，在员工中创造危机意识，让他们参与到变革等方法，将原先死板的政府官僚组织转变成高效、以顾客为中心的组织。这种领导风格的转变也发生在地方、州和联邦政府组织中。例如，罗恩·西姆斯（Ron Sims）是 2006 年公认的最具创新精神的公共部门官员之一。他根据一套清晰的基本原则来运作组织。同时他总在寻求共同点，因此而享有盛名。他也因以身作则领导而闻名。当他要求县政府员工采取一种更加健康的生活方式时，首先从自己做起。他开始更健康的饮食，骑自行车，体重减少了40 磅。这些领导者已经从他们位于顶楼的办公室中走了出来，与他们的组织成员进行紧密接触。随着组织及其所处环境的快速变革和更加复杂，领导者必须进一步拓宽他们的信息来源，并且让更多的人参与到决策过程中。

1.5.2　推动变革的因素

组织内外有诸多因素驱动着组织变革以及领导者和管理者的角色变化（见图1—3）。首先，政治变革导致世界范围内大部分国家更加开放和民主。政治环境因素的变化形塑着合适领导者的形象。反之，领导者形象的重塑也引起政治环境的变化。随着 20 世纪末期苏联的解体，世界范围内以权力分享为目标的民主政治原则越来越得到广泛应用。北非和中东的动荡、阿拉伯之春运动展示了许多人对民主和开放的渴望。在美国，公众持续不断地要求政府在私人产业部门和公共产业部门增加透明度。这迫使政治家不得不更多公开其过去的历史及私生活细节，并且要向大多数公众，即使不是全部，证明其决策过程。人们也越来越多地要求参加到学校、医疗系统和环境保护等相关社区决策中。

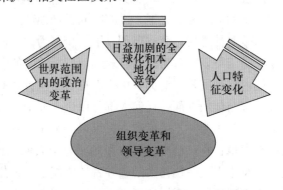

图 1—3　推动组织变革和领导变革的因素

其次，随着日益增强的全球化、本地化竞争和日新月异的技术变革，无数的企业在为它们的生存奋斗，努力希望证明它们存在的合理性。许多企业被迫重新思考，它们应该向顾客提供什么样的产品和服务。它们需要重新评估所持有的基本假设。例如，美国工会在为吸引更多的会员和新会员而奋斗的同时，聚焦于和管理层合作。而在多年以前，这样的合作简直不可思议。工会因此在某些情况下成功实现了领导变革。肯塔基州卡尔福特市化工厂门店的一位售货员蒙蒂·纽科姆（Monty Newcomb）和其工会和管理层合作在工会和管理层之间整合团队、构建信任，所用的方法依然是传统的集体谈判。这种合作要能站得住脚跟尚需时日，但是两个团队最终一定都能实现彼此的目标、提高效率和质量，从而阻止公司搬迁海外而失去就业机会。

　　全球竞争的加剧，再加上顾客对产品和服务质量要求的日益提高，导致组织需要更高的灵活性和创造性。糟糕的管理、缺失的领导是人们经常指责的美国企业所面临的问题。我们需要寻找新的方法去解决国际竞争不断加剧问题，认识全球竞争对手的管理实践。不论是通过对私人领域的组织再造，还是通过对公共领域的政府变革，旧的组织都需要寻求新的生存之道。许多组织正在对自己进行重新定义和再造。它们从根本上改变了员工做事的方式。这些管理实践都要求新的领导角色和程序。

　　驱动领导变革的另一关键要素是美国和其他许多国家的人口多样性（见图1—4）。人口统计学特征的变化带来了各种多样化的群体和组织，迫使领导者在决策时考虑这些多样性。例如，马来西亚的人口是高度多样性的，由不同的民族构成，包括马来西亚人、华人、印度人、阿拉伯人、僧伽罗人、欧亚混血人和欧洲人。他们信仰伊斯兰教、佛教、道教、印度教、基督徒、锡克教、萨满教等各种宗教。尽管在新加坡400万人口中主要是华人，但也有马来西亚人、印度人和欧亚混血人。因此，这个国家拥有4种官方语言：英语、马来西亚语、汉语和泰米尔语。表1—3列出了一些美国种族和人口统计学方面的变化和趋势。

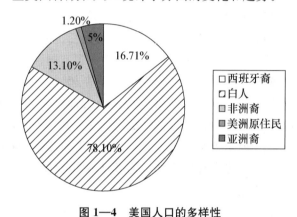

图1—4　美国人口的多样性

　　资料来源：United States Census Bureau, 2013. http://quickfacts. census. gov/qfd/states/00000. html (accessed May 30, 2013).

表1—3	美国人口统计学趋势

- 2000年，总人口中13%的人在家里讲英语以外的其他语言，而2007年则上升到20.3%。
- 超过一半的美国公司员工是女性和少数族裔。
- 到2016年，少数族裔人口将占到美国总人口的1/3。
- 到2025年，欧洲裔美国人占总人口的比例会从2000年的72%降到62%。
- 到2025年，西班牙裔美国人估计会占到总人口的21%。这将超过占据总人口13%的非洲裔美国人。
- 到2050年，西班牙裔美国人占总人口的比例会上升到30.25%。
- 到2025年，美国人平均年龄会接近40岁，而在2000年还不到35岁。
- 到2025年，超过半数的夏威夷人、加利福尼亚人、新墨西哥人和得克萨斯人会是少数族裔。
- 到2050年，大部分美国居民都会有一个非欧洲的家庭背景。
- 到2050年，只有62%的劳动力市场的新进入者是白人，一半的新进入者是女性。

　　资料来源：U. S. Census Bureau, Census 2010. http:// www. census. gov/population/; and Bureau of labor Statistics, 2013. http://www. bls. gov/emp/ep_table_303. htm.

领导者必须管理的多样性在有些情况下是年龄上的多样性。罗克珊娜·休厄森（Roxana Hewertson）执教于美国康奈尔大学，也是高地咨询集团（Highland）首席执行官，专门研究领导问题。年轻雇员不易于对来自传统的官僚层级组织的要求作出积极的反应。因此，她坚信："存在一种如饥似渴的愿望，来寻找领导的新途径。老办法已经失效，无法有效地服务于我们的组织。"在业界有一定影响力的领导学研究组织——创新领导中心（Center for Creative Leadership）的高级资深顾问里克·佩特里（Nick Petrie）坚信："领导过去依赖于某个人或其某种角色。这种陈旧的领导范式正在经历着转型，转变为一种集体领导过程的新范式。新范式正在人际网络中扩散、运用。"在美国，另一个日益严重的人口趋势就是日益变老的婴儿潮一代（在 20 世纪 40—60 年代出生的人）占总人口的比例最大，而新千年一代（20 世纪 80 年代中期以后出生的人）的人口占总人口的比例最小，X 一代（在 20 世纪七八十年代出生）的人处于中间。这意味着领导者在领导由不同年代成员组成而不只是由同代人组成的组织时，需要特别考虑文化和代际因素。我们将在第 2 章和第 4 章讨论代际差异对个人的影响。

越来越多的女性加入到工作中来，是另一个对领导产生影响的因素。尽管女性现在只占美国高层管理岗位的 10%，但是她们占所有劳动人口的 46%，绝大多数女性加入了劳动大军行列。世界上其他地方也有同样的趋势。例如，在加拿大女性几乎已经占到全部劳动人口的 47%，俄罗斯超过 50%。斯堪的纳维亚国家在女性占据高级管理层和董事会等高级管理岗位方面处于领先地位。在瑞典，女性拥有 23% 的董事会席位。因此，过去针对某种性别和人种的管理方法，现在已经不适用于具有不同的背景和文化的员工和顾客。需要重新设计和执行的变革重任就落到了领导者身上。领导者需要倾听和表达来自不同群体的声音，这需要他们拥有比控制和监督更多的技能。

正因为存在这些促使组织变革的压力，许多企业正在重新制定它们的政策，以满足具有多样性特征的社区和顾客群的要求。组织正在内部建立具有多样性的员工队伍，并努力改变它们的运作方式。泰德·蔡尔兹（Ted Childs）是 IBM 负责员工队伍多样性建设的前任全球副总裁，他说："处于人际网络核心的是业务。我认为出色地应对多样性的工作，可以排除那些干预形塑关系的障碍。"他补充说："你需要将产品销售给那些完全不同于你的人，同时也将要从那些不同于你的人手中购买原料，另外还需要管理那些完全不同于你的员工，这就是我们做生意的方式。如果这些不能成为你的终极目标，那你只有离开这个世界。"他认为，让人们去尊重那些与自己不同的人是多样性管理的最大挑战。

1.5.3　变革的障碍

尽管这些因素推动了组织变革的需要，但还是很少有企业和个人能够无痛苦、成功地采用新的领导模式。部分原因在于无时无刻不让你感知的财务压力，需要组织立刻找到一种快速的解决方法。因而组织往往倾向于寻找一个专制的领导者。显然，他的目标并不是激励员工和保持员工的忠诚。例如，约翰·格兰德霍夫（John Grundhofer）的绰号为"开膛手杰克"（Jack and Ripper），尤其擅长大规模解雇员工。他发现其解聘员工的技能很有市场。与此相似，阿尔·邓拉普（Al Dulap），有"酷明"（Ming the Merciless）和"电锯杀人狂"（Chainsaw Al）这样的绰号，在 1998 年被新光汽车公司（Sunbeam）公司解雇之前，长期以来一直很成功地从一个组织跳到另一个组织担任高层管理者。多年以来，金融行业很欢迎他，因为他能实施大规模裁员战略从而大幅削减成本。然而，美敦力公司的前首席执行官比尔·乔治（Bill George）却指出，这种关注短期利益和快速产生结果的做法，实际上很难创造出创新性的产品和高端服务。而创新性产品和服务对于领导和组织有效性才是最根本的。

阻碍组织中采用新领导模式的另一个因素是：尽管团队在组织的中低层得到广泛应用，但是高层的管理方式依然是一个人的表演。许多组织的科层制结构使得变革更为艰难。旧的文化也阻碍着变革。很少有企业真正激励员工和管理者跨越传统的层级障碍。相反，大部分组织仍然在对领导者所实施的试错法，或者说实际与绩效和生产力无关的行为进行奖励，尽管这些行为很少能够获得成功。马库斯·白金汉（Marcus Buckinghan）是盖洛普公司的一位调查员，对全球领导进行了长达 15 年的研究。根据他的观点："世界上大部分公司在利用员工的长处方面是令人震惊的糟糕。"盖洛普公司的广泛调查清楚表明：员工参与对组织绩效会产生积极的影响。美国世界大企业联合会（Conference Board）最近的一次调查表明，员工的总体工作满意度很低，只有 47％。其他研究也表明：在那些官僚层级严格、员工自治性差、工作责任小的大公司中，员工工作满意度也低。很少有组织能够全面利用员工的能力。著名的管理顾问汤姆·彼得斯（Tom Peters）指出，当公司领导者关注战略时，他们往往忽视了公司中一个难以置信的平淡的部分，那就是人。这样，他们也就不能好好地利用人这一组织最重要的部分。另外，试图改变现行领导风格和行为也非常困难。哈佛商学院教授约翰·科特（John Kotter），一位著名的组织变革权威指出："最核心的问题不是战略、结构、文化或者系统，而是如何改变员工的行为。"

另外，尽管他们在团队工作中花费了大量的时间，员工依然根据个人的绩效获得奖励。换句话说，我们的奖励结构与我们试图增加员工与管理者合作的意图不相符合。进一步，即使给许多员工提供了这样的角色，他们也不愿意或者不能够接受作为伙伴和决策者的新角色。他们先前的培训和经验，使得他们在从事应该由领导者所做的工作时，变得犹豫不前。即便组织鼓励变革，许多领导者发现放弃控制也很难。许多人接受了授权、团队和弹性领导形象的培训，尽管这种培训带来了益处，但是他们仍然重复着原来的工作方式。他们陷入了研究者普费弗所指的以记忆代替思考的陷阱。所有这些鼓励员工承担责任、允许员工做更多事情的培训，可能看起来都是一个个人的失误。无论是多年的传统训练还是个人的性格都可能使得员工处于控制和等级之下感觉更加自在。管理者的风格往往会创造一种障碍，使得变革难以发生。关于儿童对领导的想象的研究表明：领导者需要从小就开始培养。孩子，尤其是男孩，会不断地认识到领导者的性别轮廓：领导者往往被认为具有男性特征，例如支配感和进取心。

1.6 结 论

　　领导者是一个组织中对个人和群体产生影响的人。他们帮助别人确立目标，引导他人完成这些目标，这样使得他们具有有效性。为了实现群体自身目标，我们需要领导者在群体中创建秩序、建立群体组织结构。他们帮助人们认识到世界的意义，也经常作为跟随者的理想和浪漫象征而存在。为了变得有效，领导者保持组织内部健康运行，并使得组织适应外部环境变化。尽管"领导"和"有效性"这两个概念看起来简单，但是实践起来却比较复杂。

　　很多研究都区分了领导和管理概念的差异。然而，领导者与那些被认为是有效的管理者所采取的行动其实非常类似。尽管很多人认为领导者与管理者的角色不同，领导者更加有效率和竞争力，但在团队和组织中管理者通常也是领导者。除了履行传统的管理角色任务，领导者还承担了创建组织文化的特殊角色。他们通过形塑愿景、指明方向、做出决策、制定奖惩制度、聘用管理者、雇用员工和提供角色模范来影响组织文化。领导者的角色作用也随着人们对他们的期望和环境压力的改变而发生相应的变化。领导者发现，他们更为重要的角色作用在于提出愿景和方向、关注结果，而非命令与控制。巩固这些新角色需要慢慢来。而政治、经济和人口统计学特征、社会等方面的变革也驱动着领导的角色发生变化。然而，领导者也发现，传统的领导模式、缺乏员工参与以及沿用过去的领导实践，是领导变革中难以克服的障碍。

复习讨论题 ▬

1. 领导的定义中最根本的元素是什么？

2. 为什么我们需要领导者？

3. 在领导有效性的定义中，最根本的部分是什么？

4. 介绍一个有效的领导者和成功的领导者的例子。考虑他们之间有哪些不同。你能从他们中分别学到什么？

5. 有效领导的障碍是什么？

6. 基于你关于管理领域的知识和你对领导的个人定义，管理和领导有哪些相似或者不同？如何才能对这些差异进行整合？这些差异怎样加深了你对领导的理解？

7. 领导者是通过什么方式来影响组织文化创造的？高层领导者是否能够使用额外的方法？举例说明。

8. 新领导风格有哪些要素？哪些要素支持了这些领导风格？

9. 在传统组织中新领导风格面临哪些障碍？如何克服这些新领导风格的障碍？

领导挑战： 接近领导 ▬

　　过去的三年中，你一直是一个有凝聚力　而生产率高的部门中的一员。你的部门经理已经接受了其他组织的一份工作。你将会接替他的工作岗位。你不是组织中最年长的一位。但你拥有最高的学历，为公司的培训项目作了很多义务工作，并已经成为一名十分出色的员工。在过去的三年中，你已经与部门中几个与你年纪相仿的员工建立了亲密的个人关系。你们经常一起下班后出去吃饭，一起度周末。在你刚入职的时候，其中还有几个老员工充当你的老师，对你帮助很大。

尽管你与他们关系很好，但你感觉到提升为他们的老板有一点难堪。然而，你知道他们没有一个人受过正式的教育。

1. 作为一名新领导者，你可能面临哪些挑战？

2. 你应该采取哪些行动，来帮助组织平稳过渡？

3. 你应该避免哪些事情？

练习1—1　超越所见——领导的特征

这个练习说明了领导结构的复杂性，并识别优秀的领导者所具备的特征、个性特质和行为。请列出你认为非常关键的领导特质、特征和行为。行为包括关心下属、分配任务；个人风格和特质，包括诚实和热情等；技能和能力包括组织能力和沟通能力。这项练习有助于你思考所敬仰的领导者以及他们会有什么样的特征。

1. 领导不可或缺的特征

优秀的领导者必须/应该……

2. 领导的必备要素

在你的小组里，回顾你列出的要素，并匹配成7～10组你所认为的领导必备特征。这些特征可能会成就优秀的领导者，也可以会败坏一个优秀的领导者。

3. 你如何匹配？

在小组里讨论下列问题：

● 你自己具备哪些特征？

● 你是否能做到刚才所列出的各种特征？

● 如果不能，会不会影响你的领导能力？

● 你是否认识某位领导者，并且他不具备某种特征或某几种特征？

● 你认为一个人要想有效地领导他人，这些特征都是必备的吗？

4. 领导的复杂性

很可能小组成员就所列的特征不能达成一致意见，或许有人会发现自己不具备这些特征。因此你们可能有些泄气，但是你们必须清楚领导要比这些特征复杂得多。即使有了这些特征，也不能保证一个人就有了优秀的领导能力。同样，没有某种能力或某种人格特征，也许会遇到挑战，但并不意味着不能成为一名有效的领导者。另外，读完本书，你会发现有效的领导并不只关乎领导者本人，下属和情境也起着关键作用。

练习1—2　什么是领导

这个练习可以帮助你定义领导的含义，并且阐明你对领导及其有效性的假设前提和期望。

1. 描述理想的领导者

分别列出五个理想领导者应该拥有和不应该拥有的特征。

应该拥有的	不应该拥有的
1	1
2	2
3	3
4	4
5	5

2. 建立小组的定义

4～5 人为一个小组，讨论你们列出上述特征的原因，并且得出一个共同的定义。

3. 对定义进行演示和论证

每个小组用 5 分钟的时间来阐释自己的定义。

4. 达成一致

对不同的定义进行讨论：

(1) 什么是一致的观点？

(2) 我们展示了有关领导的哪些观点？

(3) 对于领导者角色的有关假设前提是什么？

练习 1—3 你对领导者的想象

明确你对领导前提假设的一个方法是描述你心目中理想领导者的形象。通过描述你对领导者的想象，可以更好理解你对组织中领导者角色的看法和你对领导者的期望。这些想象是你对领导者的个人看法。例如，你可以将领导者看成是服务者，这与你将他们看成是父母的形象就截然不同。

1. 选择你对领导者的想象

选择你心目中理想领导者的形象，列出这个形象的特征。

2. 分享和明晰

以 3～4 人为一组，分享各自对领导者的想象，并且讨论他对你的领导风格的影响。

3. 班级讨论

从中挑选两个小组，分享他们各自对领导者的想象。从下列方面讨论不同想象所带来的含义。

(1) 个人的领导风格。

(2) 组织文化和结构的影响。

(3) 与现在和过去领导者的相容性。

(4) 每个形象的潜在缺点。

练习 1—4 理解领导的情境

这个练习用来突出领导过程中情境的重要性和所扮演的角色。

1. 个人/群体任务

选择一个领导者，明确可能影响他的领导过程的情境因素。考虑如下一些可能相关的不同要素：

(1) 长期的历史、政治和经济驱动因素。

(2) 当前的驱动因素，包含社会价值观、变革和文化因素。

(3) 直接的情境因素，包含组织特征、任务和下属等。

2. 讨论

所有这些因素是如何影响领导者的？它们是否能够阻碍或者帮助领导者实现他们的目标？

实践中的领导

戴维·尼尔曼再造航空公司

在航空产业界，戴维·尼尔曼是位传奇人物，他因领导多项重大创新而享有盛誉，其中包括无票旅行。1984 年他与人合伙创立 Morris 航空公司，后来卖给了西南航空公司，从而加入西南航空公司的领导团队。然而，他在该公司仅仅工作了 5 个月，就被解雇，因为他难以与他人合作，而且具有破坏性。由于同行业非竞争条款，他不得不再等上 5 年，于 2000 年创立了捷蓝航空公司。直到 2007 年他离任，该公司的运营一直非常成功。他现在是一家新成立公司的首席执行官，即 2008 年刚成立的巴西国内航空公司（Azul）。

他界定的航空业发展愿景及其独特的领导风格，使得他有别于其他多数行业领袖。尼尔曼说："我身怀宏大的目标，即我想要每个为巴西国内航空公司工作的员工都说此份工作是平生最好的工作，因为身怀此念是提供客服的核心。因此，我也想每位乘客下飞机时都会说：'哇，这个航班是我经历过的最好的航班。'"他如此描绘自己："我也不是什么追求高尚的人，而是度日如常的普通人。"他深信成功来自改变人的生活、贡献于社会，而不是简单地挣钱。

2007 年 1 月的一次暴风雨中，捷蓝公司曾经错误地将乘客抛弃在停在跑道的飞机上，时间长达 7 个小时。随后，尼尔曼发表公开信和致歉书，对这种错误对待顾客的方式进行了真诚的道歉和解释。另外，捷蓝公司还迅速发布了一个更加公开的乘客权利宣言，来确保他所重视的顾客依然对公司保持忠诚。他也因此而遭解雇，离开了捷蓝公司。如今，捷蓝公司每天向美国和中美洲地区的 50 个目的城市发送航班，依然坚持着其创立者制定的原则，即捷蓝公司重视团队合作、快速决策和迅速实施。公司高层和管理者坚持与员工和顾客交流互动，倾听他们的声音，从他们那里获得反馈，了解他们关心的问题。这也是尼尔曼在巴西国内航空公司制度化的管理实践。对员工和顾客的重视使得捷蓝公司获得了较高的评价等级，也使得尼尔曼因为提供愿景而获得了奖赏（www. jetblueairways.com）。慷慨的利润分享计划、良好的福利，公开的交流、沟通以及广泛

的培训使得公司能够吸引并留住优秀的员工。

尼尔曼不仅确定了公司愿景，而且他知道如何倾听那些偶尔与他的决定唱反调的人。尼尔曼说："我疏导风险的方法是将真正聪明的人团结在自己的周围，他们有骨气，在关键时刻会站出来说话，挑战你的决策。"他深信："如果你善待员工，公司的经营哲学就会得到落实，他们也会善待顾客。"巴西国内航空公司是按捷蓝公司的模式并吸收其大多数要素运营的：简单的预订系统、低价、伸腿空间大，以及为每个座位提供在线互联网服务和电视节目。尼尔曼执迷于和顾客与员工保持联系。他定期去电话中心，和接受培训的学员交谈，提醒管理者要和顾客交谈并保持亲近。因为"我们了解发生了什么，而他们真正地知晓其原因"。他深信"是人使得一切成为可能"。尼尔曼的领导风格和魔力似乎还在持续不断地发挥作用。巴西国内航空公司成长得非常快，顾客群从开业时的 11 000 人增长到 2009 年 9 月的 45 000 人，满载率达 70%，比巴西最好的航空公司高出将近 20 个百分点。

问题

1. 捷蓝航空公司和巴西国内航空公司文化的关键要素是什么？

2. 领导者在开发和培养该文化中起了什么作用？

资料来源：Bloomberg TV, 2011. "David Neeleman Profiled: Bloomberg Risk takers." http://www. bloomberg. com/video/72535922-david-neeleman-profiled-bloomberg-risk-takers. html（accessed May 30, 2013）；Airways Customer Bill of Rights. 2007. http://www. jetblue. com/p/about/ourcompany/promise/Bill_Of_Rights. pdf（accessed June 16, 2007）；Elite Interviews David Neeleman, 2013. *Elite. com*, April 1 http://www. youtube. com/watch?v＝QybWxHdiSpk on May 30, 2013; Judge, P. 2011. "How will your company adapt?" *Fast Company*, 54; Ford, 2004. "David Neeleman, CEO of JetBlue Airways, on People ＋ strategy ＝ growht." *Academy of Management Executive* 18（2）: 139－143; Salter, C. 2004a. "And now the hard part," *Fast Company* 82. http://pf. fastcompany. com/magazine/82/jetblue. html（accessed October 1, 2004）；Brazil's Azul Air flies 70 percent full. http://www. bloomberg. com/apps/news?pid＝20601086&sid＝aJ18vaK49DMQ（accessed January 7，2010）；Mount，I. 2009. "JetBlue founder's revenge：A new airline," *CNN Money*，March 20. http://money. cnn. com/2009/03/19/smallbusiness/jetblue_founder_flies_again. fsb/（accessed October 6，2013）；and Scanlon. J. 2008. Braving Brazil's "airline graveyard," http://www. businessweek. com/innovate/content/may2008/id2008056_561046. htm（accessed January 7，2010）.

第2章

全球情境和文化情境

学完本章，你将能够：

1. 界定文化及其三个层次，解释文化在领导过程中所起的作用。
2. 将以下国家文化模型运用于领导情境。
   - 霍尔的文化语境模型。
   - 霍夫斯泰德的五种文化维度。
   - 特姆彭纳斯模型。
   - 全球领导和组织行为有效性研究模型。
3. 理解性别对领导的影响。
4. 解决领导者如何开发文化思维模式的问题。
5. 展示组织需要采取什么步骤才能成为多元文化组织。

领导问题

在文化情境依赖条件下，何为有效的领导？你是否认为领导存在"全球标准"，抑或在所有文化情境下，领导者必须表现出一些共同的特征和行为？若如此，又是什么样的特征和行为？

领导是一种人际与社交过程。在所有这类过程中，文化的影响都不可忽视。在不同的文化中，对领导的定义不同，对什么样的领导有效的看法也不同。在新加坡被人们认为是有效的领导，在瑞典可能就显得太专制。一个富有魅力的埃及政界领袖可能在法国和日本就失去了魅力。此外，不同群体之间性别和其他文化的差异也影响到领导的行为以及下属对他们的理解。因此，要理解领导，就需要了解其发挥作用的文化情境。

2.1　文化的定义和层次

文化赋予每个群体独特性，并使之与其他群体区分开来。文化对我们产生了深刻的影响，它决定了我们的思考方式，以及我们的观念；它影响了我们珍视何物何人的选择、关注何物的选择以及我们的行动方式。

2.1.1　文化的定义和特征

文化是由一个群体成员共享的价值观构成的。它是群体内部引导人们行为的一整套准则、习惯、价值观和假设，它是一个群体的生活方式以及群体成员的集体行动程序。文化为群体内部的成员所共享。它具有持久性，不会轻易改变，并会在代际间传递。群体成员通过他们的父母、家庭、学校以及其他社会组织习得文化，并且有意识或者无意识地将它传给年轻的和新的组织成员。尽管文化具有一定的持久性，但它同时也是动态的。随着成员适应新的事件、融入新的环境，文化也会发生变化。

2.1.2　文化的层次

文化包含三个层次（见图 2—1）。第一个层次是国家文化。它包含一个国家的国民所共同拥有的一整套价值观和信仰。第二个层次是除了作为一个整体的国家文化，不同的种族以及生活在一个国家文化中的不同文化群体也可以共享的文化。比如，性别、宗教和种族的差异就属于第二层次的文化差异。尽管这些群体的国家文化是一样的，但是他们也拥有各自独特的文化特质。一些国家，比如美国、加拿大和印度尼西亚，就包含许多这样的亚文化。不同的文化、种族和宗教群体都是这些国家整体文化的一部分，这也导致了文化的多样性。文化多样性是指人类构成、信

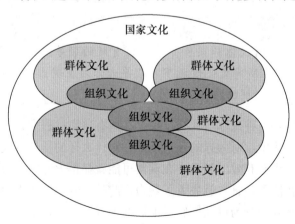

图 2—1　文化的三个层次

仰系统及其适应环境所采取的战略等方面都呈现出不同与差异性。它通常用来指代在第二层文化上的差异。例如，我们广泛持有的偏见影响了我们对于领导的看法，产生了男性和女性之间在权力和权威上的重要差异。许多传统的男性特征，例如进取心和独立性，经常被认为与领导联系在一起。而传统的女性特征，例如顺从与合作，却与领导无关。

文化的第三个层次是组织文化（有时也称为企业文化）——一系列被组织成员分享的价值观、准则和信仰。只要时间足够长，所有的组织都会形成一种独特的文化和特征。因而，员工能够分享他们共同的价值观和对工作相关问题的看法。这些组织价值体系也包括对领导的信仰体系。在许多情况下，领导者尤其是组织的创始者，在创造组织文化和推进组织文化中起到了很大的作用。苹果公司的创始人史蒂夫·乔布斯的人生充满趣闻轶事。他对员工要求非常严格，逼他们努力工作，并以此享有盛名。他对细节的关注以及聚焦于设计，变成了苹果员工对细节和设计的迷恋，并因此成为企业文化的一部分。人们谈论很多的高盛银行因竞争力而负有盛名。然而却有人说，它把自身的利润置于顾客的利益之上。该公司的首席财务官萨拉·史密斯（Sarah Smith）说："高盛文化是一天工作 24 小时、一周工作 7 天的文化。它需要你时，你就要留下。如果它需要你，你也在岗，电话响起而你没有接听电话，那么它就不再需要你。"另外一名曾经在高盛工作的员工这样描述它的文化："它是彻底的迷恋金钱的文化。我就像一头驴，被充满诱惑的最大的胡萝卜驱使着，努力向前。金钱是界定你成功的唯一方式。"

办公家具制造商赫尔曼·米勒公司（Herman Miller）则创造了另一种不同的组织文化。公司要求员工全身心地投入到工作中去，并且相信开诚布公地沟通能培育出员工的忠诚度。公司创始人杜皮（Dupee）则以关心员工而享有盛名。因此，公司提供白天照顾中心、全面的福利、各种弹性工作选项，例如，弹性工作制和电传工作制。同样，谷歌公司的庆祝文化是以相互关爱的大家庭的工作方法为基础的。公司合伙创办人拉里·佩奇（Larry Page）说："作为领导者，我的工作就是确保公司每个人都有机会，确保他们认识到他们对整个社会会产生有意义的影响，并对增加社会的福祉作贡献。"有了如此多的福利、津贴，以及对合作与娱乐的关注，谷歌认为其文化是公司成功的关键。这些组织都是卓有成效的组织，但是它们的组织文化不同，领导有效性的模式也不一样。在谷歌和米勒公司，员工的满意度是领导有效性的关键，领导者关注下属。而在苹果和高盛，领导者则推动绩效、关注结果。

因为国家文化应对的是我们生活中方方面面的问题，所以，它对我们的日常生活和组织行为施加了强烈和广泛的影响。总体上讲，组织文化的影响只局限于和工作相关的价值观和行为。但国家文化强烈影响了组织文化。所有三个层次的文化都会影响我们对于领导的看法和期望。在美国，人们并不期望领导者不犯错误。但是在很多其他文化中，领导者犯错误是不能被容忍的，并将对他的权威和领导能力产生致命的打击。例如，许多美国总统——最近的是克林顿——在面临毫无选择余地时，通常会公开承认自己的错误并且表示已从中汲取教训。许多美国人希望小布什总统承认伊拉克战争是个错误，尽管到现在并没有得到任何道歉。这种情况在其他国家很少发生。如果这样做了，他们会被认为十分软弱。2001 年，墨西哥前总统文森特·福克斯（Vincente Fox）拒绝承认在处理本国经济问题上犯下了任何错误。他明确声称：我相信那没有错。1998 年，印度尼西亚总统苏哈托（Suharto）公开承认他的错误导致了国家的经济危机，他这样做被看成是软弱的象征。印度尼西亚人没有原谅他，最终他被迫辞职。

世界上每个国家和地区很大程度上都在其国家文化基础上，培养了一套独特的组织和管理风格。这种管理风格称作国家组织传统（national organizational heritage）。尽管在组织与组织之间、管理者与管理者之间存在很大的差异，但是研究表明，国家传统是非常独特并且值得注意的。例如，法国公司区别于其他国家的公司，呈现出不同的特征。和瑞士公司相比，法国公司更具层级导向和地位导向。

2.2 国家文化的模型

因为许多研究者和实践者相信，在日益全球化的组织中有效地理解和处理国家文化是提高组织有效性的关键，于是他们开发了一些理解国家文化的模型。这些模型有助于我们描述不同的文化价值体系，并帮助我们将群体做出成熟与否的分类。与通常的群体分类相似，这些模型只是对人群特征的抽象概括。但是，它们是在信度和效度都很高的研究基础上提出的模型，而不是建立在个人经验和主观见解的基础上。尽管它们有效，可以用来作出更好的决策，但是必须认识到文化只是影响人类行为诸多要素中的一种要素。下面我们分析四个文化模型，它们能直接用来理解领导。

2.2.1 霍尔的高语境和低语境文化框架

理解文化最简单的一个模型就是爱德华·霍尔（Edward Hall）的模型。他按照不同文化中的沟通模式将文化分为两种：高语境文化和低语境文化。在霍尔的模型中，语境是指为互动和交流提供背景的环境和信息。高语境文化中的领导者高度依赖于语境，以与他人进行交流并了解周围的世界，包括非语言暗示和情境因素，例如语调和体态等非语言暗示、头衔与地位等情境因素。他们利用个人关系去沟通。低语境文化中的领导者关注的是明确而特定的语言和书面信息，以理解人和情境（见图 2—2）。在高语境文化中，交流并不总是明确和具体的，信任被认为比书面交流和法律合同更加重要。在低语境文化中，人们更加注重口头信息，说出来的和写出来的比非语言和情境信息更加重要。因此，人们与他人的交流显得很明确清晰。

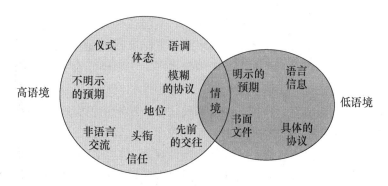

图 2—2　高语境文化和低语境文化

高低语境的划分并不是间断性的，而是一个连续不断的统一体。亚洲国家，例如日本、中国和韩国，比许多非洲、拉丁美洲或中东国家的语境要高，而后者又比北欧和北美洲的语境也略高。高语境文化和低语境文化的差异可以解释来自不同文化的领导者之间交往时所面临的许多跨文化交流问题。来自欧洲和北美洲等低语境文化的领导者和来自亚洲或中东等高语境文化的下属一起工作时，可能会感到沮丧。因为低语境文化的领导者关注的是具体的指导，而高语境文化的被领导者旨在发展关系。同样，高语境文化的领导者可能会被低语境义化的下属的直截了当触怒。他们可能将下属的直截了当看成是一种无理和缺乏尊重的表现，甚至是对他们权威的挑战。

霍尔提出的沟通情境是文化影响我们对领导的看法和期望的一种方式。

2.2.2　霍夫斯泰德的五种文化维度

吉尔特·霍夫斯泰德（Geert Hofstede）提出了一种著名的文化分类方法，称作霍夫斯泰德维度（Hofstede's dimensions）。他最初对 40 个国家和地区的超过 100 000 名 IBM 员工进行了调查，加上其他一系列的调查作为补充，最终开发出了儒家动力论（Confucian dynamism）。使用这些结果，他开发了随着不同文化而变化的五种基本的文化维度：权力距离、不确定性规避、个人主义、男性主义和时间导向（见表 2—1）。根据霍夫斯泰德的观点，这五种维度的组合导致每一种国家文化都具有独有的特征。

表 2—1　　　　　　　　　　　　霍夫斯泰德的五种文化维度

个人主义	社会系统是建立在个人基础之上，还是建立在紧密联系的社会结构基础之上，如大家庭。个人主义将会导致对自我的依赖和对个人成就的关注。
权力距离	人们接受不平等权力的程度。在高权力距离的文化中，有权力和没权力之间的差别很大。
不确定性规避	文化容忍模糊和不确定性的程度。高不确定性规避将导致对不确定性的低容忍度和追求绝对真理。
男性主义	人们看重武断和独立于其他人的程度。高男性主义会导致高性别角色差异，关注于独立、野心和物质财富。
时间导向	人们专注于过去、现在或者未来的程度。现在导向导致了对短期绩效目标的关注。

　　例如，与其他国家和地区相比，美国在权力距离和不确定性规避上低于平均水平，在个人主义方面处于最高水平（紧随其后的是澳大利亚），在男性主义上处于中上水平，在时间导向上处于中等水平。这些得分表明美国在某种程度上是一种平等主义的文化。在这种文化中，不确定性和模糊可以被很好地容忍。他们更多关注的是个人的成就、自信、绩效和独立性。性别角色能够被恰当地定义。组织寻求的是着眼于现在的快速的结果。相比较而言，日本比美国拥有更高的权力距离、男性主义（得分最高者之一）和不确定性规避，但在个人主义方面得分比较低，并且关注的是长期时间导向。这和公众对日本的形象和看法相一致。人们普遍认为日本是非常关注家庭和组织等社会结构的国家。人们倾向于绝对服从权力，避免风险和不确定性。在日本社会中，性别角色是高度差异化的，成就被赋予很高的价值。

　　哈里·特里安迪斯（Harry Triandis）是一位跨文化的心理学家。他通过引进严厉文化和宽松文化以及垂直文化与水平文化的概念，扩展了霍夫斯泰德的文化维度。特里安迪斯建议，通过将文化进一步划分为严厉文化和宽松文化可以更好地理解不确定性规避。在严厉文化中，例如日本，成员遵从规定、准则以及标准，因此，行为被很好地规范。那些不遵守规定的人可能被批评、孤立甚至抛弃，取决于其严重程度。在宽松文化中，例如泰国，人们容忍那些被认为可接受的行为。尽管规则存在，但经常被忽视。特里安迪斯认为美国处于严厉文化和宽松文化的中间。他认为，在过去的 50 年中，美国的文化变得越来越宽松和富有容忍性。

　　特里安迪斯进一步重新定义了个人主义和集体主义的概念。他认为，集体主义文化和个人主义文化中有着不同的模式。他提出，通过加入垂直文化和水平文化的概念，我们可以更好地理解文化的价值。垂直文化看重的是等级制度，而水平文化看重的是平等（见表 2—2）。例如，瑞典和美国都是个人主义文化。瑞典是水平的个人主义，它将个人看成是独特并且与其他人平等的。而美国更多的是垂直的个人主义，个人不仅仅是被看成是独特的，而且是比其他人优越的。与此相似，在一个水平的集体主义文化中，例如以色列，集体的所有成员都被看做平等的。在垂直的集体主义文化中，例如日本和韩国，权威是重要的，个人必须为了群体利益而牺牲自身利益。水平维度和垂直维度，因为影响了人们对于层级和平等的看法，可能对领导产生影响。

表 2—2　　　　　　　　　　　个人主义和集体主义的垂直维度和水平维度

	垂直（看重等级）	水平（看重平等）
个人主义	关注个人。在这种文化下，每个人都被认为是独特的，并且基于成就、绩效和物质财富等因素被认为优于其他人。例如，美国。	尽管关注每个人的独特性，但是个体通常认为与其他人平等，没有很强的等级。例如，瑞典。
集体主义	在团队成员之间具有很强的地位和等级差异的感觉。团队成员感觉有义务遵从权威，在需要时会为了团队利益牺牲自我。例如，日本。	所有群体成员都被认为是平等的；群体内没有等级；群体内部关注民主和平等。例如，以色列。

资料来源：Based on Triandis et al，2001.

霍夫斯泰德的文化价值模式加上特里安迪斯提出的概念，为我们解释文化差异提供了坚实的基础。该模式依然被作为跨文化差异的研究基础而使用。同时，也被用在领导者的跨文化培训中。其他研究者也提供了另外一些理解文化的方法。

2.2.3　特姆彭纳斯的文化维度

特姆彭纳斯（Trompenaars）和汉普登–特纳（Hapmden-Turner）提供了一个复杂的模式，来帮助领导者理解国家文化以及国家文化对组织文化的影响。他们最初通过对来自近 50 种不同文化总计 8 万名组织员工的调查，建立了一个模型。然后，通过对来自 25 个国家和地区的 6 万多人的培训资料及调查数据，对模型进行了进一步的验证。根据他们的研究及经验，特姆彭纳斯和汉普登–特纳发现，并不存在单一管理组织的最佳方法。所谓的通用管理原理并不能普遍有效，不能在所有文化情境下都起作用。更有意义的是，他们指出，尽管不同文化中存在某些相同的行为，但其内涵和意义并不相同。他们还指出，尽管理解国家文化需要不同的维度，但是我们在两个维度基础上就可以对不同文化中的组织文化进行更有效的分类：平等主义和等级主义以及人员导向和任务导向。将这两个维度组合起来，就可以把组织文化分为四种类型：孵化器型、导弹型、家庭型以及埃菲尔铁塔型（见图 2—3）。这四种通用模式结合了国家和组织的文化。在每种模式中领导者的角色不同，因此员工的激励和评估方法也不同。

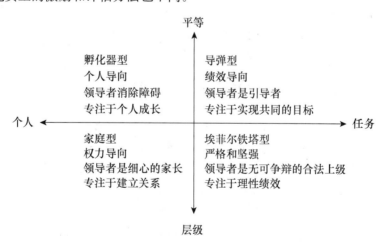

图 2—3　特姆彭纳斯的跨文化组织文化

孵化器型文化是平等主义的，专注于照顾员工的个人需求。孵化器型文化的例子可以在美国和英国很多新兴高技术企业中找到。在这种典型的个人主义文化中，专家在工作中通常拥有很高的自主权。这些企业的领导者通常是从群体中产生，而不是指派的。因此，领导是建立在能力和技术专长上的，并且领导者的责任是提供资源、处理纠纷和清除障碍。

导弹型文化也是一种平等的文化，但是它所专注的是任务的完成而不是个人的需求。因此，这种组织文化并不关注个人的需求。正如它的名字所表示的，它导向的是任务的完成。特姆彭纳斯将美国国家航空航天局（NASA）作为导弹型文化的一个典型例子。在 NASA 和其他一些导弹型文化的组织中，领导是基于专业才能产生的，并且期望被领导者的积极参与。领导者与专业人士在同一团队中工作，并且拥有平等的地位。绩效是评价领导有效性的首要标准。

家庭型和埃菲尔铁塔型文化都是有等级的。不同的是，埃菲尔铁塔型文化关注的是任务，而家庭型文化则关注的是个人。正如它的名字所暗示的，家庭型文化像一个传统家庭那样运转。领导者的角色就像是极具权威的父亲。他需要为群体内所有成员利益负责。一方面，特姆彭纳斯认为家庭型文化更多可以在希腊、意大利、新加坡、韩国和日本等国家找到。另一方面，埃菲尔铁塔型文化关注等级制度和任务。与它的名字一致，许多以等级森严、稳定和严格为特征的法国组织采取的是埃菲尔铁塔型文化。这些组织注重通过命令、对法律和法定权威的遵从等方式实现绩效。领导者是组织无可争辩的首脑，对于任何事情都负有全面的责任。

特姆彭纳斯增加了文化维度，并且特别关注组织层面的文化。这为我们理解文化提供了一个内容丰富的模型。最近用来解释文化差异的一些方法将在下一部分讲述。

你怎么办？

你领导一个由来自七个不同国家的成员组成的团队。他们是各自领域的专家，也胜任他们的工作。但是，他们的合作遇到了麻烦。他们不停地就工作流程争吵，而争执越来越演化成对对方的人身攻击，抱怨对方的不同性格。但是，你认为这些问题一定与文化有某些联系。你怎么办？

2.2.4　全球领导和组织行为有效性研究

有关文化差异和领导领域的一项研究是由 62 个不同国家和地区的研究者组成的团队作出的一项最令人激动和广泛的调查。尽管最近人们对全球领导和组织行为有效性（global leadership and organizational behavior effectiveness，GLOBE）研究所采取的研究方法存在一些争议，这个模型还是在理解领导和文化方面得到了全面和广泛的使用。该研究发现，文化通过人们的期望影响领导行为，但不能预测领导行为——亦即所谓的文化支持领导理论（culturally endorsed theory of leadership，CLT）。另外，该研究表明，按文化支持领导理论行动的领导者其领导行为最有效。

全球领导和组织行为有效性研究提出用九个维度来评价文化，有些维度和霍夫斯泰德的维度相类似。

- 权力距离。权力平等分配的程度。
- 不确定性规避。文化依赖社会准则和规范来降低不确定性的程度。（较高的得分表明对不确定性具有较高的容忍度。）
- 人本主义导向。文化重视公平、慷慨、关心他人以及友善的程度。

- 集体主义 1（制度化的）。文化重视集体行为和对资源进行集体分配的程度。
- 集体主义 2（群体内部的）。在家庭或者组织内部个人展示自豪和凝聚力的程度。
- 自信。个人自信、直接和对抗的程度。
- 性别平等性。性别差异的程度。（高得分表明更多的差异。）
- 未来导向。文化投资于未来，而不是现在和过去的程度。
- 绩效导向。文化重视和鼓励绩效和卓越的程度。

基于他们的发现，全球领导和组织行为有效性研究界定了 10 类文化集群。每个集群及其文化价值体系如图 2—4 所示。

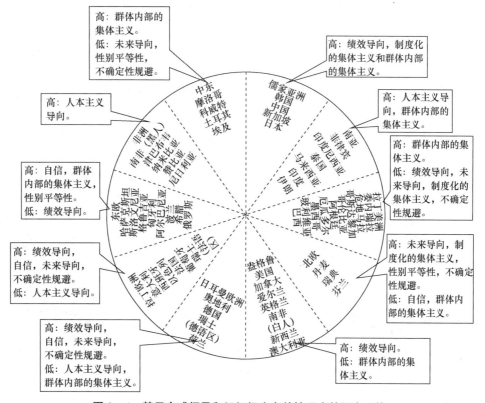

图 2—4　基于全球领导和组织行为有效性研究的国家群体

资料来源：Based on information in House et al. *Culture，leadership and organizations：The GLOBE study of 62 countries* (Thousand Oaks，CA：Sage，2004).

观察图 2—4，你会发现在盎格鲁文化集群中，美国、加拿大和英格兰在绩效导向文化价值指标上比较高，而在群体内部的集体主义文化价值指标上比较低。在儒家亚洲集群中，中国、韩国珍视绩效导向和两种集体主义文化价值体系，并且在其他文化价值指标上也不低。同样，在非洲文化集群中，相比之下，只在人本主义导向文化价值指标上高。拉丁美洲集群在群体内部的集体主义文化价值指标上高，而在制度化的集体主义、绩效导向和未来导向文化价值指标上低，且在不确定性规避文化价值指标上也低。对集群内的国家进一步分类，可以了解到更多的细节。例如，在权力距离高的国家和地区，如泰国和俄罗斯，沟通常常是单向的，由领导者向下属进行单向沟通，并不指望获得反馈。最后，在珍视友好和宽厚慷慨的国家，如菲律宾或埃及，领导者应尽可能回避冲突，要表现出像家长一样关心下属。

尽管全球领导和组织行为有效性研究项目的研究者提出的一些文化维度和其他模型类似，但其他一些维度却是独特的，并深化了我们对文化的理解。另外该研究的独特贡献是开发出六种文化支持领导理论，即：

- 魅力型/基于价值观型领导：领导以通过核心价值观和高绩效预期来激励和鼓舞下属的能力为基础。
- 团队导向型领导：领导聚焦于团队建设和培育共享目标。
- 参与型领导：领导以让下属参与决策为基础。
- 人本导向型领导：领导以同情、慷慨来关心下属为基础。
- 自治型领导：领导以独立和个人主义价值观为基础。
- 自我保护性领导：领导聚焦于下属和群体的安全和平安，让下属自我提高并保全下属的面子。

综合运用文化价值体系、国家文化集群、文化支持领导理论和全球领导与组织行为有效性研究等，就可以辨认出每个国家集群中的领导形象。表 2—3 总结出文化领导的各种形象。对每个国家集群而言，按其文化支持领导理论重要性逐渐减弱的顺序列出（第一个是最重要的）。有一点很重要，必须指出：图 2—4 描述的是文化领导实践的现状，而表 2—3 描述的是文化支持领导理论提出的理想状态，表明某种特定文化情境中的人认为理想的领导者应该是什么样的。例如，在儒家亚洲集群中，理想的领导者应该是自我保护、团队导向、人本主义导向和魅力型。而拉丁美洲则把魅力放在首位。日耳曼欧洲则把自治当成是理想领导者应该具备的特征。

表 2—3　　　　　　　　　　　　　文化领导形象

文化集群	文化支持领导理论界定的理想领导形象
儒家亚洲	自我保护、团队导向、人本主义导向、魅力
南亚	自我保护、魅力、人本主义导向、团队导向、自治
拉丁美洲	魅力、团队导向、自我保护、参与
北欧	魅力、参与、团队导向、自治
盎格鲁	魅力、参与、人本主义导向、团队导向
日耳曼欧洲	自治、魅力、参与、人本主义导向
拉丁欧洲	魅力、团队导向、参与、自我保护
东欧	自治、自我保护、魅力、团队导向
非洲	人本主义导向、魅力、团队导向、参与
中东	自我保护、人本主义导向、自治、魅力

资料来源：Based on information in House et al., 2004; Dorfman et al., 2012.

全球领导和组织行为有效性研究进一步将领导行为划分成七大类，有些是普遍适用的，有些其适用性取决于所处的文化。例如，值得信任、公正、诚实是对领导的普遍诉求。同样，魅力型/基于价值观型领导在大多数文化中受到普遍欢迎，而在许多文化中，团队导向型领导也是优秀的领导。尽管参与型领导通常得到积极的评价，但是其有效性取决于文化，或权变地取决于文化情境。有些文化欢迎自治型领导，但并非所有文化中的人都欢迎这样的领导。绝大多数文化认为自我保护阻碍领导有效性的发挥。甚至有些领导行为呈现出某种程度的普遍性，但是也反映了文化差异。例如，美国和英国高度赞赏魅力型领导，而中东则不太注重魅力型领导。北欧较不喜欢自我保护型领导，而南亚则愿意接受自我保护型领导。同样，大男子主义、易怒、粗鲁的领导行为普遍不受欢迎；而野心勃勃、精英主义者和人性化导向的领导行为则是文化权变的，也就是有些文化欢迎它，但并不是所有文化都欢迎它。

全球领导和组织行为有效性研究涉及许多国家，是涉及面非常广泛的一项研究。它为我们理解领导文化差异提供了一个综合模型。了解文化集群国家的文化价值体系、每个国家的价值体系，认知它们所预期的理想领导行为，对有效地开展跨文化工作，具有不可估量的价值。这些见解提供了跨文化互动的起点，帮助领导者理解其下属所预期的、所珍视的，帮助领导者将自己的行为与下属的期望成功地联系在一起，了解激励下属的因素以及有效地管理他们的一般方式。

学以致用

利用文化，更有效地进行领导

所有层次的文化都会对领导者和追随者产生很强的影响。下面是一些必须牢记的能够帮助我们更有效管理文化的要点：

● 了解你自身所处的文化以及它的不同组成部分。它重视什么？它们对你有多重要？你曾经历哪些冲突？

● 理解你所在组织的文化。它重视竞争还是合作？环境规范程度如何？组织重视绩效的程度如何？组织身份包含哪些内容？什么样的行为会得到组织的奖励？

● 理清你自己的文化和价值系统与组织的文化和价值系统之间在哪些方面是一致的？哪些方面不一致？

● 建立一致性。它们可能给你提供展示自我的机会。例如，如果你重视竞争和高绩效，而你所在的组织也重视这些价值观，你就可能会有找到家的感觉。

● 仔细评估差异点。例如，如果你重视竞争和个人成就，而你所在的组织高度重视团队导向。你可以适应吗？你能够改变组织吗？组织和个人在基本价值观方面存在的高度冲突，可能导致你的挫折感和不满意感。

本节讲述的文化模型给我们提供了理解国家和组织文化的不同途径。每一个模型都有用。但如果我们因此对来自不同国家和组织的人持有刻板印象，这些模型也会被误用。霍尔和霍夫斯泰德主要关注的是国家文化。特姆彭纳斯提出的文化模型将国家文化和组织文化整合起来，该模型注重从实践者的视角进行解释。全球领导和组织行为有效性研究提出了当下强烈关注于跨文化背景下领导特征的最完整的模型。在本书中，我们将运用这四种模型为领导提供丰富的跨文化视角。

2.3 群体文化： 性别和领导

普林斯顿大学伍德罗·威尔逊（Woodrow Wilson）公共和国际事务学院院长安妮·玛丽·斯劳特（Anne Marie Slaughter）辞去美国国务院政策规划署主任一职，引发了一场持续已久的辩论，即女性是否能和男性一样成功，以及女性如何平衡工作和生活。这些争论发表在《为什么女性依然不能拥有一切》一文中。斯劳特说："我依然坚定地认为女性可以拥有一切（并且男人也可以如此）。我认为我们可以同时拥有成功的事业和幸福的生活。但是，不是在今天，不是当下美国经济和社会结构化方式所能允许的。"尽管她的一部分言论争议颇多（女性不能拥有一切），但是她的另一部分言论却获得一致性的赞成，并且此言论暗示女性的工作经历有别于男性。法国前任财政部长和国际货币基金组织总裁克里斯蒂娜·拉加德（Christine Laguarde）在谈论 2008 年金融危机时指出，金融行业缺乏多样性导致了金融危机。她说，"如何不是雷曼兄弟而是雷曼姐妹，当今的经济危机显然会是另一幅模样。"那么，在工作中男性领导者和女性领导者存在显著而有实质性的差异吗？并不存在显而易见的答案。

斯蒂芬妮·雪莉（Stephanie Shirley）是英国的一名女企业家、商人。她是 20 世纪 60 年代创办软件公司的第一位女性。她关注女性的就业，部分原因是在她的职业生涯中遇到过太多的歧视。在描述自己所面临的商业氛围时她说："所有的谈话都与钱有关系，包括利润、现金流。而我更关心管理的软性一面——团队工作、创新、卓越、品质保证。"其他女性领导人，比如担任领导学院（Leader to Leader）董事会主席、总裁、女童子军（Girl Scouts）前任首席执行官的弗朗西斯·赫塞尔宾（Francis Hesselbein），福特公司执行董事南希·贝德（Nancy Bador），西部工业转承包公司（Western Industrial Contractors）的创始人、美国自愿者局（Volunteer Board of America）主席以及丹佛商会（Denver Chamber of Commerce）首任女主席芭芭拉·格罗根（Barbara Grogan）等，采用的都是一种包容性的管理风格，她们称之为领导的女性风格。她们将层级组织削减为蜂窝组织。她们处在中心而不是处在顶层。担任 Conde Nast's Bon Appetit and Gourmet 集团公司副董事长的卡罗尔·史密斯（Carol Smith）坚持认为女性能当好经理，并说："根据我的经验，女老板倾向于成为员工的好经理、好顾问、好导师，也是理性的思想家。男人们爱听她们谈话。"她还坚持认为男人善于推卸担子，而女人则会再思考，重新演练事件。惠普首席执行官，曾经担任 eBay 首席执行官的梅格·惠特曼（Meg Whitman）2012 年被《财富》杂志评为 18 位女强人之一。她以非传统、非命令的控制力而著称。她认为有权力意味着一个人必须自觉自愿地不要权力。格里·莱伯恩（Gerry Laybourne）是氧气媒体（Oxygen Media）创始人和前任首席执行官，组建了顶级儿童电视网络 Nickelodeon。她认为目前的竞争是非女性的。当发现《财富》杂志在评选商业女性时，她宣称："这种事是非女性的，对人和事进行评定等级是女性之所以成就为女性的对立面。"她争辩说，女性用不同的方式进行领导和管理，善于把理念和培养伙伴关系与开办合资企业联系在一起。而在这些方面，男性则逊色得多。

然而，许多其他成功的商界女性领导者并不认为她们的领导风格和男性领导者相比有显著的差别。EDS 的首席信息官彻里·马瑟（Cherri Musser）早年曾在通用汽车公司担任首席信息官，她建议："你不要特别关注女性的性别角色，而是要关注把事情做好。如果你过分地注意自己的女性性别，那么就不会成为团队的一员。"达拉·摩尔（Darla Moore）是雨水投资公司（Rainwater）首席执行官，首位登上《财富》杂志的女性领导者，并且有一家商学院是以她的名字命名的。她认为女性最糟糕的地方就是会思考。她认为如果这样想，简直是在浪费时间："你应该是位好姑娘，必须和大家融合在一起，必须有一位女导师来指导你。"她争辩道："有此障碍的人，只会遇到玻璃天花板和一扇关闭的门。"

不管男女的领导方式是否存在不同，在全世界范围内，在各种组织中，男女领导者在冷静和职权方面的确存在差异。

2.3.1 当今组织中女性的地位

美国女性占劳动总人口的 50%，而有 58% 的女性走出家庭，外出工作。但其中只有 10% 的人担任组织中的管理岗位。而美国女性的收入少于男性的收入，为男性收入的 77%。而且，2011 年，女性只担任 15.2% 的企业管理岗位。2013 年，只有 20 位女性担任《财富》500 强公司的首席执行官，占 4%；只有 25 位女性担任其后 500 家公司的首席执行官，占 5%。据估计，按照当下的趋势，到 2016 年，担任公司高层领导者的女性也只占到 6%。男性和女性的工资差别又是女性面临的另一项挑战。根据《福布斯》杂志的统计，2012 年，100 名最高工资的高管中只有 2 名是女性，排名第 44 位和第 88 位。世界范围内的情形也大致如此。例如，加拿大女性占劳动总人口的 62%，中国占 68%，俄罗斯占 56%，西欧国家大约占 50%。许多西方国家中，女性占劳动总人口接近 50%。组织中，女性的领导职位最高的是斯堪的纳维亚国家，占有 23% 的董事席位，比如瑞士。尽管组织中的女性数量在增长，但女性依然面临巨大的挑战。

更为烦人的问题是，尽管女性担任了领导岗位，但是相比男性来说，决策权弱，职权小，承担责任重大且富有挑战任务的机会也少。另一个值得警觉的发展趋势是，尽管在争取组织中男女平等的进程中，已经取得了持续不断的进步，但是自 1972 年开始的一项持续不断的调查表明，女性总体上并不比先前幸福，并且随着年龄的增长，越来越不幸福。但是研究发现，对男性而言，结论是相反的。研究提供的解释是，首要原因是女性感到比男性压力大，总感觉匆匆忙忙、精力耗尽，而不是富有充实感。所有的进步都假设是要让女性更幸福快乐，然而事实上却没有。

2.3.2　不平等的原因

女性面临的障碍和挑战是什么，又如何解释？对此，研究发现了以下诸多因素。表 2—4 描述了诸多原因。

表 2—4	性别不平等的潜在原因
问题	是否导致了不平等
领导风格和有效性的性别差异	不可能。 存在一些性别差异，但总体来看，女性似乎有自己的风格，而且此风格在当今组织中颇受欢迎。
工作与生活平衡的挑战	可能。 女性依然承担繁重的家务和照顾孩子的重担。
女性职业生涯承诺少	不可能。 女性通常有家庭，而且其职业生涯发展是非线性的，在短暂的休闲之后他们会回到职场中。
女性受教育程度低、经验少	不可能。 除了在自然科学领域，和男性相比，相同百分比或较高百分比的女性接受了同等教育。而且女性在各类组织中担任职务已有 50 多年的历史。
牢固的性别刻板印象	可能。 组织领导者依然持有的性别刻板印象和传统管理实践导致结构型障碍对组织中的女性取得成功产生了负面的影响。
歧视	可能。 无论是有意的还是缺乏智慧，女性都面临职场中的歧视。

尽管事实上，无论是从管理职位还是从传统性别观点来看，女性在组织中的地位已经得到强有力的巩固，但是歧视依然是女性在组织中获取成功的障碍。美国全国通知网络（National Notification Network）首席执行官辛塔·普特拉（Cinta Putra）坚信，"最大的挑战是如何在各种角色要求间进行平衡，即在女性，家长、妻子、姐妹、女儿、朋友和首席执行官的角色要求间平衡。"脸书（Facebook）首席执行官雪莉·桑伯格（Sheryl Sanberg）也同样认为家庭责任的不平等是女性无法取得进步的原因之一。尽管过去几年中已经有所改变，但是研究表明，女性依然承担着照顾孩子和做家务的重担。因而，当妈妈的女性工作得少，而当爸爸的男性比其他男性承担的工作要多。

尽管如此，女性对工作和自己的教育都很投入。女性现在在所有拥有学士学位的人中占 59％，拥有硕士学位的人中占 61％，拥有工商管理硕士学位的人中占 51％。根据美国 2000 年的人口调查数据，女性已经占据了高级学位中的 45％。研究表明，尽管许多职业女性在结婚的时候放弃工作（女性占 16％，男性占 2％），但是超过 90％的人会在 2 年后再回来工作。这与女性通常比男性具有更少的工作承诺的观点相矛盾。一些女性高管认为，母亲这个角色为她们作为女性领导者提供了一些有用的技能。氧气媒体公司的创始人格里·莱伯恩说："你将会从你两岁的孩子（他们比任何顾客的要求更高）那里学到如何处理顾客关系。你也将学到耐心、管理技能、改变他人主意的策略以及五年计划。"

就领导风格的差异而言，女性领导者更善于合作、更加团队导向、更加变革导向。管理大师彼得斯相信，新经济的成功更多依赖的是女性领导者通常拥有的合作风格，而不是男性领导者传统使用的命令和控制风格。另外，男女之间存在管理与领导风格的差异。如非其他原因，正是这种差异有益于女性而不是伤害她们。

这提出了女性面临挑战的一个主要原因。对女性一直持有先入为主的刻板印象和随之而来的偏见阻碍了她们成就事业和发挥潜能。男女都持有传统的角色模式并在组织中担当相应的模式。脸书首席执行官桑伯格最近写的一本书《在女人、工作和领导意愿间倾斜》引起了大家较多的关注，因为她提出女人有时会自毁职业生涯。她发现她选中担当具有挑战性的工作的许多年轻女性过早地离开职业晋升通道，因为她们认为既已成家、立业就成为将来的计划，如此想法使得她们不再努力，因而过早地放慢工作节奏。不单单女性有如此先入为主的固定思维。研究还表明，老板对潜在的工作与家庭冲突的直觉会影响其是否晋升女性的决策。组织案例和学术研究表明，女性依然屈从于负面的刻板思维定式。女性陷入了一种需要完成相互冲突的两种角色和预期的束缚中：既想做女性，又想当领导者。她们依然坚持当领导者等于是男性的事这样的性别角色定式。然而性别假设定式却帮助了男性。在多种传统情境下，成为一名领导者需要强有力的行为，这需要她们具有男性气质（例如，主动性和果断性），而不是女性气质（例如，友好和显得不太具有竞争性）。然而，具有男性气质的女性通常不讨人喜欢，也不被认为是有效的。男性尤其希望女性以典型的女性化的方式来做事。如果表现出一些与领导行为相联系的男性特征的话，她们得到的评价往往很低。而且在一些情况下有证据表明，女性并不支持其他女性获得领导者位置。另外，热衷于权力和支配他人的女性通常不能被人们很好地接受。这些传统的看法和矛盾的预期限制了女性在领导他人时所能够行使的领导的范围，也进一步阻碍了她们领导的有效性。正如我们在第 1 章所讨论的那样，成为一名有效的领导者需要很多实践和经验。如果她们想更容易被人们接纳，就必须将她们影响他人的方式限制在一系列以关心他人为特征的女性领导行为上。因为所存在的偏见，女性以及少数族裔在很多场合下不能充分地参与领导实践，完善自己的能力。人们普遍存在这样的偏见，认为女性和少数族裔没有能力或者不能像男性那样处理具有挑战性的问题。这使得或明或暗的歧视依然是一个问题。

先入为主和传统的思维定式导致了有意或无意的管理实践，并且难以改变这些实践。女性面临一个玻璃天花板——看不见的障碍使得她们不能进入到组织的高层。有人认为，男性通常会通过透明电梯快速升迁到组织的领导岗位。一项最新的研究表明，女性在组织中面临玻璃悬崖。玻璃悬崖指的是女性通常会被任命担任一些很少有成功机会且不稳定的领导岗位，这使得她们面临另一种形式的歧视。性骚扰也是工作场所的一种歧视。性骚扰被界定为不受欢迎的性接近、获取异性喜欢的要求以及用带有性本质的语言或身体行动造成了有敌意或防范性的工作环境的行为。根据美国平等就业机会委员会（EEOC）的数据，2012 年度性别歧视中最大的一部分是性骚扰投诉。还有一些更微妙的情况。少数族裔和女性并不能在合适的时间得到合适的导师指导。而这对于管理者在组织中获得成功是一个非常关键的要素。男性比女性更多地被选中担任团队领导（46% 对 34%），得到更多的预算特权（44% 对 31%），越来越多地担当重任（89% 对 83%）。另外，女性和少数族裔不容易得到关键职位和工作经验，难以晋升到更高级的领导岗位。例如，女性和少数族裔可能不会被鼓励去承担国际性任务，并且被留在支持性岗位上而不是去前线工作。这样使得他们缺少必要的运营经验。最终，由于社会和组织文化的一些微妙因素，例如和"正确"的群体一起吃午饭，进行体育运动，成为特定俱乐部的成员，没有机会加入非正式的社交团体和"优秀老友"的人际网络，都导致了女性和少数族裔在领导岗位上缺少合理比例的代表。

领导变革

德勤支持所有员工

德勤（Deloitte）是全球四大会计师事务所之一，有 4 500 名合作伙伴及其他高级管理者。尽管大多数雇员是白人，但是该事务所以其多元化和包容性的管理行为而著称，从高层领导者开始就关注多元化。首席执行官巴里·扎尔茨贝格（Barry Salzberg）坚信："多元化的组织能做强，能利用多种技能，进行更好的创新，进入更多的各类市场。"他集中精力要将自己的公司变成一个多元化的工作场所，并且始终对要招募的人才和要保留的人才敞开大门。德勤所采取的步骤之一是从社区学院招聘员工，而不是像全球大公司那样从顶尖的名校招聘员工。他说：从这样的学校招聘人才，为他们提供另一种独特的机遇，去接触另一群不一样的独特人才群体。另外，德勤还实施了一种创新计划，称为大规模职业定制化，来为每位员工，不只是女性和少数族裔员工提供机会，开发自己独特的职业路径。该计划根据事务所一位女性的建议而来，现在已经普及到全体员工。"大规模职业定制化项目提供了一

个职业发展框架，每位员工可以在该框架内和自己的经理一道量身定制自己在公司的长期职业发展路径。"该项目允许员工在生活和职业生涯之间创造更好的吻合度，并提供晋升到高层管理者的多种路径，以此来解决女性的一个主要的挑战：平衡工作和生活。

德勤的各种努力都得到了关注。该公司被《商业周刊》提名为适合职业生涯起步的公司，而《福布斯》也将其列为最多元化的一家公司。它还在《Shriver 报告》中得分较高，并被认为是一家模范雇主。《Shriver 报告》是用来描述美国女性地位的报告，报告指出，德勤得高分是因为它提供了多样化的职业发展方法，在这个方面处于积极的领导地位并成为雇主的优秀楷模。它提供了各种一体化整合计划，让组织和员工，不论男女都能实现各自的目标。德勤的首席人才官兼副总裁凯西·本科（Cathy Benko）坚信："通过我们自己设计的路径，留住并提升女性员工，我们认识到对女性有益的事对我们

所有人都有好处。"

资料来源：Crockett, R. O. 2009. "Deloitte's diversity push," *Business Week*, October 2, http://www.business week.com/managing/content/oct2009/ca2009102_173180. htm (accessed January 18, 2010); Deloitte, 2010. http://careers.deloitte.com/united-states/students/culture_benefits.aspx? CountryContentID=13709 (accessed January 18, 2010); Deloitte—Shriver Report. 2009. Deloitte recognized for its strategies to adapt to the evolving workforce, http://www.deloitte.com/view/en_US/us/press/Press-Releases/press release/5e6c7475aa455210VgnVC M 200000bb42fooaRCRD.htm (accessed January 18, 2010).

Diversity and Inclusion: Unlocking global potential. 2012. *Forbes Insight*, January. http://www.forbes.com/forbesinsights/diversity_2012_pdf_download/ (accessed June 24, 2013); Gerdes, L. and L. Lavelle. 2009. forbesinsights/diversity_2012_pdf_download/ (accessed June 24, 2013); Gerdes, L. and L. Lavelle. 2009. launch_2009/ (accessed January 18, 2010); Model employer. 2009. http://www.deloitte.com/view/en_US/us/About/Womens-lnitiative/article/c7aa98bbcfo84210Vgn VCM100000ba42fooaRCRD.htm (accessed January18, 2010). Shriver Report: A woman's nation changes everything. 2009. http://awom ansnation.com (accessed January 18, 2010).

> **领导问题回顾**
>
> 全球领导和组织行为有效性研究指出，尽管并非所有文化中都有相同的理想领导模式，但是也存在一些普遍通用的领导要素。多元化研究也指出，不同群体和个体间的差异需要且预期拥有自己的领导要素。但是，不管哪种民族文化或群体文化，在所有要素中，脱颖而出的是正直。为了提升领导有效性，领导者必须表现出正直、诚实和可信，无论他们身处何处、领导何人。

通常，女性面临的障碍是那些不直接公开，也并非违反法律，而是非明文和非官方的政策。它们通常是看不见的，这就是为什么我们用"玻璃"来描述这些障碍。它们是组织文化中的一部分，因而很难被鉴别，更难被改变。尽管存在一些差异，但实际上，所有占非支配地位的群体成员面临相似的挑战。要创立一个文化多样化和多元化的组织，必须改变领导者个人的思维和组织管理其员工的方式。下一节我们将讨论成为多元化组织的个人和组织方面的要素。

2.4　开发文化思维模式

从组织观点来看，除了公平和社会公正视角，重要的是培养有天赋的领导者，而不管其文化背景、种族、性别如何，也不管其他非绩效相关的因素如何。成功的关键是跨文化接触与互动，如此才能开发一套文化思维模式。所谓文化思维模式，是指一种思考方式，也是看问题的方式，会在决策和行为塑造中有意识地考虑到文化因素。多年来，组织强调文化以及语言学上的胜任力的理念。而该理念是一整套行为模式、态度和策略的整合，用来帮助领导者应对跨文化情境。美国乔治敦全国文化胜任力研究中心（Georgetown National Center for Cultural Competence）指出，该理念包括认识、态度、知识和技能。这种胜任力对今日的领导者尤其重要。当然，开发文化思维模式仅仅是起点，它包括并超越技能和胜任力，聚焦于思维模式。

为了让组织真正成为一个多样性和多元文化组织，领导者必须思考文化而不是简单地行动。没有认知的行动不会长久，没有行动的认知则不会有效。尽管要求每个人对自己可能遇到的所有文化进行深度的习得，或学会所有必要的行为几乎不可能的，但是要开发出一套文化思维模式，让每个人都能了解文化差异及其对行为的影响，并把这种知识运用于领导他人或与他人互动的过程中，倒是有可能做到的。这样的文化思维模式就有可能培养出适当的技能和胜任力。

2.4.1 文化思维模式的特征

文化思维模式是一种思考方法，让一个人了解文化，开放地接受文化并了解它对自己以及他人的思维和行动产生何种影响。它涉及一个人如何思考、如何行动，也涉及具体技能。它始于个人，并扩展到整个组织。

图 2—5 总结了关键的认知、行为和技能。文化思维模式始于个人对自己文化的了解，了解它是如何影响自己对周围世界的感知方式，以及对做什么的选择模式的。理解文化的作用很重要，因为它难以改变而且其假设前提并不能得到完全清晰的认识。除了自我认识，文化思维模式还需要了解文化是如何影响他人的。更进一步，它需要一定程度的好奇心和探究精神，来探究其他文化中人们做事的方式和原因，以及对文化差异的认同和尊重。对文化敏感的人都知道，文化的可视部分仅仅是微小的一部分，因而需要揭开文化中隐藏不见的部分。他们会寻找文化指标、迹象、符号。正是它们成就了一个民族的独特性和多元的文化价值体系。也正是它们能够给个人和组织带来潜在的优势。文化思维模式的另一个组成部分是对另外一种文化充满好奇，并理解其他文化知识。它还包括和他人分享自己的文化和学习不同文化的意愿。一位具备文化思维模式的领导者把自己看成世界的一部分，并用其所习得的知识来改善决策，提升自己的领导有效性。认知中最后也是最关键的组成部分是对文化问题的思考、评估和解决，并用多种文化视角来观察世界。

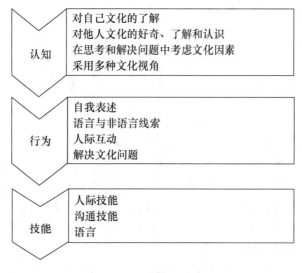

图 2—5 文化思维模式

文化思维模式首先是思维方式，我们的思维方式决定了我们所选择的行动，因此文化也是行动方式。文化始于自我表述，始于适当的语言或非语言信息或暗示，例如，沟通中的正式程度、直接程度，以及对关系的关注。再如，当组建跨文化团队时，有文化意识的管理者所要面临的团队训练的一个问题是对文化知识以及如何应对文化冲突的培训。这些行为通常来自管理人际关系、开发沟通技能以及对其他有助于跨文化互动要素的了解。

如前所述，要求每个人对自己可能遇到的所有文化进行深度的习得，或学会所有必要的行为几乎是不可能的，但是要开发出一套文化思维模式，让每个人都能了解文化差异及其对行为的影响，并把这种知识运用于领导他人或与他人互动的过程中，倒是有可能做到的。这种文化思维能引发对其他文化的认识，开放地接受其他文化，并且使人认识到文化是如何影响自己和他人的思考和行动的。文化思维模式让人们使用多元文化方式，在多极世界里实现包容、社会公正、果断自信、相互尊重以及和谐。文明的多样性和多元文化主义旨在构建一种开放包容的新文化，而不是仅仅把它们看成是一个贸易配额和百分比的问题。

2.4.2　多元文化组织

解决文化挑战的基本方法是创造一种组织氛围，对来自多元文化的团队成员的多种不同需求，持有宽容和慷慨的态度。领导者所面临的挑战之一是如何保持人们对组织事务的高参与程度。组织满足员工个人的需要，并且重视其文化，这一点很重要。对工作场所进行的一项常规调查——盖洛普（Gallup）调查表明："最优秀的管理者能够认清、了解其团队成员的基本差异，并思考这些差异对工作场所有什么启示。这些管理者会因多元化员工所带来的潜能而感到兴奋，并充满工作动力。"调查发现，在满意度和工作参与程度方面，不同性别和不同时代的人之间存在差异，领导者要对激励多元化员工积极地参与工作负责。调查还发现，用多元文化思维来构建一个多元文化组织，不仅对女性和少数族裔员工有好处，而且对所有员工都有好处。调查表明，珍视多元化的组织，其员工的满意度和留职率最高。

组织领导者在激励整个组织形成文化思维模式方面起着至关重要的作用。领导者用自己的言行表明，将培养和维持一个多元文化组织的价值观，对文化偏见不可容忍，以及文化差异成为组织所有决策必须考虑的要素（见图 2—6）。盖洛普有关多元化与满意度之间关系的调查还表明，组织领导者对多元化员工的承诺与员工的总体满意度相关。

德勤的案例为构建多元文化组织提供了实例。另外一个案例是索迪斯（Sodexo）。它是一家全球化的食品服务和设备管理公司，年营业额达 200 亿美元。该公司将多元化思考放在各种经营活动之前。高层领导者对这样做都做出了坚定的承诺。为此，该公司建立了以部分实现多元化目标为基础的奖励制度，进行广泛的多元化培训与辅导，构建以多元化为中心的各种伙伴关系，包括与黑人学院和大学合作，实施各种工作与生活平衡项目，资助以多元化为中心的群体和活动。一种高度

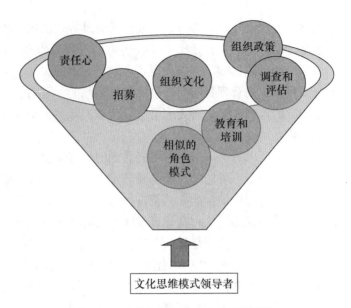

图 2—6　成就多元文化企业的组织要素

信任的企业文化是行动导向，并且会负责实施增强多元化的各种建议，公司负责企业多元化和包容的高级主管贝琪·席尔瓦·赫南德兹（Betsy Silva Hernandez）如此说。2002 年该公司成立了多元化领导委员会和运营领导委员会。运营领导委员会承担监督各级管理者和群体落实各种多元化政策的责任。约 90% 的管理者都加入了多元化员工资源小组。该小组负责落实各种多元化政策的具体措施和工具。公司董事会主席和首席执行官乔治·查维尔（George Chavel）说："我们处理多元化的专业化技能有助于我们对顾客的需求做出灵活反应，使我们有别于竞争对手，由此给我们长期的商业成功作出直接的贡献。"公司首席多元化总监罗希尼·阿南德（Rohini Anand）陈述道："索迪斯认为，多元化和包容是一个商业实体必须承担的责任，也是根植于核心价值观中的社会和伦理责任，它存在于团队精神、服务精神和不断进步的精神中。"索迪斯的成功不仅是因为它把落实多元化当成不可推卸的责任，还因为它在 2006 年花费了 8 000 万美元了结了一桩阶层歧视的官司。

索迪斯和德勤的实例表明了领导者的重要性。领导者不仅是强有力的决策者，还通过正式和非正式的沟通对组织施加广泛的影响，包括招聘、角色塑造和制定各种组织政策。领导者通过自己的言行传递出去的有关文化的角色和重要性的信息，包括多样性、多元文化主义的重要性的信息，对组织的多元化管理是非常重要的（有关高层领导者使用的影响过程的讨论见第 7 章）。另一个强有力的工具是组织文化变革，以消除文化歧视的实践、行为和符号。文化变革的过程是组织所要经历的漫长且最为艰难的过程。但是，不用文化变革解决非正式的歧视做法和态度，任何其他方面的改进都不可能是有效的。

另外一个解决方案是在整个组织中构建多元角色模型。如在领导岗位上聘用来自多元文化背景的人，招募多元文化背景的员工，那么整个组织就可以传播多元化的信息，并展示其对文化多样性的承诺。通过培训和教育，可以帮助人们认识到自己所持有的偏见，理解他们自己和他人的文化观点，更好地接受文化观点的差异。例如，Bain & Company 是一家咨询公司，当把其顾问从一个国家派往世界上另一个国家时，公司不仅给他们提供该国的生活起居信息，而且用具体的文化知识来武装他们，让他们能够有效地发挥作用。其他公司，例如宝洁公司，珍视和鼓励开发员工和领导者的文化知识。公司的座右铭——"每个人都会得到尊重，每个人都会得到包容，每个人的绩效都会达到顶峰"并不只是纸上谈兵。宝洁公司负责执行多元化和主管商业服务的副总裁琳达·克莱蒙特-霍姆斯（Linda Clement-Holmes）说："员工越知道消费者所想，我们公司就做得越好。"

丰田美国公司，像其他成功管理多元化的公司一样，组建了多元化的员工队伍。为此，它细致地宣传其多元化战略，设立多元化顾问委员会，制定多种政策，采取各种行动来支持多元文化群体、实施多元化招聘，强调对多元化负责。许多传统意义上的组织政策，例如休假陪护家人，都会排除一个人的晋升机会。同样，强调传统男性角色和西方领导特征作为成功基础的绩效评估标准不会重视具备其他多元化特征的人所具备的能力和技能，因而他们也不被重视或提拔到领导岗位。最后，鼓励多元化要想成功还必须仔细地衡量和监控。组织必须规定基本的硬数据信息，如关于在领导岗位上的女性和少数族裔的实际数据；也要有一些软数据，如有关满意度、态度和可能存在的不易看见的障碍。像德勤、索迪斯和其他一些公司一样，跟踪变革轨迹、保持决策的可靠性对巩固已经发生的改进是非常重要的。例如，丰田公司对多元化和包容性员工的承诺指标之一是，快速行动解决高管的性骚扰行为。该高管不仅离开了公司，而且公司还创立了一个任务小组负责提升管理人员的培训、完善对投诉和申述的反应程序。

一位具有文化意识的领导者，其重要性和所担任角色的关键性无论怎么强调都不过分。构建多样性和多元文化组织，欢迎来自多元文化背景的全体员工，在全球化环境中是一项涉及伦理和道德的义务和一种非常安全的商业实践。

你怎么办?

你的公司成长很快，需要迅速雇佣到新员工和管理者。你的几位经理建议，与其经过冗长的环节招聘人员，不如简单地鼓励所有经理自己去雇用其了解且信任的人。有些人则说，你目前的管理团队中缺乏多元化人才和技能，不会吸引到很多具有多元化背景的工作申请人。你怎么办?

2.5 结 论

文化是影响我们思考行为的诸多因素之一，文化会影响我们认为谁是有效的领导者，也影响我们对领导的期望。学者们提出了几个模型来增进我们对文化的理解。霍尔的文化语境主要关注的是沟通语境。来自高语境文化的人依赖于环境、非语言线索、情境因素以及一些微妙的信号来与其他人进行沟通。来自低语境文化的人关注的是具体的书面或者口头信息。霍夫斯泰德的文化价值观表明，我们可以从五种维度了解文化：权力距离、不确定性规避、个人主义、男性主义和时间导向。另外，文化是严格的——有很多的制度和规范，还是宽松的——只有很少的行为约束，也进一步影响人们的行为。特姆彭纳斯进一步界定了我们对于文化的理解。他认为文化有九个维度，并且提供了一个跨文化的组织文化模型。最新和最完整的文化模型是由全球领导和组织行为有效性研究项目的研究者提出的。该研究指出，文化影响但不能预测领导有效性；文化是通过文化支持领导理论来影响领导有效性的；按文化预期来行动的领导者，其领导最为有效。

除了国家文化，群体文化也在组织领导中扮演着重要的角色，特别是当它与性别和少数族裔有关时。尽管女性在西方和世界其他地方的组织中发挥着积极的作用，但是显然她们没有获得与男性相等的权力和领导角色。性别差异、不愿意当领导者，尤其是存在已久的偏见和歧视，是组织领导岗位上女性比较少且晋升较慢的主要原因。开发一种文化思维模式，并由此将文化置于领导者的认知和行为的前沿，是构建一个多元文化组织的第一步。领导者的支持、塑造支持性的组织文化、制定适当的政策，以及对行动的结果负责，是有助于构建一个多样性和多元文化组织的各种要素。

复习讨论题 ▪

1. 有关文化的模型有哪四种？它们如何影响领导？

2. 不同文化模型的相似性有哪些？每个模型都作出了哪些独特的贡献？

3. 霍夫斯泰德、特姆彭纳斯和全球领导和组织行为有效性研究提出了不同的文化价值观模型，它们对领导及其有效性的定义有什么区别？

4. 群体成员身份如何影响领导和领导者？

5. 什么因素导致各种场所中男女领导者的不平等？

6. 文化思维模式的要素是什么？

7. 组织如何才能更加多元化？

8. 为什么领导者在塑造多元化组织过程中如此重要？

领导挑战：判断文化 ▪

文化、性别和领导，这三者紧密相关。在大部分文化中，甚至在西方文化中，领导也是与男性联系在一起的。这在许多阿拉伯国家表现更为强烈，女性在公共生活和商业方面只能发挥非常有限的作用。

作为组织的领导者，你需要选择一个谈判团队的领导者与潜在的沙特阿拉伯客户达成协议。到目前为止，你最好的、最有经验和最有能力的谈判者是一位女性经理人。多年以来，她在美国和几个西方国家成功进行谈判，做成了很多笔生意。她的助手是一个有前途但是相对年轻的男性经理人。他还需要进一步磨砺能力和经验。

1. 你需要派遣谁担任这个团队的领导者去沙特阿拉伯？

2. 你需要考虑哪些文化因素？

3. 你派遣谁担任团队领导者传递着什么信息？这一商业决策意味着什么？

练习 2—1　世界地图 ——■

在一张白纸上，画出一张世界地图，包括所有七个大洲，尽量凭记忆多包括一些要素。

1. 哪些大洲你放对了地方（通常认为是正确的场所）？

2. 你是从何处开始画地图的？你所画的第一个地方是哪里？

3. 哪个大洲是中心？为什么？

4. 地图告诉你什么样的世界知识？请等待进一步的指导。

练习 2—2　格言是了解领导的一扇窗户 ——■

这些格言告诉我们哪些关于文化的知识？在那种文化中，对于领导它们有什么含义？

美国（主流）

格言	对于领导的含义
事实胜于雄辩。 趁热打铁。 一寸光阴一寸金。 自助者天助。	

其他文化

格言	对于领导的含义
一个人不能创造风，反而会被风吹倒（亚洲文化）。 规则是生活的一半（德国）。	

续前表

格言	对于领导的含义
当蜘蛛织起网，可以捆住一头狮子（埃塞俄比亚）。 我们就好像吊桶一样，一个往上，另一个却往下（墨西哥）。 有时你骑着马，有时你搬着马鞍（伊朗）。 我们会因为离开的轨迹被人们永远记住（印第安人）。 一个手指不能够举起卵石（霍皮人，美国亚利桑那州东南部印第安村庄居民）。 武力，不管如何隐藏，都会招致阻力（拉克塔人，北美原住民的一族）。	

练习 2—3　纳瑞安的桥 ——■

下面是一个跨文化角色扮演的练习，可以让你体验与来自不同文化的人进行交流的挑战和机会。设置的场景是一个叫纳瑞安（Narian）的虚拟国家。你可以假定自己是美国人或者纳瑞安人。认真阅读练习。老师将给你提供进一步的信息。

背景

纳瑞安是一个具有悠久历史和丰富文化传统的中东国家。通过挖掘大量的矿产，这个国家获得了可观的财富。稳定的政治和社会氛围也吸引了大量的外国投资者。结果，在过去的 20 年间，纳瑞安由于规划良好，成为该地区最发达的经济体。人均收入在这个地区是最高的。在 30 岁以下的人口中，受过教育的比例超过 80%（30 岁以下人口占总人口的 53%）。

该国的政治体系是独裁的君主政体。民选议会的权力被限制在与君主协商上。这个政治体系已经延续了 1 000 多年。目前的朝代在 400 年前就已经开始了它的统治。与周围许多不稳定的邻国相比，纳瑞安具有稳定的政治环境。然而，西方报纸对这种缺乏民主的独裁政治展开了严厉的批评。国王一方面欢迎西方和东方对他们的经济发展提供帮助。同时，他也庄严宣布，这种指责是一种文化殖民主义，并强调保持纳瑞安文化的必要性。

纳瑞安文化温和，并欢迎外来者。虽然纳瑞安人对外来者非常友好、有礼貌，但是他们不能接受别人对自己文化的批评，也不能容忍对该话题进行讨论，尤其是外来者。纳瑞安人在世界其他国家接受高等教育，并且大部分学成归国。家庭是社会的核心。父亲是毫无疑问的一家之长。纳瑞安人以他们的家庭为荣，对家庭保持相当的忠诚。他们对所在的组织也同样忠诚。员工以组织的成就为荣。尽管时常可以听到对政治体系的公开批评和要求民主参与的声音，但家庭、社区和独裁的权威很少得到质疑。纳瑞安人经常提及个人牺牲、社会秩序、稳定的重要性。在面对西方人以不合规则的方式做事时，他们也只是面带微笑地表示遗憾。他们也会将自己的社会与其他国家进行比较。在他们那里，内在信任关系得到重视。人们的一次握手和一句话比黄金还要贵重。相反，其他一些国家非常重视法律系统，要求做任何事情时都要有合同。

纳瑞安人的领导者具有绝对的权力。尽管他们的权力没有被看做来自神，但领导者通常被认为是绝对正确的。纳瑞安的领导者自信他们拥有处理事情的所有知识。他们不会向别人提问或寻求建议，即使是地位平等的人。纳瑞安的领导者也是独裁者，被人们期望在任何情况下都能照顾好忠诚的被领导者。一方面被领导者需要毫无疑问地服从，另一方面领导者也需要奉献自己的全部。领导者需要对被领导者负全部的责任，包括他生命的所有方面。他们被要求帮助、引导被领导者。在被领导者需要的时候，领导者需要来营救他们。领导者要求关心他人，保持公平。他们首要的职责是照顾好被领导者。

作为回报，纳瑞安的被领导者要求保持忠诚、服从、忠实和有用。他们自愿接受领导者的命令。纳瑞安人从小就被教导领导者是绝对正确的。他们正确的行为准则是对领导者和年长的人保持服从和忠诚，努力履行作为被领导者的责任。不满和冲突很少在公开场合得到表达。人们重视礼貌，要求以友好的方式处理事情。当错误发生时，不论问题在哪里，所有人都要不带抱怨地来解决问题。如果领导者公开出现了错误，当然这种情况通常很少发生，某一个被领导者会为他承担责任，公开接受责难以保护领导者的脸面和社会和谐。作为回报，承担这种责任的人会被看做很忠诚。

西方观察家通常会对纳瑞安社会中女性的角色感到疑惑不解。30多年来，女性已经取得了与男性同样的权利。她们可以投票选举，做任何生意，利用各种教育机会，要求离婚，获得孩子的抚养权，在组织中工作等。她们中受教育的比例与男性也差不多。尽管女性很少追求高等教育机会，似乎大部分女性只要对外面的工作机会感兴趣，就很容易在纳瑞安繁荣的经济中找到工作岗位。然而，社会还是保持了传统上高度的家长制。

角色扮演的情境

一家美国工程与建筑公司获得了它的第一份大型政府合同——为纳瑞安修建两座大桥。根据合同条款的要求，这家公司将要与纳瑞安城市发展部几位在美国受过教育的工程师一道制定详细的计划和工作时间表。城市发展部部长达夫迪先生是一位20世纪50年代在澳大利亚受过教育、受人尊敬的工程师。除了纳瑞安语，他还可以很流利地讲德语、英语和法语。在国家发展中，他发挥着指导者的角色。尽管他是一个温和的政治家和协调者，对国家的资源和经济情况有很好的了解，但他已经很多年没有实际参与建筑工程。

达夫迪先生已经为这两座大桥的选址和

结构做出了决策。其中，在选址和设计上存在严重的错误。尽管他的纳瑞安副手似乎已经意识到潜在的问题，并暗示在这个位置上建筑桥梁具有困难。但是他并没有对已经发现这样的设计要求是不可行的美国承包商明确表示他的担心。

角色扮演发生在与达夫迪先生的会议中，你可以选择他的纳瑞安副手和美国工程公司代表中的一个角色。美国公司首席工程师要求召开会议，而且很紧急。美国团队期望立刻开始该项目。纳瑞安方面也准备参与到这个新商业项目中。

请等待进一步的指导。

练习2—4　领导和性别 ——■

这个练习用来发现性别角色和领导之间的联系。老师会把你们分成三个组，让你们指出某一特定领导者的一系列特征。每个小组都在全班面前展示这些特征。然后，我们将会围绕性别角色和领导之间的相似性以及差异性进行讨论。

现在，让我们列出____（等待老师给出特定的领导者）的8～10个特征。你可以使用具体的个体特征或行为描述。

练习2—5　这些是性骚扰吗 ——■

对于下面的每一个场景，阐明在你看来是否发生了性骚扰。给出你的理由。

1. 一个老师声称，你的成绩（参加某团队、参加游戏等）取决于你是否服从某种关系。

这是性骚扰吗？为什么？

2. 玛丽和托德约会了一段时间。玛丽想和托德分手，不想再和托德继续约会。她告诉了托德，但托德认为他们依然在恋爱。他给她打电话，希望继续约会。在学校的大楼里，他追上她，将他的胳膊勾在她的肩膀上。

这是性骚扰吗？为什么？

3. 经过一段时间有关同性恋的讨论，理查德还是强烈认为同性恋应该有权享受伴侣的相关福利，并且能够组织工会。他一个朋友的伴侣在医院的病床上快要死去，他的朋友也不被允许去探望。原因只是在于他们之间没有合法的关系。当理查德谈到他观察到朋友非常悲伤的时候，情绪非常激动。自从那天以后，他的同事一直用"妈妈的男孩"、"你是女孩"、"你现在想哭吗"来评论他，暗示他是同性恋。理查德实际上是一个异性恋。

这是性骚扰吗？为什么？

4. 塔拉·华盛顿已为彼得·雅各布斯担任助手五年了。他们拥有很好的工作关系。塔拉刚刚知道她的父亲是癌症晚期。最近一天，在办公室里面她精神崩溃了并开始哭泣。彼得走上前去，给了她一个拥抱。

这是性骚扰吗？为什么？

5. 朱丽叶和安东里奥在一间办公室工作。他们都是刚刚大学毕业，并且很快相互吸引，开始约会。他们的主管警告他们不要让他们的关系影响到工作，或者影响到公司里的其他人。他们都说，他们知道潜在的问题，并且做出承诺会按照专业的方式做事。在几个月以后，安东里奥提出分手。朱丽叶很伤心。他们都觉得和对方一起工作不舒服。几个星期以后，朱丽叶告诉她的主管，安东里奥有意避开她。她认为这构成了性骚扰。

这是性骚扰吗？为什么？

6. 娜丁是一个在政府部门工作、非常有吸引力的年轻员工。她与同事建立了温馨、友好、和谐和专业的人际关系。她的同事之中有很多男性。他们经常拿她开玩笑。她也经常收到很多对于她容貌的恭维之言。

这是性骚扰吗？为什么？

7. 尼古拉斯是刚从希腊来的移民。他在马萨诸塞州的一家高科技公司工作。他很喜欢他的工作和同事。他们经常一起出去吃中饭和喝酒、在周末一起打球。当他发现一位同事控告他有不适当的身体接触，试图进行性骚扰时，尼古拉斯很吃惊。

这是性骚扰吗？为什么？

8. 金是一个专注于为大型开发商销售房屋的房产经纪人。她销售一些还在建筑工地上的房屋，并且有很成功的职业发展迹象。

最近，因为某个建筑工地上一些建筑工人的粗鲁和建设性的评论，她感到很不舒服。所以，她避免向客户展示那个位置的房产。她曾经跟她的经理抱怨这个问题，但被告知，他们不能控制这些建设工人，因为他们不是公司的员工。

这是性骚扰吗？为什么？

9. 加里邀请公司最大的一个客户去吃晚饭。这个客户正在考虑拓展与加里公司的业务。在晚餐上，她很想凑近加里，但是加里很明确地拒绝了她。客户从他的身旁擦过，并说她还会继续。第二天，加里将这件事情告诉了他的上级，并说明他心里不舒服。主管告诉他，这个客户特意要求加里做这笔业务，并且暗示她期望与公司进一步拓展业务。

这是性骚扰吗？为什么？

自我评估 2—1　你的首要文化背景 ────■

辨认出自己首要的文化背景（你可能有多种文化背景）。

1. 你认为是什么要素成就了你的文化独特性？

2. 你的文化给你提供什么样的关键教导，例如，何为重要？何为正确？

3. 你是如何学到这些教导的？

4. 你同意吗？为什么？

5. 你是否常常和他人分享这些文化元素？

6. 你认为你的行为多大程度上受到该文化的影响？

请等待进一步的指导。

自我评估 2—2　你有文化思维模式吗 ────■

针对下列问题，用下列量表来测度你的回答。

1	2	3	4
非常不赞同	不赞同	赞同	非常赞同

	问题项	回答			
1	我对自己的文化了解得很多。	1	2	3	4
2	我不太思考自己的文化是如何影响我的。	1	2	3	4

续前表

	问题项	回答			
3	我可以说出自己的文化背景是如何影响我所做、所想的。	1	2	3	4
4	我喜欢问他人有关文化的问题。	1	2	3	4
5	只要有机会，我就去寻求各种文化体验（饮食、旅行、节日、音乐）。	1	2	3	4

续前表

	问题项		回答		
6	我了解到，文化差异影响我同事的思考和行为方式。	1	2	3	4
7	我喜欢和我不熟悉的人分享自己文化的风俗习惯和信仰。	1	2	3	4
8	在我的个人生活和职业生涯中，解决问题时文化是需要考虑的因素之一。	1	2	3	4
9	我和来自不同文化的人在一起，感觉不太舒适。	1	2	3	4
10	如果周围的人讲不同的语言，我通常感到不舒服。	1	2	3	4
11	我认为人都是相同的，不管其来自何处。	1	2	3	4
12	尽管我来自某国家，但我通常认为自己是世界公民。	1	2	3	4
13	人们可以有不同的观点，但我相信最终总会有正确与错误之分。	1	2	3	4

续前表

	问题项		回答		
14	我善于根据不同的情境调整自己的行为。	1	2	3	4
15	我自己及他人的文化背景对我来说非常重要。	1	2	3	4

计分提示：把第 2，10，11，13 题的分数颠倒（1＝4，2＝3，3＝2，4＝1），然后加总所有得分。

总分：_____

总分在 15～60 内。处在前 1/3 的分数（60～45）表明你具有强烈的文化意识。处在后 1/3 的分数（30～15）表明你的文化认识水平低。回顾你的答案及本章有关多样性和文化思维模式的材料，来界定出自己的长处和短处，从而决定如何强化文化认识、改善跨文化合作能力。

自我评估 2—3 探讨关于女性的观点

简要描述在你的家庭和所处文化中人们对女性的观点和期望。请说出女性在人际关系、家庭、商业、工作和社区所扮演的角色。这些观点是如何使女性在工作中更加容易或成为羁绊的？

实践中的领导

▰▰▰ 基于古老原则的领导 ▰▰▰

"负责、可信和正直"是印度最大的股份公司塔塔集团的三个基本原则，集团以此对最终利润、人和我们所处的行星地球这三者做出承诺。塔塔集团是一家资产达 1 000 亿美元的产业巨头。这家家族企业的经营包罗万象，从信息系统、钢铁、能源、汽车、消费品到旅馆产业，业务遍及 80 多个国家和地区，拥有各种国际品牌，例如，捷豹、路虎、大宇汽车。其业务是现代西方风格的资本主义的成功符号，但是其领导和管理的基本原则来自古老的印度文化与宗教，是以正直、慷慨、谦虚、善良和无私的价值体系为基础的，是以 Parsi 宗教家庭背景和根植于乡土的所有理想为基础的。

作为家族拥有和经营的企业，塔塔得益于拉坦·塔塔（Ratan Tata）长达 21 年的领导。直到 2012 年 12 月，他才把管理权转交给另外一名家庭成员米斯特里（Cyrus Mistry）。一位在该公司工作的高管说："当上集团主席并没有改变他或他的行动方式，他力争找到最合适的行动方针。拉坦·塔塔并不是敲桌子的老板。他温和地发出指令，而那些得到指令信息的人，非常清楚其要点。他思考的格局很大，也鼓励他人如此思考。他也鼓励那些偶尔无法交付预期成果的人。"拉坦·塔塔以善于倾听为闻名，同时他也能自信地表达自己的观点。有些人将他的成功归功于其思考力。世界上多数高管培养了高傲自大、自负的个性，并且像明星一样寻求国际关注，而拉坦·塔塔依然保持谦卑，发挥着自我效能，过着远离公众且隐居的生活，并且早于自己的时代，提倡全球化的重要性。

因为公司的业务主要分布在印度以外的地区，也因为印度是一个由多元文化组成的国度，公司提倡广泛的文化多元性。Tata Sons 分公司的执行总裁罗斯林（Alen Rosling）说："明天，成功的组织在地理上扩张于世界各地，而从创造性地融合来自世界各地的员工中汲取竞争优势。"他坚信印度在倡导多元化领导方面有独特的优势，因为印度是世界上文化最多元化的国家之一。尽管文化误解和由此带来的关系紧张注定要发生，但罗斯林坚信："只要让员工与来自其他国家的同事进行接触，此类问题就可以得到解决，而随之培养的潜在的价值观最终会成为真正的竞争优势。"

这种独特的管理风格实例之一，是 2008 年发生在印度孟买的 Taj Mahal Palace 旅馆所遭受到的恐怖袭击。该旅馆是塔塔集团旅馆产业的皇冠明珠企业。恐怖袭击之后，接踵而来的是无法想象的流血事件，数十人死去，上百人受伤。在恐怖袭击中闪光的是该宾馆员工以身作则的无私行为。他们留下来，帮助许多客人冒险逃生到员工自己的安全地带。公司的领导原则在招聘和培训中得到落实。许多员工来自农村，在传统价值体系熏陶下长大，而公司的培训和奖励制度又进一步强化了这些传统的价值体系。

问题

1. 拉坦·塔塔的领导特征是什么？
2. 你认为文化在多大程度上发挥着作用？
3. 这种管理风格可以照搬到其他地方实行吗？

资料来源：Babu, S. 2012. "Why Ratan Tata is a role model for India Inc. ," *Yahoo Finance*, December 27. http:// in. finance. yahoo. com/news/why-ratan-tata-is-a-role-model-for-india-inc-101918923. html (accessed April 1, 2013); Deshpande, R. , and Raina, A. 2011. "The ordinary heroes of the Taj," *Harvard Business Review*, December. http://hbr. org/2011/12/the-ordinary-heroes-of-the-taj/ar/1 (accessed April 1, 2013); Irani, J. 2013. "He would neverthump the table," *Business Today*, January 20. http://businesstoday. intoday. in/story/j. j. -irani-on-ratan-tata-leadership-style/1/191230. html (accessed April 1, 2013); Radhakrishnan-Swami, M. , M. R. K. Pratap, M. E. Haque, and A. Shashidhar. 2010. "The Tatas without Ratan," *Outlook Business-India*, October 16. http:// business. outlookin-dia. com/article_v3. aspx? artid=267429 (accessed July 11, 2013); Rosling, A. 2009. "Business blooms in diversity," Tata—*Leadership with Trust*. http://www. tata. com/careers/articles/inside. aspx? artid=IAECTN1VmjM= (accessed April 2, 2013); What Cyrus Mistry inherits from Ratan Tara. 2013. *Business Today*, January 28. http://businesstoday. intoday. in/story/what-cyrus-mistry-inherits-from-ratan-tata/1/191081. html (accessed April 1, 2013).

第3章
现代领导学的理论基础

学完本章，你将能够：

1. 辨明领导学研究的三个主要时期及其对现代领导理论的贡献。
2. 陈述并评估早期领导理论的贡献，包括：
   - 费德勒的权变理论模型。
   - 规范决策模型。
   - 路径—目标理论。
   - 领导替代理论。
   - 领导者—成员交换理论。

领导问题

　　你认为有些人生来就是当领导者的料，并且无论情境如何，他们总能晋升到顶层。这些人具有什么样的特征？

　　现代领导理论研究可以追溯到 19 世纪末的工业革命。虽然各个历史时期的学者们都非常重视对领导学的研究，但现代领导学研究方法引入科学力量来寻求解决领导问题的答案。有时，社会学家、政治学家和管理学家会采用各种方法来测量领导。本章回顾了现代领导理论的发展历史，勾勒出作为现代领导学基础的早期理论。

3.1　现代领导理论发展史：三个时期

　　在工业革命时期，与对组织其他方面的研究一样，对领导理论的研究也生机勃勃。研究人员不再用直觉和一般行为的描述来研究领导，而是运用科学的方法，通过识别与衡量领导特征来解释、揭示领导效果。现代领导学研究可以划分为三个时期：特质时期、行为时期和权变时期。各个时期均作出了卓越的贡献，提升了我们对领导理论的理解。

3.1.1　特质时期：19 世纪末至 20 世纪 40 年代中期

在 19 世纪末到 20 世纪上半叶，人们信奉"领导者是天生的"这一论断。托马斯·卡莱尔（Thomas Carlyle）的《英雄和英雄崇拜》（*Heroes and Hero Worship*）、威廉·詹姆斯（William James）关于历史上的伟人和高尔顿（Galton）论述遗传的作用等著作都呈现出这种鲜明的时代特征。这些著作认为，人的个性和行为是天生的，因此领导者天生就具有某些特殊才能。不管发生什么情况，这些特定的领袖才能和特质都意味着他们成为领导者是必然的。这一时期的历史背景和社会结构进一步强化了人们的这种信念，因而普通人成为社会、政治和工商界领袖的机会是非常有限的。对人格力量和先天特质的信念，深刻地影响着领导学研究人员，使得他们全身心地投入到领导特质的研究当中，并广泛地寻找具有领导特质的人。而 20 世纪早期的智商等个性和个体特征测试理论的发展也使得特质研究成为可能。

数以百计的领导特质研究的假设前提是，如果领导者确实有不同于下属的特殊个人特质，那么这些政治领袖、工商界领导和宗教领袖应该拥有这些特质。基于这种假设，研究人员对现有的领导者和下属进行观察和解释，收集了关于他们的人口统计学和个性特征的详细资料。然而通过 40 年的研究，"领导者是天生的"这一论断并没有得到证实，领导并不能仅仅通过一两个特质来进行说明。一些特质确实很重要。例如，许多数据表明，与其他人相比，领导者交际能力更强，更具有主动性，更加活跃。此外，领导者通常具有一些创造性，较受人们欢迎，而且具有幽默感。然而，哪一种特质与领导相关似乎更依赖于环境的需要。换句话说，社交、主动和活跃性、创造性、受欢迎以及任何其他特质组合，并不能确保一个人能在所有的情境下都成为领导者，更不用说成为一个有效的领导者。

20 世纪 30 年代到 40 年代早期，因为这种论据不充分甚至得出矛盾的结论，大多数研究人员共同的信念是，虽然特质是决定领导能力和有效性的一个因素，但它的影响是最小的，而且领导应该被看做一种不能脱离于外部环境来研究的群体现象。20 世纪六七十年代的研究进一步强调了上述发现，认为虽然智力或决断与领导具有某种程度的关联性，但它们并不能单独解释、说明领导的有效性。

最近，如技能等特质和其他个人特质的研究使我们能够更清晰地理解领导中个人特质的重要性。对情商的关注也产生了一些有趣的研究结论。更多的讨论将在第 4 章进行。由于对领导行为的限制或者在学习某种特定行为中存在或多或少的困难，使得领导者的个人特质成为领导有效性的一个关键因素。然而，在有效领导中，领导者的个人特质绝不是唯一或关键的因素。

3.1.2　行为时期：20世纪40年代中期至70年代早期

由于特质研究并没有产生预期的结论，同时也因为第二次世界大战出现了对领导识别和训练的需要，领导学研究从特质取向转向行为取向，以寻找有效领导的答案。在此期间，美国和英国兴起了观察人类行为的研究，由此导致行为理论占据了主导地位。行为理论强调一个有效的领导者应该具有哪些行为，而不是判断谁应是一位有效的领导者。行为研究具有特质研究所不具备的几个有利条件：

- 行为随时都能观察到。
- 行为能得到一致性的测量。
- 行为可以用许多不同的方法传授。

这三个因素为军队等对领导感兴趣的组织提供了一种清晰认识，从而使这些组织把主要精力集中在对有效领导行为技能的训练上，而不是放在识别领导者的特殊个人特质上。

勒温（Lewin）和他的助手早期关于民主、专制和放任的著作奠定了领导行为理论的基础。民主型领导者在制定决策时会与下属商讨，允许下属参加决策制定；而专制型领导者是那些自己单独制定决策的人；放任型领导者既不为下属提供明确的方向，也不参与他们的决策制定。虽然可以明确界定这三种领导者类型，但该研究却无法判断哪种类型是最有效的，或在什么环境下应该采取哪种领导方式。每种方式对下属都有不同的效果。例如，放任型领导者除了提供信息，几乎没有任何指导和评价，这会引起团队的失望和混乱，反过来又导致工作质量下降。另一方面，专制型领导者容易使下属逆来顺受。民主型领导者所领导的集体是松散的，但是也有一定的凝聚力。

在勒温等人的开创性研究基础上，众多研究小组开始研究并辨别领导行为。其中，最为著名的是在俄亥俄州进行的领导行为研究。该研究列出了大约2 000种领导行为清单，然后逐渐缩减变量，得出了几个关于领导行为的主要变量。在这些变量之中，人们发现与工作相关和与人际关系相关的领导行为是最为关键的领导行为。俄亥俄州的研究导致了领导行为描述问卷调查表（leader behavior description questionnaire，LBDQ）的开发，这些结果一直沿用到今天。

俄亥俄州的领导行为研究及其他研究明确了一系列领导行为，但并没有说明领导行为和领导效果之间的联系。虽然人们研究了多年，但仍没有明确哪一类行为是最有效的。研究人员一致认为，关心、支持性和员工导向的领导行为，与下属的满足感、忠诚和信赖高度一致，并且这些行为与工作绩效高度相关。有数据表明（尽管不很充分），有效领导需要兼顾关心员工和关注结构这两类领导行为。但这些结果并没有得到太多的支持。此外，这种领导行为二分法不足以对在美国以外的、个人主义色彩较轻的国家中的领导理想模型做出解释。

和特质研究方法一样，领导行为研究方法只注重行为而没有考虑环境因素，因而仅仅为高度复杂的领导过程提供了一个简单视角，并不能完全解释领导现象。但是，任务导向和关系行为导向被确立为卓越领导行为。研究者和实践者依然继续沿用通用的术语来讨论领导的问题。

3.1.3 权变时期： 20 世纪 60 年代早期到现在

甚至在人们并没有认识到行为方法无法成功地全面解释和预测领导的有效性之前，许多研究人员就呼吁要用全面的方法来理解领导。研究人员特别提出任务和工作团队类型等情境因素对领导的影响。然而直到 20 世纪 60 年代，这些因素才被真正应用到领导学研究中。弗雷德·费德勒率先进行了这项工作，他的领导权变模型将在本章详细讨论。其他研究者也摒弃了仅仅依赖于领导者的简单模型，转而选择了更为复杂的权变观点，如路径—目标理论（path-goal theory）及规范决策模型（normative decision model）等其他模型也将在本章得到讨论。权变观点的主要假设是，领导者的个性、行为方式以及行为的有效性高度依赖于他自己所处的情境。另外，这种研究方法暗示：

- 不存在最佳领导方式。
- 情境及其各种相关因素决定了何种领导风格和行为最有效。
- 人们通过学习能够成为一个好的领导者。
- 领导导致了团体和组织效果的差异。
- 个人因素和情境特征影响领导效果。

虽然关于领导的权变方法广泛得到接受，但最新的领导学研究方法更关注领导者和下属间的关系以及魅力型领导者和愿景型领导者的各个方面。一些学者将这种方法称为新魅力学派（neo-charismatic school）。我们将在第 6 章详细介绍。

3.2 早期理论

一个管理有效的领导者必须了解利用可获得资源的方法，以及与下属一起完成目标的途径。早期的领导理论从各个角度阐述了这两方面的内容。

3.2.1 费德勒的权变模型

费德勒最先提出了领导权变观点。他的情境模型是最早提出，也是使用最为广泛的研究领导的权变方法。费德勒模型的基本假设是，领导有效性是领导风格和领导情境匹配程度的一个函数。如果领导风格与情境相匹配，领导就是有效的；反之就是无效的。费德勒考虑的是领导者如何利用可获得的资源并提高团队效率。

领导风格

为了确定领导风格，费德勒使用最难共事者问卷（least-preferred coworker，

LPC），来测量决定领导的动机因素：工作动机或关系动机。费德勒的研究表明，从人们对最难相处同事的描述和看法中可以看出他们最基本的目标是完成工作还是维持关系（见自我评估 3—1）。

根据费德勒的研究，问卷得分低的人（往往用不能胜任、冷漠、不值得信任以及容易和别人吵架来评价），即那些对最难共事者评价低的人是受工作激励的人。他们主要是通过圆满完成工作获得自尊。当受工作激励的领导者或他们的团队失败时，他们对下属的评价会很苛刻，并且经常惩罚下属。但是当工作完成得很好时，受工作激励的领导者对细节也会很满意，愿意监控日常事件（见表 3—1）。问卷得分高的人往往用比较积极的言语评价最难共事者（用忠诚、真挚、热情以及易接受来评价）；他们受到人际关系激励，从与别人相处的融洽中获得自尊。对他们来说，最难共事者往往是那些不诚实而非能力不足的人。关系导向的人对细节感到厌烦，关注人际交往。工作导向的人关注工作，关系导向的人关注人际关系，这在人们于危机中承受巨大压力时更能体现出来。

表 3—1 工作导向型和关系导向型领导者之间的差异

工作激励型（最难共事者问卷得分低）	关系激励型（最难共事者问卷得分高）
● 通过完成工作获得自尊	● 从人际关系中获得自尊
● 优先关注工作	● 优先关注人
● 对没有完成任务的员工很苛刻	● 愿意愉悦别人
● 认为同事的能力是关键特质	● 认为同事的忠诚是关键特质
● 喜欢细节	● 对细节感到厌烦

比较希拉里·克林顿和贝拉克·奥巴马的不同领导风格就可以证明任务导向和关系导向的领导间存在的差异。在 2004 年总统大选期间，希拉里非常清楚地说明，她的总统角色是：不仅要提供愿景，还要控制和指导联邦政府。另一方面，奥巴马则宣布，他坚信总统的角色是提供愿景和鼓励，同时要授予管理机构以责任。尽管奥巴马总统的领导风格与第 6 章讨论的魅力型领导相吻合，但是他关注点宽广而不太注意细节表明，他的风格也是关系导向的领导风格。其他领导者也展示出同时具备两种领导风格。布雷迪·W·杜根（Brady W. Dougan）是国际银行业巨头瑞士信贷集团（Credit Suisse Group）一位 53 岁的首席执行官。他也是公司有史以来最年轻的首席执行官，是一个注重细节、工作导向的人。他每天早上 5 点左右开始工作。即使在进行马拉松训练时，他也要每天工作两次。最近他花两个月时间练习舞蹈，以便与一位百老汇演员一起在慈善会上跳舞。太阳微系统公司（Sun Microsystems）的全球副总裁玛丽萨·彼得森（Marissa Peterson），也是一位工作导向的领导者。她能很清晰地说出公司 2 000 名骨干所担任的职位。她关注"为达成经营目标制定战略，为团队描绘愿景"。彼得森坚持用苛刻的方法来管理她的日常和周末活动。得克萨斯州达拉斯的珀罗系统公司（Perot System）主席莫特·迈耶森（Mort Meyerson），和同样位于得克萨斯州的制药商药发博公司（PharmaFab）的创建者、首席执行官达琳·瑞安（Darlene Ryan），却与这些工作导向的领导者不一样。迈耶森认为："要在崭新的商业世界中赢得胜利，你必须与年轻的员工和消

费者合拍。你必须重新审视一下自己是否创造了环境，让员工取得成功，而这一切又意味着什么。你必须问问自己：我是否不近人情？我是否真正地在倾听？"达琳·瑞安也采用同样的风格。她把公司当作家一样来经营；她鼓励人们提出异议、授权他人、在员工中培育一致意见。她是一位很好的倾听者，当面临艰难决策时愿意花时间倾听员工的意见。

问卷得分居中的人称为社交独立者（socio independent）。他们往往较少关注别人的看法，也不热衷于领导职位。依据他们的得分倾向于得分高或得分低的程度，可以将他们划分为工作导向或关系导向。一些学者认为在所有情境下分数位于中间的人比得分低或得分高的人效率高。比如科琳·鲍威尔（Colin Powel），虽然他已经担任过很多领导岗位，但却不能胜任总统的职位，因为他只能成为总统的得力助手。

尽管对于问卷量表的效度方面存在一些疑问，但该量表还是得到很多学者的强烈支持，并且被翻译成其他语言，在其他文化情境下用于领导理论研究与培训。问卷概念的一个关键假设前提是，作为一个主要激励指标，领导风格是稳定的。领导者无法轻易地改变自己的领导风格从而与情境相匹配。

情境控制

因为领导的有效性取决于人与情境的匹配程度，因而费德勒使用三个因素来描述领导情境。根据重要性排列，它们分别为：（1）领导者与下属的关系（leader-member relations，LMR）；（2）任务结构（task structure，TS）；（3）领导者的岗位职权（position power，PP）。三者结合，界定了领导者对情境的控制程度（见自我评估 3—2）。

根据费德勒的观点，任何领导情境的首要因素是领导者与下属以及下属之间的关系质量和凝聚力。好的领导者与下属间关系表明群体内成员关系紧密，相互支持，领导者更易控制下属完成目标。当群体内部是分裂的，或对领导者不尊重或不支持，这种情况下的领导者控制力很低。

任务结构是领导情境的第二个因素。它是指任务的清晰度。高度结构化的工作具有很清晰的目标和程序，获取正确方案的路径少，而解决的方案本身也少，并且不易评估。任务结构化的程度影响领导者的控制力度。在处理结构化任务时领导者有充分的控制力度，然而若是一项非结构化任务，领导者的控制力度会大大下降。领导者通常依靠自己的经验来调节任务结构化的程度。一方面，如果领导者对一项工作很有经验，他们往往将这类工作视为常规化工作；另一方面，如果对该类工作不是很熟悉，则往往将其定义为非常规化工作。领导情境的最后一点也是影响最弱的一点是领导者的岗位职权，岗位职权是指领导者所担任的岗位赋予的权力。这种权力使得领导者可以对下属作出雇用、解聘、奖励或者惩罚的决定。领导者具有的正式权力越大，他所感知的控制感也越强。

领导者与下属的关系、任务结构、领导者的岗位职权这三者综合决定了领导者情境控制（situational control）的力度。良好的领导者与下属的关系、高度结构化的工作以及较强的岗位职权，使得领导者能更好地控制情境，下属也更易接受领导者的管理。领导者与下属的关系或者工作的结构化程度位于中间水平的话，领导者对情境没有完全的控制力，领导环境也更困难一些。如果领导者与下属的关系恶劣，工作常规性极差，领导者又没有什么岗位职权，这种情境比较混乱，而且不可能在一个组织中长久地出现这种情况。显然，危机环境不可能给领导者提供一种掌控环境或容易领导的感觉（见自我评估 3—2）。

权变模型的预测

权变模型的核心就是匹配。如果领导者的领导风格与情境匹配的话，组织工作的效率就非常高。由于费德勒提出领导风格是固定不变的，因而领导的有效性是随着情境改变而改变的。权变模型假定，最难共事者问卷得分低、工作导向的领导者在高情境控制和低情境控制情况下的效率较高；而最难共事者问卷得分高、关系导向的领导者则在适度情境控制情况下的效率较高。图 3—1 展示了费德勒的权变模型。

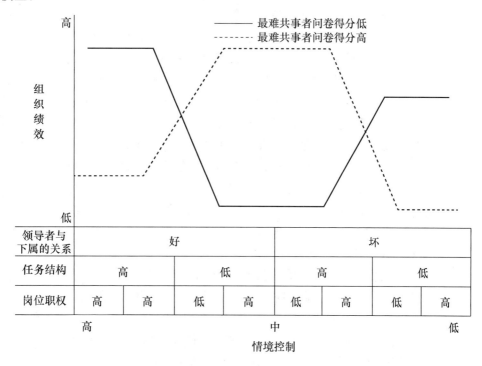

图 3—1　费德勒的权变模型

在高情境控制下（图 3—1 的左边部分），工作导向、最难共事者问卷得分低的领导者较为适应。领导者感觉容易一些。完成好任务，正是领导者自尊的基本来源。因为没有威胁到任务的完成，所以领导者感觉比较轻松，专注于细节，乐意帮助下属。相同的高情境控制对关系导向、最难共事者问卷得分高的领导者却会产生不同的效果。他们会觉得很无聊，觉得要么没事干，要么没人需要他。因为群体成员关系融洽，工作也很清晰，领导者主要负责获取群体需要的资源，专注于细节，排除障碍。但是，这些工作对于最难共事者问卷得分高的人来说没有吸引力。他们会控制过多，对下属的绩效干预过多，以显示群体需要他们进行领导。表3—2总结了各种情境下的领导行为。

表3—2　　　　　　　　　　　不同程度情境控制下的领导类型与行为

	高情境控制	中等情境控制	低情境控制
任务激励型（最难共事者问卷得分低）领导者	自信；体贴；乐于助人；清除障碍且不妨碍员工工作	紧张；任务导向；征服及控制欲；坚持完成任务	喜欢发号施令；任务导向；严肃；很少关注别人
关系激励型（最难共事者问卷得分高）领导者	烦人；冷淡并以自我为中心；有些专制；可能干扰组织	体贴；思想开放且乐于接受建议；关注解决冲突	紧张、不安；因组织冲突而受伤；优柔寡断

资料来源：Partially based on F. E. Fiedler. *A Theory of Leadership Effectiveness*（New York: McGraw-Hill, 1967）; F. E. Fiedler and M. M. Chemers. *Leadership and Effective Management*（Glenview, IL: Scott-Foresman, 1974）; and F. E. Fiedler and M. M. Chemers. *Improving Leadership Effectiveness: The Leader Match Concept*, 2nd ed.（New York: John Wiley, 1984）.

缺乏凝聚力或缺乏任务结构会产生适度的情境控制（图3—1的中间部分）。无论是缺乏凝聚力还是缺乏常规化工作，情境都会变得比较模糊或充满不确定性，任务有完不成的危险。关系导向、最难共事者问卷得分高的人比较擅长处理人际关系，适合适度情境控制。这种类型的领导者鼓励下属积极参与，解决工作上和人际关系上的冲突。最难共事者问卷得分高的领导者把群体作为完成任务的资源。适度控制对关系导向的领导者很有吸引力，但这种情境却不适合工作导向、最难共事者问卷得分低的人，对他们而言甚至是威胁。缺乏工作上的支持，工作具有模糊性，或两者兼而有之会导致最难共事者问卷得分低的人觉得工作很可能无法完成。工作导向的领导者会变得很专制，忽视工作上和人际关系上的冲突，试图通过完成工作获得某种成就感。资源的不正确使用很可能加剧群体的不团结，不利于针对非常规化工作找到创造性的解决思路。因此，在中等情境控制下，工作导向领导者的组织绩效往往不好。

让我们来看看几位美国总统的例子。理查德·尼克松和吉米·卡特都是任务激励型领导者。两者都很睿智，关注任务，能够剖析大量的细节。两者都追求控制力，态度强硬，对失败的下属很严厉，表现出高度的控制力。在高情境控制下，他们的绩效都很好。尼克松在外交政策方面取得了巨大成功，因为这种任务很清晰，而他牢牢控制了权力。当合法权力和声望下降时——导致中等情境控制——他会渴望控制欲、对下属采取惩罚措施，并最终导致领导的无效率。卡特尽管从未面临某种高情境控制，但也有着相似的模式。这就是他作为总统被认为领导效果较差的一个原因。几乎就在选举之后，他发现自己处在中等情境控制中，他与国会的关系较差，而在外交上的经验缺乏使得非结构化任务恶化。他处理人权问题的思路单一，并且缺乏妥协能力，导致其领导缺乏有效性。

处在情境控制模型另一端是罗纳德·里根和比尔·克林顿。他们都是最难共事者问卷得分高的人，关注人际关系，讨厌细节，擅长处理人际关系，喜欢取悦别人，在民众面前善于表演，喜欢与人打交道且很受人们爱戴。里根很受人们的喜欢，但他面对的是非常规化工作、岗位职权适中的情境。克林顿面对的是高度非常规化工作，但受到选民前所未有的尊重。这两位关系导向的总统都处在中等情境控制环境下，总的来说他们都做得很好。

当情境变得混乱、组织处于危机时刻、组织成员凝聚力不强、工作常规化也差、岗位职权也不大时（图3—1的右边部分），工作导向、最难共事者问卷得分低的领导者在完成任务需求的驱动下，变得集权、武断决策而不考虑下属的意见。因此，尽管绩效不是很高，下属也不满意，但组织工作却能有效地展开。对于关系导向、最难共事者问卷得分高的领导者，环境可控制程度低简直是他们的噩梦。群体缺乏凝聚力使得工作不能很好地完成，试图缓解这种紧张关系也无济于事。最难共事者问卷得分高的领导者试图从群体中获得支持，但却不受群体的重视。出于保护自尊的缘故，最难共事者问卷得分高的领导者决定放手不管，任由群体自然发展，最终导致组织绩效较低。有关社交独立型领导者的研究数据还不甚清楚，但费德勒认为，尽管需要更多的研究来预测和解释绩效，但社交独立型领导者在高情境程度下绩效最高。

学以致用

应用权变模型

费德勒的权变模型认为，领导者应理解和管理他们所处的情境，而不是去关注领导风格的改变。然而，大部分领导培训计划是去改变领导者的风格以适应不同的情境。遵循权变模型的建议，你可以充分利用这些培训项目。

● 要记住，当你自我挑战去接受和掌握那些不易实施的领导行为从而超出了你的容忍程度或激励范围时，你就超越了自我，学到了经验。

● 无论领导风格如何，你总能超越现有的范围习得新的领导行为。

● 所有培训，无论精心设计与否，都可使你领略到很多新的领导情境。利用这些机会分析它们，确保对情境的控制。

● 不要期待奇迹的出现或快速的改变。提升领导效力是一个漫长的过程。

评估和应用

尽管在过去40多年里很多研究都支持权变模型，但近来有些学者强烈质疑最难共事者问卷量表的意义和效度。模型的预测价值和缺乏针对最难共事者问卷得分中等领导者的研究都是遭到抨击的原因。过去40多年里，人们已经从多个角度展开了研究，虽然不是每个角度都考虑了。由于很多研究和元分析都支持该模型的假设，权变模型仍是最可靠且预测力最强的模型。

更重要的是，一个人的最难共事者问卷得分并不是衡量其领导行为和信仰唯一或最重要的因素。尽管学者用工作导向和关系导向来预测领导者的行为，但它们往往受很多外部因素和内部因素的影响。因此在实际使用时完全参照权变模型中的工作导向或关系导向是不合适的。在模型中，它是领导有效性的可靠指标，但超出了模型，则可能不是。

权变模型给管理者带来以下几点启示，供其运用于实践：

● 领导者必须了解自己的领导风格和情境，并预测他们的有效性。

● 领导者应该不断改变情境以适合自己的领导风格，而不是试图改变自己的行动方式。

● 与下属相处融洽对领导者的管理非常重要，它可以弥补自己权力不足的弱势。

● 领导者可以通过培训和经验来弥补工作的不确定性。

费德勒的理论关注的是不断变化的情境而非领导者。这在领导理论中是非常独到的。有趣的是，有名的领导理论咨询专家白金汉近来提倡，领导者应该关注自身的长处而非试图弥补自身的短处，这与费德勒的思想不谋而合。其他领导者也承认情境的重要性。哈佛大学校长浮士德（Drew Gilpin Faust）说："我认为我所学到的最重要的领导经验与教训，是理解你所面对的领导情境。"与费德勒相反的是，随后开发的规范决策模型以及许多其他领导模型假定，领导者可以根据情境改变自己的领导风格。

3.2.2 规范决策模型

领导者应该独自做决策还是与下属一起做决策？什么因素可以帮助领导者选择决策方法？例如，58 岁的日本空手道高手吉田润喜（Junki Yoshida）成立了吉田集团（Yoshida Group）。2005 年他被日本版的《新闻周刊》（Newsweek）杂志评选为 100 位全球最受尊敬的人之一。他的公司包含 18 家高度多样化的公司，其中有 Mr. Yoshida 原创美食公司、Jones 高尔夫球包公司、OIA 全球物流公司以及一家图表设计公司。开始一项新的投资时，吉田会在各个方面发挥关键作用，参与每次决策。但是一旦业务启动，他就会很仔细地挑选专家，并放手让专家自己做决策。每次业务成熟后，他都会调整自己做决策的方式。规范决策模型（normative decision model），也称为弗鲁姆–耶盾模型（Vroom-Yetton model），是由维克多·弗鲁姆（Victor Vroom）、菲利普·耶顿（Philip Yetton）以及亚瑟·加哥（Arthur Jago）提出的，适用于领导者需要与下属一起参与做决策的情况。之所以称为规范，是因为它建议领导者根据模型的指示采取某种风格。与费德勒的观点相似，弗鲁姆和他的同事认为领导者需要与情境相匹配。但是，存在几点不同之处。规范决策模型仅适用于做决策而非整个领导理论，而且模型假设领导者可以根据需要采取不同的决策方式。

模型依赖两个有效的组织动态基本原则：第一，研究发现，群体决策是浪费时间和没有效率的；第二，参与决策会使员工对该决策做出承诺。规范决策模型建议领导者根据决策的质量重要性和员工接受该决策的可能性来调整其领导方式。

领导决策方式

规范决策模型为领导者提供了四种决策方式。第一种方式称为专制（autocratic，A），即领导者做决策很少或者不让下属参与。第二种方式称为咨询（consultation，C），即领导者为下属提供咨询，但最后的决策权仍在领导者手中。第三种方式称为群体磋商（group，G），领导者通过获取群体一致性意见做出决策。第四种方式称为完全授权员工决策（delegation，D）。表 3—3 总结了决策方法及其分类。

表 3—3　　　　　　　　　　　　规范决策模型中的决策模式

决策模式	A I	A II	C I	C II	G I	G II	D I
描述	独立决策	收集特定信息，但独立决策	从每个组员中收集特定信息和观点	从全组中收集信息和观点	寻求某人的帮助；专家相互交换意见	组员共享信息和观点，并达成共识	他人分析问题并做出决策
决策者	领导者	领导者	领导者	领导者，但有相当的组员参与	领导者以及他人	全组人员，但有领导者的参与	他人
问题类型	群体和个人	群体和个人	群体和个人	群体	个人	群体	个人

说明：A＝专制，C＝咨询，G＝群体磋商，D＝完全授权员工决策。
资料来源：V. H. Vroom and A. G. Jago. *The New Leadership*；*Managing Participation in Organizations* (Upper Saddle River, NJ：Prentice Hall, 1988)；and V. H. Vroom and P. W. Yetton. *Leadership and Decision Making* (Pittsburgh：University of Pittsburgh Press, 1973).

领导者采用何种风格取决于其和群体所面临的情境，以及问题涉及全体还是个体。个体性问题仅仅涉及某个个体，而群体性问题则会影响整个群体或者群体的部分成员。比如，决定是否提高某位员工的技能就属于个体性问题，而假期安排就是群体性问题。同样，决定某位员工是否接受培训或者承担海外工作属于个体性问题，而将业务转移到别的地区或取消某项城市服务就是群体性问题。这两者的区别有时并不清晰；个体性问题会影响别人，群体性问题对个体也会有影响。

模型的权变因素和预测性

规范决策模型的两个关键因素分别是决策的质量及下属接受和承诺的必要性。其他的权变因素还包括领导者是否有足够的相关信息来做好决策，问题是否结构化、是否清晰，下属接受领导者决策的可能性，员工是否认同组织目标，成员凝聚力的强弱，以及员工独立决策时是否有足够的信息。表 3—4 列出了八个权变因素。

表 3—4　　　　　　　　　　　　规范决策模型中的权变因素

权变因素	问题
质量要求（QR）	决策质量有多么重要？
承诺要求（CR）	员工对落实决策承诺度的重要性有多大？
领导者信息（LI）	领导者是否有足够的信息去进行高质量的决策？

续前表

权变因素	问题
问题结构（ST）	问题是否清晰，是否结构良好？
承诺概率（CP）	如果领导者独立决策，员工对该方案的承诺概率有多大？
目标趋同（GC）	员工是否支持和认同组织的目标？
员工冲突（CO）	员工对解决方案是否有冲突？
下属信息（SI）	员工是否有足够的信息去进行高质量的决策？

资料来源：V. H. Vroom and A. G. Jago. The New Leadership: Managing Participation in Organizations (Upper Saddle River, NJ: Prentice Hall, 1988); and V. H. Vroom and P. W. Yetton. Leadership and Decision Making (Pittsburgh: University of Pittsburgh Press, 1973)。

　　规范决策模型是一个决策树，如图 3—2 所示。领导者根据表 3—4 所列的问题进行回答；这些问题都跟权变因素有关，必须按顺序来提问。根据每个问题的答案，管理者可选择最适合的领导风格来应对面临的问题。规范决策模型中广为使用的是时间效率，它基于咨询和参与会浪费时间且效率低下的假设之上。因此，不管是否正确，该模型都倾向于使用专制的决策方式。模型的另一个版本为时间投资，关注下属的发展，尽管效率有所丧失。该版本认为，应尽可能地让下属参与进来。

QR 质量要求：决策质量有多么重要？
CR 承诺要求：员工对落实决策承诺度的重要性有多大？
LI 领导者信息：领导者是否有足够的信息去进行高质量的决策？
ST 问题结构：问题是否清晰，是否结构良好？
CP 承诺概率：如果领导者独立决策，员工对该方案的承诺概率有多大？
GC 目标趋同：员工是否支持和认同组织的目标？
CO 员工冲突：员工对解决方案是否有冲突？
SI 下属信息：员工是否有足够的信息去进行高质量的决策？

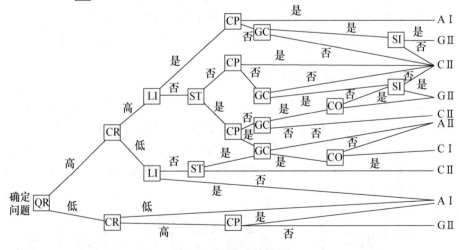

图 3—2　规范决策模型

资料来源："Decision-process Flow Chart for Both Individual and Group Problems" from *Leadership and Decision-Making* by Victor and Philip W. Yetton © 1973. All rights are controlled by the University of Pittsburgh Press. Pittsburgh, PA 15260. Used by permission of the University of Pittsburgh Press.

专制领导风格在以下情境中比较适合：

- 当领导者有做决策所需的足够信息时。
- 当决策的质量并不是很重要时。
- 当员工的意见存在分歧时。
- 当员工不认同组织目标时。

而咨询式决策风格适合以下情境：

- 领导者拥有足够的信息，但员工要求参与决策执行。
- 领导者没有足够的信息，咨询员工可以帮助领导者获得更多的信息，也能培养员工的承诺。
- 下属通常赞同组织的目标。

当领导者没有充足的信息，决策的质量也很重要，员工的承诺是必需时，可以使用群体决策风格。当某个成员拥有所需要的信息，有能力也有组织承诺来制定并落实某项决策时，领导者可以使用授权的方式。

评估和应用

几项研究支持了不同情境中的规范决策模型，包括对历史决策的评估。该模型还成功地应用于非营利组织。最近，有关信息共享的研究进一步证实了该模型提出的权变方法。决策方法可被清晰地定义。所包括的权变因素是在广泛的研究基础上提出的，主要针对群体动力机制和参与式管理的研究。

一些实践家和理论家认为模型太复杂以至于不具有实践价值。只有极少管理者有时间使用决策树。而且，领导者可以随意使用哪种领导风格的假设也同样存在瑕疵。并非所有领导者都可以先做一个专制的决策，然后对别的情境使用咨询的方法，对另外一些情境又使用群体决策。另外，因为模型依赖于管理者的自我陈述，这很可能导致一些偏见。

规范决策模型相对于费德勒权变模型来说，更关注领导者的决策方面。在决策方面该模型很有效，对领导者很有用。模型具有以下几点实践意义：

- 领导者必须理解情境以及懂得在何时以及使用何种决策方式。
- 参与型的领导风格并非总适用。
- 领导者必须特别关注下属的需求以及做出决策后他们的反应。

除了费德勒、弗鲁姆和耶顿的理论关注领导者如何使用他们的资源，还有三个权变模型是围绕领导者如何管理他们与下属的关系而展开的。

3.2.3　路径—目标理论

路径—目标理论于 20 世纪 70 年代提出，认为领导者通过指明路径来帮助下属实现他们的工作目标。为此，领导者满足下属的需求，这样领导者也实现了自身的目标。领导者和下属间的交换概念，不管基于显性的还是隐性的契约，是该模型的核心。领导下属间关系是围绕提高生产率和满意度而提供指导或支持来构建的。

模型框架

路径—目标理论的主要概念基础是激励期望模型。期望理论认为员工行为选择的理性基础是他们对努力及其绩效满足其珍视程度的感知。因而，激励的关键是消除那些弱化努力和绩效之间以及绩效和奖励之间关系的障碍。工作性质和下属的性格特征决定了何种领导行为能给下属带来满意度。如果工作是以前从未尝试过的，而且任务也不清晰，下属会因为缺乏知识和经验觉得自己的努力纯属浪费。他们会觉得很沮丧、泄气。所以领导者需要提供培训和指导，这样才能清除障碍，使下属能够胜任工作。如果是常规化工作，下属已经很成功地完成了几次，他们就会对工作感到厌烦，领导者需要对下属的这种情绪表现出关怀、同情以及理解。

激励下属的领导行为还取决于员工自己。一些员工需要指导和详细的指示；另一些员工喜欢挑战，独立解决问题。领导者在选择合适的行为前需要考虑员工对自主权的需求以及诸如控制中心等人格特征。比如，一位喜欢挑战并需要自主权的员工在完成非结构化任务时，不需要也不愿意领导者给他指示。对这位员工来说，领导者的指导是无关的，甚至起反作用，因为这样会降低员工的满意度。

评估和应用

尽管有些研究支持了路径—目标理论，但对其实证研究的结果既有支持的也有不支持的。尽管研究者提出了几项潜在的应用，但该模型仍有待进一步深入研究。尽管研究结果相互矛盾，但路径—目标理论关注为下属提供支持和指导的领导行为，为我们更好地理解领导理论作出了一定的贡献。路径—目标理论包含下属对工作的感知以及领导者在帮助下属完成工作时充当排除障碍的角色，丰富了费德勒权变模型。路径—目标理论利用员工满意度作为衡量领导者有效性的指标，拓宽了领导理论的视野。模型认为，不是所有的行为都是有效的，下属对于挑战的需求和对于自主权的渴望决定了领导者的行为。有趣的是，路径—目标理论中领导者的角色是消除障碍，这类似于团队领导者承担的角色（见第 8 章）。

领导模型的另一个理论关注领导者如何解释下属的行动，并将这种信息作为界定他们与下属关系的基础。

领导变革

沙斯公司的吉姆·古德奈特

领导一个被一致公认为世界上最好的工作场所之一的组织并非易事。然而沙斯公司（SAS）总裁吉姆·古德奈特（Jim Goodnight）在 30 余年中，却能成就此事。基于"仁"和尊重的公司文化产生了高绩效和高员工忠诚度。"创意能力对沙斯公司来说尤其重要，因为软件是思考的产物。为此，每天傍晚，95%的资产驶出公司的大门。我的工作是维持好工作环境让他们每天早晨再回来。他们带给沙斯的创造力是我们的竞争优势。"这句话表明，古德奈特认为何者对公司成功很重要。他说："员工并没有离开公司，他们只是离开了管理者。"这段话总结了吉姆·古德奈特对领导和管好下属的重视。他与约翰·萨尔（John Sall）共同成立了全球最大的私人软件公司，所以两人向来从长远的角度来考虑问题，善待下属和为顾客服务，并持续持有该公司的全部产权。98%的顾客回头率、2012 年全球总销售额达 27.2 亿美元、4% 的离职率（远远低于 20% 的行业离职率）表明，沙斯做了件正确的事。

古德奈特是公司的形象大使，公司的成功大部分归功于他。沙斯公司为员工提供富有挑战性的工作，员工每周工作 35 小时。公司免费提供健康保险、健身中心、汽车保险，为乡村俱乐部成员提供打折服务以及每周免费美容一次，这些措施使得工作场所充满了乐趣。尽管这些措施每年需要花费 45 000 美元，古德奈特相信，公司只是花费了一点钱就达到了向员工表达公司对他们的感激的目的，这有力地促进了友好公司文化的形成。

古德奈特认为，公司消除了日复一日的烦恼，人们就可以安心地工作。他告诫经理："如果你要求员工创造不同，创造奇迹，那么他们就会创造不同，创造奇迹。"就他而言，他只是为员工提供了一个自我证明的机会。珍视员工如同让顾客愉快一样重要。

古德奈特说："我只是简单地创建一个我自己喜欢工作的公司。这么多年里，我学到了员工的忠诚如何导致消费者的忠诚、创新力的提升、软件设计质量的提高。"他将员工和消费者视为组织成功的关键模块。2005 年在他被评为年度总裁的演讲中，古德奈特又提到了该主题："我只是一心想培养一种有利于创新的环境，人们可以创造很好的软件产品，与消费者建立长期的关系。"他成功的模式很简单："保持消费者愉悦，珍视你的员工……也许你不能每个季度都提高利润，却可以在很长一段时间内提高你的业务。"

资料来源：Bisoux, T. 2004. "Corporatecounterculture," *BizEd*, November-December: 16－20; Crowley, M. C. 2013. "How SAS became the world's best place to work," *Fast Company*, January 22. http://www. fastcompany. com/3004953/how-sas-became-worlds-best-place-work（accessed June 1, 2013）; Faiola, A. M. 2006. Ask Jim Goodnight. IncMagazine, June 1. Accessed at http://www. inc. com/magazine/20060601/handson-ask-the-bigwig. html on November 27, 2013. Goodnight-employee benefits. 2012. http://www. Youtube. com/watch? v＝T503L6UdlGw（ac-cessed June 1, 2013）; Goodnight, J. 2005, "Software 2005: Building blocks for success," http://www. sandhill. com/conferences/sw2005_proceedings/goodnight. pdf（accessed July 8, 2007）; Goodnight, J. 2010. *SAS web site*. http://www. sas. com/presscenter/bios/jgoodnight. html（accessed January 20, 2010）; Lauchlan, S. 2007. "Interview with Jim Goodnight," *MyCustomer. com*, May 22. http://www. mycustomer. com/cgi-bin/item. cgi? id＝133019&d＝101&h＝817&f＝816（accessed July 8, 2007）; and Stevie A. 2004. http://www. crm2day. com/news/crm/EpluuFlFFpWCyCGeTT. php（accessed July 8, 2007）.

3.2.4　领导替代模型

在某些情境中，满足下属的需求并不需要构建领导者与下属间关系。工作环境为下属提供了足够的资源，支持他们实现目标，并不需要领导者的帮助。比如，一个经验丰富的制药销售团队，他们将大部分时间花在交通上，并控制其佣金，不太依赖经理。他们的工作富有挑战性，他们的经验足以自我决策。由于常年在外，与公司其他员工很少沟通，他们往往向其他销售人员寻求帮助和获取信息。同样，技能娴熟的急诊室护士和技师并不依赖管理来诊治病人。在这些情形下，各种情境因素代替了领导者的角色，替代了领导者提供组织结构、指南和支持下属的各种功能。

这些情境促进了领导替代模型（substitutes for leadership model，SLM）的发展。领导替代模型认为，不同的组织、工作以及员工特性能代替某些传统领导行为，诸如体贴下属、创建组织结构（见表 3—5）。通常，如果有关任务及其要求等信息清晰，如果可以从自己的经验、工作团队或者组织得到帮助，他们就不需要领导者的帮助。同样，当不需要同情、支持或者可以从同事那里获取资源时，下属也不会寻求领导者的关心行为。

表 3—5　　　　　　　　　　　　**领导的替代和中性化因素**

替代和中性化因素	关心导向的行为	结构导向的行为
被领导者的特征		
1. 经验和培训		替代
2. 专业化	替代	替代
3. 不珍视目标	中性化	中性化
任务特征		
1. 模糊的工作任务		替代
2. 来自任务的直接反馈		替代
3. 挑战性的任务	替代	替代
组织特征		
1. 具有凝聚力的团队		替代
2. 领导者无职权	替代	中性化
3. 标准化和正规化	中性化	替代
4. 组织刚性		中性化
5. 领导者与下属的物理距离	中性化	中性化

资料来源：S. Kerr and d. M. Jermier. "Substitutes for leadership：Their meaning and measurement," *Organizational Behavior and Human Performance* 22（1978）：375—403.

此外，除了领导替代模型，还有些情境则会将领导的效果中性化。最显著的是，领导者因无职权要求下属交付工作结果，同时存在刚性的组织文化，这两者都会阻止领导者表现出体贴下属和其他结构化领导行为，因而他们无法影响其下属的行为。比如，领导者在国外工作或者对下属不具有奖励权和承诺权，或者下属对领导者提供的激励不珍视，那么领导行为便无法对这样的下属产生影响（见表3—5）。这些情境会将领导的作用中性化。

想想巴西塞氏企业（Semco）的总裁里卡多·塞姆勒先生（Ricardo Semler）（第 5 章中的领导变革案例有描述）是如何只需几位管理者就建立起他的公司的。他也是公开账目管理理论的提出者。这些管理者有充分的自由去做想做的和必须做的事。员工得到严格的培训；享有充足的信息，包括详细的财务数据以及工资信息；自主选择工作时间，评估并选举自己的领导者，承担决策责任。员工的培训和经验使得公司的正常运转只需几位高层管理者。塞氏企业的结构化、培训以及团队工作有效替代了某些领导功能。

你怎么办？

　　你已经被提拔到新的管理岗位，并且你的团队成员多数时候均行为失范。他们的绩效总体上是卓越的，但要把他们集中在一起是一项富有挑战性的任务。他们总是远离公司去工作，尽管很友好，但似乎并不需要彼此。你感到需要确立自己的权威。你怎么办？

评估和应用

　　领导替代模型还没有得到广泛的检验。它需要根据替代、中性化以及应用的情境进行具体的区分。由于存在不一致的结论，一些学者认为可能由于方法论问题，一些在非美国的文化情境中进行的研究不支持该模型。正如我们后面要讨论到的领导者—成员交换理论一样，领导替代模型直觉上很吸引人并提出了其他领导理论所没有考虑到的领导过程。尤其是它提出了在某些特定情境下是否需要领导的问题。它也指出当存在很多中性化的因素时，要成为有效的领导者所面临的困难。进而，该模型提供了很大的应用潜力。领导者可能试图建立或消除领导替代因素。这取决于不同的文化、战略、组织目标和领导者的个性。在有传统层级结构的组织中，如果出现领导替代因素，对有控制倾向的领导者而言，就是失控或无职权。

　　在扁平式组织中，提倡授权，使用工作团队方式，对领导替代要素的明智使用可以使领导者有时间做别的事情，例如战略制定，而且这样仍可以完成组织目标。使用信息技术工具使信息广泛传播，支持任务结构化，例如远程办公和外包等，可以进一步减少需要领导的情境。让我们来看一下美国最大啤酒厂商之一，同时也是最古老的美国啤酒厂之一的 D. G. Yuengling & Son。尽管它已经有 175 年的历史，还是使用现代化的相对扁平的结构，避免其成为官僚层级组织。尊重个体和积极向上的工作环境是该公司核心价值观的一部分。虽然该领域中工作岗位稀缺，公司还是提供相对高薪的工作，并培养了一批忠实的下属。但是，类似于其他家族企业，员工和经理发觉他们太依赖于公司所有者迪克·延龄（Dick Yuengling）了。延龄也认识到需要找人替代他亲力亲为的领导方式：“你必须将人放到合适的位置。”公司的首席运营官戴维·凯恩里（David Cainelli）与珍妮弗·延龄（Jennifer Yuengling）一起建立了公司组织结构，允许分权决策，并授权给那些最接近市场和产品的人。

　　自治和自我管理团队提供了一种对领导替代模型的应用。这些团队的目标是进行自主管理，不需要监督。团队成为对领导者的替代。广泛的技术和团队建设方面的培训、选择由专业人士指导的团队成员、给予充分自主性来完成工作以及提供反馈等能替代领导结构化行为。同样，凝聚力强的团队替代了领导者对下属的支持行为。替代因素可以用来指导建立自治工作团队。最终，领导替代模型对实践的启示在于领导培训。基于该模型，领导培训需要像重视有效的领导行为那样，重视教育领导者如何改变领导情境。需要教育领导者如何建立替代和避免中性化。这些建议类似于本章前面所讨论的费德勒权变模型。

　　我们下面要考虑的领导模型侧重于领导者和被领导者之间的相互关系。在早期的领导理论中，该理论是仅有的一个人们还在持续不断地研究并表现出浓厚兴趣的理论。

3.2.5 领导者—成员交换理论

大多数人都有过领导经历，不管是作为领导者还是作为下属。领导关系是领导者与下属之间的个人关系，并不是群体现象。我们日常工作时在与经理打交道的过程中，都会与经理形成一种私人关系。作为领导者，他们不可能与所有下属保持相同的关系，即与每个人的关系是不同的。领导者与下属建立的是一对一关系（见图3—3），根据与下属交换的程度不同，关系也不一样。有些下属是圈内人（in-group），有些下属是圈外人（out-group）。这些概念就是领导者—成员交换（leader-member exchange，LMX）模型的核心。它在早期也称为垂直双向联系模型（vertical dyad linkage model）。领导者—成员交换模型关注领导者与下属之间独一无二的以关系为基础的交换。

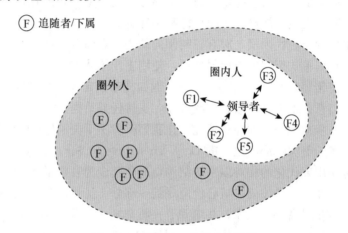

图3—3　领导者—成员交换模型

模型框架

在每次交换中领导者与下属共同确立下属应该承担的角色。该角色或基于长期的社会交换，或基于市场的经济交换。那些培育了高质量关系的下属处于圈内。高质量的领导者—成员交换意味着互相尊重，预期得到深度信任，并期望职业关系和义务能持续且不断增强。圈内下属能愉悦地得到领导者的关注，得到支持，充满自信，并能接受挑战性和有趣的工作。领导者会忽视他们所犯的错误或将错误归因于下属不能控制的外界因素，或较大程度地承认其贡献因而更多地奖赏他们。为了获得圈内人的地位，下属需要努力工作、忠诚并支持领导者。他们可能承担超越日常工作责任以外的工作，并增加对工作目标的承诺。

对于圈内的成员而言，这种高质量的交换关系通常成为自我履行的预言，导致高绩效、高满意度和低压力。研究进一步发现，积极的领导者—成员交换关系能使沟通更安全、承诺感更强以及降低事故率，让员工创造性地参与工作，尤其是当员工有一定的工作自主权时。其他一些研究发现，领导者—成员交换关系的一个积极作用与频繁的沟通有关。这会导致更高的绩效评价，也可能导致研发团队的更高产出，鼓励圈内成员更多地参与工作，同时影响投诉和组织承诺。有些研究表明，高质量的圈内领导者—成员交换关系能将积极的影响最大化，尤其是在基于社会交换而不是基于经济交换的情况下。该模型的概念扩展研究表明，积极的工作关系可能拓宽社交网络。凭此，领导者资助其圈内成员去参加各种社交网络。研究表明，积极的领导者—成员交换关系是让员工感觉受到组织支持很重要的因素。

圈外下属面临的情形就不同了。领导者将他们视为自我激励不足或是不能胜任工作的人，与他们的互动很少，很少给他们表现的机会，晋升的机会也很少。他们的角色仅仅局限于正式的工作说明书所界定的角色。领导者并不指望他们有高绩效表现，认为他们承诺感低或忠诚度低。他们常常需要寻找办法来修补他们与领导者之间低质量的领导者—成员交换关系。不管领导者的感知或期望是否准确和公平，圈外成员可能就这样自行或起或落。因此，由于低质量的领导者—成员交换关系，圈外成员的绩效往往偏低，压力更大。他们常常提出哀怨的诉求，也容易采取一些报复组织的行动，感受到更多的歧视。

领导者与每位下属的关系在其接触初期就建立了。领导者—成员交换模型中领导者与下属关系的不同发展阶段总结在表3—6中。另外，领导者与三种类型的下属创建积极的关系：那些具备胜任力和相关技能、值得信任、乐意承担更多责任的下属。一些研究进一步表明，下属可以通过寻求领导者对其绩效的反馈来建立积极的关系，只要领导者认为这种行为有利于工作而不只是想留下积极的印象。文化影响圈内成员身份的确定，以及这三个因素应该给予多大的权重。成就导向的文化，像美国和德国，通常以个体的绩效、成就为评价依据，而不是与成员的过去关系或圈内成员的身份。因此，人们期望领导者以能力、绩效、对组织的承诺来选择圈内成员，而不是基于个人关系。其他任何因素都被看做偏袒和裙带关系。结果在这种文化中，正式的人力资源政策和流程，以及日常的人员管理实践都比较重视公正、公平的机会，同时也比较重视基于个人的能力、雇用那些最能胜任工作的人。

表 3—6　　　　　　　　　　　　　领导者与下属关系的发展阶段

阶段	描述
测试和评估	关系还没有形成。领导者根据主客观标准，对还没有属于群体的成员进行评估，以确定将他们划分为圈内人还是圈外人。下属的潜能、能力、技能和其他心理因素，如忠诚，会被评估。群体会被划分。与圈外成员的关系在本阶段之后不会得到发展。
培育信任	本阶段仅存在于圈内成员。领导给圈内成员提供表现的机会和挑战，以强化信任。同样，成员也通过绩效和表现来表达对领导者的忠诚。
创立情感联系	与领导者建立了良好关系的圈内成员会进入到本阶段。此时，领导者与成员间的关系和纽带变得稳固和情绪化。下属对领导者的愿景做出高度承诺。

资料来源：Partially based on information in Graen and Uhl-Bien，"The transformation of work group professionals into self-managing and partially self-designing contributors：Toward a theory of leadership-making," *Journal of Management Systems* 3（3）（1991）：33-48.

在一些文化中，例如许多中东国家和法国，评价或评估一个人是以其群体成员身份，而不是个人绩效为基础的。因此，高质量的交换关系更依赖领导者对下属的信任，而这种信任有可能是以社会等级和出身为基础的。裙带关系和不适当地偏袒圈内成员等概念不能应用于归属文化和集体主义文化。在归属文化和集体主义文化中，首要的是对村庄、部落或家庭的忠诚。在这样的文化中，领导者喜欢雇用那些直接了解或由熟人推荐的人。技能和能力是次要的。比如马来西亚人非常强调团队的忠诚和和谐。一些中东国家，包括阿拉伯国家和像阿富汗和以色列之类的非阿拉伯国家，领导者雇用自己的家人以及值得信任和忠诚的家族成员，否则就会被视为对家族不忠诚，甚至是愚蠢的。在这类国家，一位明智的领导者是不会允许外人加入群体内部的，不管他们如何有能力。外人只是被雇用来帮忙的，接近核心团队的只能是家族成员。最近的研究进一步表明，组织文化也可能影响领导者—成员交换关系的质量。在团队导向的文化中，领导者—成员交换关系更好。

评估和应用

近期，学者对领导者—成员交换理论的兴趣依然浓厚，并拓展了该理论，在不同的文化中测试其成分和应用效果。但该理论仍有很多地方需要进一步阐明、澄清。特别是，研究者质疑理论的完整性、复杂的测量，以及用来测量概念的方法。而且，研究仍在继续，还需要找出导致形成圈内和圈外不同关系的影响因素。一些研究认为，个性的相似性和身份在早期领导者—成员交换关系发展中起着关键作用，而随着时间的发展绩效变得至关重要。在其他方面也需要进行更多的研究，例如确认影响领导者—成员交换关系发展的因素、评估领导者拥有两种群体的意愿、评估被领导者从一个群体转移到另一个群体的条件，发现可能影响一个人决定加入圈内的文化因素。又如，不同研究对于性别相似度对领导者—成员交换关系发展有何影响的研究结论存在不一致，需要进一步澄清。然而，至少有一项在墨西哥进行的研究表明，在女性担任领导者的情况下，性别相似度与低缺勤率（特别是女性领导者）和更高的信任度有关。

从实践和应用角度来看，领导者—成员交换模型也具有诱惑力。我们都曾经在某一组织中工作，曾经是某种圈内人或圈外人。许多人都见证过员工很喜欢的经理被另一个有自己团队的领导者取代的情况。从圈内人到圈外人的快速转移影响巨大。圈内人和圈外人的概念区划违反了公平规范。而公平规范恰恰是许多西方国家如美国等最看重的。作为领导者，大多数人都能识别自己的圈内成员（见自我评估3—3）。圈内成员是值得我们相信的人。他们是我们的左右手。我们可以很自信地交给他们任何工作。他们可以在不用我们检查的情况下依然很好地完成工作。我们也有可能了解那些圈外成员。对于某些人，我们可能持有中立态度；对于其他一些人，我们可能不喜欢；还有许多人我们可能设法将他们调走。对于所有这些人，我们都不会给他们提供很多机会来做明显重要的项目，因此他们没有机会来展示自己的能力。

个体间的交换是任何人际互动的自然组成部分。这一情境对组织非常有利，让组织了解个体的能力，确保他们能够完成组织目标。然而，圈内人和圈外人的形成很可能对组织造成不利影响，容易导致员工的不公平感进而因不公平待遇对企业进行控诉。加利福尼亚一家软件企业 Adams-Blake 公司的董事长坎顿（Alan Canton）在开发一款新软件的过程中碰到了很多障碍。承担开发任务的五人团队中，三人培养了友谊，形成一个小派系，并想排挤其他两人。坎顿当机立断，处理了这一棘手的问题，并消除了已经形成的毫无生产力的圈内和圈外派系。关键的问题是这种关系形成的基础是什么。研究表明，人际相容性和能力是员工的甄选标准。遗憾的是，组织中的现实往往与理论有些差距。我们大部分人都能根据积极的或者消极的个人情感、偏见或人际冲突来判断领导者—成员交换关系，或成为这种关系的一部分。很多有能力、合格的员工因不被喜欢或组织政治的原因，而被排除在领导者的圈内成员之外。毕竟，领导者也会像其他人一样犯个人错误。

权利滥用（第 5 章将会讨论）和高层管理团队（第 7 章将会讨论）是圈内人的潜在负面影响的例子。能够与你信任的人、赞同的人以及具有共同愿景的人一起工作，对于任何领导者都是一个理想的情况。这样，他们就会避免不必要的争吵和工作延误。他们可以很快而有效地做出决策，实现组织的目标。这正是他们在甄选高层管理团队和董事会成员时试图达到的理想状况。他们挑选信任的、可以一起工作的人。经理们很少愿意并认真地挑选和他们有冲突和性格迥异的人。他们的目标是构建有效的工作团队——一个由圈内人组成的团队。

成为圈内成员的重要性可以用一个当今的经典案例来说明。奥维茨（Michael Ovitz）被聘为迪士尼公司总裁，但是在 14 个月后就被解雇，并得到 1.4 亿美元的补偿。在这场诉讼案中，迪士尼股东控告总裁迈克尔·艾斯纳（Michael Eisner）招聘时浪费公司资源，然后解雇了奥维茨。奥维茨在来迪士尼之前领导着创新艺人经纪公司（Creative Artists Agency），并被认为是好莱坞最有权力和最成功的人士之一。奥维茨说，从第一天上任开始，他就没有决策权，被迪士尼管理团队架空。迪士尼管理团队从不向他汇报工作。而艾斯纳说，他必须花费大量时间管理奥维茨。"每天我都要试图管理迈克尔·奥维茨，其他事我做的很少。"艾斯纳进一步指责奥维茨采取"非迪士尼"的行为，不能融入管理团队。艾斯纳引用了一个例子。奥维茨乘坐豪华轿车，而不是与其他高级经理一起乘坐公共汽车。他还声称奥维茨是"退化了平等主义的小精英分子"。尽管奥维茨—艾斯纳的案例比领导者—成员交换关系更复杂，但两人之间关系很差以及奥维茨不适合团队或不被允许成为圈内成员的事实，显然是他被革职的重要原因。反过来说，这也是股东诉讼案的核心内容。

关于友谊模式和吸引他人能力的研究表明，人们倾向于与他们喜欢的、有相似背景的人成为同事，共享他们的价值观和信念。为了解决这种潜在的偏见，温科通信公司（Wink Communication）的麦吉·威德罗特（Maggie Widerotter）重视花时间去会见通常无法见到的员工。她走出办公室，进行"猎狮"行动，从而有机会和员工接触和联系。

如果不认真努力去寻找新人，大多数领导者的圈内人中只有一些他们喜欢的、有相同的背景和观点的人。最近美国企业碰到了很多问题，而高层管理团队和董事会的同质化难辞其咎。福特、美国电话电报公司、IBM 等产业巨人的高层管理团队缺乏主动性和创新性。团队成员在一起工作得很好，因而不考虑引进外人。因此，他们不能预见问题，不能预见其决策或不作为带来的全面后果。类似地，追求同质化也是小布什总统的圈内成员、政府管理层的弱点。这也是伊拉克战争或是解雇美国联邦检察官等很多复杂的问题决策失误的原因。因为成员的相似性，有凝聚力的团队常常相处愉快、舒服，工作有效率。但这些优势有时被缺乏创造力和有限的决策力抵消。在理想情况下，圈内人和圈外人都不应该存在。领导者的所有下属应该具有平等地接近领导者、得到项目和资源的机会。那些绩效不好的人应该得到帮助，或是一起调到别的团队去。但是在现实中，这很难实现。避免圈内人和圈外人的形成也很难。

这样，一个关键问题就变成如何挑选每个群体的成员。为了让个体间的关系有助于提高生产率，领导者应该在划分圈内人和圈外人以及甄选团队成员时遵守一些基本原则。需要特别指出的是，这些指南大多应用于成就导向文化而非归属文化中：

- 根据能力和对组织的贡献来选择成员。
- 定期评估你挑选圈内和圈外成员的标准。
- 不管他是不是圈内成员，将任务分配给技能最好的人。
- 为圈内成员建立清晰的绩效指南。
- 避免过分差别化地对待圈内和圈外成员。
- 保持圈内和圈外成员之间的合理流动。
- 用不同的圈内成员来完成不同的任务活动。

人们对领导互动中交换的概念以及领导者和下属关系的重要性依然保持浓厚的兴趣并进一步拓展其研究，最终发展成为另一最新的领导模型，即交易—变革型领导模型。我们将在第 6 章详细介绍。

领导问题回顾

现代领导理论表明，当好领导者不只是拥有一套个人特质。或许有些人真的有这些特质，并有助于其领导力发挥作用。但是，领导者不是天生的。领导者成就于其经验，成就于其与他人和诸多情境要素的互动。尽管核心的特质会使领导效果产生差异，但是并不存在确保某人能成为有效领导者的特质。绝大多数领导者成功是因为他们或者处于恰当的情境，或者塑造了情境，或者改变自己的领导风格来适应情境。

3.3　结　论

大约起始于工业革命时期的关于领导的科学研究，增加了我们理解领导时的严谨性，并试图对我们已经存在的一些领导观念进行精确衡量。最早的现代领导学研究侧重于识别区分领导者和被领导者的特质。尽管有一些研究发现，但并没有一套简单或通用的特质能预测谁将成为有效的领导者。也正因如此，研究人员开始将注意力转向领导行为。对结构导向和关心导向这两种主要领导行为的划分是领导行为理论的核心。但这种从简单特质到简单行为的转换仍不能解释复杂的领导过程，因而也不能使研究人员准确地预测领导效果。

早期理论是现代领导学的基础。早期理论主要讨论的是领导者使用资源的方式或领导者与被领导者之间的关系。规范决策模型和费德勒权变模型考察的是领导者如何运用可获得的资源。它们认为，领导者的风格必须与情境匹配才能有效。然而权变模型假定领导者的领导风格是由内在特性决定的，因此很难改变；规范决策模型则假定决策风格是可以习得的。两者衡量领导有效性的标准也不同。权变模型看重团队绩效；规范决策模型关注决策质量。它们对领导学应用和培训最有趣的贡献可能是，两个模型都有一系列界定明晰的变量，这些变量可以用来提高领导有效性。

基于关系的理论侧重于研究领导者与被领导者之间的关系。路径—目标理论提出，领导者的主要功能是清除障碍以帮助下属更好地完成工作，以及激励下属，满足下属的需求。领导替代模型提出在哪些情境下不需要考虑领导者和下属关系。在这些情境下，领导者和下属的关系可以由个体、团队和组织因素替代。最后，领导者—成员交换模型关注领导者与每个成员的动态关系，提出圈内人和圈外人的概念作为定义关系的基本要素。

所有这些模型都采用权变的领导观。领导行为或领导风格取决于情境的需要。尽管任务导向和关系导向的概念仍占主导地位，但也有几个模型考虑了其他因素，因而拓宽了领导理论的视角。任务结构化和常规化是主要的情境因素，尽管其他变量例如被领导者的独立性和成熟度也有所涉及。

领导权变模型是当前领导理论的基础，在领导领域占主导地位。这些模型也存在不同，即在用来描述领导风格和行为要素，以及所要考虑的领导情境要素等方面存在差异（见表 3—7）。

表 3—7　　　　　　　　　　　　　早期领导权变模型的比较

	领导者特征	下属特征	任务	其他因素	有效的标准
费德勒权变模型	基于最难共事者问卷得分的激励；不可变	群体凝聚力	任务结构	职权	群体绩效
规范决策模型	决策制定风格；可变	群体凝聚力	可获得的信息	对目标的认同；时间	决策的质量
路径—目标理论	领导行为；可变	下属个体的成长需求	清晰和规范的任务		被领导者的满意度和激励
领导替代模型	领导行为；可变	群体凝聚力	清晰的任务；可获得的信息	组织文化、结构和流程	对领导者的需求
领导者—成员交换模型					与下属关系的质量

但是，不管是资源的效用还是交换和关系发展模型，每个模型都关注领导者与情境的匹配。对于不同权变模型的广泛研究尽管结论并不总是一致和清晰，但得到了广泛接受，从而建立了领导的权变概念。显然，没有最佳的领导方法。有效的领导是领导者与情境匹配的结合体。

复习讨论题 ■

1. 领导特质与领导行为方法有何异同？

2. 领导学研究中权变方法的主要假设前提是什么？

3. 定义费德勒权变模型中的领导和情境因素。该模型主要预测什么？

4. 在评估自身的领导风格后，与跟你一起工作的几位同事面谈，确定他们所认识到的领导风格与你的最难共事者问卷得分是否一致。

5. 列举规范决策模型中与每一个主要决策风格相适应的情境的例子。

6. 列举如何运用路径—目标理论提高领导有效性的案例。

7. 领导替代对领导和组织有哪些积极和消极的影响？请举例。

8. 领导者—成员交换模型与其他领导权变理论有什么区别？

9. 领导者如何使用领导者—成员交换模型来提高他们的有效性？

10. 试比较各种领导权变模型。它们各自对我们更好地理解领导的贡献在哪里？

领导挑战：圈内成员申请人 ■

假设你是一位外派管理者，被派往印度工作。安顿下来以后，你遇到的第一个问题就是要雇用一位助手。你的能干的办公室经理对你开展工作帮助很大，并且在公司工作了很多年。他向你推荐了他的一位亲戚，认为他是该岗位最合适的人选。据他说，他的堂弟刚从一所顶尖的商学院毕业。最重要的是，他值得信任、忠诚、热爱工作、勤奋好学。办公室经理告诉你，他的堂弟很快就会来自我介绍。他说你并不需要觉得有任何不便，不会浪费你的时间。而且，你也不会冒雇用一个不可靠的陌生人成为助手的风险。

1. 你怎样解释和理解办公室经理的这种行为？

2. 你会雇用他的堂弟吗？

3. 在做决策前你需要考虑哪些因素？

练习 3—1 玩具工厂 ■

本练习的目的是让每个小组尽可能制造更多高质量的玩具狼。指导老师会把你们分别分配到一个小组，并指定小组长。然后给你们提供制造玩具狼所需的各种材料。小组长将告诉你们制作玩具狼的方法。生产 15 分钟后，评估每个小组的生产率。

玩具工厂工作单：

1. 描述你的小组长的领导方式，并举几个具体的行为事例。

2. 你对这种领导方式做出何种反应？感到满意吗？

3. 你将会对你的领导者提出何种改进的建议？

练习 3—2　使用规范决策模型 ──■

本练习基于规范决策模型的概念和基本原则而设计，请用表 3—4 中列举的权变因素来分析每个案例。图 3—2 与表 3—3 提供的指南可应用于每个案例以分析其适当的决策风格。

案例 1：集中采购

假设你是一个美国西部地区的管理者，负责一家医院和诊所集团的采购工作。你工作的区域是西部 8 个州。你最近刚刚加入该集团，你也给公司带来了 10 年的采购经验，而这些经验是从公司的主要竞争对手采购商品中积累的。你先前工作取得的最大成就是在全公司范围内安装实施了一套有效的采购系统。在你的管辖范围内有超过 30 家健康诊所和医院。每个中心的运营都有一些自主决策权，不受地区采购经理的控制。一些诊所可以从供货商那里拿到更低价格的商品。另一方面，在你的区域内大型医院的采购经理几乎不跟你和其他人接触。因此，他们常常与供货商竞争，不能很好地实现降低采购成本的经济目标。另一些情况下，管理者依赖完全不同的供货商，试图获得更好的价格。

迫于降低健康和护理成本的压力，该医院集团的董事会和首席执行官将采购视为降低成本的重要环节。你负责集中采购工作。公司要求你在 1 年内将总采购成本降低至少 15%。

你还要与多位向你报告工作的采购经理见面。你的任命是通过集团首席执行官的备忘录宣布的。备忘录中还提到要在所有领域削减成本，而采购环节是削减成本的第一步。你要见面的采购经理都是本地人，但总体上不是很友好。你只有 6 个月的时间来取得初步的成效。因而，你必须马上开始计划和实施变革。

分析与建议

根据规范决策模型中所需解决的问题、决策规则和领导风格之间的关系，确定何种领导风格最合适。

1. 问题的类型是什么，团体还是个体？

2. 权变因素：

有质量要求吗？

领导者是否拥有足够的信息来做高质量的决策？

问题是否清晰和结构化？

决策的执行是否需要考虑员工的接受程度？

如果领导者独立做决策，下属会接受吗？

下属是否将问题与组织目标相结合？

针对问题，下属之间是否有矛盾冲突？

3. 能够接受的决策风格是怎样的？为什么？

4. 不能够接受的决策风格是怎样的？为什么？

案例 2：甄选实习生

假设你是一家大型电子厂的公共关系和广告部经理。通过与本地一所大学的接触，你决定每年夏天为你们部门安排几名公共关系和市场营销方面的实习生。公司也非常支持这项决策，因为与大学合作对你们来说非常重要。实习生将为你们部门做一些支持性的工作。他们直接与你的助手一起工作，并且向他汇报工作。他们将要花费大量时间来观察不同的活动，发现需求，然后提供帮助。去年雇用的实习生都很优秀，对公司帮助很大。你的助手喜欢与他们一起工作，甚至帮助他们其中几位在毕业后找到工作。其中有一些留在了企业。

今年，你接到了超过 20 份工作申请表，但是你的资金只允许你雇用 2 位。你需要决定雇用哪 2 位。

分析与建议

根据规范决策模型中所需解决的问题、决策规则和领导风格之间的关系，确定何种领导风格最合适。

1. 问题的类型是什么，团体还是个体？

2. 权变因素：

有质量要求吗？

领导者是否拥有做一个高质量的决策所需的所有信息？

问题是否清晰和结构化？

决策的执行是否需要考虑员工的接受程度？

如果领导者独立做决策，下属会接受吗？

下属是否将问题与组织目标相结合？

针对问题，下属之间是否有矛盾冲突？

3. 能够接受的决策风格是怎样的？为什么？

4. 不能够接受的决策风格是怎样的？为什么？

案例 3：向新地址搬迁

假设你是美国中西部地区一个中等规模城市的管理者。通过与州、当地城市和几家公司的交换，该市最近获得了一座能容纳几个部门办公的建筑。该建筑离其他几个主要市政部门的距离在 500 米之内。尽管这个建筑比大部分的其他城市建筑要新，并且提供了更大的办公室，但它相对而言设施较少，也没有其他老建筑更有吸引力。你对该建筑进行了检查。你也得到了空间配置委员会提交的关于解决几个部门办公场所过于拥挤问题的报告。你确定 5 个部门可以搬迁到新建筑里去。由于搬迁刚开始造成的工作中断，无论是部门员工还是相关人员都不愿这次搬迁更多地影响到工作。

由于办公场所的需要，你必须在接下来的两天内做出决策。你意识到各部门员工之间存在意见不一致。他们在哪个建筑具有更好的位置，谁受搬迁的影响最小的问题上产生了很大的分歧。但是每个人都承认过分拥挤是个亟待解决的问题。

分析与建议

根据规范决策模型中所需解决的问题、决策规则和领导风格之间的关系，确定何种领导风格最合适。

1. 问题的类型是什么，团体还是个体？

2. 权变因素：

有质量要求吗？

领导者是否拥有做一个高质量的决策所需的所有信息？

问题是否清晰和结构化？

决策的执行是否需要考虑员工的接受程度？

如果领导者独立做决策，下属会接受吗？

下属是否将问题与组织目标相结合？

针对问题，下属之间是否有矛盾冲突？

3. 能够接受的决策风格是怎样的？为什么？

4. 不能够接受的决策风格是怎样的？为什么？

■ 自我评估 3—1　确定你的最难共事者问卷得分 ■

试想与你最难相处的同事，然后将下面的内容填好。此人可以是现在与你共事的同事，也可以是以前与你共事过的同事。他并不一定是你最讨厌的人，但一定是你感觉最难相处的人。根据下面的量表来评价此人。

得分

令人愉悦的	87654321	令人不愉悦的	____
友好的	87654321	不友好的	____
拒绝的	12345678	接受的	____
紧张的	12345678	放松的	____
有距离的	12345678	很亲近的	____
冷酷的	12345678	热情的	____
支持的	87654321	有敌意的	____
无趣的	12345678	有趣的	____
经常吵架	12345678	和谐的	____
悲观的	12345678	乐观的	____

开放的	87654321	保守的	——
喜欢背后说坏话	12345678	忠诚的	——
不值得信任的	12345678	值得信任的	——
体贴人的	87654321	不体贴人的	——
下流的	12345678	正派的	——
易相处的	87654321	不宜相处的	——
不真诚的	12345678	真诚的	——
善良的	87654321	不善良的	——
		总分	——

得分说明：64分或以下表明你是工作导

向或最难共事者问卷得分低的人。73分或以上表明你是关系导向或最难共事者问卷得分高的人。如果你的得分介于65～72分之间，说明你需要自己判断属于哪种类型。

资料来源：F. E. Fiedler and M. M. Chemers. *Improving Leadership Effectiveness：The Leaders Match Concept.* 2nd ed. （New York：Wiley, 1984）. Adapted with permission.

自我评估3—2　评估领导情境 ■

　　该评估表是基于费德勒权变模型设计的，供你来评估所面对的领导情境。为了完成每个问题，你需要设想一个现在或过去的工作情境，抑或发生在体育界、社会场所或教堂中的事件，它是你作为群体的正式或非正式领导者所面临的情境。你可能成功，也可能失败。现在需要评估该情境。你需要使用同一情境回答所有问题。请在问题的后面选择你的答案，并在答案上画圈。你可以评估你的有效性、与同事的关系、任务结构化程度以及所拥有的权力。

有效性自我评估表

　　1. 试想你所处的情境和所承担的工作，作为领导者你的有效程度如何？

　　　　3　　　　　2　　　　　1
　　非常有效　　比较有效　　无效

　　2. 你的团队的有效性如何？

　　　　3　　　　　2　　　　　1
　　非常有效　　比较有效　　无效

　　3. 你对团队的整体绩效如何评价？

　　　　4　　　　　　3
　　非常高的绩效　　比较高的绩效

　　　　2　　　　　　1
　　有点低绩效　　　低绩效

　　现在将上面三个问题的得分相加。最高分为10分，最低分为3分。较高的绩效得分显示了你的有效性。7～10分表明高绩效；

4～6分表明比较高的绩效；3分表明低绩效。

领导者—成员关系量表

　　根据下述标准对下面量表的每个条目进行打分：

　　1＝非常同意

　　2＝同意

　　3＝不确定

　　4＝不同意

　　5＝非常不同意

　　1. 我的下属与别人相处不融洽。_____

　　2. 我的下属值得信任而且是很可靠的。_____

　　3. 我的下属之间存在友好的工作氛围。_____

　　4. 我的下属常常与我合作以完成工作。_____

　　5. 我现在与下属有一些小摩擦。_____

　　6. 我的下属对我完成工作提供了很多帮助和支持。_____

　　7. 我的下属能很好地在一起完成工作。_____

　　8. 我与下属的关系很好。_____

　　得分：将8道题的得分加总。

　　总的领导者—成员关系量表得分：_____

任务结构化评估表——第一部分

　　根据量表填上你认为最能描述你的工作

任务的数字：

0＝很少是这样的

1＝有时是这样的

2＝常常是这样的

目标清晰

1. 有产品和服务的蓝图、图片以及详细的描述。＿＿＿＿＿

2. 有人指导你，为你描述产品和服务，或告知你怎样完成工作。＿＿＿＿＿

目标—路径的多重性

3. 一步一步的工作程序或标准的运行流程表明了应该严格遵循的细节。＿＿＿＿＿

4. 有具体方法将工作进行细分成不同的部分或步骤。＿＿＿＿＿

5. 完成该任务的有些方法被公认为优于其他方法。＿＿＿＿＿

方案的具体程度

6. 工作何时完成，正确方案能否找到，这些都是显而易见的问题。＿＿＿＿＿

7. 手册或工作说明书给出了最好的解决方法或最佳的工作产出。＿＿＿＿＿

反馈的可获得性

8. 就特定产品或服务必须达到的标准取得了大家的同意和理解，并且广为接受。＿＿＿＿＿

9. 工作的考核通常建立在定量评估基础上。＿＿＿＿＿

10. 领导者和群体有充足的时间来找出工作完成得最好的地方，以提高未来的绩效。＿＿＿＿＿

得分：将10道题的得分加总。

任务结构化评估表——第一部分总得分：＿＿＿＿＿

任务结构化评估表——第二部分

如果第一部分的得分高于6分，请填写下表（在最佳答案下面划圈）。

培训和经验调整

1. 和类似或相同岗位上的人相比，你接

受培训的频率如何？

3	2
根本没有接受培训	接受了很少的培训
1	0
培训次数一般	接受了很多的培训

2. 和类似或相同岗位上的人相比，你获得了多少经验？

6	4
根本没有获得经验	获得很少了的经验
2	0
经验一般	获得了很多经验

得分：将2道题的得分加总。

任务结构化评估表——第二部分总得分：＿＿＿＿＿

任务结构化评估表总得分：＿＿＿＿＿

岗位职权评估表

在最佳答案下面划圈。

1. 作为一位领导者，我可以直接或者建议对下属做出奖励和惩罚的决策。

2 可以直接或提出建议

1 可以建议但结果不能保证

0 不能提出建议

2. 作为一位领导者，我可以直接或者建议做出下属的晋升、降级、雇用或解雇决策。

2 可以直接或提出建议

1 可以建议但结果不能保证

0 不能提出建议

3. 作为一位领导者，我有必要的知识以合理分配员工的工作，并给他们提供指导。

2 是的，我具备这种知识

1 有时或有些方面具备

0 不，我根本不具备这种知识

4. 作为一名领导者，我有职责评估下属的绩效。

2 是的，我可以评估

1 有时或有些方面可以

0 不，我根本不评估

5. 作为一名领导者，我具有组织头衔

（如主管、部门经理、团队领导者）。

　　2　　是的

　　0　　不是

得分：将 5 道题的得分加总。

岗位职权评估表总得分：_____

情境控制得分

将领导者—成员关系量表、任务结构化评估表、岗位职权评估表的得分相加，计算出你的情境控制得分。

____＋____＋____＝____

总分：_____

总分	51～70	31～50	10～30
情境控制情况	高控制力	中控制力	低控制力

资料来源：F. E. Fiedler and M. M. Chemers, Improving Leadership Effectiveness：The Leaders Match Concept, 2nd ed.（New York：Wiley, 1984）. Adapted with permission.

评估和应用

　　自我评估 3—1 可以评估你的最难共事者问卷得分；自我评估 3—2 帮助评估作为一位领导者的情境控制力。费德勒权变模型表明，如果你是一位最难共事者问卷得分低的工作导向型领导者，你和你的团队在高情境控制和低情境控制环境下绩效最高。如果你是一位最难共事者问卷得分高的关系导向型领导者，你和你的团队在适度情境控制环境下绩效最高。领导者与情境匹配，团队的绩效最好。

　　1. 你是否与情境相匹配？

　　2. 你的有效性多大程度上与费德勒的预测相吻合？为什么或为什么不？

自我评估 3—3　识别圈内人和圈外人 ——■

　　本自我评估用来帮助你识别你的圈内成员和圈外成员，以及你对每个群体中成员的行为表现。

　　步骤 1：识别成员

　　列出你信任的下属（或群体成员）。甄选出哪些是为你工作的人（或与你一起工作的人），哪些是你喜欢和尊敬的人，哪些是可以与你共享秘密的人。

　　列出你不信任的下属（或群体成员）。甄选出哪些是为你工作的人（或与你一起工作的人），哪些是你不喜欢或不尊敬的人。

　　步骤 2：成员要素

　　每组成员有哪些共性？导致他们分到不同组的因素是什么？可以考虑行为、个性、人口统计学以及其他相关因素。

　　步骤 3：你是怎样信任他们的

　　描述你作为领导者对每个群体及其成员的行为表现。

领导行为	圈内人	圈外人
工作中接触的次数		
接触的方式		
分配工作的类型		
反馈情况		
工作数量		
绩效期望		
其他因素：请列出		

　　步骤 4：自我评估

　　1. 什么因素导致你的一个圈内成员转移成为圈外成员？

　　2. 拥有两个不同的群体对你的群体、部门以及组织绩效产生了怎样的影响？

　　3. 群体成员多大程度上是基于组织因素聚集在一起的？多大程度上是基于个人因素呢？

　　4. 作为领导者，这对你有什么启示？

实践中的领导

人道的独裁者

不管从何种角度看，得克萨斯州罗杰斯公司（D. L. Rogers）的总裁杰克·哈奈特（Jack Hartnett）都是一位成功人士。罗杰斯公司拥有 54 个"旱冰"怀旧汉堡包连锁店的特许经营权，每年会带来 4 400 万美元的利润。哈奈特的餐厅每年有 18% 的资产回报率，高于全美国平均水平。与快餐行业其他公司比，他的员工流动率也相当低，管理者的平均工作年限是 12.4 年。他知道自己想要的东西，知道如何管理他的员工，知道如何追求高利润。

在管理世界中，每个人都会告诉你需要柔性、参与、开放及授权，但杰克·哈奈特却并非如此。他采取西纳特拉（Sinatra）"走自己的路"的原则来经营公司。他不能容忍员工违反他的要求、指令和指导。他绝对坚信自己的方式最完美。员工也很少会与他唱反调。他喜欢让员工有一点不平衡和不稳定感，这样他们在规避责罚的同时就能更加努力地工作。哈奈特甚至有自己的八大戒律。如果有人违反了其中两条将会被解雇。最后一条戒律是"我只说一次"。

哈奈特的餐厅像时钟一样运行。他位于自我雇用的最高层。他非常著名的一件事是，花费漫长的 10 小时和有前途的管理者及他们的配偶闲聊。他想了解他们的私人生活及财富状况，期望得到正确的回应以及任何沉默的暗示。哈奈特说："我希望他们理解，因为这不仅仅是我的工作。我们要在一起共事一生。我希望雇用那些可以同甘苦共患难的人。"如果被选中，你应该忠诚且服从。每个季度你都有一次与哈奈特"禁闭"式会见的机会。哈奈特和其他管理层一起，会把你带到一个秘密而不可逃离的地方。在到奢侈的酒店讨论公司的经营之前，你需要被蒙上眼睛，经历生存考验，睡在帐篷里。

正是因为这种费神的、不可置疑的服从和忠诚，罗杰斯公司的员工和管理层发现自己处于一个家庭和社区，以及一个可以成长的地方。如果你和丈夫间有了矛盾，就像罗杰斯公司的某位管理者的妻子萨伦那样，可以直接打电话给哈奈特。他会倾听你的倾诉，然后将你的配偶打发回家。哈奈特说："我不愿看到人们不愉快地工作，对任何事都感到心烦、郁闷。因为我认为人们在焦虑时不可能集中注意力去工作。"他给员工提供了很多福利，和他们一起打高尔夫，介入他们的私人生活。哈奈特想和下属之间形成某种持久的关系。数年之前，他花 20 万美元组织 254 位管理人员及其家属前往墨西哥的坎昆，进行了为期 4 天的旅行。他们得到了很好的管理和市场技能训练，以及如何做一个好配偶的培训。

哈奈特也喜欢开玩笑、搞恶作剧。例如，他会用胶水把管理人员的鞋子粘到地板上，这是常有的事。但他工作时也非常努力。每周工作 80 小时是很正常的事情。他每天都会比别人起得早一些。他也会做一些餐厅里最基本的服务工作，并且愿意展示给大家看。他的出现、精力、对"自我方式"的自信改变了很多人的观念。哈奈特创造了一个始终如一的组织，使得每个人的生活都变得很简单。

问题

1. 你如何描述杰克·哈奈特的领导风格？

2. 他为何能够成功？你愿意替他工作吗？

资料来源：Ballon, M. "Extreme managing," *Inc.*, July 1998, 60–72. Ruggless. R. D. L. Rogers Group. 1998. *Nation's Restaurant News*, January. http://findarticles. com/p/articles/mi_m3190/is_n4_v32/ai_20199540/ (accessed January20, 2010).

第4章
个体差异与特质

学完本章，你将能够：

1. 解释个体不同的特征及其要素对领导产生的影响。

2. 论述人口统计学因素在领导中的作用。

3. 明确价值观对领导的影响。

4. 阐述能力、技能和领导之间的关系，包括情商和创造力。

5. 概述与领导相关的关键个人特质所起的作用，包括：

   - 大五人格。
   - 积极主动的个性。
   - A 型人格。
   - 自我监控。
   - 黑三角。

6. 能够适当运用个体特征。

领导问题

现在，你知道了领导不只是一套个人特质。但是，个人特质，包括性格，的确至关重要。你认为哪些个人特质对领导最重要？什么样的个人特质影响到领导有效性的发挥？

即便是匆匆浏览任何一种文明史和神话传说，我们也会发现领导者是特殊的。他们的身体特征会被详细描述，个性会被细致剖析，行动会被充分颂扬。因而，我们总是能看到一大串领袖特质和个人业绩。所有这些细节的描述和分析使得我们高度关注领导者本人。这表明了一个共同的信念，领导者就是与众不同——他们身上

独特的东西值得我们去关注。一些人相信，好的领导者天生就有普通人所不具备的个体特征。我们可以列出有效领导者所应具有的特质，如勇敢、积极、正直、睿智、有远见、有目标、有良好的沟通能力等。但正如我们在第 3 章所讨论的那样，成百上千的研究成果并没有清楚描绘出领导者的具体人物形象。但是，某一种特质，或一套特质并不能决定谁会成为一个领导者，也并不能确定其领导是否会有效。也就是说，某种个体特征的确会影响领导的效果和有效性。著名的领导学家杰伊·康格（Jay Conger）曾经说，问题并不在于"领导者是生来就是，还是后天铸就；而是他们既是生来就是，也是后天铸就。"

最近几年，对领导者的个体特征和性格的研究再次引起人们的广泛兴趣，并且许多研究把性格和个体特征与领导联系在一起。此外，第 6 章讨论的魅力型领导理论将个人特质看成是领导有效性的关键要素。当代领导的特质研究与早期特质时代研究的主要不同之处在于，当代的研究方法更为复杂。这种观点并不是寻求某种个人特质，或者是简单的特质集合。实际上，现代的理论家考虑的是特质、行为和情境特征（如下属的期望）之间复杂的交互关系。在这种框架下，理解一些个体特征在决定领导风格和行为时的作用就非常重要了。另外，对自己的优点和弱点的自我认识依然是领导力开发的核心内容（见第 10 章）。

本章讨论了个体特征在领导中所扮演的角色，包括人口统计学特征、价值观、能力、技能和一些个人特质。这些个体特征并不决定领导的有效性，但它们确实影响了领导者的思想、行为、解决问题的方法、偏好以及人际互动方式。

4.1 个体差异化特征的要素及影响

众多因素结合在一起导致了每个个体的与众不同。这些因素包括人口统计学上的、生理的、心理的和行为上的差异。它们是决定我们是谁的核心因素。图 4—1 给出了理解个体差异的框架以及它们复杂的组成部分。遗传和环境是个体特征的两个决定性因素。交互作用观点认为，专家们对每个因素的相对影响力争论不休，其实这两个决定因素相互作用，进而影响个体特征的发展。尽管基因研究在遗传和一些个体特征之间建立起了联系，研究仍表明环境对人们的影响很大。这些因素包括物化场所、家庭、文化、宗教、教育、早年的经验以及朋友。

在理解个体差异之前，我们必须先清楚遗传和环境之间的相互影响。环境和社会条件能强化基因模式，影响领导者的性格，比如文化因素、教育体系和父母的抚养方式等。例如，在美国，男性的基因特性，如竞争性、有闯劲等，进一步得到社会规范的强化。在早期，女孩的语言技能比男孩发展得更快，而父母的劝说和学校的期望则会进一步加强女孩的表达能力。这些遗传和环境因素相互影响，进而在日后的领导风格和行为中表现出来。

如图 4—1 所示，四个主要的个体差异化特征影响了领导风格：人口统计学因素、价值观、能力和技能、个人特质。人口统计学因素是指年龄、人种背景等。这些个体差异化特征能够影响个体行为进而在某种程度上影响领导风格。价值观是一种稳定、持久的信念和偏好，它表明什么是值得的、想要的，是指导行动的基本原则。能力，抑或天资，是天生的做事的才干，或智力或体力上的能力。这类特征还包括智力和创造力。技能是一个人后天培养和习得的与具体任务相关的才干。能力不随时间变化而变化，而技能因任务不同且因培训和经验的积累而变化。你不能培训领导者增进能力或天资，但可以培养他们学习新的领导技能。个人特质是指一组稳定的心理特征，使一个人具有独特的性格和脾气。

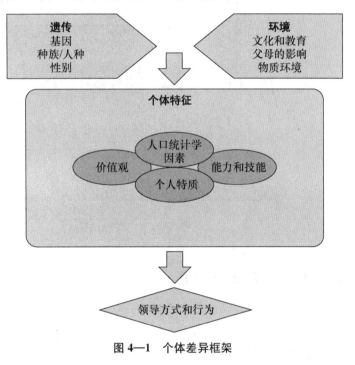

图 4—1　个体差异框架

4.1.1　个体特征的变化范围

尽管个体特征趋于稳定，但这种稳定性并不意味着人的行为方式不会与其个性、价值观和态度不一致。相反，每一个特征都为行为提供了一个舒适区域。如图4—2所示，舒适区域包含那些自然发生的一系列行为——因反映个体特征而感到舒适的行为。在这个舒适区域之外的行动是比较难的，需要练习。而有些情况下，区间之外的行为是不可能发生的。尽管在舒适区域里的行为是轻松的，但我们总是通过进入非舒适区域来实现学习和成长。处于舒适区域之外的行为给我们提出了挑战，将我们推向了极限。因此，尽管如此行动有些困难，但一个有效的学习工具是走出舒适区域。

如果情境提供的指导少，并且结构松散，那么个体的个人特征影响力较强。但是，如果情境提供的行为线索信号强，表明了何种行为和行动是适当的或是他人所期望的，那么大多数人都会根据线索信号行动，而不论其个性特质或个体特征如何。例如，高度机械化和官僚化的组织具有强势的企业文化，并且其文化提供了详细、清晰的行动规则。那么，这种组织就不鼓励其领导者表达独特的个性特征（见第 3 章的案例）。相比之下，结构松散的有机组织提供行动的自主权，允许其领导者和员工在一定的范围内实验，展示其个性差异。

接下来本章将描述个体差异化特征。这些特征潜在地影响着领导的效果，有助于理解领导风格。

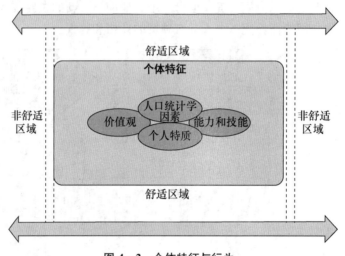

图 4—2　个体特征与行为

4.2　领导者的人口统计学特征

美国的几个研究项目关注领导者的人口统计学特征，关注谁能拥有和获取权力，并且得出了一致的结论。1989 年一项针对近 800 位美国管理人员的调查表明，他们都是男性，样本中的绝大部分来自双亲家庭、来自中西部的中产阶级家庭。受调查的管理者有近 90％的人已婚，其年龄平均为 58 岁，他们很多人都认为自己拥有宗教信仰。八成的人习惯用右手，他们比一般人要高，不常抽烟，经历丰富，锻炼量倾向于适中。这些首席执行官都受过良好的教育，比一般的人接受了更多的教育，有 47％的人拥有研究生学历。大部分人在公立学校就读，而且很多人都自己赚钱负担学费，即使不是全部负担，也至少某种程度上如此。

研究人员梅奥（Mayo）和诺利亚（Nohria）得出了相似的结论。他们认为尽管通往领导职位的教育之门对所有人打开，尽管在领导职位上的女性或少数族裔渐渐增多，但出身、民族、宗教、教育水平、社会地位、性别、种族依然是人们成为领导者的主要影响因素。其他研究表明，在某些领域这种状况已发生了变化。例如，美国政府的一项研究表明，1997—2013 年间，美国拥有企业的女性人数以全国平均数 1.5 倍的速度增长。而全美所有企业中，女性拥有者占所有企业主的 29％。尽管在美国的许多组织中女性和少数族裔的地位已有所提升，但正如我们在第 2 章所讨论的那样，正式组织中的领导岗位仍然由男性占据。尽管已发生了一些变化，但在美国和世界上的许多其他国家，高层管理者依然是一个同质的群体。人口统计学特征的同质性并不一定导致管理企业或领导下属的方法雷同。当然，这也不太可能导致管理思想或方法的高度多样性。随着私人组织和公共组织的融合，领导者强烈地需要多样化和创新的管理方式。而美国和其他国家的商业领袖都具有很强的同质性，所以缺乏创新也就没有那么值得大惊小怪。

4.3 价值观

价值观是关于何所值、何所期的持久信念。它们是人们评判对错、好坏的个人标准。对于领导者来说，理解价值观是非常重要的，因为它影响领导者的领导方式。本节考察了涉及价值观的一整套体系，探究了文化对价值观的影响，并对价值观和道德之间的相互作用进行了讨论。

4.3.1 价值体系和民族文化

人们组织、优先选择价值观的方式就是人们的价值体系（见自我评估 4—1）。例如，对某些人来说，家庭是核心的价值观，是放在第一位的，诸如信仰、职业和社会关系等皆退居其次。但有些人最看重的是职业抑或精神信仰等而不是家庭。我们每个人都有自己的价值体系，对我们最看重的东西做出优先选择。一些人对他们的价值观和优先次序有清晰的认识，但也有些人对价值观的优先次序比较模糊，仅仅冲突发生时才能分辨出来。尽管同一家庭和同一文化中的人们可能会拥有特定的关键价值观，但每个人都有自己独有的价值体系。

一些特定的价值观——公正、诚实、节俭、有同情心、谦虚——是普遍适用的。但个人尊严的价值观——其强调个人的唯一性、自制和自治——更体现在个人主义文化而不是集体主义文化中。在第 2 章中，全球领导与组织行为有效性研究就表明，身处不同的文化中领导者看重的特质亦有所不同，许多特征是随文化而定的。

来自个人主义文化中的领导者，对个人成就和个人价值的认同感评价非常高。组织因而用奖励和价值认同来锁定这些人。这种文化鼓励人们施展个性。许多人对企业家怀有的尊重正证明了这一点。与此相反的是，集体主义文化更看重社区而不是个人。例如在日本，高度评价和赞扬的是保持和组织的一致性。父母会告诉他们的孩子不要太突出自己，不要太锋芒毕露。谚语"枪打出头鸟"就反映了很多日本人的价值体系。他们坚信应该为集体利益而牺牲自己。领导者虽有他们的独特之处，但也应该和社会秩序保持一致。一些美国的原住民，如纳瓦霍人（Navajos，美国最大的印第安部落），也有相似的文化价值观。纳瓦霍人拥有水平集体主义文化。他们贬低个人主义，贬低个人在团体中的突出表现。实际上他们认为这种做法是不恰当的。他们最看重领导者对团体的贡献。霍夫斯泰德提出的不确定性规避、权力距离、男性主义等文化价值观进一步影响了个体的价值体系。例如，不同文化中，激励管理者的因素并不相同，而且决定工作承诺的因素在某种程度上也取决于文化价值观。若某种文化强调低权力距离（如在瑞典），则其虽注重个人主义，但强调地位平等，领导者强调合作精神，避免地位的高高在上和等级制度的形成。若文化具有男性主义性质，个人会强调荣耀和自信。高语境文化和低语境文化的概念也影响价值观。在高语境文化中（如墨西哥），为了保持人们的关系或照顾人们的情感有时会扭曲事实；而在低语境国家，如德国或美国，一般不会接受这种做法。

除了国家文化，群体层次的文化也会影响价值观。例如，有些调查一致地提出，存在价值观性别差异，即男女价值体系的差异。在美国，女性倾向于更重视家庭和社会问题，而男性关注经济问题。我们下面讨论代际价值体系的影响。

4.3.2　价值观的代际差异

研究表明，许多美国老一代人认为年轻一代工作不够努力，对他人不够尊敬，工作伦理道德水平较低；年轻一代则唯恐老一代人不退休，导致年轻的员工要在中层管理岗位上停滞不前。其他一些研究也发现，在美国和其他国家，诸如澳大利亚、法国、英国也都存在价值观的代际差异。例如，在所有这些国家中，婴儿潮时期出生的人（20世纪40—60年代出生的人）与X世代（出生在20世纪七八十年代的人）的人相比，对雇主的要求并不高。X世代的人要求更高的工资、更高的岗位头衔，而千禧世代的人则要求更多的培训、更高的工作福利和津贴、弹性工作时间。研究发现，X世代和千禧世代的人一般来说对公司都不太忠诚，不再把工作放在首位。考虑到他们出生的时候适逢裁员与经济危机，这些表现出乎人们的预料。他们一个接一个地换工作，在不同的临时工作间轮换，依赖技术，熬夜加班，从不认为传统的8小时工作制适合他们。

婴儿潮时期出生的人认为工作是他们生活的中心，体现自我价值感，并且工作也是用来评价他人的方法。有趣的是，X世代和千禧世代的人比起老一辈，更关注权力，寻求工作与生活的平衡，期望在更高程度上获得认可。年轻一代比老一辈人更容易接受社会和技术变革，倾向于把文化多样性看成是积极有利的因素，更容易接受同性恋。表4—1列出了一些由年龄因素导致的价值观差异。

表4—1　　　　　　　　　　　美国人价值观的代际差异

年龄	关键的社会和历史影响	主导价值体系
传统一代：60岁以上（出生于20世纪40年代之前）	其父母经历过大萧条和第二次世界大战；大乐团。	勤奋工作；节俭；爱国；新教徒；尊重权威。
婴儿潮一代：50～60岁（出生于20世纪40年代后期至60年代）	其父母经历过第二次世界大战；朝鲜战争和越南战争；肯尼迪遇刺；登月计划；摇滚时代；伍德斯托克音乐节；冷战时期能源危机。	不顺从；理想主义；以自我为中心；不信任当权派；快乐、安静；乐观；参与。
婴儿暴一代：40～50岁（出生于20世纪六七十年代）	其父母为早期的嬉皮士；后越战时代；水门事件；甲壳虫乐队、感恩而死乐队、吉米·亨德里克斯。	雅皮士；自我的一代；野心勃勃；喜欢物质享受；渴望成功；不愿意承担压力。

续前表

年龄	关键的社会和历史影响	主导价值体系
X世代；30～40岁（出生于 20 世纪七八十年代）	和平年代；伊朗人质危机；经济衰退和波动；比尔·克林顿；艾滋病；MTV；老鹰乐队、迈克尔·杰克逊。	享受生活；颓废；带家门钥匙上学；单亲家庭；希望自主、渴望自由；依赖于自我；灵性；多样性；工作与生活的平衡。
千禧世代或下一代；30岁以下（出生于 20 世纪 80 年代中期之后）	得到父母的溺爱；俄克拉何马州爆炸案；"9·11"世贸中心恐怖袭击；校园枪击；全球化；恐怖主义威胁；首位黑人总统；网络和媒体；高科技领悟力；Lady Gaga；肯尼·韦斯特。	弹性；选择；社会关注；有意义的工作和经历；多样化；成就；容忍和开放。

资料来源：Partially based on N. A. Hira, "You raised them, now manage them," *Fortune*, May 28, 2007, 38–43；M. E. Massey, "The past：What you are is where you were when" (videorecording) (Schaumberg, IL: Video Publishing House, 1986)；D. J. Cherrington, S. J. Condies, and J. L. England, "Age and work values," *Academy of Management Journal*, September 1979, 617–623；and P. Taylor and R. Morin. 2009. Forty yearsafter Woodstock：A gentler generation gap. *Pew Research Center：Social and Demographic Trends*. http://pewsocial-trends. org/pubs/739/woodstock-gentler-generation-gap-music-by-age (accessed February 21, 2010).

　　这些代际差异对领导者而言有两个层次上的启示。第一，来自不同代际的领导者很可能持有不同的价值观，其强调和珍视的重点不同。第二，任何一位领导者都必须管理不同代际的员工，而他们有不同的价值体系和不同的需要。理解这些差异对有效地领导多元化团队非常重要。克瓦瑞（Griselle Kovary）是 N 代表演公司（n-gen People Performance）的合伙人及管理者，他建议，领导千禧世代的领导者需要注意他们对组织和团队的影响，而领导 X 世代的领导者则要提醒员工，高绩效会产生他们想寻得的奖励。

4.3.3　价值观和道德

　　道德是一个人的是非观。道德的两种基本观点是相对主义道德观和普适主义道德观。持有相对主义道德观的人认为是非之分应取决于情境和文化。而普适主义观点则认为是非判断与情境和环境无关。研究指出，道德受到文化的影响颇深。透明国际（Transparency International）是一家监控腐败的国际组织，其利用一套复杂的数据模式来进行腐败的监控。该组织收集的资料及指标表明，对符合道德规范行为的界定各国存在显著差异。据其 2012 年公布的数据，丹麦、芬兰和新西兰是最廉洁的国家；索马里、朝鲜、阿富汗和苏丹等国腐败最严重。美国在 180 个国家和地区中排名第 19 位，排在加拿大（第 9 位）、德国（第 13 位）、比利时、日本和英国（第 16～18 位）之后。举例来说，许多地方的商人认为在商谈合同时赠送礼品、行贿或给予回扣是可以接受的，但在美国的价值观和法律中这些行为却是不道德和违法的。一个拥有相对主义道德观的人会入乡随俗。如美国的管理者若了解到在泰国为了交易的成功去贿赂官员是通用的做法时，他会认为贿赂官员是可行的，并没有违反道德。我们应该注意到对于美国的商业管理者来说持有相对主义道德观几乎是不可能的。这很容易理解，因为美国法律禁止在任何地方以任何形式进行贿赂。与相对主义道德观相反，持有普适主义道德观的人认为所有的活动都应有相同的评判标准，而不管具体的情境和文化。例如，一家美国石油公司的管理者可能会委派一位女性去沙特阿拉伯工作，这符合美国法律所认同的机会均等和多元文化的原则，但这在传统的伊斯兰社会中可能产生宗教和文化问题。

摆在领导者面前的价值观和道德问题非常复杂。全球化和跨文化交流都加重了这种复杂性。特里安迪斯及其合作者的研究表明，在集体主义文化中谈判更易出现欺诈，且欺诈行为发生后自己又会特别悔恨。特别是韩国和日本，在欺诈行为发生后羞己之心、罪己之行的情绪非常普遍。此外，身处不同文化中的个人会因不同的原因而撒谎，例如在美国可能是出于保护自己隐私的原因而撒谎，而太平洋中的萨摩亚人则可能是为了家庭成员的利益。其他研究表明，在集体主义和不确定性规避维度上得分高，而在男性主义和权力距离维度上得分低的人，拒绝不道德事情的程度要比在集体主义和不确定性规避维度上得分低，而在男性主义和权力距离维度上得分高的人强得多。

研究还表明，来自低权力距离和长期导向文化，或来自高个人主义文化中的组织不可能去行贿。对美国和中国的其他研究显示，对待合同违约时的态度体现出文化间的差异。当公司违反内在契约（如自主）时美国的雇员会做出负面的反应，表现出较低的工作满意度和较弱的组织承诺。而中国的员工则更难以接受公司对外在契约（如薪水、工作培训）的违背，但对公司违反内在契约的行为较能接受。研究者将其归因于中国和谐的儒家观念与美国个人成就价值观之间的差异。因为价值观中复杂的跨文化差异和个体差异，价值观和道德问题将是每个管理者持续面临的主要问题。第6章将会讨论领导理论中的一些新方法，这些方法将价值观置于领导的核心地位。

4.4 能力和技能

早期领导特征的研究聚焦于培养领导能力。尽管领导者确实需要一些能力、才干和技能，但这些特征与领导的有效性似乎并不具有高度的相关性。能力领域研究的首要关注点是智力和创造力，同时也关注技术技能、人际交往能力和概念技能。

4.4.1 智力

可以用来描述领导者的特征很多，而智力就是最常用的一个，且在领导的讨论中经常涉及。很显然，事物的复杂性要求领导者具有记忆、收集信息等认知能力和整合信息、分析问题、提出解决方法及评估的能力。所有这一切都与传统意义上的智力有关。但智力和领导效力之间的真实关系并不清晰，不如在其他领域中的关系那么清晰。许多研究表明，这种联系相对来说是比较脆弱的。时至今日，仅仅有一种领导理论——认知资源模型（cognitive resource model）明确地将智力视为一个影响因素。对智力和领导关系的文献回顾表明，智力是领导的一个重要方面。然而，这种联系受到了许多因素的调节。例如，如果胜任领导岗位很重要，那么更聪明一点的领导者会做得更好。但如果某种情境对人际关系的能力要求较高，就领导来说常规智力就远远不够了。领导层次也可能是相关的一个影响因素。特别的是，直觉对于组织高层领导者来说是非常重要的。此外，一些早期的研究表明，智力和领导之间可能存在一种曲线关系。高智力或低智力的个人都很少能够成为有效的、成功的领导者。由于各种各样的原因，这两种人不太容易与下属沟通，不能有效地激励下属完成目标。

让我们来看一个有趣的例子。斯科特·鲁丁（Scott Rudin）是一些大片的制作人，例如，《和塔图龙在一起的女孩》（*Girl with the Dragon Tattoo*）、《这很复杂》（*Tt's Complicated*）、《社会工作》（*Social Work*）、《失去乡村的老人》（*No Country for Old Men*）。最近开始投资百老汇大片，如《冒梦之书》（*Book of Mormon*）。他还是电视剧《新闻室》（*Newsroom*）的执行制片人。一些和他共事过的人认为鲁丁是"我遇到过的最精明、最聪明、最机智的人之一"。他性格开朗、充满创造性，许多人都羡慕他的工作。但他虽然聪明却不算睿智，且其他一些不好的特性也众所周知。鲁宾的脾气非常暴躁，他会摔电话和其他公共物品，提出无理的要求，在片场开除和重新聘用助手——在 5 年中此类事件发生了 250 次。正如他的一位前助手所说："我想和他一起共事过的大多数人都会憎恨他。没有人喜欢他，每个人都很悲惨。"甚至他的导师，埃德加·史瑞克（Edgar Scherick），也将他的名徒称为"粗鲁的斯科特"。这个例子说明，聪明并不能保证一个人成为一个有效的领导者。许多其他特征也有着很重要的作用。在鲁丁这一案例中，他的聪明和创造力与他的人际交往能力并不匹配。

4.4.2　实践智力和情商

过去的几年中，智力概念的研究又增加了新的视角。一些研究者认为，智力不仅包括记忆力和分析能力，也包括人际交往能力和成功生活所需的技能。研究人员罗伯特·斯登伯格（Robert Sternberg）和他的同事引入实践智力概念来概括人们应对日常生活所面临挑战的能力和特殊技能。拥有此类智力的人或改变自己的行为以适应环境、利用环境，或寻找新环境来实现成功。斯登伯格进而提出了领导的 WICS 模型。它用一种系统的方法，将智慧（wisdom）、智力（intelligence）和创造力（creativity）整合在一起，并把智力放在领导特质的中心。

彼得·萨洛维（Peter Salovery）和约翰·迈耶（John Mayer）创造了情商（emotional intelligence/emotional quotient）这个词汇，并以此来描述获取和运用情绪来实现成长的能力。尽管智力一般定义为精神上和认知上的能力，但有人认为人际交往能力是另一种智力。和员工进行良好的互动，满足其情感需求，激励或鼓舞员工等方面的能力是有效领导的核心问题。表 4—2 概括了情绪智力或情商的五个因素。

表4—2　　　　　　　　　　　　　　　　情商的构成

组成部分	描述
自我认识	意识到并了解自己的情绪和情感。
自我规制	能够管理自己的情绪和心情，不否认也不压抑它们。
自我激励	保持积极和乐观。
移情他人	能够理解别人的情感，站在别人的角度看问题。
人际和社会交往能力	拥有建立和保持积极人际关系的能力。

资料来源：Based on D. Goleman, *"What makes a leader?" Harvard Business Review* 82, no. 1 (2004)：82-91；and D. Goleman, R. E. Boyatzis, and A. McKee, *Primal Leadership*：*Realizing the Power of Emotional Intelligence* (Boston：Harvard Business School Press，2002).

　　情商高的人了解其情绪，表现为能自我管理、建设性地控制其心态和情感，即使面对困难也能自我激励、目标集聚。愤怒时能平静自己、平衡心情。他们也能读懂他人的情绪，设身处地，同情他人。情商的最后一个成分是通过理解、解决冲突以及协商来培养建设性、积极的人际关系（见自我评估4—2）。戈尔曼（Goleman）认为情商在领导中是十分重要的，因为现在越来越强调团队合作、全球化及保留有才能的员工。因此，近年来人们已深入研究情商和领导之间的关系。许多人探究了情商和变革型领导的关系，这将在第6章进行讨论。而有些人建议用情商来开发领导力，因为研究表明情商是有效领导所必需的。它影响愿景型领导的开发，和变革型领导密切联系，和绩效相联系，也和积极的群体规范开发相联系。

　　戈尔曼认为："工作规则正不断改变，评价人们的标准也有了新的尺度——不再依据人们多么聪明或掌握了多少技能。规则是老板给定的，但却日益根据自己处理自己和他人关系好坏来评定。"尽管在独立工作时，一个人的胜任能力和认知能力——即传统意义上的智力——是成功的关键，领导者还是需要和他人成功地互动，并具备激励员工完成目标的能力。因此，情商是几种领导过程中的核心要素，尤其是在魅力型领导和变革型领导形成时，领导者和下属必须培养情感纽带。领导者若能同情下属，则能进一步培养下属、达成共识。一些研究者认为情商有益于有效领导，因为情商高的领导者会关注下属，鼓舞他们，培养他们的热情。高智商的领导者用头脑来领导，而高情商的领导者用真心来领导，满足下属的情感需要。

　　情商在领导中的角色越来越得到承认和认可。肯尼斯·切诺特（Kenneth Chenault），美国运通公司的首席执行官，是美国《财富》500强公司中少数几个黑人领导者之一。切诺特通过自己的移情能力，站在别人的角度看问题，并表达自己的情感，赢得了员工的信任，将大家凝聚在一起。他不说大话，十分谦虚，不矫揉造作，平静而给人以温暖。因其具有如此的领导风格，人们都希望加入到他的团队中。他处理危机的技能娴熟，聚焦于沟通。他如是说："你必须经常沟通。"他坚信，尽管理性领导很重要，但是价值观才能成就一位好领导者。他说："在我的职业生涯中我发现，在公司中，如果你不清楚自己的定位，不知道自己意味着什么，没有坚定的价值观，那么你将把自己的职业生涯推向悬崖。"在因"9·11"恐怖袭击公司被迫搬出曼哈顿总部之后，切诺特搬进了一间狭窄、无窗、只有一些普通商务家具的办公室。在一次公司大会上对员工演讲时，他毫不掩饰自己的情感，拥抱那些悲伤的员工说："我代表着世界上最好的公司、最优秀的人。实际上，你们是我的力量所在，我爱你们。"汤姆·赖德（Tom Ryder）曾和切诺特竞争美国运通的首席执行官，他说："如果你与他共事，你将为他奉献自己的一切。"对切诺特来说，正直、勇气、团队合作、培养人才是成为领导者的基础；所有这些都是构成情商的要素。

因为情商对领导有着潜在的重要影响，很多公司都发现开发管理者的情商能提高领导绩效。策划传播顾问公司（Intentional Communication Consultants）的合伙创办人及顾问路易斯·奥尔特曼（Louise Altman）坚信，正确认识情绪能使人们做事更有效，因此情商要经常使用。她说："我认为在一般的工作场所，情商效果依然受到怀疑。因而，我通常感到惊讶，惊讶于人们对工作场所中的人际动力机制不甚了解，知之甚少。"丹尼·梅耶斯（Danny Myers）在纽约市拥有数家成功的饭店，包括联合广场咖啡厅（Union Square Café）和谢来喜酒馆（Gramercy Tavern），而且出版了一本关于提供一流服务的书。他认为自己成功的秘诀是，在他周围有一群员工，其情商高于智商。他会招聘那些天生热情、乐观、聪敏和渴求知识的员工。与此相似的是，很多年来，商科教育都强调分析和数据处理能力，而现在正慢慢重视起人际关系能力。通用电气前任首席执行官管理大师杰克·韦尔奇，以其言无废话、掷地有声的强硬领导方法而著称。他说："领导者的智力成分中必须包含情绪。他不得不拥有高水平的自我认识、成熟和自我控制。他必须能忍受面红耳赤的争论、处理挫折与倒退，并且当幸运时刻来临时，在享受成功喜悦的同时变得谦卑。毫无疑问，情商比聪明的书虫更稀缺。我的经验说明，情商对成就一名领导者非常重要，不容忽视。"

4.4.3　创造力

根据 IBM 在 2010 年针对 60 多个国家和地区的 1 500 位经理人进行的一项调查，创造力是未来成功至关重要的要素。参与调查的首席执行官型领导者创造更多的变革、引入破坏性创新、舒适地接受模糊性。所有这些要素对当今复杂组织中的领导者说都是必需的、重要的。创造力，也称为发散性思维或侧向思维，是给现实引入有用的新生事物的过程，并非仅指做些不落俗套、出人意料的事，旨在把事情做得更好。其组成元素包括情绪稳定、雄心、对原创性的需求和弹性。侧向思维则偏离了理性决策模型所提倡的线性方法。照片共享网站（Flicker）的合伙创办人卡特里纳·费克（Caterina Fake）总是跟着兴趣走。她说："在当下，任何感觉对的事，我都去做。"戴维·罗克韦尔（David Rockwell）是位建筑设计师，他设计了2009 年奥斯卡奖的舞台背景，也是沃尔特·迪士尼（Walt Disney）家族博物馆的设计师。他说："保有好奇心是问题的关键。随着在某些领域里取得成功，你必须找到方法保持充满活力的发现感，一种无法知晓所有答案的感觉。"帕特里克·勒·奎蒙特（Patrick Le Quement），法国汽车制造商雷诺汽车的总设计师，以其独特、新颖的造型设计广受欢迎。他认为原创是他创造力的关键。他说："如果你要其他顾客喜欢你的设计，就请远距离看待大多数顾客，这样做是值得的。"创造力是领导的必要组成部分，因为领导者需要经常提出新理念和指示以便下属去执行。有研究表明，有创造力的领导者能激发下属和整个组织的创造力。有创造力的领导者专心倾听所有的信息，特别是那些坏消息，以便知道下一个问题之所在。他们综合利用主观和客观信息，用大胆而明智的决定将事实、感觉、内心感受、直觉转变为现实。其他一些重要的因素包括塑造创造性的、非传统的行为模式，授权，监控过程，以及让下属知道他们的工作对组织的影响。有创造力的领导者不仅要具有创造性，还应该有足够的技术经验领导下属应对创造性决策的挑战。有创造力的领导者一般具有如下四个特征：

1. 面对困难时的毅力。有创造力的个人在面对困难时更加坚强，坚信自己观念的正确性。

2. 承担风险的意愿。有创造力的个人一般都是风险中性或风险偏好者，但不是极端冒险者，对极易失败的事件会规避。

3. 成长和分享经历的意愿。有创造力的个人会分享自己的经历，愿意尝试新的方法。

4. 对模糊性的容忍。有创造力的个人能容忍结构的缺失和不明晰的答案。

正如上面所提到的那样，有创造力的领导者对自己的选择更加自信，当别人放弃时，他们仍愿意承担风险。他们也重视学习，愿意在不确定性中追寻目标。和其他特征一样，组织背景与情境对创造性的发挥有着重要影响。一些人认为有创造力的个人在面对挑战时能创造性地解决问题。有趣的是，一些研究证实了领导者的情商与领导者激发下属创造的能力之间存在联系。因为创造是一种情绪过程，良好的情绪管理对于创造力来说就有着积极的意义。特雷莎·阿玛比尔（Teresa Amabil）是哈佛商学院企业管理专业的主任，她认为产生创造力不仅需要个人的创造性，也需要经验、天赋和克服困难的动力。她同时认为，当感觉到时间压力、恐惧或强烈的竞争压力时，人们的创造力是最弱的。

4.4.4　技能

与领导能力的研究相比，领导技能的研究就比较清晰，结论也更为明确。领导技能可分为三类：技术技能、人际交往技能和概念技能（见表 4—3）。

表 4—3　　　　　　　　　　　　　领导技能

技能类别	描述
技术技能	工作流程、方法、工具和技术的知识。
人际交往技能	人际交往的知识，包括沟通、冲突管理、谈判和团队建设。
概念技能	解决问题、逻辑思考、决策制定、创造性、一般推理的知识。

随着在组织中地位的提升，领导者和管理者更少地依赖于技术技能，越来越靠人际交往和概念技能。公司总裁、学校校长或医院院长并不需要处理各种各样的

工作细节。他们需要的是顺利、有效地在组织内外进行协调磋商、处理人际关系。此外，相比低层人员，高层管理者更需要观察和分析他们的内外环境，并做出战略抉择，这就需要较强的解决问题的技能。

能力和技能对领导的影响在很大程度上取决于具体的情境。领导者若想有效地进行领导需要一些能力和技能；而情境因素，包括组织类型、领导层次、下属的能力和需求、手头上的任务类型等，都会影响能力和技能。此外，尽管技能可以后天学习且影响领导行为，但研究表明在学习技能和将之转化为实际行为之间存在时滞。

4.5　提高领导能力的个人特质

尽管缺乏强有力的证据来证明个人特质和领导的有效性间存在一致性关系，但是对领导者的个人特质的兴趣依然持续不减。1974 年，斯托格迪尔（Stogdill）对特质研究做了内容全面彻底的回顾，包括研究的结论。该研究重新奠定了特质研究方法的效度，给该课题的研究带来了活力。通常，活动水平、耐力、社会与经济阶层、教育和智力等因素和其他特质一起，成就了领导者的独特特质，尤其是有效领导的特征。同时，情境特征的作用也得到了认同。

柯克帕特里克（Kirkpatrick）和洛克（Locke）提出了一个现代方法，来理解特质在领导中的作用。几个关键特质并不足以成就一位领导者，但是它们是有效领导的前提条件。他们列出了一系列特质目录，即能够促进领导者习得必要的领导技能的特质目录。其中关键特质如下：

- 驱动力，包括动机和精力。
- 领导的愿望和动机。
- 诚实和正直。
- 自信。
- 智力。
- 业务知识。

有些特质是不能通过培训获取的，比如智力和驱动力。其他，例如业务知识和自信，可以随着时间的推移和适当的经验积累来获得。诚实特质则比较简单。对其他文化背景中的领导者和管理者的研究发现，有效的领导者都拥有相似的特质。例如，成功的俄罗斯商业领袖有以下特质："驱动力强的雄心、用不完的精力、敏锐的能力。"中国的商界领袖珍视努力工作，并以无瑕的正直品格享誉天下。而美国的商界经理人勤奋工作，甚至达到工作狂的程度，这并不罕见。调查表明，60％的高收入员工每周要工作 50 个小时，35％的人每周要工作超过 60 小时。

现在来考虑一下有多少商界的管理者表现出了柯克帕特里克和洛克所提出的特质。凯西·韦德（Kathy Wade）经营着一家非营利组织——通过艺术学习（Learning through Art），是一位成功的爵士乐音乐家。他认为领导的关键因素是激情和主动性。同样，金宝贝公司（Gymboree）的首席执行官丽萨·哈珀（Lisa

Harper）接管公司的时候面临着转型的任务，她说："我对人、产品和顾客充满激情。"小企业主能成功也是因为他们对自己的能力有着极度的信心。瑞士-瑞典工程集团公司 ABB 的首席执行官戈兰·林达尔（Goran Lindahl）自我驱动几近着迷，努力维持公司股票的高价位。其他领导者则掌握了全面的业务知识。eBay 前首席执行官，2010 年加利福尼亚州州长候选人梅格·惠特曼，目前担任惠普公司首席执行官，看重乘坐经济舱出差而不是乘坐公司的飞机出差。她穿着 eBay 的 T 恤衫与人交谈，了解他们在公司工作的经验并收集信息。埃米利奥·阿兹卡·简（Emilio Azcarraga Jean）担任西班牙电视集团董事局主席，该集团是世界上最大的西班牙语传媒公司。在从父亲手中接过公司后，他认真学习、了解了其家族企业的所有细节。通过强大的驱动力和自我激励，他重新聚焦组织文化，从忠诚文化转型为绩效导向的文化，最终在美国市场占有一席之地。

有趣的是，正直，不论有无，都被认为是领导的关键要素。许多关于坏领导者的趣闻轶事表明，坏领导者包括以下这些要素：缺乏信任、不诚实、不愿意承担领导责任。企业丑闻越来越多，最终要重新调整重点，强调透明度和诚实的重要性。全球领导与组织行为有效性研究发现，正直是为数不多的各种文化都通用的领导特征之一。

有效领导需要某些特质，而这些特质如果用到极致也同样会带来致命的伤害。一位驱动力强的领导者会拒绝授权他人来完成任务，且权力欲太强。这些可能走向领导有效性的反面。例如，迪士尼公司主席迈克尔·艾斯纳就不能团结一些有天赋的管理人员，因为其控制欲强且无授权能力。这些来自他的领导驱动力和自我激励。这些特征导致几位高层管理者离职。艾斯纳握权很紧，也导致其和多位董事局成员激烈地争吵，引发投资者对其提起诉讼，成为其辞职的原因之一。他的继任者鲍勃·艾格（Bob Iger）则冷静、有外交手段、善于合作、容易获得他人的理解。所有这些特质都是艾斯纳所不具备的。驱动力强的小企业主在授权时也会遇到类似的问题。例如，骄傲产品公司（Pride Products）的老板安德鲁·纳德尔（Andrew Nadel）经营一家促销和企业礼品公司，从致电顾客到安装新办公椅子，一切都亲力亲为，尽管她也雇用了一名员工来处理许多类似的工作。

当前领导的特质研究方法也表明，至少在某些领域，领导者的确是有天赋的，正如我们多数人坚信的那样。然而，仅仅有天赋和才干还不够。经验、正确的选择、接触恰当的情境是让天赋开花结果的关键。

有几项特质在领导发挥作用过程中起作用，并在几个方面贡献于领导的有效性。

● 首先，正如第 3 章和本章前半部分讨论所及，研究者证实了某些特质与领导具有一致相关性。

● 其次，领导者的个性影响着自身的偏好、方式和行为。

● 再次，个性影响领导者学习和运用技能的轻松程度。

● 又次，对那些影响工作行为的关键个性特质的认识有助于领导者的自我认识，有助于他们的学习和发展。

● 最后，在一个包括个体差异化特征、情境、语境等变量的整合体系中，特质是领导的一个有效预测因素。

下面列举了与领导相关的几个个人特质及其对领导的启示。

你怎么办?

部门里调来了一位新员工，而且你从几个人那里都得知，她是一个难以管理的人。她有一个这样的名声，即质疑一切、挑战老板，只要是想要的，她一定不放弃。她以前团队中的几个人告诉你，她和他们合作得不太好，常常在决策和行动之后进行事后猜测。然而，你却认为她是明星，并且相信得到她你很幸运。你怎么办?

4.5.1　大五人格维度

心理学家和组织行为学家将众多的个人特质归纳入五个主要的个性维度，此即大五人格分析法（Big Five）。研究表明，这五个维度不仅在美国是比较合适的个性组成部分，也存在于其他一些文化中。表 4—4 概括了大五人格维度的关键因素。

表 4—4　　　　　　　　　　　　　　　大五人格维度

人格维度	描述
责任心	一个人的可靠性、责任感、组织性以及预先计划的程度。
外倾性/内倾性	一个人的社交性、健谈度、自信度、积极性以及野心的程度。
经验开放性	一个人的想象力、气量、好奇以及探索新事物的程度。
情绪稳定性	一个人的焦虑、消沉、愤怒以及不安全感的程度。
宜人性	一个人的礼貌、可爱、和蔼以及灵活的程度。

资料来源：Based on descriptions provided by W. T. Norman, "Toward an adequate taxonomy of personality attributes：Replicated factor structure in peer nomination personality ratings," *Journal of Abnormal and Social Psychology* 66 (1963)：547 – 583; J. M. Digman, "Personality structure：Emergence of the five-factor model," *Annual Review of Psychology* 41 (1990)：417–440; and M. R. Barrick and M. Mount, "The five big personality dimensions and job performance：A meta-analysis," *Personnel Psychology* 44, no. 1 (1991)：1–76.

大五人格维度中很多都与工作行为，比如学术行为、职业的成功、外派管理人员绩效，以及不同类型权力的运用有关联。另外，责任心、宜人性和情绪稳定性与领导伦理有关。但是，没有一个单独维度能预测绩效和领导有效性。

在五种维度中，责任心与工作绩效的联系最强。这种联系不难理解：可靠、组织纪律性强、工作努力的个人在工作中会表现得更好。外倾性与工作行为的关联度在大五人格维度中处于第二位，对那些依赖于社会交际的工作来说外倾性特别重要，如管理和销售；而对于那些生产线上的员工或电脑工程师来说就没那么重要了。责任心适用于各个职位、各种层次的工作，但外倾性不同。对每一种工作而言，外倾性并不同样重要，尽管在当今的商业社会，外向型性格的人颇受欢迎。苏珊·凯恩（Susan Cain）是《安静：无法交谈的世界里内向型性格的力量》一书的作者，她认为美国对外向型性格的人有偏好，并且认为理想的人是性格外向的人。

但是，内向型性格的人做事也非常有效。沉思的能力和倾听他人的能力都是非常有价值的领导特质。丽萨·佩特里利（Lisa Petrilli），C-Level 战略公司的首席执行官，认为自己就是一个性格内向的人，她说："我们从人们所说的我们的内心世界汲取能量，这是非常有力的力量源泉。是理想在运行着我们的企业。"

经验开放性在某些情况下有助于绩效的提高，但并不总是如此。例如，共享新的体验能够在培训时提高员工和管理者的绩效，因为这将激发他们去学习、探究新的观念，有助于他们在海外取得更大的成功。内维尔·伊斯戴尔（Neville Isdell）担任可口可乐公司首席执行官直到 2008 年。他认为公开经验是领导的关键。他认为学生应该通过体验包括旅行来了解文化差异。就他所要寻找的可口可乐公司员工的素质，他补充道："他们必须有好奇心，必须有旅行经历，善于发现新社会和周游世界的想法。有好奇心才会投入。"切诺特认为，对于今天的领导者来说接受变化并适应是最重要的特征，他说："现在已不是强者生存或智者生存的时代，而是最适变革者生存的时代。"但是，急切地去探寻新理念、新方法也可能成为提高工作绩效的障碍，因为工作绩效的提高需要仔细地关注现行的工作流程和程序。

正如人们所预期的那样，情绪稳定性与工作行为和绩效相关。极端地看，神经质的个体是无法在组织中发挥良好作用的。然而，某种程度上的焦虑和担心，却有助于人们表现出良好的绩效，因为这些特质可以鼓励他们走向卓越。英特尔公司前首席执行官安迪·格鲁夫（Andy Grove）在《只有偏执狂才能生存：如何利用公司和个人职业面前的危机》一书中指出，他将焦虑情绪慢慢注入英特尔，以确保员工和组织的高效，从而走向卓越。最后，尽管宜人性在社会环境中是最合意的个人特质，但通常与个人工作行为和绩效的联系不大。此外，最近的一些研究表明，在情绪稳定性、外倾性和宜人性维度上得分较高但在责任心维度上得分较低的领导者其下属的工作满意度和工作承诺度较高。

对管理来说，大五人格模型最重要的意义在于，尽管大五人格模型作为研究个性的方法其可信性和稳健性较高，但没有哪个单一特质在各种类型和层次的工作中都与领导者或管理者的绩效有强烈的联系，对于领导来说，这种联系相对微弱。一种宽泛的性格策略方法，例如大五人格，并不能单独解释复杂领导过程的成败。

4.5.2　积极主动的个性

你是否了解到有这样一种人，他们通常能辨认出机遇，挑战社会现状，采取积极主动的行动，甚至在遇到障碍时也依然坚持？无论发生什么事情，这种人都保持积极的心态，继续前行。很可能这种人就是具备积极主动个性的人（见自我评估 4—3）。具有积极主动个性的人控制其生活中具有影响力的事件，将事情的发生归因给自己，尤其是将积极有益的事件归因于自己的努力和能力。这种人关注改变环境而不甘受环境的限制（见图 4—3）。研究表明，这种人工作满意度较高，并且对职业生涯和生活持有乐观的展望，具有更高的生活满意度并更具创业精神。积极主动的个性这一构念，比大五人格更能提高员工的工作满意度。有些跨文化研究表明，它也适用于美国和英国之外的文化情境。此外，积极主动的个性也涉及制定目标，并自我激励来实现该目标。

辨明机遇
主动承担责任
进行控制
排除障碍
不受环境限制

行动
目标
变革

图 4—3　积极主动的个性

雪莉·普罗沃斯特（Shelly Provost）是风险投资孵化器灯柱集团（Lamp Post Group）的合伙人，她将无所畏惧的企业家描述为具有积极主动个性的人，他们仗义执言，为所办的事件注入能量和热情，积极，努力工作且目标集聚。她说："最有钻研精神的人，不只是长久地努力工作，尽管加班勤奋工作是绩效等式的一部分，他们将激光聚焦于目标，并且对任何挡路的障碍说'不，谢谢'。"这些都是具有积极主动个性的人所具有的素质。这些特征对提升领导有效性有重要启示，尤其是当组织需要变革和重生的时候。积极主动的个性有助于领导者辨认机遇，鼓励下属采取行动，并自我激励来实现目标。所有这些都是领导的重要一面。

4.5.3　A 型人格

我们都认识一些人，他们看上去紧紧张张、匆匆忙忙、担心自己要做的事。这些是 A 型人格的特征（见自我评估 4—4）。A 型人格的人试图在越来越短的时间内做完越来越多的事。与 B 型人格的人相比，他们雷厉风行。该构念的开发最初与导致冠心病的一种风险因素有关，后来作为性格要素进入心理学和管理学领域，涉及与工作相关的行为启示。一般来讲，A 型人格的人追求做事效率的最大化。A 型人格的人其核心是追求控制。B 型人格的人控制欲较弱，而 A 型人格的人却相反，他们具有极强的控制欲，显示出四种主要特征（见图 4—4）。

A 型人格的第一个特征是时间紧迫感，他们非常注重时间的利用效率。时间紧迫感的特征有形色匆匆、对拖延没有耐心、担心时间不够。齐默尔曼广告公司（Zimmerman）首席执行官约翰·齐默尔曼（John Zimmerman）的一天是从凌晨 3 点半开始的，他坚信每天有三四个小时的锻炼养生，使他工作起来精力充沛。巴尔成功公司（Barr Success）是一家咨询公司，其创始人克里斯·巴尔（Krissi Barr）总是强迫自己更快地工作。"如果我预计需要花一个小时，那么我只给自己 40 分钟时间，在头脑中缩短期限，可以使你工作得更快、更专注。"担任雅虎首席执行官直到 2011 年的卡洛尔·巴茨（Carol Bartz）以没有耐心、控制需求高、脾气火爆、严守秘密而著称。她说她不喜欢花太多的时间来思考问题："这倒符合

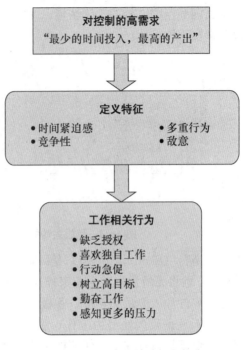

图 4—4　A 型人格的特征和行为

我没有耐心把事做得更好的本性，也符合我的信念，即把精力花在做好事情上总是值得的。"A 型人格的第二个特征是竞争性。A 型人格的人在工作、社交和运动时都比较有竞争意识。他们会拿别人与自己相比较，跟踪自己的绩效表现，领先和胜利是他们关注的重点。波士顿凯尔特人队的传奇球星拉里·伯德（Larry Bird）就展示出 A 型人格特征。当谈到和魔术师约翰逊进行对抗比赛，以及和洛杉矶湖人队明星们的关系时，他说："我必须找一个人，拿自己和他进行比较。"A 型人格的第三个特征是多重行为，即同时做好几件事情。尽管压力会迫使每个人都要同时做几件事情，但 A 型人格的人这样做并非源于工作需要或工作期限如此要求。例如，他们即使在假期之间也会列出具体任务工作单。A 型人格的最后一个特征是敌意。这是研究者发现的与冠心病和其他疾病相关的唯一特征。这个特征包括激烈的言辞、愤怒、不能容忍拖延和错误、暴躁、富于侵略性以及有时在交往中表现出恶意行为。这四个特征均由 A 型人格人本身的控制欲引发，也说明了 A 型人格的人对环境的控制欲。

　　A 型人格没有好坏之分。对于有效领导来说，A 型人格和 B 型人格的人都有某些特质和行为，有助于成就一位有效的领导者，也不会为有效的领导者制造障碍，环境需要是关键要素。关于 A 型人格和领导之间联系的研究还不是很深入，但大量对 A 型人格行为与工作取向行为之间联系的研究提供了一些有趣的观点。例如，A 型人格影响首席执行官制定组织战略。A 型人格的管理者似乎对组织的环境更为关注，会制定挑战性的战略并受自己的控制。此外，与 B 型人格的人相比，A 型人格的人更不愿意授权，更愿独自承担。他们喜欢对工作的全盘控制。缺乏授权不利于领导，经常被认为是管理缺陷。团队合作和授权等作为一种领导风格越来越受到重视。因此，不善于授权对成功领导来说会成为某种障碍。

我们从杰弗里·卡森伯格（Jeffrey Katzenberg）的实例中可以看出，A 型人格的人目标设定较高，对自己和周围人的期望值较高。当他们处在组织的较低层级时，这种高期望值有利于快速晋升。但对于领导层来说，这种高期望值能够导致高绩效和高质量，同时也会导致工作超载，到极致时会出现倦怠。研究得出的一致结论是，A 型人格的人喜欢控制，积极，努力工作，对拖延没有耐心，对同事也同样没有耐心。这些结论让我们重新思考这些特质对领导来说有什么启示。这些行为与精力旺盛和高激励相类似，也就是柯克帕特里克和洛克所提出的领导的核心特质。A 型人格的领导者可能令人紧张并且要求严格，会制定更高级的绩效标准，不能容忍延误和借口。他们也可能发现在一个团队环境中授权或分工很困难。最近的一些研究表明，A 型人格和 B 型人格的人都喜欢和自己类似的人一起工作。其他研究表明，A 型人格和 B 型人格的人都可能在不同类型的工作中取得成功。尽管一些 A 型人格特质似乎能够界定有效的领导者（如动力、雄心和精力），但其他一些特征，如不能容忍拖延和性子急，对领导者却没什么好处。最近的一个研究发现，随着时间的推移，人格类型与人的消沉和低绩效有关。

领导变革

杰弗瑞·卡森伯格转型

卡森伯格是野心勃勃、没有耐心、有竞争意识、容易发火但是非常成功的管理者，甚至可以是这类人的代言人。他在派拉蒙（Parament Pictures）和迪士尼担任顶层领导职务。在 1994 年没有举行任何仪式就离开迪士尼之前，他负责诸如《阿拉丁》和《狮子王》等大片的制作。之后，卡森伯格和斯蒂芬·斯皮尔伯格（Steven Spielberg）以及戴维·格芬（David Geffen）组成团队，创办梦工厂动画公司，制作了更加成功的大片，包括"史瑞克系列电影"（Shrek Movies），《大战外星人》。最近，他和梦工厂动画公司的合同延长至 2017 年，继续担任其首席执行官，每年底薪 250 万美元。除了令人称绝的天才创意和持续不断的成功，卡森伯格以要求严、有时不可理喻、在公共场合大发雷霆、怒斥其同事和好莱坞明星而著名。一位迪士尼官员说："他大呼小叫，俨然一个磨碎机，是位你无法想象的强势家伙。"

1994 年被辞退后，卡森伯格似乎改变了不少。他坚信那次被辞退给他敲响了警钟，教导他迎接转变。他完全承认自己强大的自我驱动力，起源其早年的生活。在描述早年的一些领导经验时他说："我们大家实际上都想有更多的时间。这一点我无法忘记。我总记得我哪一次非常准时，哪一次不准时。我总是处在高度的焦虑中。"但是，他也学会了温和一些，更有耐心一些，同时认识到他的脾气对下属的影响。他用其称为"五秒钟延缓地带"来"自我编辑"他要表达的意见。经过仔细思考，他认识到别人不太想按他的节奏工作。"长期以来，我有点淡忘的是，我最终总是替每个人安排好工作空间，而他们却据此认为如果老板一周工作 7 天，他们就得工作一天 24 小时。这不太好，因为并不是每个人都像我一样如此喜欢工作。而实际上，即使这样你也无法从员工中获取他们的最大贡献。"尽管，用大多数人的标准来看他依然不够温和，但他已经改变了自己的行为，珍视为他工作的员工，保持工作和生活的平衡，协调与和他结婚 34 年的妻子的关系。作为领导者，他最好的经验在于他培养下属的做法："我开始认识到，如果我想团结优秀的人在我周围工作，那么就不得不给他们让道，替他们创造空间，确保他们得到承认和荣誉，以及替他们做与此相关的一切事情。坦率地说，这样我才能待下来、工作得更久。"

资料来源：Borden, M. 2010. The redemption of an ogre. *Fast Company* December/January: 104–108; Bryant, A. 2009l. The benefit of a boot out the door. *New York Times—Corner Office*, November 7. http://www.ny-times.com/2009/11/08/business/08corner.html? _r=1 (accessed on March 2, 2010); Ten minutes that mattered, 2010. *Forbes. com* February 5. http://www.forbes.com/2010/02/04/disney-dreamworks-shrek-intelligent-technology-katzenberg.html (accessed on March 2, 2010).

4.5.4　自我监控

观察某些领导者时，我们可以轻易地识别他们的行为方式甚至他们的个人特质。他们像是一本打开的书，在不同的环境中行为都是一致的。例如，赫伯·凯莱赫（Herb Kelleher），西南航空公司的创始人，在各种情形下都持有一种有效的、外向的行事风格，不管是对待本公司的员工或股东，还是举行商业会议。与此类似，理解迈克尔·艾斯纳这位迪士尼前首席执行官也没有什么困难。他闯劲十足，希望一切尽在掌握之中（他就是在领导变革的案例中解雇卡森伯格的那位）。但有一些领导者就比较难以识别，他们的行为会随着环境的不同而转变。

我们可以轻易地理解某些人并确立他们的行为方式，而对于其他人却没这么简单，其中一个原因涉及自我监控这个概念。自我监控（self-monitoring，SM）这个概念由斯奈德（Snyder）于 1974 年提出，指人们领悟和利用环境中的线索来决定自己行为的能力。自我监控能力强的人——评估得分较高的人（见自我评估 4—5）——能够用一些细微的线索来识别环境或社会所认可的行为，并据以调整自己的行为。与自我监控能力弱的人相比，他们能够表现自己，进行形象管理，反映和模仿别人的行为。研究也发现，自我监控能力强的人更易与别人相处，更易成为领导者，这因为他们总是领先在前，适应性更强，更具有创新性。自我监控能力弱的人既不能领悟环境或社会的线索，也不能利用这些线索改变行为。自我监控能力强的人，其行为很有可能是感知环境的结果，因而似乎随环境的不同而改变。对自我监控能力弱的人来说，行为更可能被内在地决定，因而尽管环境不同行为仍表现出一致性。这种内聚焦的人更容易做出正确的决策，尤其涉及绩效评级和人事任用等决策时。

许多领导理论都有其假设前提：（1）领导者有评估不同情境的能力；（2）领导者能够改变自己的行为以满足情境变化的需要。在这种假设前提下，自我监控能力强可能是一个关键的领导特质。较强的自我监控能力可以帮助领导者更好地感知和分析情境。此外，若假定自我监控能力强的人可以修正他们的行为，那么我们可以认为，即使在模糊和较难辨析的情境中，他们也更容易成为有效领导者。一些研究也支持这样的观点。研究者发现，自我监控能力强的人更容易成为领导者，这很容易形成一个假设：自我监控在领导和工作绩效中是一个关键变量。这个概念也与变革型领导行为相关（在第 6 章进行讨论）。

总之，自我监控对于领导来说是一个有趣的应用，很多仍需进一步探究。然而，可以确定的是，较强的自我监控能力有助于领导者修正自己的行为，甚至可能获得新的技能。自我监控能力强的人能较好地处理跨文化问题，因为跨文化情境是模糊的，要求具备解释环境问题的能力。与此相似，与 20 年前相比，变化的领导角色正使领导情境更缺少规则，更具不确定性。现代领导者必须处理文化的多样性以及下属对参与和自主的需求等问题，领导者也必须理解渐变的复杂全球环境。自我监控在这些新情况下可能是一个关键特征。

至此，我们所讨论的个人人格特征和特质或对领导有效性有积极的贡献，或与领导的关系呈中性化特征。例如，责任心、积极主动或自我监控能力高是领导者想要具备的特质，而 A 型人格和 B 型人格也与某种领导行为有关，或对领导有内在的贡献，或是对领导产生负面的效果，但都会在领导他人和与他人互动过程中起着某种作用。下面我们考虑给领导有效性带来阻碍，并且影响领导有效性的个人特质。

4.5.5　黑三角：马基雅维利主义、自恋、神经质型人格

你是否认识这样的领导者：善于操纵局势、冷酷无情、粗暴、感情冷漠并且以自我为中心？你是否与这样的人共事过：与他人相处不好却一意孤行？你的主管是否会自我吹捧，咄咄逼人？这些是否像你读过的有关商界和政界领导人的性格？研究人员鲍尔斯（Paulhus）和威廉姆斯（Williams）用黑三角（dark triad，DT）这个术语来描述三种有男性暴力倾向领导者的特征和行为，包括马基雅维利主义人格、具有亚临床特征的自恋和具有亚临床特征的神经质。近年来，领导理论的研究焦点主要集中于领导者积极特质方面，有些研究甚至指出，积极和富有建设性的个性是一个领导者必须具备的内在特质。因此，具有破坏性的性格，甚至是邪恶的领导者，例如希特勒，无法领导跟随者，只是统治他们。但是，有些个性恶毒、具有虐待倾向的领导者，也能取得积极的成果。许多甚至在最初也很受欢迎，例如希特勒。因此，有必要理解负面的个体特征和个人特质，并了解它们是如何带来破坏性后果的。黑三角的三个组成部分是独立研究所得，其具体特征也得到了明确的界定（见表 4—5）。

表 4—5	马基雅维利主义、自恋、神经质型人格	
马基雅维利主义	善于操纵 不严谨 狡猾	诡计多端，精于算计 对他人的关心程度低

续前表

自恋	应得权力感强	傲慢
	自大	需要持续的尊敬
	优越感	展览专家
	关注自我	
神经质	冲动、寻求刺激	对他人同情心弱
	低焦虑水平	没有罪恶感、自责感和羞耻心
	娴熟的形象管理者	

马基雅维利主义人格这个概念大致是根据尼可罗·马基雅维利（Niccolo Machiavelli）所作的《君主论》的相关部分提出的。它指出，总有一些人愿意将自身的利益和偏好置于团队利益之上，以及为了个人目的而影响和操纵别人。自恋，在极端情况下被视为性格紊乱，其亚临床和"正常"的特征包括应得权力感、优越感、自大、担心地位、对他人不敏感。直到最近，研究人员才把它们和领导相联系。自恋的许多特征和领导特征相关，包括权力欲和影响他人的欲望、想进入领导岗位。最后，亚临床形式的神经质人格表现为冲动，寻求刺激，低焦虑水平，不关注他人也不同情他人，不自责自己。神经质的临床形式表现为极端的特征和行为，包括和犯罪相关的反社会和暴力行为。现在，和自恋行为一样，神经质的亚临床形式也是影响社交互动和组织行为的个人特质。

这三种特质不能互为等同，但却有共享的线索和主题。它们都表现出男性暴力倾向、自我吹嘘、令人不愉快、感情冷漠、耍两面派等特征。这三种人都不能和他人构建真诚的人际关系，只顾自己冒进（见图 4—5）。马基雅维利主义者和神经质型的领导者使用更为强硬的操纵技巧，比如威胁等手段，因而比自恋更不受人喜欢。而自恋尚且被认为较为友好一些。有趣的是，男性在三个构念上的得分较女性高，更咄咄逼人，使用更为强势的操纵手段。然而，尽管黑三角都是些负面的人格特征，但遗憾的是，它们又被当成是好的领导特质。研究也发现，劝导人们、处理人际关系、玩政治游戏等方面的能力，以及保持情感上的超然，对自我领导有好处，并且提升得会很快。也有些研究指出，这些特质甚至对组织也有好处。

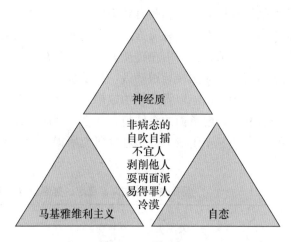

图 4—5　黑三角

我们的大众媒体充塞着各种粗鲁的领导者的案例，无论是在私人产业部门还是公共产业部门，这些领导者都有，他们自行走自己的路，或者买通道路，来实现自己的目标，而很少顾及下属。他们恃强凌弱，欺辱员工，甚至虐待员工，残忍而又具威胁性。有一项研究报道说，受调查的 1 000 名员工中 45％报告说他们的老板曾虐待他们。而这些老板中，有些人因其成就而受到尊重，其他人则让人害怕。有几份刊物定期公布这些强势老板的名单，而许多网站也帮助员工来对付那些如饥似渴地攫取权力、控制甚至虐待员工的老板。在大多数情况下，只要最终财务结果健康、一些关键的参与人满意，例如董事会成员、股东，这些领导者为达到目的所使用的手段常常得到容忍。

学以致用

应对虐待型领导者

我们很多人都遇到过非常自恋的上级和老板。这里有一些与之相处的方法。它们并不都有效，其效果依赖于情境和你所要对付的人。

● 保持冷静；不要做出情绪化反应，自我控制。

● 保持专业化精神，即使老板不专业，你也要保持克制。你不能控制他的行为，但能控制自己的反应。

● 确信你清晰地理解并能够描述你所面对的行为类型（例如，太多的批评、不正确的反馈、大喊大叫等）。

● 记录每件事！关注事情的细节。

● 确保你的工作和行为无可挑剔，这样可避免责备。

● 记录来自同事和客户的任何反馈，这可以用来证明你的绩效良好。

● 不要消极防御；冷静面对，不要失态。

● 如果可以的话从人力资源方面获得帮助，特别是与法律分歧有关时（例如，歧视、性骚扰、违背其他伦理和法律的事）。

● 保持良好的工作关系，建立一个强有力的工作关系网络。

● 沿着命令链向上报告，把它作为最后的救济手段；提供事实和依据——不仅仅是情绪化的反应。

● 除非环境危险，不要过快地决定退出，为紧急情况和最终的离职做好详细计划。

● 只有你才能确定是否已经受够了；做好计划，按自己的条件提出离职。

历史上，一些臭名昭著的暴君，都显示出黑三角模型所概括的一种或某种特征。同样，其他一些商界领袖，包括前面讨论过的艾斯纳、鲁丁，苹果的斯蒂夫·乔布斯，美国和世界上的许多政界领袖，包括卡特、克林顿、乔治·W·布什等也都如此。具有黑三角模型所概括的特质的领导者会自吹自擂，欺骗和操纵他人，对批评和反馈回应太差，指责他人的失败。但是，这些人在初始阶段也有个人魅力，很迷人，也受人爱戴。领导的界定和概念化的核心是领导者与下属的关系。鉴于此，我们很容易发现黑三角模型中的特质是领导的障碍。领导和社会交换过程需要公平、互惠地取舍，共同遵守规则，尊重义务和对他人做出承诺。所有这些特征都不在黑三角模型中。

哈佛大学公共领导中心主任巴伯·凯勒曼（Barbar Kellerman）建议我们不仅可以从好领导者，而且可以从坏领导者身上学到同样多的东西。尽管我们还没能清楚地列出能够成就有效领导者的特征清单，但我们确实知道无效的领导者、失败而出局的领导者会做些什么。许多因素和黑三角中的特征相联系，也就不足为奇了。创新领导中心发表的研究成果中，最近有一本书是研究失败领导者的。此外，还有许多关于失败领导者的趣闻轶事。这些都显示出失败的领导具备一些清晰的模式。坏领导者的一些特征表现为过分贪婪、没有胜任力、刚性、孤立于别人、不关心他人。此外，还包括无法完成目标、人际交往能力很差、固执、缺乏伦理道德、骄傲自大。缺乏人际技能并对人际关系管理无能为力是失败的主要原因。若与下属和领导者相处得不错，则更有机会取得成功。奥美公共关系全球集团公司（Ogilvy Public Relations Worldwide）是一家专注于建立公共关系的公司，其首席执行官帕姆·亚历山大（Pam Alexander）说：“建立信任，对你的人际关系进行持续投资。不要只操心投资回报率。帮助别人，不图回报。尽可能在恰当的时机联系他们。”

领导问题回顾

你列出的清单是否和我们回顾的清单一致？没有单独某一种或一套特质是至关重要的，尽管有些特质是很具破坏力的。考虑到领导与人有关，也与下属相联系，需要下属帮助领导者实现目标，那么只要任何领导特征有助于领导者和他人构建良好的关系，这样的特征就是领导所需要的。关键是自我认识，培育优势，克服劣势。可以通过个人能力开发，获得组织支持，例如获得同事支持等实现，也可向有互补性领导特征的领导者配对学习。

4.6 个体特征的应用

前面讨论的每一个个体特征和个人特质对在领导者与他人互动和决策过程中起着一定的作用。任何单一的特质，甚至是其组合，都无法解释或预测领导的有效性。这些特征是自我认识和理解他人的有益工具，也可以用于领导力开发的指南。本章讨论了很多不同的个体特征，虽然仍没有一个关于领导的清晰描述，但我们知道个体差异化特征的确影响领导行为。本章所讨论的不同特质通常情况下是彼此独立的。换句话说，个体有可能积极主动、B 型人格、自我监控能力强，也可能是自恋型的人。直觉告诉我们，某些特质组合更易发生，每种组合均给我们提供了独特的研究视角。尽管此处陈述的构念有效度，但重要的是要限制其使用，不要用于自我认识、不要用于开发更多的构念。它们不是甄选工具，也不能用来作为晋升员工和其他工作相关决策的工具。它们可以用来认识自我优势，鉴别自己需要开发的领域。

4.7　结　论

　　本章介绍了有效领导中特质理论的最新观点，并识别了影响领导风格和方法的一些个体差异和个体特征。尽管这些个体差异并不能揭示行为，但它们界定了特定行为和活动的舒适区域。价值观是关于何所值、何所期的持久信念，受到文化的强烈影响，是伦理行为的三个决定因素之一。智力是最能够影响领导的能力要素之一。尽管从某种程度上说智力与领导有关联，但它却不是构成预测领导有效性的充分条件。另一方面，研究表明，情商，关注于人际关系不是认知技能的这个概念，可能与应急性领导的有效性有关联。创造力可能是与领导效力有关的另一个重要能力，特别是在那些需要新颖观点的情境中。

　　最可靠的一组个人特质是大五人格。尽管大五人格中责任心和外倾型这两个维度与工作相关行为有联系，但这些特质并不直接与领导相关。其他一些个人特质确实与领导相关。积极主动的个性是用来衡量个体辨别机遇、采取主动排除障碍的程度指标。具有积极主动个性的人工作满意度更高，职业满意度也高，并且有可能主动发动变革。这些因素都可以成就领导。A 型人格的人行为聚焦于控制需要，表现为时间紧迫感、竞争性、多重行为和敌意。A 型人格的人对权力的占有欲使其不愿授权，只关注于短期目标，会选择能使其控制最大化的战略。另一个相关的个人特质自我监控，是指个体领悟和利用环境线索来修正自己行为的程度。自我监控能力强的人其行为具有弹性，可能对领导有益。黑三角模型由马基雅维利主义、自恋和神经质型人格组成，描述了自吹自擂、不宜人、情感冷漠的特质和行为模式。这些特质恰恰与情感、公正与诚实的社会交换相反。后面这些特征正是有效领导所必需的。

　　本章所讨论的所有概念可以让我们更好地自我理解和认识，但是它们都不是领导风格的度量方法，不能用于个人决策。

复习讨论题

　　1. 个体特征对行为的影响是什么？
　　2. 价值观是如何影响行为的？文化对价值体系有何影响？
　　3. 情商和一般性智力对领导有何影响？
　　4. 创造力在领导中有何作用？
　　5. 描述个人特质及它们对领导的启示。
　　6. 根据你的看法（或基于你的经验），相对于其他特质，某些特质是否对个人的领导风格更有影响？解释你的答案。
　　7. 本章中人格研究的局限是什么？关于个体特征的信息如何应用于领导之中？
　　8. 在完成本章末的人格自我评估之后，剖析你的人格特征，并说明其对领导风格的影响。

领导挑战：心理测试的应用 ▪

组织越来越依赖于心理测试去挑选、评估、提拔和发展它们的员工和管理者。尽管很多测试信度和效度均不错，但其他很多测试却并非如此。此外，因为文化的差异，这些测试并非放之四海而皆准。但这些测试确实提供了一个相对快捷、有效的方法去更好地了解人们。

作为一个部门的经理，你需要选择 10 个成员组成一个新的团队，为新产品进行市场调查，制定广告策略。理想的员工特征包括睿智、创造性、果断、竞争、谈判、说服别人的能力、团队合作能力。人力资源部门进行了范围很广的 50 次测试，对本部门和其他部门的申请者进行了评估。浏览了申请者的评估后，你发现合适的申请者大部分都是年轻的白人男性，而女性和少数族裔的人得分较低，特别是果断和竞争性方面。

1. 你认为此次心理测试的重要性如何？你需要考虑哪些因素？

2. 你会选择谁进入你的团队？

练习 4—1 你理想的组织 ▪

这个练习用来帮助理解不同个体感知和定义组织的方式。

第 1 部分：个体描述

思考一下在组织中你理想的工作情境。它是什么样的？它应该如何组织？人们之间如何相互交流？本部分的练习就为你提供了一个理想的组织类型描述。如此做后，考虑一下组织特征和因素。

1. 它属于何种产业？

2. 你理想的组织其使命是什么？

3. 何谓文化？基本假设是什么？行为规范是什么？何谓英雄？人们之间如何交往？

4. 人们应如何组织起来？什么是结构？思考诸如集权、等级、程式化、专门化、控制域、部门化等问题。

5. 领导者的角色是什么？被领导者的角色是什么？

6. 描述区位、办公室的空间、办公室的装饰等。

7. 考虑诸如服装类型、工作时间表等你认为可以描述你心目中理想组织的因素。

第 2 部分：团队工作

指导老师将把你分配到某个团队，并给你提供进一步的指导。

自我评估 4—1 价值体系 ▪

从以下两个类别给你的价值观打分，1 表示该因素对你最重要，5 表示最不重要。

工具价值观	得分
野心、勤奋工作	_____
诚实、正直	_____
感情和友情	_____
顺从和责任	_____
独立和自我充实	_____

谦卑	_____
帮助别人（箴言）	_____

终极价值观	得分
贡献和成就感	_____
快乐	_____
安逸的生活	_____
睿智和成熟	_____
个人尊严	_____

正义与公平　　　　　　＿＿＿＿＿

精神支柱　　　　　　　＿＿＿＿＿

　　计分提示：每组中你得分最低的价值观

是那些对于你来说最重要的价值观。思考你的行为、职业选择等是否与你的价值观一致。

自我评估 4—2　情商 ──▪

请指出以下描述中你认为哪些正确，哪些错误。

自我认识

1. 知道自己如何感知以及为何如此。＿＿＿＿

2. 知道自己的情感如何影响自身的行为和绩效。＿＿＿＿

3. 了解自己的优劣势。＿＿＿＿

4. 分析发生在自己身上的事，并思考为什么。＿＿＿＿

5. 乐于倾听别人的反馈。＿＿＿＿

6. 寻找时机以便更好地了解自己。＿＿＿

7. 正确地对待过错。＿＿＿＿

8. 保持幽默感，冷静地对待过错。＿＿＿

管理情绪和自我调节

9. 在危机面前保持冷静。＿＿＿＿

10. 在压力下集中注意力，冷静思考。＿＿＿＿

11. 在所有的行为中均保持正直。＿＿＿＿

12. 值得信任。＿＿＿＿

13. 乐于承认自己的过错。＿＿＿＿

14. 对抗别人不道德的行为。＿＿＿＿

15. 坚持自己的信念。＿＿＿＿

16. 很好地处理变化并坚持到底。＿＿＿

17. 面对障碍时能灵活处理。＿＿＿＿

自我激励

18. 树立有挑战性的目标。＿＿＿＿

19. 会在合理、可控的风险内完成目标。＿＿＿＿

20. 结果导向型。＿＿＿＿

21. 收集信息以便实现目标，提高绩效。＿＿＿＿

22. 不满足于现有的状态。＿＿＿＿

23. 总是寻找机遇去做一些新颖的事。＿＿＿＿

24. 即使面对困难和挫折时也保持积极的心态。＿＿＿＿

25. 更看重成功而不是失败。＿＿＿＿

26. 不认为自己对失败负全责或不会因失败过分自责。＿＿＿＿

移情他人

27. 关注别人的感受和反馈。＿＿＿＿

28. 即使不认同别人的观点，也试图理解别人的观点。＿＿＿＿

29. 对别人比较敏感。＿＿＿＿

30. 提供反馈，并尽力帮助别人获得成功。＿＿＿＿

31. 认同并赞赏别人的成就。＿＿＿＿

32. 适当地指导、帮助别人。＿＿＿＿

33. 对各种不同背景的人均表示尊重。＿＿＿＿

34. 和与自己不同的人相处得很好。＿＿＿＿

35. 对狭隘、偏见和歧视表示不满。＿＿＿

社交技能

36. 善于说服别人。＿＿＿＿

37. 能够清晰、有效地和别人沟通。＿＿＿＿

38. 良好的倾听者。＿＿＿＿

39. 对好消息和坏消息都能够接受。＿＿＿＿

40. 能够与别人分享自己的愿景，鼓舞他们服从自己的领导。＿＿＿＿

41. 可用实际的例子来进行领导。＿＿＿＿

42. 必要时尽力改变现状。＿＿＿＿

43. 能够巧妙地和难缠的人交往。_____

44. 当出现分歧时鼓励开放、专业的交流。_____

45. 寻求双赢的结局。_____

46. 和别人建立和保持联系。_____

47. 工作时保持一种积极的氛围。_____

48. 树立团队特质，如尊重、友善和合作。_____

49. 在团队中鼓励每个人的参与。_____

50. 理解组织中的政治权力。_____

计分提示：对于这 50 个问题，如果你认为"正确"，得分为 1；如果你认为"错误"，得分为 0。计算每组中的得分，算出总分。

自我认识：_____

管理情绪和自我调节：_____

自我激励：_____

移情他人：_____

社交技能：_____

总分：_____

每组得分和总分较高的人，情商较高。

资料来源：Based on information in Goleman, D. *Working with Emotional Intelligence* (New York：Bantam Books，1998)；MOSAIC competencies for professional and administrative occupations (U. S. Office of Personnel Management)；Rosier，R. H. （ed.），*The Competency Model Handbook*. Volumes One and Two (Boston：Linkage，1994；1995).

自我评估 4—3　积极主动的个性 ——■

使用下列量表，选出你同意下列表述的　程度。

	根本不像我	不太像我	听起来像我	非常像我
1. 我总在寻找新的机会。	1	2	3	4
2. 我信任自由放任的方法。	1	2	3	4
3. 只要有可能，我在学校和工作单位就很主动。	1	2	3	4
4. 我对任何事采用的方法是能做则做。	1	2	3	4
5. 我把变化当成是机遇。	1	2	3	4
6. 我关注事情的发生。	1	2	3	4
7. 看到事情发生了变化，我选择随它去。	1	2	3	4
8. 只要允许，我就喜欢积极支持他人。	1	2	3	4
9. 只要我决心做事，事情便能完成。	1	2	3	4
10. 在许多他人看到问题的地方，我看到了机会。	1	2	3	4

总分：_____

计分提示：将第 2 题和第 7 题的答案对调（1＝4，2＝3，3＝2，4＝1），然后把 10 道题的得分加总，可能的分数范围在 10～40 之间。如果在 30～40 之间，你就具有积极主动的个性的许多特征。如果在 10～20 之间，你就不太积极主动。如果处在中间分数段，你的积极主动性中等。回顾每道题，以此鉴定你的优点。

资料来源：Based on information in Becherer and Maurer，1999；Crant，2000；and Parker, Bindl, and Strauss，2010.

自我评估 4—4　A 型人格行为模式 ——■

下列选项哪些正确，哪些错误？

1. 总是匆匆忙忙。_____

2. 每天或每周都有一系列的事要做。_____

3. 喜欢一件事一件事地完成，不太乐意同时做几件事。_____

4. 当疲惫时会停下来休息或者放弃。_____

5. 不管是工作中还是私人生活中，喜欢同时做几件事。_____

6. 认识的人描述我的性格为"火热激情"的。_____

7. 喜爱竞争性的活动。_____

8. 保持轻松简单的心情。_____

9. 除了工作还有很多重要的事情。____

10. 不管是工作还是娱乐都希望赢。_____

11. 当别人长篇大论时会催促别人或打断别人。_____

12. 乐于"无所事事"，悬而不决。____

计分提示：A 型人格的人认为 1，2，5，6，7 和 10 正确，3，4，8，9 和 12 错误。B 型人格的人正相反（如 1，2，5 错误，3，4 正确）。

自我评估 4—5　自我监控　■

指出下列各项表述你认为的对错程度，并用恰当的数字表示。例如，如果表述绝对正确，你应该选择数字 5。

5＝绝对正确

4＝总是正确

3＝有点正确，但有例外

2＝有点错误，但有例外

1＝总是错误

0＝绝对错误

1. 如果意识到社会环境需要自己做出改变，自己能够改变行为。_____

2. 能够通过别人的眼睛读懂别人的真实情感。_____

3. 根据自己希望呈现出的形象，能够控制偶遇别人的方式。_____

4. 在交谈中，能够感知别人面部表情的细微变化。_____

5. 在理解别人的情绪和动机时，自己的直觉非常有效。_____

6. 所讲的只是一些无趣的笑话，即使别人爽朗地大笑。_____

7. 当感觉自己的设想不能实现时，能欣然改变。_____

8. 通过别人的眼色能够觉察出自己的言语失态。_____

9. 对不同的人和不同的情境不太能够采取相适应的行为。_____

10. 能够调节自己的行为以适应所处环境的需要。_____

11. 能够从别人说话的方式和言语中立刻察觉出是否在说谎。_____

12. 有利的开局不一定会有圆满的结果。_____

13. 一旦情境需要，自己能够比较容易地调节自己的行为。_____

计分提示：对你的得分加总从而得到你的总分，对问题 9 和问题 12，采取相反的做法。问题 9 和问题 12 中 5 变为 0，4 变为 1。自我监控能力强的人得分在 53 及以上。

资料来源：Lennox R. D. ，and Wolfe, R. N. "Revision of the self-monitoring scale," *Journal of Personality and Social Psychology*，June 1984：1361. Copyright by the American Psychological Association. Reprinted with permission.

自我评估 4—6　自恋 ■

对于以下各项表述，选择最符合你的数字。例如，如果表述比较符合你，非常像你，你应该选择 4。

1＝根本不像你

2＝不太像你

3＝听上去像你

4＝非常像你

1. 将自己视为优秀的领导者。＿＿＿＿＿

2. 因为别人都说我行，所以我行。＿＿＿＿＿

3. 经常能够以自己的方式劝服别人。＿＿＿＿＿

4. 每个人都喜欢听我的故事。＿＿＿＿＿

5. 期望得到别人的肯定。＿＿＿＿＿

6. 果断自信。＿＿＿＿＿

7. 喜欢秀自己。＿＿＿＿＿

8. 发现为了权力而操纵别人是件容易的事。＿＿＿＿＿

9. 不需要别人的帮助来完成任务。＿＿＿

10. 坚持自己的尊严。＿＿＿＿＿

11. 喜欢权威感。＿＿＿＿＿

12. 喜欢炫耀。＿＿＿＿＿

13. 将别人的人生视为一本厚重的书。＿＿＿＿＿

14. 总是清楚自己的所作所为。＿＿＿＿＿

15. 在得到自己所想要的之前不会满足。＿＿＿＿＿

16. 人们总是意识到我的权威。＿＿＿＿＿

17. 喜欢成为舞台的中心。＿＿＿＿＿

18. 能够使任何人相信任何事。＿＿＿＿＿

19. 比别人更能胜任大部分事。＿＿＿＿＿

20. 当别人不重视我或不认同我的成就时会感到心烦。＿＿＿＿＿

21. 喜欢承担责任，并告诉别人做什么。＿＿＿＿＿

22. 喜欢恭维。＿＿＿＿＿

23. 在大部分情境下能够坚持自我。＿＿＿＿＿

24. 认为自己与众不同。＿＿＿＿＿

25. 认为自己应比一般人索取更多，因为自己比一般人优秀。＿＿＿＿＿

26. 天生就有领导才能。＿＿＿＿＿

27. 喜欢看镜子中的自己。＿＿＿＿＿

28. 知道如何让别人按照自己的意愿行事。＿＿＿＿＿

29. 如果我拥有权力，世界将会变得更好。＿＿＿＿＿

30. 自己将是一个伟大的人物。＿＿＿＿＿

计分提示：

对权力和领导的需求（L）：将问题 1，6，11，16，21 和 26 的得分加总。

对欣赏和自我欣赏的需求（SA）：将问题 2，7，12，17，22 和 27 的得分加总。

探究性（EX）：将问题 3，8，13，18，23 和 28 的得分加总。

傲慢和优越感（A）：将问题 4，9，14，19，24 和 29 的得分加总。

权益感（ET）：将问题 5，10，15，20，25 和 30 的得分加总。

得分解释：这五种属性是自恋的关键因素。每个属性可能的最高得分为 24，五种属性的加总得分最高可为 120。得分越高，你越自恋。某种程度的自恋与健康的自尊和有效的领导相联系。

资料来源：Based on Emmons, 1987；Raskin and Terry, 1988；Rosenthal and Pittinsky, 2006.

实践中的领导 ——■

——■ ■ ■ ■ 谦卑的张欣 ■ ■ ■ ——

世界上自我成就的亿万富婆近一半是华人。这个事实对排名第五的张欣来说，并不意外。她坚信："中国如此有创业精神，甚至于没有玻璃天花板。""我们在父母的抚养下成长，他们为平等的工资工作，根本没有所谓的休闲女士的事情。"

张欣的故事对她这代人来说再正常不过了。出生在受过很好教育的家庭，父母在"文化大革命"时期被逼下田干活。张欣对困难和艰苦的工作并不陌生。她和妈妈住在香港，生活贫困，去工厂工作，并挣得足够的钱去英国，就读于剑桥大学。凭借智力、毅力和艰苦的工作，她在高盛找到一份工作。然而，尽管在组织中升迁很快，但她仍然觉得不能融入高盛。"我认为投资金融界的竞争是非常激烈并且致命的。我总在寻求离开高盛的机会。"她回到中国，和一位刚起步的企业家潘石屹结婚，仅仅谈了四天的恋爱。他们一起创办了 SOHO 中国，目前该公司是中国最大的商业地产公司。在短暂居家照顾两个儿子之后，张欣很快又回到公司来领导其国际事务。

尽管有了这么多的财富，张欣还是保持着儿时学会的节俭和谦虚。她依然不坐头等舱。"这不是支付能力的问题，是有关良心的问题。"她说。因为她想到的是她家庭所忍受的困难。被冠称为全世界最富有的人之一，却使得她有些畏缩了。这种感觉可以归因于她所得到的抚养方式。她让 14 岁的儿子在麦当劳或肯德基打工，尽可能努力用普通人的方式来养育孩子。脚踏实地和不矫揉造作是其个性的一部分，勤奋工作和积极主动也是她的性格。"我不做商务晚餐，我也不在周末招待商务晚餐。"她相信合作。谈到和丈夫的合作时她说："两个人一起想问题，一个人能

唤醒另一个人的新想法，反之亦然，难道人类不是用这种方式来鼓舞彼此的吗？"

张欣是首位被授予"勇敢个人提议奖"（Bold Personal Initiative）的非建筑师。著名的意大利组织威尼斯双年展（La Bieannal di Venezia）授予她此奖，用以承认和表彰她的愿景和建设中国，尤其是建设北京过程中的创新。张欣的传记作者说："她的出类拔萃之处是追求成功和与众不同的巨大驱动力，她清楚地认识到自己的优势和能力，首要的是她的国际视野和对祖国将要到来的时代怀有不可战胜的愿景。"在描述自己的愿景时张欣说："给北京的街区文化注入新活力是我的工作。"

问题

1. 张欣的关键个体特征是什么？每一个特征如何给她带来了成功？

2. 文化在界定她是谁的过程中起着什么角色？

资料来源：Chiou, P. 2013. "Richer than Trump or Oprah: Meet China's female property magnate," *CNN*, July 3 (accessed on July 12, 2013); Financial Times. 2011. *Women at the top*. http://www. ft. com/intl/cms/s/0/97c93ac0-0b42-11e1-ae56-00144feabdc0. html#axzz2Yx-gpAtmD (accessed on July 11, 2013); Forbes, 2013. "Self-made women billionaires of 2013," http://www. forbes. com/pictures/me145ghjg/rosalia-mera/ (accessed on July 13, 2013); Foster, P. 2010. "Meet Zhang Xin, China's self-made billionaires," *Daily Telegraph*, June 27. http://www. telegraph. co. uk/news/worldnews/asia/china/7856265/Meet-Zhang-Xin-Chinas-self-made-billionairess. html (accessed on July 11, 2013); Li, I. 2006. *On the return to China*. New York: Pinto Books; Stahl, L. 2013. "China's real estate mogul," *60 minutes*, March 3, 2013. http://www. cbsnews. com/8301-18560 _ 162-57572175/zhang-xin-chinas-real-estate-mogul/ (accessedon July 13, 2013); Zhang, X. 2008. "The best advice I ever got," *CNN Money*. http://money. cnn. com/galleries/2008/fortune/0804/gallery. bestadvice. fortune/13. html (accessed on July 11, 2013).

第 5 章
权　力

学完本章，你将能够：

1. 界定权力、权力运用的后果及其文化根源。
2. 应用个人及团队权力的不同来源实现目标。
3. 解释权力滥用、腐败和破坏性领导的产生原因和过程，以及如何阻止它们发生。
4. 分析权力运用和授权过程的变化及其对领导带来的影响。

领导问题
权力对领导很重要，但它也可能被滥用。领导如何能用权力来做事，而不是滥用权力或独裁？

　　权力与领导是密不可分的。领导学研究的一个组成部分是如何运用权力及其对领导者本人、下属和组织的影响。权力是必需的，它对于领导的有效性至关重要。领导者需要权力来确保任务的完成。没有权力，他们就无法引导其下属实现目标。我们期望从领导者那里获得很多东西，并且给予他们广阔的空间及权力去实现他们的目标。他们做出的决策足以对组织内外众多的利益相关者产生巨大的财务及社会方面的影响。部门经理、首席执行官及市长可以运用自己的权力来实施战略、实现组织目标。他们影响周围的人采取必要的行动，他们可以晋升、雇用，也可以解雇下属。所有这些行动和措施的落实不动用权力是不可能的。领导者得到权力之后就有了巨大的特权。除了高工资和其他金钱激励（美国商业经理是世界上收入最高的一部分人），组织通常还会为领导者提供许多福利，譬如股票期权、公司轿车和飞机、奢华的办公室、充足的支出账户、补贴或免费住房等。权力和特权被用来鼓励

领导者增强责任感，对组织的成功和员工的身心健康负责。

我们比较乐意给领导者权力和特权，即使是在美国这样的权力距离比较小的国家也是如此。但是近年来，权力滥用的出现和新的管理哲学比如团队和授权的发展，导致组织开始重新审视是否需要集权。因而，我们对权力及其运用的观点发生了变化。另外，关于权力会产生腐败的潜在性研究也指出了谨慎使用权力的必要性。

本章考察了获取权力的各种方法及其对领导的启示，描述了权力对领导者及其下属的影响、个人和团队的权力来源，并讨论了拥有广泛的权力以及集权的潜在危害。最后，本章分析了当前有关权力的各种观点在不同文化中的差异以及管理哲学和组织结构的变化。

5.1　定义和后果

权力、影响力和权威等词汇通常被我们交互使用。在最基本的形式上，权力是指一个人影响他人或对他人施加控制的能力。影响力指的是推动或改变他人行动进程的权力。权力与影响力几乎是同义的。毫无疑问，权力和影响力对领导者和管理者而言都是不可或缺的。组织内部各个层级的人以及组织外部的人——顾客和供应商——都可以影响他人的态度和行为，也就是说他们也拥有权力。另一方面，职权是一种赋予某一特定职位的权力，比如首席执行官或医院管理者。因此，虽然组织中各个层级的人都可能有影响他人的权力，但只有那些拥有正式职务的人才有权威。

5.1.1　权力运用的后果

权力既影响使用权力的人，也影响屈从于权力的人。一方面，拥有权力的人可以对权力进行正面的或负面的改变。权力改变一个人。有职权可以影响他人，而如果成功地影响他人，就会改变一个人对自我以及他人的看法，也会改变一个人对如何行动的看法（见图 5—1）。有权力的人倾向于行动导向，对他人表现出较强的人际敏感性，关注规则而不是结果，也可能变得更慷慨。但是，他们也可能带来一些负面的后果。有权力的人专注于保有现有的权力和获取更大的权力。他们也可能认为自己能更多地了解他人的观点，而实际上并非如此。他们或许能开发出更多的权力或恋权成瘾。马吉（Magee）及其同事的文献回顾提出，一些证据表明，获得权力的人失去了同情甚至移情理解他人的能力，也失去了从他人视角看问题的能力；同时，他们很可能将下属的成功归功于自己。同样，群体中的大多数人可能对少数人持有负面的刻板印象。权力运用的另外一个后果是，扩大了领导者和下属的距离，不论权力得到合法和适当的使用，还是越权或滥用权力。权力把领导者和组织的内在运行机制隔离开来。这种隔离和距离感使得领导者变成千篇一律且不合实际的人，也会导致他们做出不道德的决策。本章后面将会讨论此话题。

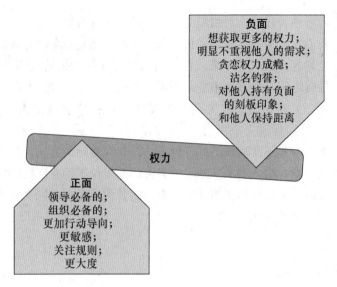

图 5—1　权力对其拥有者的影响

　　权力对下属产生的后果在很大程度上依赖于权力的来源及领导者使用它的方式。下属对领导者使用权力以及试图影响自己的企图有三种最典型的反应：承诺、服从和抵制。当下属对影响的过程表示欢迎并认为其合理、合法的时候，承诺就产生了。考虑一下金爵曼事业社群（Zingerman's Community of Business）的员工。金爵曼事业社群是依托一家熟食店和一家相当成功的人力资源培训公司建立起来的事业社群。该事业社群涵盖七大食品相关行业，总部位于密歇根安娜堡市，总资产 4 500 万美元。公司 2007 年被评为世界上最民主的工作场所之一。该公司的管理实践和食品不断得到褒奖。公司的创立者阿里·维恩兹威格（Ari Weinzweig）和保罗·萨吉诺（Paul Saginaw）试图通过提供高质量的服务和在员工中建立高度的团队精神，来贴近社区和顾客。在拓展业务的过程中，他们寻找的是热情的具有主人翁精神的员工，并授予他们企业所有权。维恩兹威格解释道："我们想用有自己愿景的人，否则我们所做的一切都将是平凡的。"托德·威克斯托姆（Todd Wickstrom），一位放弃自己的事业加入金爵曼事业社群的管理合伙人说道："我本应在这种环境里成为一名洗碗工。在这里工作我从没有觉得是在工作，我一直在学习管理，学习食品业，学习我自己。"

　　对权力的另一个潜在反应是服从。在这种情况下，尽管下属会接受影响并且按要求行事，却不会从内心接受或高度承诺于命令的执行。下属与领导者保持一致仅仅是因为他们不得不那样做。学校管理者强加给教师一个并不受欢迎的新规则便是这样一个例子。由于上级职权的存在，教职员工不得不去执行这些规则。他们这样做不带有任何个人承诺，仅仅是一种服从。

　　对权力的第三种可能反应是抵制。在这种情况下，权力施加对象根本不同意接受这种影响，并且积极或消极地进行抵制。对领导职权进行抵制的事例充斥于我们的组织中。最激烈的是发生在管理者与员工之间的争端。这些通常接受或者服从管理者命令的员工，现在拒绝继续这样做，并且采取公开或隐蔽的行动来反对管理者。2012—2013 年度美国国家冰球联盟（National Hockey League）球员的罢赛事件就是这样一种公开行动。另一起劳动纠纷是发生在美国职业篮球联赛（NBA）的劳资纠纷。

通常来讲，只有员工个人承诺并接受了领导者的思想和决定时，领导者的权力才会增大，就像在金爵曼事业社群所发生的那样。根据我们在第 3 章讨论过的费德勒权变理论，建立在简单服从基础上的权力并不能增加领导者的权力。同样，一些研究显示，使用铁腕统治的领导者可能会引发员工背离组织的行为。尽管许多证据支持了这一结论，领导者还是过度依赖于简单的服从，因为命令下属要比说服下属见效快而容易。正如你在本章将要看到的，这会产生灾难性的后果。

5.1.2　权力分配

传统组织通常将权力集中在少数几个岗位上。权威是赋予正式职位的，而非管理者则只有少之又少的决策权。他们的角色首先是执行领导者的决策。尽管有大量的有关授权、团队使用及其潜在收益的出版物，但世界上采用这些方法的组织却不多。尽管分权的优势已经得到研究的支持，但是商业组织以及其他类型的组织中实施民主、权力分享和信任甚至还不如在政治系统中运用得普遍。有趣的是，甚至在 20 世纪 80 年代后期授权与团队变得盛行以前，关于组织中分权效果的研究已经表明集权会对组织绩效产生危害。组织中的权力分布越平等，组织绩效就越高。但是，相反，有研究表明，领导人无权却会对个人和组织带来负面后果。个人无权时，他们就会抱怨，或变得消极被动，或变得咄咄逼人，甚至怠工。总之，研究指出，需要在组织中尽可能平均地分配权力。

5.1.3　权力与文化

国家、群体甚至组织层面的文化都影响我们对权力的理解和运用。例如，美国人能跟他们喜欢的管理者形成良好的互动，但是保加利亚人却只是遵从被赋予合法的权力或职权的管理者的指令行事。威科集团的总裁南希·麦金特里知道，不同国家的人对其领导者的反应不同。据她所言，在荷兰，你必须"提早投入大量的时间解释你要成就的事，让人们给予反馈，当他们说同意了，那么落实起来就非常快了"。另一些研究指出，由于一些文化因素的存在，例如授权及权力分享等可能在一些中东文化中没有效果。

影响权力的几个文化因素如图 5—2 所示。第一，权力距离。例如，根据我们第 2 章有关不同文化价值观的研究，美国文化有着低等到中等程度的权力距离。组织中最高层级和最低层级之间的权力距离不大（尽管薪酬差距在世界上是最大的）。较小的权力距离允许美国人和其他一些低权力距离国家（比如澳大利亚）的人直呼自己老板的名字，相互之间自由交往以及向他们表达自己的不同意见。在这种文化中，员工并不期望从领导者和经理那里得到所有问题的答案，而且他们会接受领导者也可能犯错的现实。低权力距离也有利于参与式管理及其他权力共享管理技术的实施。在高权力距离文化中，例如泰国和俄罗斯，员工很少有参与决策的欲望，并且把领导者看做似乎永不失败的人。

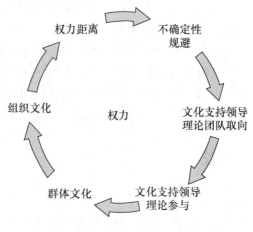

图 5—2　文化与权力

　　不确定性规避是影响权力的另一个文化因素。法国人、意大利人和德国人的不确定性规避程度较高，导致他们期望经理能给出问题的答案。比如，在特姆彭纳斯所描述的采用埃菲尔铁塔型组织文化模式的法国，其权力就集中在组织的最高层。法国的经理时常抱怨不知道自己的老板是谁。他们也不太强调责任的赋予。这种对明确等级的需要使得法国人在无领导的自我管理团队中行使职责时，遇到的难度比瑞典人和北美人更大。在其他国家，例如日本和印度尼西亚，人们推崇明确的等级和职权。墨西哥的员工如果承担解决问题的责任，可能会感觉不自在。墨西哥文化——一种家长制组织文化，带有较强的家长制传统和大男子主义信条——期望领导者是强悍的、果断的以及有力的。就像具有权威的父亲那样，领导者必须提供答案、支撑家庭并惩罚犯有过错的成员。文化支持领导理论研究，即全球领导与组织行为有效性研究（见第 2 章），进一步影响到人们如何看待权力及其在组织中的运用。在珍视团队导向和参与管理的国家，例如挪威和盎格鲁集群的国家，权力的分配较为平均，期望员工对决策作出贡献，并且把权力的平均分配当成有效领导的一部分。

　　群体和组织文化进一步影响人们对权力以及落实权力的理解。正如第 2 章所讨论的那样，有研究指出，女性不如男性那么多地参与管理。此外，女性被认为拥有的权力小，因此可动用的影响下属的领导风格和工具较少。组织文化也影响领导者使用权力的方式。有些组织是集权的，而有些组织是广泛分权的。如前所述，金爵曼事业社群以民主和开放著称。第 10 章中的罗杰斯集团则是另一个极端，因为其领导者拥有太大的权力。

　　无论是对哪一层次文化的理解，都有助于领导者恰当地使用权力，以此来影响下属。恰当地使用权力的另外一面是权力来源的选择。这是下一节的话题。

5.2　权力来源

　　艾伦·格林斯潘（Alan Greenspan）曾在1987—2006年史无前例地担任了19年美国联邦储备委员会（简称美联储）主席。他被认为是美国最有权力的高层管理者。作为美联储主席，格林斯潘能够制定适度偏低的经济增长政策，以确保美国经济增长而不会过热，同时又避免通货膨胀。1996年，在对美国1 000个较大公司的首席执行官所进行的一项问卷调查中，96％的人认为他应该被再次任命为美联储领导人。格林斯潘有很大的权力来描绘美国和世界经济增长的轨迹。他是一位著名的经济学家，同时也是一个很会建立人际关系的人。而且，他也被认为是低调的现实主义者。他曾说自己学习过"语无伦次地喃喃自语"。格林斯潘没有执行权，无法实施一项个人决策，并且仅有为数不多的下属向他报告。然而，他是有权力的，并有足够的职权。他能说服美国总统、国会、美联储其他成员，并且金融市场相信他的政策完全与政治无关，并且是最有利于美国的。格林斯潘的权力从何而来？他既依赖于自身，又依赖于组织的权力来源。

5.2.1　个人相关的权力来源

　　一个最广泛使用的理解权力来源的方法来自弗伦奇（French）和雷文（Raven）所作的研究。该研究提出了5种个人合法权力来源：法定权、奖赏权、强制权、专家权以及参照权（见表5—1）。前三种个人相关的权力来源——法定权、奖赏权和强制权——是职位权。尽管它们是赋予个人的，但个人获得这些权力是因为他所拥有的职位。在法定权的情况下，所有组织的管理者或上级的头衔都提供和赋予了影响他人的能力。当拥有合法权威的人发出指令时，下属就会服从命令并执行决策。格林斯潘拥有很大的法定权，尽管他奖赏和惩罚的权力是很有限的。在大多数情况下，管理人员可以通过给予奖赏或威胁惩罚使得不情愿的下属服从他。经理人员及高层管理者通常拥有所有这三种权力。所有这三种权力都依赖于提供这些权力的组织，而不是谁拥有它。一旦组织把头衔以及奖赏和惩罚的权力拿走，那么依赖这些权力来源的领导者或个人就将失去权力。

表5—1　　　　　　　　　　　　弗伦奇和雷文揭示的个人权力来源

法定权	基于个人所拥有的正式职位。他人之所以服从是因为他们是权力拥有者，有所在职位的合法性。
奖赏权	基于一个人报酬的获取。他人之所以服从是因为他们希望得到权力拥有者所能提供的报酬。
强制权	基于一个人的惩罚能力。他人之所以服从是因为他们惧怕惩罚。
专家权	基于一个人在某一领域的专业技能、能力以及所掌握的信息。他人之所以服从是因为他们相信权力拥有者的知识和能力。
参照权	基于一个人对他人的吸引力以及与他人的友谊。他人之所以服从是因为他们尊重而且喜欢权力拥有者。

最后两种个人相关的权力来源——专家权和参照权——是建立在个人而非组织基础上的权力。这两种权力不依赖于组织。在专家权的情况下，人们可能会由于掌握他人所需要的专家才能、知识、信息或能力而对他人产生影响。他人会听从专家的言论、采纳他们的意见并接受他们的建议。格林斯潘提供了一个专家权的经典案例。他的知识、专家才能以及良好的成功纪录构成了权力的基础。尽管格林斯潘也拥有法定权，但在很多情况下，拥有专家权的人并不一定拥有官方头衔或法定权。参照权也是这样运作的。拥有参照权的人可以影响他人，因为他们受到别人的喜欢和尊重。和专家权一样，这种权力不依赖于职位和组织。个人拥有参照权是因为他是别人的楷模。格林斯潘由于和别人相处的能力而受到普遍欢迎。金爵曼事业社群的员工因阿里·维恩兹威格和保罗·萨吉诺的想象力和领导风格而尊敬他们。当这种尊敬和友情达到一定程度时便成了权力首要的来源。因为这两种权力是基于人而不是基于职位的，它们不能被剥夺，并且还会使得权力更牢固，更富有影响力。

不同的个体权力来源会对下属产生不同的影响（见图 5—3）。如果使用合法职权，那么下属将遵从并落实决定。同样，我们欢迎奖赏，且避免惩罚。在强制权的情况下，经常使用会导致人们公开或消极地抵制。相反，当某位专家或我们尊重的领导者要求我们，我们不仅遵从而且会对落实其决定作出承诺。专家权和参照权的使用与下属满意度和高绩效也是正相关的。考虑到所有这些可能的反应，领导者动用各种权力来源，并尽可能依赖以个人为基础的权力来源是至关重要的。如果过分地使用政治权力，领导者不太可能得到下属的承诺，而获得承诺（即使是通过买通获得）去追求组织目标，是必需的。

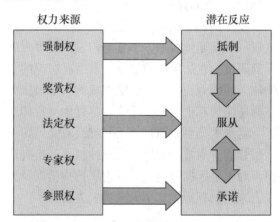

图 5—3　对个人权力来源的潜在反应

个人权力来源的使用

尽管权力和影响力紧密相关，仍然有研究认为应该将它们看做两个独立的概念。一个拥有权力的领导者未必可以影响下属的行为，或者影响力可以在没有任何权力来源的情况下发生。一些研究人员，比如基普尼斯（Kipnis）和他的同事以及尤科（Yukl）和其他一些人确认了一些不同的影响策略。他们研究的结果是把影响策略分成九类（见表 5—2）。每种影响策略都依赖于一个或多个与个人相关的权力来源。每种策略在不同情形下都是适用的，并且会潜在地引导被影响的人做出承诺。例如，个人吸引力依赖于参照权，并适合在同事中使用，但不太可能导致很高的承诺；而同样依赖于参照权的感召力（inspiration appeal）就会导致高度承诺。理性说服依赖于专家权，它适合用来对上级产生影响，但是这种影响只能得到中等程度的承诺。

表5—2	使用权力：影响策略及其结果		
影响策略	权力来源	适合运用的对象	效果及承诺程度
理性说服	专家权和掌握信息	上级	中等
感召力	参照权	下属及同事	高
协商	全部	下属及同事	高
逢迎	参照权	所有层级	中等
个人吸引力	参照权	同事	中等
交换	奖赏权与信息	下属及同事	中等
建立联盟	全部	下属及同事	低
合法化策略	法定权	下属及同事	低
强迫	强制权	下属	低

尽管领导者必须依靠所有的权力来源去影响下属和组织中的其他人，但他们仍然需要根据不同的情境和不同的职业阶段调整他们的权力使用方式。例如，如果领导风格与组织相吻合，那么他的领导就会得到加强。领导和管理权力问题专家科特（J. P. Kotter）建议，在职业生涯的早期，管理者必须开发出足够的权力基础（见图5—4）。只有依赖各种权力基础的管理者才是有效的管理者。特别是，年轻的管理者必须建立一个广泛的人际关系网络，并借助信息和专业技能建立信任。其他手段包括通过自愿接受有挑战性和高可见度的项目，来增加自己的可信度。

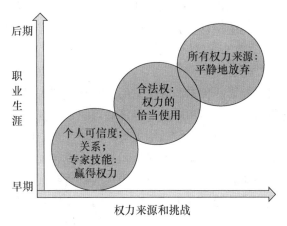

图5—4　权力来源与职业生涯阶段

在领导者职业生涯的早期，对能力和技能的证明是权力发展的关键。在职业生涯中期，大多数成功的领导者已经通过正式的头衔获得了某种程度的正式权力，并且积累了其他能够证明自己权力的身份符号。他们早期的努力使得自己能够在忠诚的下属、同事和上级中建立良好的关系网络，并且建立起自己的可信度和竞争力。职业生涯中期的领导者已经掌握了非常大的权力。这时他们面临的一个挑战是，聪明而热情地使用这些已经积累的权力，去完成组织目标并获得个人收益。

最后，在职业生涯后期的领导者必须学会体面地放权。到那时，他们已经到退休年龄。成功的领导者已经享有相当大的权力和影响力。在这个职业生涯阶段，为了更好地使用权力，一个领导者需要对权力的有序转移做出计划。在适当的时候，他要搜寻新的个人权力来源并把握住它。

5.2.2 权力的组织来源：团队权力

权力组织来源和个人来源的差别并不总是非常明显。组织结构给个人和团体提供的权力来源远超出表 5—1 所列举的。尽管个人也可以依靠权力的组织来源，但这些来源对团队尤其重要。除了团队成员的专业技能，或者拥有的头衔和职权，团队能够获得权力主要是由于它们对资源的控制和对组织实现其目标所必需的要素的控制。这些权力来源称为战略权变（见表 5—3）。

表 5—3 团队的权力来源：战略权变

应对不确定性	基于可以为他人降低不确定性的能力而获得的权力。
中心性	基于处于组织实现使命和目标的中心位置而获得的权力。
依赖性	基于他人依赖权力拥有者来完成自身工作而获得的权力。
替代性	基于可以给他人提供独一无二的、不可替代的产品或服务而获得的权力。

资料来源：Based on Hickson et al. "A strategic contingencies theory of intra-organizational power," *Administrative Science Quarterly* 16（1971）：216-229。

战略权变的概念起源于组织中不同部门之间权力分配的研究，然而，它也被直接应用于团队。战略权变观点表明，个人、团队或部门获得权力主要是因为他们有能力解决对实现组织目标有利的问题。

应对不确定性

团队权力的第一种来源在于它们具有帮助别人降低不确定性的能力。随着组织所面对竞争的日益激烈和政治、经济环境的不断变化，获得关于变化以及如何处理变化的信息成为组织获得绩效的关键。例如，一个用来为组织提供有关未来产品和竞争对手市场信息的交叉功能团队，其领导者和成员将会获得可观的权力。这是因为其他人需要他们所提供的信息。团队的产品或服务将会降低组织的不确定性。另一个典型的例子是处于变化环境中的美国医疗行业的政府公关团队或者说客。这些团队获得了权力，因为它们帮助组织成员降低或处理了他们所面临的不确定性。

团队及其领导者通过三种相互关联的策略来降低不确定性。第一，他们通过市场研究、民意测验、接触关键机构或核心团队以及专家访谈等手段获取他人所需要的信息。第二，防范不确定性，即聚焦于对即将到来的变化的预测。例如，一个团队可能会研究以及预测竞争对手的动向。公立大学的管理者可能会依靠国会公关团队来预测大学基金的立法倾向。第三，团队通过使别人接受自己的意见从而为他人降低不确定性。在这种情况下，团队会采取某些特定步骤来影响其他团队或部门。掌握立法倾向信息的大学管理者可能会努力通过游说，来阻止预算的削减。如果预算削减还是不可避免地发生了，校内各种群体可以采取降低伤痛的内部预算削减机制，例如对退休空缺不进行补员。这样就可以避免采取更加剧烈的措施来应对外部资源的变化，从而吸收环境的不确定性。通过运用上述三种策略，团队及其领导者可以为他人降低不确定性从而获得权力。

中心性

组织权力的另一个来源是生产或服务交易中的中心性。这一因素涉及团队活动如何为组织使命和目标作出贡献。例如，最贴近顾客的团队将会获得权力。再次举大学的例子来说明，负责招生的招生团队对组织的生存起着核心作用，因为它们是大学收入的首要来源。再如，Highsmith 的一个图书管理员团队直接向有权做出重要决策的关系人报告——这一因素使得该团队成员获得了权力。另一个典型的例子是组织对多样性的管理。正如我们在第 2 章所提到的那样，一个成功实施多样化计划的建议是，使得多样化管理成为组织及其领导者的中心任务。最成功的多样化项目通常将负责多样性计划的个人和团队放在组织的战略性位置，并直接向首席执行官报告。

依赖性与替代性

一个团队及其领导者可获得的结构权力来源类似于个人的奖赏权和专家权。这一权力来源取决于其他人对该团队专业技能的依赖程度。如果员工依赖于团队提供的信息和资源，该团队的权力就会增大。依赖于该团队的个人和部门的数量越多，该团队的权力就越大。另外，如果团队所执行的任务是独一无二、组织内其他人不容易做到而且不可替代的，其他人和团队就更依赖于该团队，从而该团队的权力也就更大。如果该团队的专业技能能够被他人轻而易举地复制，而且它所承担的职能可以很容易地被另一个人或团队来承担，则该团队就会缺乏获取所需资源及施展自身想法的影响力。例如，尽管个人计算机及信息技术工具已经得到广泛应用，但仍然有许多人需要大量帮助才能有效利用信息技术，这使得信息技术部门获得了权力和资源。

有趣的是，很多组织中来自团队的主要抱怨便是它们缺乏获取资源和实施自己想法的权力。在新的组织框架中，团队领导者通常不具有传统上所赋予管理者的权力。在最理想的情况下，团队成员尊敬他们的领导者是因为他们与领导者的个人关系或领导者所具有的专业技能。然而，这些权力的个人来源并不能转化成组织中的权力。结果是，许多领导者会因没有能力确保任务的完成而表现出愤怒以及挫败感。使得团队更为有效的建议通常包括使团队处于组织任务的中心环节、安排团队从事有意义的工作以及接触决策者的机会。

新经理上任时，要管控权力

对任何人来说，提升到管理岗位，是职业生涯中的重要一步，既带来机遇也带来挑战。任何一位新任职的经理必须小心处理的一件事，是自己所拥有的实际权力与可感知权力的变化。自己不再是"哥们"中的一员，并且自己也会过度用权，要在这两者之间保持微妙的平衡。下面是一些指导原则：

● 了解自己所知与不知。没人认为你必须是万事通，尤其是在美国和其他低权力距离的国家中。

● 获取帮助。要从自己的老板那里获得帮助，从和你平级的其他人以及向你报告的下属那里获得帮助。提出疑问并不意味着自己能力弱。

● 依靠专家权和参照权。你的头衔赋予你一些合法权，可以用来奖赏他人。但是，请别忘记，其他权力可能更有力，不要说三道四、颐指气使。

● 移情心态。和向你直接报告的下属在一起时，要感其所感，设身处地想他们之所想，因为让他们接受变革有难度。但这样做并不意味着做他们想让你做或建议你做的一切事务，抑或持续不断地听取他们的抱怨和投诉。移情是表明你关心他们，但并不总是意味着你不得不采取行动。

● 设定边界。设定什么样的边界以及如何设定因人而异，也需要花点时间。但你必须认识到情势已变，你不可能和所有人依然保持交往、联系，甚至和下属的工作互动方式也不可能一成不变。你不可能像过去一样分享到充分的信息，或者随便发言，而你注定要做出一些不受欢迎的决策。所有这些都需要一套新的互动规则。

● 组织会议。和下属单独或与团队会面，讨论所做的任务，要征询他们的意见，界定他们力所能及的事，与他们分享你的理念，明晰你的期望。这是在新型关系网络中构建信任的第一步。

● 保持幽默感。保持幽默感，并给自己一些空闲时光。你需要时间适应自己的新角色，也需要实践和耐心。万事皆然。

5.2.3 全体高层管理者的特权来源

任何组织的高层管理者，包括公共或私人组织，都有巨大的权力。一个最明显的权力来源是他们所处职位的合法性。一系列的身份符号形成和加强了这种合法性：令人印象至深的头衔，独立的办公室，单独进餐的房间设施，拥有自己的隐私并且可以与员工保持距离。许多组织都将前任高层管理者的画像悬挂在组织里，进一步强调了现任领导者的重要性。除了前面我们讨论的权力来源，高层管理者还有四种权力来源：

● 资源配置：高层管理者，或者独立或者与高层管理团队一起，对组织范围内的资源配置负责。对资源的可获得性是权力的关键来源。

● 控制决策标准：高层管理者拥有的独一无二的权力来源是对决策标准的控制。通过设置组织的使命、总体战略和经营目标，高层管理者可以对其他管理人员和员工的行动施加限制。例如，如果一个城市的市长以打击犯罪和提高教育水平为目标，那么在他的任期内该城市的行动和决策都将受这一目标的影响。犯罪率下降将是评价可替代方案和制定决策的主要依据。例如，为提高警察训练水平或者建设社区公园而设立的基金将被用来奖励打击犯罪和对个人教育有价值的项目。如果项目符合市长提出的决策标准，那么因为有市长的支持，这些项目得以通过的概率就会增加。反之，则不会进入议事日程。

● 处于组织的中心：高层管理者的另一个权力来源是他们处于组织结构和信息流的中心位置。不论组织是传统的金字塔形结构还是扁平式结构，首席执行官都处于获得信息和资源的战略性位置。事实上，新任高层管理者通常将自己信任的同事放在组织的战略性职位上，以确保自己能够获得信息。

● 可获得性：高层管理者可以接触组织各个层面的人，从而帮助他们建立起可以进一步强化他们权力的同盟。最明显的例子是美国总统选举后的政府人事变动。相似的变化不同程度地发生在选举出新领导者的所有组织中。新任大学校长通常会带几个高层助手，并且会为他们设置新的职位。而原来的学校高层管理成员将会逐渐被新任校长选中的人取代。在私人部门中，在关键职位安排关键人物的斗争是更加激烈而明显的。在通用电气，伊梅尔特当选为杰克·韦尔奇的继任者，从而导致了几名高层管理团队成员的人事变更。而他们也曾是首席执行官职位的有力竞争者。不论是新的领导者强迫一些人离开，从而为自己的团队腾出职位，还是一些人自愿离职，人事变更的结果都是新领导者得到了自己信任的人和信息。

除了拥有可观的权力来实现组织目标或为各种利益相关者提供福利，最近许多权力滥用的实例表明高层管理者并不总是为自己的行为负责。这种责任的缺失可能会导致权力滥用和腐败。这也是我们接下来要讨论的话题。

5.3　权力的阴暗面：　权力滥用、　腐败和破坏性领导

不论是商业组织还是社会运动，领导的本质都需要打破现存的规范，并可能带来违反现有规范的结果。毕竟，通常我们无法选择领导者，因此他们才得以维持现状；我们指望他们创新，指望他们变革。创新通常需要超越规范行动，不顾及某些规则。但是，如此忽视规范和规则也会带来负面的后果，例如安然公司、泰科国际有限公司（Tyco）、高盛，甚至小布什政府。

权力滥用和腐败几乎是同义词。滥用涉及利用权力谋私利。它包括在担任领导岗位期间采取不道德和非法的行为，或利用官方的潜能影响组织的运行，对下属和其他利益相关者产生负面的影响。它也涉及不恰当地使用头衔和职位，以利用某种情势或利用某些人。腐败是滥用权力为自己或他人谋福利，或让他人做不道德和非法的事。然而，遗憾的是，权力滥用并不总是违法的，而腐败既不道德也违法。例如，2008—2010 年金融危机期间，美国纳税人花了 850 亿美元来挽救美国保险公

司（American Insure Group）。而其高管的一次会议就非常过分地花费了 44 万美元。许多人认为如此慷慨的会议成本既不合乎伦理，也不合乎道德，尽管它合法。同样，公司高管的奖金也是不合适的，也是在滥用权力，但是既不是非法的也不是腐败行为。

破坏性领导或毒性领导，是指危害组织利益和下属身心健康的领导。它是权力滥用和腐败的一个方面。究其本质，破坏性领导涉及滥用权力和滥用下属，尽管它并不总涉及腐败。有些情况下，破坏性领导甚至能对组织作出积极的贡献。许多组织及其下属都经受过破坏性领导的影响。有些员工保持沉默，有些员工离开组织。例如，大约有 1/3 的部队军官考虑离开部队，因为不满于其主管对待他们的方式。

权力滥用和腐败，以及与权力和领导有关的特权已经受到严格监督。有趣的是，人们往往对权力既爱又恨。尤其是在美国，宪法的制定者非常机警地避免了权力集中在某个人或某个团队的手中。没有责任的权力由于过度使用而受到谴责，从糟糕的决策制定、财务浪费、欺诈到性骚扰等。这些问题似乎在蔓延。

德国西门子公司的管理人员因向阿根廷官员行贿，以获取政府合同，而受到指控。美国哈里伯顿公司（Halliburon）、法国德克尼普公司（Technip）、日本 JGC 公司和荷兰斯纳姆公司（Snamprogetti）都因向尼日利亚政府官员行贿而受到指控。瑞士泛亚班拿公司（Panalpina）因向几个国家的官员行贿而受到指控，而行贿对象的名单还在增加。丹麦 Dong 能源公司的前任首席执行官安德斯·艾尔德鲁（Anders Eldrup）于 2012 年辞职。他被披露滥用职权去雇用员工并提供诱人的一揽子薪酬，但没有得到董事会的批准且该员工也没有承担实质性的工作职责。古老的格言"权力会导致腐败"依然是真理。我们不难看到，领导者在获取大权与特权后变得傲慢和自大。高盛首席执行官劳埃德·布兰克费恩（Lloyd Blankfein）把自己视为首席执行官中富有而兴盛的一员。他说他正在做"上帝的工作"。但是，高盛在 2008—2010 年金融危机中起了推波助澜的作用，因而是受到批评最多的几个公司之一，尽管它也是世界上最成功的投资银行之一。

下面我们将讨论权力滥用的产生原因、后果及其解决方案。

5.3.1 产生原因和过程

责备领导人自恋或仅仅责备其贪婪、不诚实地滥用权力、腐败并败坏组织，这些都很容易，但领导者的个性特征只是导致这些问题的诸多因素之一。一只烂苹果是必需的，但并非是充分的。导致权力滥用和腐败的领导者和下属的个性特征及组织因素如表 5—4 所示。

表 5—4　　　　　　　　　　　　　　　　　腐败成因

领导者的个性特征	组织因素
● 自我膨胀；傲慢自大及控制欲	● 组织文化
● 权力欲	● 基于个人关系而非客观表现的雇用实践
● 喜欢利用他人	● 关注少数绩效标准、短期导向的薪酬体系

续前表

领导者的个性特征	组织因素
● 缺乏对他人的共情，不在乎他人	● 集权的组织结构
● 释放压力，自私，严苛	● 高度不确定性及混沌状态
● 过度关心权力	● 高度不平等的权力分配

领导者的个性特征

关于权力滥用、腐败和破坏性的领导的研究多数集中在领导者的个性特征研究上。有几位研究者已经确认了那些能导致权力滥用的领导者个性特征。关于领导者个性的黑三角模型研究也指明了一些导致领导者蔑视规则、逾越可接受的领导行为边界的个性特征。不管这些管理者是否邪恶、独裁、神经变态，他们都愿意动用权力来实现自己的目的，而不是为下属和组织利益服务。通常他们表现得很聪明，并一开始受人喜欢，而有时也被认为是有能力且行动导向的人。但是，他们以一种不切实际的乐观的眼光审视自己，有高度的控制欲，严厉，渴望权力而且冷酷无情。他们能够很好地与主管合作而且给后者留下深刻的印象，但他们并不在乎下属的感受，对下属充满敌意。他们的应得权力感和自己应该受到特别对待的信念使得他们很容易滥用权力及虐待下属。他们将世界分成支持他们的和不支持他们的两个部分。他们对不支持自己的那部分人充满怀疑甚至偏执狂般对待他们。支持他们的人至少将会受到他们暂时的支持，而不支持他们的人将会受到他们的攻击、嘲弄，从而最终离开。

遗憾的是，这种管理者通常可以得到公司的提升，因为人们把他们的自信看做有能力的证据。一旦拥有了权力，他们便会在自己周围安插弱势的下属、无情地攻击不支持他们的人，并且严苛地对待上级以持续不断地要求更多的权力。而这些都可以使他们保持住自己的权力。恶性领导、破坏性领导以及自恋型领导的典型案例包括艾尔·邓拉普。他疯狂地削减职位并且随意地使下属频繁更换岗位。这种行为一直持续到他被免除新光汽车集团首席执行官的职务。菲利普·阿吉（Philip Agee）是另一个典型。作为莫瑞森·纳德森公司（Morrison Knudson）的首席执行官，他不仅根据个人好恶随意安插或解雇员工，而且被指控拿公司的钱为自己的消费买单。当他最终在董事会的操纵下被解雇时，公司员工都在停车场里欢呼、庆祝。

下属的特征

不论领导者的本性如何邪恶，也不论他们如何操纵局势，如没有下属的遵从，他们也是无法践踏、虐待甚至毁灭他人的。在受到虐待时，下属或者不持异议，或者不同意见被忽视，或者因意见不同而受到惩罚。然而，研究却表明，好下属的本质特征是善于提出异议。尽管很少有下属认为是他们导致了领导者滥用权力或腐败，也不认为领导者的腐败进程始于他们这些下属，但是他们的确在相互关联的两个方面起着重要的作用。第一，保持沉默、同意和遵从向滥用权力或腐败的领导者传递了一个清晰的信息：他要么是对的，要么至少可以逃脱自己的行为。那些遵从领导者的下属仅简单地确认领导者的行为是对的，甚至于是领导者的共谋。他们可能惧怕他们所认为的合法权，而对领导者的做法不做反应；或他们可能要从领导者那里获取某种补偿。第二，有证据显示，有些下属易受滥用权力的感染，更易于接受它们。自我尊严要求低，或者有心事、焦虑的下属容易接受滥用权力的老板。无论在哪种情况下，下属的遵从都给领导者传递一种信号：下属能力弱，不能胜任，因此得用铁腕来统治。

组织因素

最后，领导者不可能滥用权力甚至也不能操纵权力，即使下属愿意，除非组织隐性地或公开地允许他们这样做。在某些情况下，组织文化和组织管理实践甚至鼓励权力滥用。权力滥用最具决定性的因素是组织文化。组织文化容忍什么、接受什么、鼓励什么以及对什么行为给予回报，决定了一名可能具有破坏性作用的领导者能否在组织中生存与发展。如果将领导者和下属从物质上和心理上清楚地分离开来，甚至进一步将领导者从下属中孤立出来，则表明的仅仅是领导者是特殊的，并且需要特别对待。雇用实践、高层管理者的个性和风格以及对短期财务绩效的强调，而不考虑其他方面的重要性，都有助于可能具有破坏性作用的领导者在组织中的生存甚至发展壮大。权力越集中，等级越森严，组织内沟通越有限，权力滥用越不易被发现或报告，而这会进一步助长权力滥用。集权结构会使领导者和下属产生距离，使得领导者可以独自做出决策而不必征询下属的意见，而且可能会使领导者和他人之间产生隔离。封闭的沟通网络也会强化这种隔离，并且使得下属不能很容易地报告权力的滥用。另外，那些权力集中在少数几个人手里的组织和面对不确定、混沌状态的组织也是权力滥用的温床。当权力不平等或面对高度不确定性时，规则就是不清晰的，而这会导致更多的不易被发现的权力滥用。

5.3.2 权力滥用、腐败和破坏性领导的循环

我们无法确定是领导者创造了一个腐败的组织，还是组织文化创造了滥用权力的领导者。然而，领导者的个性特征、下属的服从与组织因素相结合引发了图5—5 所示的循环。领导者的权力日益扩大（不论是实际权力还是可感知的权力），不对行动后果负责、不会受到惩罚的权力带来了下属的服从。无论是源于下属的自愿遵从，还是因为恐惧，抑或是因为其个性特征，领导者在主导、操纵甚至虐待下属的同时创造了自我实现的预言：如果更多的下属遵从，则为已经傲慢不已、滥用权力的领导者提供了证据，从而使他们确信下属不值得优待，下属没有能力作出有意义的贡献。而这样的想法更进一步强化了权力滥用的恶性循环。甚至即使下属想表达意见分歧，也只是使用最温和的语言、更拐弯抹角的方法，但是必须在此之前表扬领导者的理念，并且非常痛苦地承认领导者是正确的。我们大多目睹甚至参与

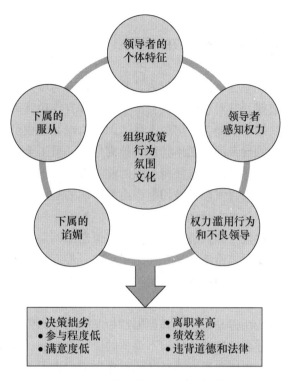

图 5—5　权力滥用和腐败的循环

过这种政治行为，这种行为对于我们获得所需的资源异常重要。然而，这种谄媚可能会进一步强化可能带来灾难的领导者的自我价值感和权力感，而这会使得他们低估下属的价值并产生自我实现的预言。

尽管舆论和公众赞赏像惠普的梅格·惠特曼那样在小卧室里办公、乘坐经济舱出行而不是动用公司飞机的领导者，尽管组织已经发生了许多变化，但领导者仍然有单独的楼层、专用停车场、供高层管理者专用的餐厅，而且可以花大量的时间跟其他权力拥有者进行接触。所有这些身份符号都增强了领导者的合法性。基于保护领导者的宝贵时间以及需要跟其他权力拥有者一起制定决策的考虑，领导者与下属的分离或距离变得合法。然而，这些身份符号也会因助长了领导者的自我膨胀欲而毁掉他们。

因责任缺失而导致公然滥用权力的另一个例子来自理查德·斯格鲁塞（Richard Scrushy）。他是价值数百亿美元的南方健康公司（HealthSouth）的前任首席执行官。他因掌握的巨大权力而出名。如果他不喜欢员工所穿的衣服，就会把该员工赶出会议室，并威胁他们走得越远越好。在受到包括涉嫌 27 亿美元的财务欺诈、作伪证、妨碍司法公正、洗黑钱以及危害安全等指控之后，他被赶出了公司，并于 2007 年被判 7 年监禁。面对多名公司高层管理者被指控欺诈的境况，2004 年斯格鲁塞的接任者杰伊·格林尼（Jay Grinney）发表声明说，公司"是自上而下管理的"，并且"那些日子已经成为历史"。

5.3.3 权力滥用及腐败的后果

领导者如果拥有过大的权力，并且伴随着腐败，会给组织带来严重的后果。有几项研究表明，其对组织绩效会产生影响并且导致背离组织的行为。最普遍的后果是糟糕的决策以及痛苦不堪的下属。因与组织其他成员之间的距离而产生的相关信息缺乏，使领导者面临做出糟糕决策的危险。员工会过滤信息、避免提供不利消息以及隐藏自己的错误，这使得组织的前景看起来是光明的。结果是，领导者与他们的组织和顾客的真实联系被切断。由于下属的服从，领导者可以认为他们的下属不够独立而且缺乏自主行动和决策的能力。然后，领导者就会把自己看做组织中所有重要事件的决策中心，进而更多地依靠强制而不是说服的手段使下属服从自己。这种风格使下属远离组织，不参与组织活动。最近一项破坏性领导的影响的研究结果表明，破坏性领导与负面的后果，如对领导者的厌恶、离职和反生产行为之间存在很强的关系。

道德感的培养是以多种其他因素为基础的，而领导者培养的孤立于他人的道德感，使得领导者很容易地做出不道德的决策或行动。这种领导者认为，一般的规则不适用他们。斯格鲁塞，还有其他很多撒谎或盗用公司财物的高层管理者就是这种情况。泰科的高层管理者坚信他们巨额的薪水和奖金是公平的。前任首席执行官丹尼斯·克茨洛斯基（L. Dennis Kozlowski）正在因盗用和隐藏未经允许的奖金、公然挪用公司资金以及通过操纵公司股票获益 4.3 亿美元而受到审判，他争辩说："我工作勤勤恳恳，而且我是根据泰科确立已久的、以绩效为基础支付报酬的文化获得报酬的。"显然他动用了公司的资金，但不太清楚的是他是否得到了授权。他在纽约市价值 3 000 万美元的公寓是由公司支付的，而他妻子的生日晚会花掉了公司 200 万美元。这些都是有名的花费。另一个例子是，科夫、布利艾特和伍德公司（Keefe，Bryyette & Woods）的前任首席执行官詹姆斯·麦克德莫特（James Mc-Demott）因通过内部交易向其情人透露有关一桩悬而未决合并案的秘密信息而被判有罪，因为他自己的投资银行也涉足了该合并案。他不同意将自己描述为傲慢且腐败的管理者，并说："我仅仅是一个努力工作的普通人，也想回报其他的普通人。"他的这一辩护很奏效，法官将他的徒刑从 24 个月监禁减为 8 个月。据说，在提到如何成功地辩护并说服法官时，麦克德莫特的律师说："她买了鱼钩、钓鱼线和沉锚。"

如果不阻止这一权力滥用腐败循坏，那么它就会自发地发展下去。这将会给所有组织带来可怕的灾难。

5.3.4 解决方案

权力滥用和腐败来自领导、下属和组织要素的相互作用，那么预防它们就需要从这三个层面进行。早早地识别出某个具有权力滥用倾向的人是很常见的解决方案，然而这往往是不可能的或不可行的。毕竟，许多自恋型领导者和神经质型领导者外表迷人，且初期也深得人们的喜爱。没有神奇的公式能被用来防止可能会带来破坏性的管理者和权力滥用的出现。但是也有些解决方案，如表 5—5 所示。

表 5—5	腐败的解决方案
● 清楚、一致的信息	● 减少下属对领导者的依赖
● 对行为负责	● 授权
● 减少不确定性	● 客观的绩效测评
● 培训领导者及其下属	● 外部人的参与
● 保护员工	● 变革组织文化
● 领导者参与日常经营活动	

　　组织，如果不能阻止，也必须努力减少可能出现的权力滥用和腐败。为此，必须传递出这样的明确信息，即重要的是合乎道德的行为和正直的品格。权力滥用是不能容忍的，并且要伴随着一致的行为来强调这一立场。这样的信息传递是必要的，也是重要的。如领导者认识到自己必须对自己的行为负责，那么他们非常有可能去考虑自己行为的后果，并且经过深思熟虑后行动。在营利性组织、非营利组织和政府机构中有很多机制对领导者的行为进行监督，这些机制让领导者承担起责任。保持政府机构彼此之间的相互制衡、加强州长理事会的权力，并加强其他组织董事会的权力，确保它们独立于领导者而不受其控制，是控制领导者为其行为负责的必要步骤。只要有可能，组织必须进一步减少不确定性进而减少权力滥用。尽管没有明确的行为规范，但是有黑三角个性特征的领导者更可能去利用权势，剥削下属。混乱的情境使得恃强凌弱可以自由地发生，因此必须提供清晰的规则，塑造良好的秩序，这样才能应对权力滥用和腐败。

　　为员工提供伦理培训也是减少违反道德行为发生的一种方法，并且很多研究都证明了这种方法的有效性。因此，解决权力滥用问题，也有人建议使用这种方法。员工如能辨别出权力滥用的形式，并且知道对付它们的方法，很可能就会抵制领导者的权力滥用行为。除了提供道德培训，组织必须采取果断措施来保护被虐待者，也要保护站出来阻止滥用权力的人。下属和他人向领导者和组织其他拥有权力的人提供的反馈越多，发现将会带来破坏性的领导者和停止权力滥用的概率就越大。最近一项研究表明，企业内联网和其他基于技术的沟通工具的出现，鼓励组织实施柔性控制，并进行平等授权。另外，开放的沟通及财务信息的透明都会进一步增强领导者的责任意识。

　　领导者越贴近下属的日常活动和顾客，他腐败的概率就越小。另外，下属独立性越强，他们越不可能推动——有意或无意地——腐败循环的发展。如果一个人的工资、提升和职业生涯完全依赖某一管理者的主观意见和评估结果，那么这个人就更有可能服从该管理者。培训下属如何开发和利用个人权力来源，有助于减少领导者的权力滥用。有自己权力来源的下属更会抵制领导者恃强凌弱的行为。将客观的绩效评估标准制度化也是抑制领导者权力过度增长的一种方法。制度化可以通过精确的测评，或是以从相关人员中直接获取反馈为基础。这是确保获得适当且准确的信息流的方法。下属会根据顾客反馈，为顾客而不是老板谋利。

通过向外部人员公开决策程序，组织能获得客观意见，避免近亲繁殖。外部人员可能会带来新鲜观点，从而打破腐败循环。例如，外部人员参加公司董事会有助于使高层管理者的薪水与公司绩效保持一致。最后，最困难但却最有效的防止权力滥用和腐败的措施是变革组织文化和组织结构。这种变革应该关注绩效、生产率及客户服务，而非满足领导者的需要。

部分地因为权力的滥用，部分地因为组织理念和结构的变化，当今组织的权力面孔也在发生改变。

5.4 授权：改变权力面孔

迫使变革组织文化和组织结构的主要动力来自授权运动。授权涉及与下属分享权力以及把决策制定权和执行权授予尽可能低的层级，其目标是增强组织全体员工的权力和自主性。它起源于日本式管理、20 世纪 70 年代的质量圈、工作生活质量以及对心理学概念自我效能的理解。授权的本质是和那些需要这些权力来开展工作的人分享权力或把权力授予他们。这种权力共享可以让他们相信自己的能力并增加他们的自我效能感。有关分权的研究、趣闻轶事以及实证证据强烈地支持平等的权力共享有助于提高组织有效性。

向员工授权可能是个强有力的激励工具，因为它给了员工控制权和成就感。各种规模的商业组织、非营利组织以及学校和政府部门都实施了形式各异的授权。授权的关键在于授予员工对于自己如何工作和工作环境的控制权，以及通过提供成功的机会来建立他们的自我效能感和成就感。另外，鼓励下属参与目标设置可以帮助他们内化这些目标并对目标的完成做出承诺，而这也是促成授权的重要因素。对团队、团队灵活性以及对环境变化的快速反应的持续强调使得授权成为组织的一个有效工具。当身为电视台记者和一家有奖电视产品公司幸运鸭产品公司（Lucky Duck Productions）的首席执行官琳达·埃勒比（Linda Ellerbee）被诊断出患有癌症的时候，她把公司的控制权交给了自己的员工。尽管她曾经介入公司的方方面面，但她现在发现："我已经雇用了非常称职的员工，他们现在所需要的就是我不去干涉他们的工作。公司在我离开以后仍然在蓬勃发展，我再也不想管理公司的细节了。"

5.4.1 授权要求

一旦管理者和领导者决定把采用和实施授权作为一种管理技巧，他们必须调整组织文化和组织结构。许多管理者谈论授权，但仅有少数人完全接受这一理念并彻底付诸实践。实施授权需要采取几个领导和组织方面的步骤（见表 5—6）。

表 5—6   授权中的领导因素和组织因素

领导因素	组织因素
● 创造积极的情感氛围	● 分权结构
● 设定高绩效标准	● 恰当地选择并培训领导者和下属
● 鼓励主动性和责任意识	● 打破等级界限
● 公开的基于个人的报酬	● 奖励授权行为
● 实践公平和协作	● 谨慎地监督与测量
● 表达对下属的信心	● 公平、开放的组织政策

领导风格强烈地影响下属对授权的理解，并影响团队的有效性。授权以后，领导者的角色是为下属创造一种鼓励意见分享、决策参与、与他人合作以及敢于冒险的崇尚支持和信任的氛围。允许最贴近顾客的员工制定决策是很关键的。领导者可以通过多种方式实施授权，比如角色模拟、开诚布公和热情。领导者想要成功授权，必须"边走边谈"、理解语言和非语言信号、相信授权的过程。他们必须鼓励试验并且容忍犯错。领导者也可以通过与下属在工作场所内外的非正式互动来进一步营造开放的氛围。与领导者所创造的开放的氛围相对应的应该是工作和生产率的高标准、明确的组织使命和目标以及对正当行为和有效产出的清晰而公平的回报。授权并不意味着绩效和标准的缺失。恰恰相反，授权给员工提供了设定高标准的机会，他们可以寻找自己所需的资源、获得决策和行动的支持以及目标完成后的回报。领导者应该向下属传达自己的高预期并且对他们将会达成高绩效的能力表示肯定。

在默克制药公司（Merck）的首席执行官罗伊·瓦格洛斯（Roy Vagelos）着手根除"河盲症"这种长期无法治疗的疾病时，该病仍然被认为无药可治。该项目的成本是 2 亿美元，而这对于患者而言显然是无力承担的。瓦格洛斯一如既往地推动该项目，并且对项目的成功抱有信心。当药品被开发出来并且拥有 1 900 万顾客时，他的高预期得到了回报。

你怎么办？

你授权给你的团队成员，允许他们有更多的自由、投入，并灵活地完成工作。对此，你没有感到不舒适，并且你也没有弄权的倾向。大多数团队成员反应良好，接受了授权带来的责任。但是，也有个别人利用了这种情况，不自重。你怎么办？

组织要求

除了领导者在授权中的作用，组织也需要采取一些授权的措施（见表 5—6）。首先，组织必须打破正式而僵化的组织结构，进行分权决策，来促进权力共享。如果组织结构不支持授权，那么领导者是很难授权下属进行决策的。传统的权责界限对他们的授权过程产生了不良影响，因此，在采用新方案之前，组织必须重新审视组织结构以根除层级障碍。多数情况下，办公室应该重新设计以适应新的员工工作方式。正式的办公室和格子间代表的是等级和单独行事。然而，对互动的鼓励要求的是能够促进灵活性与合作的不同以往的工作场所。一些组织发现，改变办公室设计是给它们带来更高绩效的关键。

另一个组织步骤是选择乐意共享权力的领导者和员工。如果领导者和员工不支持权力共享的话，结构变革和授权是很难实施的。除了选择合适的人，恰当的培训也可以引入协作、鼓励、参与及开放等新的行为方式。

设定高标准是成功授权的需要。同样，对绩效和改进的监督和测量也是必需的。像其他许多零售商一样，麦当劳也实施了旨在激励员工的授权要素，它相信这些措施可以鼓舞一线员工的士气，并利于向顾客提供优质服务。为了跟它的努力和监控绩效相一致，除了例行的利润和质量评估，麦当劳还会进行员工调查，也欢迎对它的经营感兴趣的外部人士进去参观，这使得它可以得到有关工作氛围和绩效的反馈。

最后，正如领导者应该随时随地提及授权一样，组织也应该借助合适的薪酬结构和公平的政策来允许尝试、创新、试错以及协作。过度关注短期的财务表现对需要花费大量时间来推进的授权过程而言可能是致命的。组织开启授权过程的方法之一可能是提前识别潜在的障碍。一些咨询顾问和学者甚至建议组织和员工应该彻底抛弃职权。总体而言，向员工授权要求信息分享、鼓励自主性，并让他们承担责任。

5.4.2　授权的影响

授权给员工是一个困难的过程，却是新型组织结构的关键要素和对领导者的要求。组织不论规模大小，都在鼓励领导者向下属授权并进行民主决策。许多实例和轶事都表明，授权可能是有效的激励手段，而且有助于提高绩效。授权（或者它的对立面：过度控制）可能会引发自我实现的预言。一方面，领导者对员工控制越少，员工越有可能接受控制、承担责任；另一方面，控制过度可能会使下属陷于被动，在极端情况下，甚至会滋生腐败。将要在第 7 章讨论的自我领导的思想就是部分地建立在授权的基础上。

近来有许多研究对美国及其他国家情境下授权的影响、应用及效果进行了评价。这些研究的出现点燃了人们对授权的兴趣。尽管人们已经指出了授权可能带来的种种好处，但是相关的研究仍然不够充分甚至比较混乱。虽然有关高参与组织（即不同程度地实施授权和员工参与决策的组织）和绩效正相关的研究逐渐增多，但相关的实证检验仍然少之又少。然而，尽管授权面临很多障碍和困难，尽管授权的实证研究仍显不足，它依然是美国和其他许多西方国家里许多组织的永久特征。如果运用得当而且与文化兼容，授权将会对领导和组织有效性产生巨大影响。

领导问题回顾

要使用好权力，关键在于平衡和调节。权力必须是公正的。根据不同的下属和不同的情境，领导者必须动用他们所能获得的各种权力和影响力来源，不存在最好的方案。赢得人心，需要长期的努力，这也是备选方案之一，但是有时你不得不推动下属去完成任务。无论在何种情况下，行使权力的动机必须是合乎道德地实现组织目标。在采取行动实现组织目标时，领导者必须展示出正直的秉性和对下属的关心。

领导变革

分享权力与收获利润

"我们只需要知道员工在某一时间内应该完成什么，至于他们的工作时间及地点则都不重要。"这是塞氏企业的首席执行官里卡多·塞姆勒的经典言论，该公司来自巴西，主要制造船只和食品处理设备。

塞姆勒曾被称作特立独行的人。他曾就这一话题写过一本书。他相信权力共享和授权的价值，也是最早支持财务资讯共享管理的人之一，这一管理思想认为应该与员工分享财务信息，然后培训他们对信息进行解释并以此设定和达成自己的绩效目标。

他认为那些在自己生活中每天都制定影响深远的复杂决策的人完全可以在工作中管理好自己。他坚信："自由是绩效的第一动力。"他也相信尽管人们希望组织向政治系统一样民主运行，但事实上很多组织并没有做到。

在塞氏企业，员工不仅可以自己选择工作服颜色和上班时间，还可以对新产品和投资活动进行表决。塞姆勒说："在塞氏企业，员工可以决定工作地点和工作内容。"公司在办公室安装了吊床供员工休息使用，以便他们更具创造性。员工还可享有休假和退休体验时间，在退休体验时间，员工可以离开公司去做他们可能在退休以后去做的事情。

自主权和参与都跟高绩效预期正相关。那些与这种文化不能兼容的人将无法在公司里生存。塞氏企业已经在塞姆勒的领导下增长了 900%，各业务单元在各自的竞争市场上都排名第一或第二，而且过去 14 年的年均增长率是 27.5%。塞姆勒已经创造了关注绩效和自由的文化，他的员工有权自由地去做他们认为正确的事而不必请示老板。他认为他的管理哲学并非普遍适用的，因为让在位者甘愿放弃控制权可能还有很长的路要走。

资料来源：Colvin, G. 2001. "The anti-control freak," *Fortune*, November 26：60；Fisher, L. M. 2005. "Ricardo Semler won't take control," *Strategy and Business*, Winter. http://www. strategy-business. com/media/file/sb41_05408. pdf (accessed July 13, 2007); Glamorgan University international business speaker, September 2, 2006. http://news. glam. ac. uk/news/2006/sep/07/international-business-speaker-glamorgan/ (accessed June 23, 2007); Shinn, S. 2004. "The Maverick CEO," *BizEd*, January/February：16-21.

5.5　结　论

本章讨论权力和领导的关系。权力是领导者有效地影响他人达成目标的关键。在这一影响过程中，领导者获得了许多个人的和组织的权力来源。权力会改变一个人。权力对拥有权力的人的影响范围广泛，从变得慷慨到利用他人的权力滥用。那些屈从于权力的人，可能对所要求做的事情做出承诺，有可能积极抑或消极地进行抵制。在任何情况下，平等地分配权力都倾向于对组织产生积极的影响。

领导者越是依赖自身的权力来源，例如专家权和构建良好的领导者与下属的关系，就越有可能赢得下属对他的决策和行动的承诺。诸如法定权、奖赏权及强制权之类的组织权力来源，最多只能赢得员工的暂时承诺，而最坏的情况是可能导致员工的愤恨和抵制。考虑到许多组织日益青睐于团队的使用，团队及其领导者发展权力的来源是非常重要的，这可以借助处理不确定性、成为组织使命和目标达成的中心环节以及提供能使组织其他人离不开他们的独一无二的产品或服务来实现。

权力是组织目标达成的必要条件，但也会导致权力滥用和腐败，是破坏领导的要素之一。权力过度会导致领导者私欲膨胀，这归因于下属的服从、谄媚和奉承，领导者与下属间的隔离，以及不承担责任就可获得太多资源。除了引发道德问题，权力过度还会导致糟糕的决策制定、过于依赖职权、信息沟通不足、充满敌意的互动以及下属的反抗与抵制。小心谨慎地选择领导者，以正直和公开为基础来塑造企业文化，是防止权力滥用和腐败的关键。

组织中的权力面孔正在发生变化。最主要的变化是对权力的分享，这使得员工可以参与决策制定，从而导致了高质量的决策和下属的成就感。授权运动获得了巨大成功。它依赖于领导者和组织所创造的积极的组织文化。在这一文化中，组织结构是分权的，员工被鼓励尝试和创新而且会得到培训和领导者的支持。另外，需要设定高绩效标准，报酬也应该清楚而公平地与绩效挂钩。尽管最近有一些权力滥用的不良消息，但是组织中权力的恰当运用对领导者的有效性是至关重要的。权力是领导的核心。

复习讨论题 ——■

1. 权力如何影响有权的人，以及如何影响那些不得不屈从于它的人？

2. 举例说明各种个人权力来源。为什么一些权力比另一些权力更有影响？

3. 分别为正确使用各种权力来源设想恰当的情境。

4. 举例说明各种不同影响力的使用策略。

5. 举例说明如何使用可用的权力来源。

6. 团队权力来源与个人权力来源有何不同？

7. 导致权力滥用、腐败和破坏性领导的因素是什么？

8. 防范和消除权力滥用和腐败需要做些什么？

9. 领导在实施授权过程中的主要角色是什么？

10. 授权会产生没有权力的领导者吗？

领导挑战：多少才算够 ——■

商业组织的高层管理者和领导者，不可思议地得到高额工资和福利套餐，尤其是在美国。在一些表现不佳的组织中，这一薪酬水平也正在接近并将最终超过 1 亿美元。现在，社会上出现了许多为高层管理者和领导者的薪酬上涨进行辩护的声音，比如市场力量的推动以及对少数有才能的高层管理者的争夺等。如果是你，你会把他们的薪酬线划在什么水平？如果一家公司正在裁员、宣称破产而且表现不佳，但却以巨资邀请你的加盟，你会接受邀请吗？

1. 导致高薪酬的推动因素有哪些？

2. 你的决策会对本人及组织造成什么影响？

练习5—1　智慧格言 ——■

下列有关权力及其影响的语录，引自历史人物、学者以及世界领袖。

1. 太上，不知有之。（老子，《道德经》）

2. 所有人都会带来危险，一个自由政府的唯一准则是不相信任何人，不相信那些生而有权危害公众自由的人。（约翰·亚当斯）

3. 据我所知，任何社会都不会藏有绝对权力而平安无事，但人却可以。如果我们认为人的智慧启蒙还不够，那么补救的措施是用教育手段去告知他们，而不是剥夺他们的权力。（托马斯·杰斐逊）

4. 没有力量的公正是没有权力的；没有公正的力量是独裁。（布莱斯·帕斯卡（Blaise Pascal））

5. 知识就是力量。（弗朗西斯·培根）

6. 权力产生腐败，绝对的权力产生绝对的腐败。伟人几乎都是坏人。（劳德·阿克顿（Lord Acton））

7. 权力存在于把自己的意愿和他人的目的联系在一起的潜能、用理性和合作的天赋来领导的潜能。（伍德罗·威尔逊）

8. 我一度认为领导能力就是强壮的体力，但今天领导能力意味着和他人和睦相处。（甘地）

9. 权力的问题是如何负责任地成功使用的问题，而不是不负责任地沉迷于使用权力；是如何赋予人类权力来为公众服务，而不是远离公众。（约翰·F·肯尼迪）

10. 那些追逐绝对权力的人，即使为了做他们认为的善事，也只是在要求得到一种权力：将他们自己的天堂般愿景强加于世间的权力。那么，我就要提醒你，恰恰是这些人总能创造出最邪恶的独裁者。绝对的权力确实会产生腐败。因此，追逐它的人应该受到怀疑，应该受到反对。（巴里·戈德华特（Barry Goldwater））

11. 非暴力行为的第一个原则是拒绝合作做一切令人感到羞辱的事。（凯撒·查韦斯（Cesar Chavez））

12. 没有名誉或没有距离的名誉，权威是无用的。（戴高乐）

13. 权力是终极春药。（亨利·基辛格（Henry Kissinger））

14. 最惨痛的历史教训，其中之一正是如果我们长期被欺骗，我们倾向于拒绝任何欺骗的证据，因而我们就被欺骗俘虏。一旦给予自己欺骗的权力，那么你几乎永远无法将其收回。（卡尔·萨根（Carl Sagan））

第1部分：个人练习

选择两条你最喜欢的语录，简单地写下它们吸引你的理由。考虑一下它们对组织领导者有什么启示。例如，拿破仑说："士兵为一片彩色绶带情愿长期而努力地战斗。"基于此法，重要的是要有目标和奖赏，即使任务本身并没有意义。领导者必须明确与实现目标相关的奖励。作为领导者，重要的是鼓励，而使用奖赏权也很重要。这对你可能有吸引力，因为你喜欢有具体、清晰的目标，并且当有外在的奖赏时，工作得最好。

第 2 部分：小组练习

回顾所有团队成员列出的语录，选择两条所有成员没有异议的语录。对每一条语录，讨论其对组织可能产生的后果，以及你们选择它的理由。做好 2～3 分钟的演讲准备。

练习 5—2　你的团队和组织中谁有权 ——■

你已经学到了个人和团队的权力来源。本练习的目的是要你考虑在你的团队和组织中谁有权势——能影响他人——并且分析他们的权力来源。

第 1 部分：挑选人员

从你的团队、部门和组织里挑选 3～5 人，辨认其权力来源、他们使用的影响力及其对他人的影响。每个答案要提供一个案例。

个人	权力来源	最常用的影响力策略	对他人的影响	具体实例
1.				
2.				
3.				
4.				
5.				

第 2 部分：评估影响及所学到的教训

接下来，请考虑这些人使用权力和影响他人是否都有效。他们做得好的地方是什么？他们是否可以用不同的方法来做？研究他们使你学到了什么？

自我评估 5—1　了解你的权力来源和影响力 ——■

针对下列每一种陈述，请选择一个评分等级来描述你实际所做的而非你想做的。"组织"是指你的同事、团队、部门或整个组织，取决于你所处的层级。

1＝强烈不同意

2＝有点不同意

3＝态度中立

4＝有点同意

5＝强烈同意

1. 我努力对大家都友好并支持他们。_____

2. 我决策时尽量邀请多人参与。____

3. 我努力保持积极的心态。_____

4. 我是所在领域的专家。_____

5. 我在组织中积极地构建自己的人际网络。_____

6. 我能获取别人需要或想要的资源。_____

7. 我很努力地维护上级的体面。_____

8. 我有正式头衔。_____

9. 我可以直接或间接地惩罚我的同事，例如，给他们较差的评估，不提升他们，甚至解聘。_____

10. 我努力培养并搞好和各个层级的人的关系。_____

11. 我偏好在群体中做决策。_____

12. 我是同事和员工的拉拉队长。_____

13. 我试图用数据和图表来说服别

人。_____

14. 任何时候只要能办到，我一定会帮助别人，因而人们欠我很多人情。_____

15. 我可以直接或间接帮助人们获得他们想要的东西，例如，金钱、资源或晋升等。_____

16. 我关心主管的需要。_____

17. 我对耍弄权术让别人做事的行为没有不舒适感。_____

18. 我给别人压力，直到他们完成我想要他们做的事。_____

19. 我会设法做些好事来感谢帮助我的人，或帮助过我们团队的人。_____

20. 我喜欢让受决策影响的人员参与决策。_____

21. 我善于将人们的注意力聚焦到组织使命上来。_____

22. 我以自己的创造力和处理问题的能力而著称。_____

23. 我获得了我所需的，我善于与他人达成妥协。_____

24. 我给予他人很多恩惠，因此在我需要他们的帮助时，他们就觉得欠我人情。_____

25. 我努力和有权支配我的人取得一致意见，让他们站在我这边。_____

26. 是我做了最终的决策，因为那是领导者的责任。_____

27. 我威胁别人让他们去做我想做的，对此我并不感到不舒适。_____

28. 我友好且平易近人。_____

29. 我几乎总是要在决策前从同事那里获取信息。_____

30. 当人们再次需要激励的时候，他们会向我求助。_____

31. 我的知识和技能在我的领域中处于领先的位置。_____

32. 如果需要完成任务，我会提前确认并寻求帮助。_____

33. 我有别人需要的信息。_____

34. 我要确保上级知道我的成就。_____

35. 我依靠命令链和组织层级来完成任务。_____

36. 人们知道如果跟我对着干，一定不会有好果子吃。_____

计分提示：

个人吸引力：问题1，10，19和28的得分相加。总分：_____

顾问水平：问题2，11，20和29的得分相加。总分：_____

鼓舞他人：问题3，12，21和30的得分相加。总分：_____

理想说服：问题4，13，22和31的得分相加。总分：_____

构建同盟：问题5，14，23，32的得分相加。总分：_____

交换：问题6，15，24，33的得分相加。总分：_____

讨好逢迎：问题7，16，25，34的得分相加。总分：_____

合法技术：问题8，17，26，35的得分相加。总分：_____

压力：问题9，18，27，36的得分相加。总分：_____

得分说明：在上面的9个大类中，你每一类得到的总分表明你使用各种影响力来源的程度。你的分数会在4～16分之间。高分表明你更多地使用该技巧。比较平衡的得分（在每类中得分大致相同的得分）表明你倾向于同等程度地使用各种影响力技术。如果你在某类或更多的几类项目中得分较高，就要考虑你为什么偏好这些方法，它们是否有效，你如何才能扩展权力和影响力的来源。

自我评估 5—2 对权力的看法 ——■

这个自我评估可以探查你看待权力的态度。用下列得分标准来表明你的看法。

1＝强烈不同意

2＝有点不同意

3＝态度中立

4＝有点同意

5＝强烈同意

1. 组织提供的权力和身份符号对于领导者确保工作完成非常重要。_____

2. 遗憾的是，对员工来说，最有效的方式只有威胁和惩罚。_____

3. 领导有效性的实现建立在对取得成绩的员工进行物质奖励的基础上。_____

4. 与下属保持良好的私人关系是领导有效性的关键。_____

5. 掌握信息是领导者影响力的关键因素之一。_____

6. 与下属成为朋友会削弱领导者影响和控制下属的能力。_____

7. 不愿惩罚员工的领导者通常会丧失信誉。_____

8. 在组织内部没有正式头衔和职位的领导者很难具有有效性。_____

9. 以提升、发放奖金和提供资源的方式回报员工是赢得他们合作的最佳方式。_____

10. 领导者必须成为所在领域的专家才能实现领导有效性。_____

11. 组织必须确保领导者对下属的评价被运用到与该下属有关的决策中。_____

12. 即使在最开明的组织中，领导者惩罚下属的能力也应该受到保护。_____

13. 正式层级、许多领导标签及身份符号的消失使得领导者失去了影响下属的能力。_____

14. 领导者应该时刻注意把自己标榜成所在领域的专家。_____

15. 建立下属的忠诚对领导者而言至关重要。_____

计分提示：对问题6反向计分（1＝强烈同意，5＝强烈不同意），然后把你的得分汇总如下：

法定权：将问题1，8和13的得分相加。总分：_____

奖赏权：将问题3，9和11的得分相加。总分：_____

强制权：将问题2，7和12的得分相加。总分：_____

参照权：将问题4，6和15的得分相加。总分：_____

专家权：将问题5，10和14的得分相加。总分：_____

得分说明：哪一类权力得分最高（最高的可能分数是15），你就最相信哪类权力来源。

自我评估 5—3 识别授权的障碍 ——■

这个练习可以帮助你了解组织对授权的准备程度及阻碍授权实施的潜在障碍。对于每一个问题，认真考虑你所在的组织或部门的状况，然后做出判断。

	问题	是	否
1	你所在的组织正在发生变革或转轨吗？		
2	你所在的组织是一家新兴组织吗？		

续前表

	问题	是	否
3	你所在的组织正面临日益增加的竞争压力吗？		
4	你所在的组织是一家官僚等级组织吗？		
5	你所在组织的领导者是独裁的或自上而下管理的吗？		
6	是否存在许多消极的、旧调重弹的情绪和只关注失败的倾向？		
7	员工会被告知组织决策和行动的理由吗？		
8	对绩效的期望和目标是否清晰？		
9	目标是切合实际的吗？		
10	报酬是清晰地跟绩效或组织目标和任务的完成程度挂钩的吗？		
11	报酬是建立在能力和贡献基础上的吗？		

续前表

	问题	是	否
12	创新是否受到鼓励和奖励？		
13	是否有很多参与决策的机会？		
14	大多数工作任务是例行的和重复性的吗？		
15	用于执行任务的资源是恰当的吗？		
16	与高级管理层进行互动的机会是不是有限的？		

　　计分提示：对于问题 1～6 及问题 14 和 16，回答"是"得 1 分；回答"否"得 0 分。对于问题 7～13 和问题 15，回答"是"得 0 分；回答"否"得 1 分。

　　得分说明：最高可能得分是 16 分。你的组织得分越高，说明你的组织对授权的准备越不充分。对各个问题的分析，能使你找出阻碍授权实施的具体障碍。

实践中的领导 ━━■

━ ■■ ■■ ■ 雷曼兄弟的最后一任总裁：理查德·福尔德 ■ ■■ ■■ ━

　　2008—2010 年全球金融危机最具戏剧性的故事是雷曼兄弟公司出人意料地倒闭。这家 1850 年创立的金融服务公司，于 2008 年 9 月落幕。经历了多年的成功之后，该公司的倒闭源于财务阴谋、杜撰财务报告（105 份）、推诿和藏匿风险与不良资产。2008 年 9 月，正是它的倒闭引发了全球金融危机。

　　自 1994 年领导该公司并最终走向破产的是光彩照人的理查德·福尔德（Richard Fuld）。甚至在今日，在许多方面他也还是不容忽视的一股力量。尽管他承担了公司倒闭的责任，但他坚定地拒绝承认有过任何不当行为和过失，并且断然否认知道该阴谋交易。作为严肃而紧张工作的人，他被认为是雷曼兄弟最好的领导者之一。他似乎有能力让其他人追随自己，也给公司带来了巨额利润。

　　和福尔德一起工作的同事给他起了一个外号"猩猩"，因为他有咕哝的习惯，而不是讲话，有他在场，别人总感到受到威胁。他很快热起身来，做一个名副其实的"猩猩"，并且在其办公室里安置了一个和真人差不多大小的玩具猩猩。一位金融分析家说："他与所有长时间担任首席执行官的人一样，都很自负：是我做了此事，市场并不了解此事的价值，而它给公司带来了更多的价值。"就在公司倒闭前几年，他拒绝接受几项可以挽救公司的建议，反对大多数顾问提出的建议，只是因为他和这些顾问存在分歧。然后，政府没有挽救其公司，他就大发雷霆，并坚信自己成了替罪羊，因为人们需要对象来责备。但是，和他一起工作的同事则认为福尔德充分了解公司的现状。就在雷曼兄弟倒闭前几天，福尔德动用了他所有的政治关系，来给美国政府和英国政府施加压力。他给美国财政部部长鲍尔森、杰布·布什以及其他人打电话，给两国政府施压并代表公司来干预市场。然而，他的魅力和压力最终没能见效。

在担任首席执行官时，福尔德动用权力并非羞羞答答。他曾经因服装颜色穿错了而严厉责备员工。他也因为员工涂抹了"令人惊奇的"唇膏而解聘员工，并因此而闻名。雷曼兄弟的一位高管在描述和福尔德交往的经历时说：他似乎想创造出一种身体冲突的情形，如果你不温和点的话。他实践了"我们对他们"的哲学，才当上了首席执行官。他采用其导师即雷曼前任首席执行官格鲁克斯曼（Glucksman）的观点，对华尔街的工人阶层持怀疑态度，并且认为其公司受到全面的攻击。他富有威胁性地采用各种手段，有时甚至大发雷霆，例如，他曾经从管理人员的办公桌上击落一摞纸。他对自己喜欢的人，或绩效好的人也非常慷慨大度。福尔德周围都是一些技术水平很高的非常青藤联盟学校毕业的人。他们得到了行业中非常高水平的薪酬激励。这在华尔街是很少见的。

新的报告、报道不断披露雷曼兄弟的破产和倒台的过程和原因，福尔德待在纽约市时代人寿大楼的办公室里，一个曾经富得流油的地方，进行扫尾工作，在脑袋里不断地回放事情怎会变得如此糟糕，以及他可能面临的各种指控。雷曼兄弟倒台后的几年里，福尔德变得更加温和，表现出一些悔恨，也抱有一些怀疑，怀疑当时各种可能阻止其倒闭的方案。尽管他维持着其个人人际网络，但要想再次获得其他公司的雇用是很难的，也是有风险的。

问题

1. 福尔德的权力来源是什么？

2. 该案例中有哪些导致权力滥用和腐败的因素？

资料来源：Clark, A. 2010a. "Could Lehman's Dick Fuld end up behind bars," *Guardian.com.* March 12 (accessed on March 24, 2010); Clark, A. 2010b. "Lehman Brothers bosses could face court over accounting gimmicks," *The Guardian*, March 12. http://www.guardian.co.uk/business/2010/mar/12/lehman-brothers-gimmicks-legalclaims (accessed on March 18, 2010); Craig, S. 2011. "In former CEO's words, the last days of Lehman Brothers," *Dealbook*, February 14. http://dealbook.nytimes.com/2011/02/14/a-different-side-to-dick-fuld/ (accessed on July 15, 2013); Fishman, S. 2008. "Burning down his house," *New York Magazine*, November 30. http://nymag.com/news/business/52603/ (accessed on July 15, 2013); Gallu, J. and D. Scheer. 2010. "Lehman's hidden leverage 'Shenanigans' may haunt Fuld," *Bloomberg.com*, March 13. http://www.bloomberg.com/apps/news?pid=newsarchive&sid=aQSvfN5gUfoE (accessed on July 15, 2013); Johnson, F. 2010. SEC concedes Lehman shortcomings. *The Wall Street Journal*, March 18. (accessed at on March 10, 2010); Kim, J. 2013. Richard Fuld in the news again. *Fierce Finance*, June 24. http://www.fiercefinance.com/story/richard-fuld-news-again/2013-06-24 (accessed on July 15, 2013); New York Times (NYT). 2010. Richard Fuld, Jr., *New York Times*, March 12, http://topics.nytimes.com/top/refemnce/timestopics/people/f/richard_s_fuld jr/index.html (accessed March 18, 2010); Plumb, C. and D. Wilchins. 2008. Lehman CEO Fuld's hubris contributed to meltdown. *Reuters*, September 14, http://www.reuters.com/article/idUSN1341059120080914 (accessed on March 18, 2010); Pressler, J. 2010. "Former Lehman Brothers CEO Richard Fuld has a passion for fashion," *New York Magazine*, March 1 (accessed on March 18, 2010); Ray T. 2010. Lehman: "Colorable claims" against Dick Fuld. Barron's March 11. http://blogs.barrons.com/stockstowatchtoday/2010/03/11/lehman-colorable-claims-against-dick-fuld/ (accessed on March 24, 2010); Winkler, R. 2013. "Fulddisclosure," *Wall Street Journal-Overheard*, March 25. http://blogs.wsj.com/overheard/2013/03/25/fuld-disclosure/ (accessed on July 15, 2013).

第 2 部分
当代观点
*C*ontemporary Concepts

▷▷▷ 第 6 章 当代领导：感召型领导及其与追随者的关系
▷▷▷ 第 7 章 领导的其他视角：高层领导和非营利组织领导

第 2 部分介绍关于领导的最新观点，包括魅力型领导和感召型领导及诸如高层领导和非营利组织领导等其他有关领导的视角。学完第 2 部分，你将会熟悉有关领导的最新观点、感召力的重要性以及领导者和追随者之间关系的关键作用，并且使用积极的方式来进行领导。你也会理解高层领导与组织其他层面的领导之间的区别，并能领会到高层领导者所面临的挑战，进而探索非营利组织领导面临的挑战。

目前掀起了对领导学的广泛兴趣，部分原因是在当下高度复杂的时代中存在有效地领导一个组织的需要和挑战。本书第 2 部分所描述的领导模型就考虑到了领导一个组织实现变革所需要的各种领导类型，从而满足追随者对领导的深层次需求。追随者所需要的领导已经远远超越了指明组织方向、体贴员工来换取高生产率和高报酬的交换能力。

第 6 章侧重于大部分当代领导理论。尽管这里提出的一些概念与领导的关系发展理论有关，但是两者最基本的差异在于缺少权变的方法。另外，魅力型和感召型领导理论不仅适用于小群体和部门层次的领导，也适用于高层领导。第 7 章我们回顾了两种不同的领导视角：高层领导和非营利组织领导。两者与我们考虑的其他类型的领导有一些共同点，同时也有一些独特的复杂性和挑战。

第6章

当代领导：感召型领导及其与追随者的关系

学完本章，你将能够：

1. 讨论并区分出领导学研究与实践的新时代要素。

2. 理解魅力型领导，解释领导者、追随者、文化和对领导力开发有贡献的情境特征，解释魅力型领导带给组织的积极和消极影响。

3. 区分交易型领导与变革型领导，解释能提升变革型领导的一些因素。

4. 描述基于价值观的领导方法，包括服务型领导、真诚型领导和积极型领导。

领导问题

魅力被认为是领导者应具有的积极的个人特质，因而人们在追寻魅力型领导。魅力型领导是否总能有效，并受到欢迎？魅力是不是领导必需的要素？

对很多人来说，领导的概念会使他们联想起那些做出了似乎不可能完成的业绩的政治或组织领导者。当被要求列举出一些领导者时，人们通常会提及曼德拉、圣雄甘地、约翰·F·肯尼迪和奥巴马。这些领导者和其他与之相似的人充满激情，并且会在追随者中激起强烈的情感反应。他们改变着追随者、组织和社会甚至是历史的进程。他们与追随者有着特殊的关系，这种关系超越了目标设置、激励人们、配置资源以及控制结果。本章所呈现的是最新的当代领导方法，主要关注的是这些人：与下属保有特殊、长期的关系或者与下属构建了情感纽带，并通过这种纽带来实施变革，并在有些情况下获得意想不到的收益。

6.1 领导学研究的新时代

本章讨论的领导理论是领导理论发展的新时代，是继第 3 章的领导特质、行为理论和权变理论之后的新理论。它们于 20 世纪 70 年代末被引入领导学研究，并且至今在领导学的理论与实践中依然占据主导地位。这些方法被认为给领导学领域的研究带来了新生和激情，但这一领域在 20 世纪七八十年代曾受到强烈批判，被认为是互不相关、琐碎和不合理的。马克思·韦伯（Max Weber）在 20 世纪 20 年代早期就提出了魅力的概念，社会历史学家詹姆斯·麦格雷戈·伯恩斯（James McGregor Burns）提出了变革型领导理论，并包括魅力这一元素。伯纳德·巴斯（Bernard Bass）提出了面向企业的变革型领导理论，由此开始了长达数十年的实证调查研究。从那时起，研究者们逐渐将魅力这一概念应用于组织情境中，并且提出了聚焦于愿景和组织重大变革的领导模型。20 世纪 70 年代格林利夫（Greenleaf）关注价值观和领导的精神方面，并将其引入领导学研究，进而扩展到真诚型领导的研究。领导理论的最新发展借鉴了积极心理学、积极组织行为学理论及其对组织行为的应用研究。积极心理学来源于 20 世纪 60 年代的人文主义研究方法，于 80 年代提出。

这些领导学研究的新方法相比本书介绍的其他领导视角有以下优势：

● 它们使我们看到了领导者的不同一面及领导者作为组织文化和激励性的愿景创立者所起的作用。

● 它们强调下属情感反应的重要性。

● 它们关注的对象是高层领导者，这些领导者同时也是战略领导学的研究对象（见第 7 章），这使得整合有关全局性的研究和变革型、魅力型领导成为可能。

● 这些方法既解决"心"的问题，也解决"脑"的问题，强调领导的情感和认知方面。

尽管模型相异，但是它们都有共同的主题：感召、愿景、聚焦于领导者与追随者间的关系和情感联系。解决领导者和追随者的关系问题需要将上述这些主题与第 3 章中领导者—成员交换模型相联系。然而，当代的领导模型超越了将重点放在感召力和愿景的对领导者与追随者关系的研究，因此能够运用于各个层次的领导实践。与前面的理论不同，这些模型不依赖于权变原则，试图为领导他人提出"最佳"领导方案，这也限制了其应用范围。

6.2 魅力型领导：领导者和追随者之间的关系

魅力指的是"一种可以鼓舞人心的超凡的天赋"。拥有这些天赋的人体面而又迷人。魅力型领导者能俘获我们的想象力并且赢得下属的奉献和忠诚。提及魅力型领导者我们会想到政治和宗教领导人。事实上，商业组织的领导者也可能是天生的魅力型领导者。魅力型领导者对下属有着强大的情绪感染力。下属不仅把他们看做老板，而且当作楷模和能够超越生命的英雄。

考虑美国总统奥巴马的例子，贝拉克·奥巴马就具备魅力型领导者的许多要素。许多志愿者加入到他的总统竞选活动中，并且支持他当选。这些人感觉到他们和奥巴马之间有着很强的情感联系。许多人参加他的活动，并且表露出对他怀有高水平的情感。他的竞选口号"是的，我们能"和"这是我们的时代"以及其他在2008年就职演说中强有力的语言表达，都感召着他的追随者。例如："如果还有人依然在那里怀疑美国是一切皆有可能的地方，如果还有人想知道美利坚奠基者的梦想是否依然活在我们的时代，如果还有人在质疑我们民主的力量，今晚你们就会找到答案。"奥巴马的乐观主义精神和可感知到的真诚，使他赢得了绝大多数美国选民的支持，也赢得了许多其他国家人们的支持。例如，在德国就有 20 万人走出去观看总统候选人奥巴马。他成了变革的符号、许多人的希望。许多甚至不太认识他的人，都感觉到与他相联。

魅力型领导者激励下属献身于他和他的愿景并保持忠诚。这种关系是领导者和下属之间的一种紧密纽带，并且超越了简单的交换关系。奥巴马和其他魅力型领导者的例子都表明，魅力清楚地存在于旁观者的眼中；追随者成就了魅力型领导者。魅力纽带远非典型的情境因素，并不是有效领导必要而又充分的要素。接下来我们将介绍发展魅力型领导所必需的三个要素：领导者的特征、追随者的特征及情境因素（见图 6—1）。

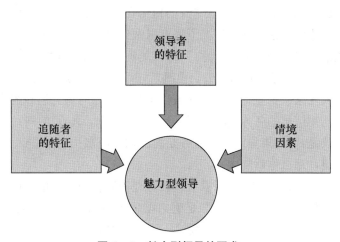

图 6—1 魅力型领导的要求

6.2.1 魅力型领导者的特征

魅力型领导者有些共同的个性和行为特征及特质（见表 6—1）。尽管许多特征——比如自信、精力充沛及良好的沟通能力——与各种类型的领导者有关，但正是这些能力的组合、下属及危机的出现使得魅力型领导者跟其他类型的领导者区别开来。首先，也是最重要的，魅力型领导者的各种能力中都散发出其自信，他们坚信自己的理念，并对自己的信仰和行动怀有一种道德与正义感。圣雄甘地对印度需要变革的坚定信念和马丁·路德·金对公民权利的真诚关注都是这种特征的典范。他们高度的自信激励着下属并产生了自我实现的预言。领导者越自信，下属受到的激励越大。这种情况又进一步地壮大领导者的胆量，并进一步激励下属全身心地投身于实现领导者愿望的活动中。领导者表达积极情感的能力会进一步激发下属的积极情感反应，而这又会增加领导者的吸引力以及有效性。积极的情感表达、鼓舞以及勤奋工作会增加成功的概率，而这种成功又成为领导者正确性的证明。

表6—1 魅力型领导者的特征

- 高度自信。
- 对自己的理念深信不疑。
- 精力充沛、热情高涨。
- 优秀的表达和沟通能力。
- 积极形象塑造、角色模范、印象管理。

史蒂夫·凯斯（Steve Case）是初创美国合伙公司（Start-up America Partnership）的主席。该公司旨在推动美国创新企业的成长。他也是美国运转公司（Revolution）高度自信的创始人，这家公司致力于提升消费者在医疗决策领域中的权利。他还是美国在线（AOL）高度自信的创立者和前首席执行官。他能使人对其通过网络连接所有人的愿景深信不疑。凯斯深信成功三要素：人、激情和毅力。凯斯的前合伙人之一解释说："人们相信在小公司里面可以做到这一点。但是还需要一个人相信不论在任何情况下都可以做到这一点。他就是凯斯。从第一天起，凯斯就相信那将会是一笔大生意。"尽管美国在线与时代华纳的合并算不上成功，甚至导致了1 350亿美元的损失，但凯斯好像把这一切都抛在了脑后，然后把精力和金钱投入几家新企业，包括一家投资于健康护理的名为运转的公司和一家提供免费健康和药物信息的名为运转健康（Revolution Health）的网站。凯斯对潜在的创业者的建议是："如果你对某项业务充满激情、有毅力打破进入壁垒并能够在必要时转换轨道，那么你就能成功。"

在政治领导人身上可以发现魅力型领导者拥有自信的许多例子。奥巴马总统简约的口号"是的，我们能"是魅力型领导者自信表达的典范。菲德尔·卡斯特罗（Fidel Castro）在过去50年承受了巨大的压力，但仍然坚持自己的信念。缅甸反对党的领导人及诺贝尔和平奖获得者昂山素季（Aung San Suu Kyi），被软禁多年仍然坚持民主改革的主张。埃及总统加麦尔·阿卜杜勒·纳赛尔（Gamal Abdul Nasser）在20世纪五六十年代赢得了阿拉伯世界的爱戴。他的建立联合的阿拉伯世界的理想也成为中东数百万民众的梦想。其他一些带来破坏性的魅力型领导者滥用了这种才能并屠杀了数百万人，我们将在稍后进行介绍。

魅力型领导者通常展示出充沛的精力和高度的自信。他们对自己的观点和行动充满激情、富于感染力，并且运用非语言暗示赢得他人对自己精雕细琢的信息的巨大支持。他们能够清楚地向下属传达自己的激情和理念，这一能力是他们吸引下属投身于自己的愿景的首要工具。奥巴马卓越的口才就堪称典范，其他政治领导人，比如马丁·路德·金、希特勒以及菲德尔·卡斯特罗卓越的演讲能力都是这方面的例子。运用这种卓越的沟通能力，魅力型领导者能以一种有意义的方式界定组织或群体的使命，并把其使命框架与其追随者联系在一起。他们通过使用语言、符号和想象来对其追随者进行情感诉求。所有这些都可以在奥巴马第一次就职演说中找到例证。

最后，魅力型领导者会精心地对信息进行加工，并把自己塑造成下属的典范。他们通过积极的印象管理来支撑自己的形象。不管是需要下属的自我牺牲还是自我控制，他们都言行一致。豪斯（House）和沙米尔（Shamir）指出，许多魅力型政治领导人都在监狱待过，这表明他们可以为实现自己的愿景做出牺牲。例如，甘地和纳尔逊·曼德拉因坚持自己的信念而入狱。另一些魅力型领导者，比如和平抗议的模范马丁·路德·金通过行动向被领导者灌输自己的思想。詹姆斯·E·罗杰斯（James E. Rogers）是杜克能源公司（Duke Energy）的首席执行官和董事会主席。他坚信领导者必须密切参与下属的活动，并成为角色和行为模范，展示他想要其下属所要表现出的行为。总之，魅力型领导者的特征是不容争辩的。但是，这些特征并不是其有效性的唯一因素。下面我们来描述追随者的开发过程，而正是这些追随者献身于领导者的事业。

6.2.2　追随者的特征

由于魅力型领导来自领导者与追随者的关系及相关影响，因此，这类领导者的追随者也表现出某些特征，没有狂热的追随者，希特勒也就不会成为魅力型领导者，这也适用于许多领袖人物。即使是积极、正义的甘地，其追随者也表现出特别的特征和行为（见表 6—2）。魅力型领导者的追随者认为，他们与领导者培养了很强的情感纽带。回想一下当拉斯·贝里公司（Russ Berrie）的创立者拉斯·贝里，一位玩具制造商的奠基人，也是一个追名逐利之人，突然去世时员工的反应。贝里已经与他的员工建立起了家人般的关系。在一些员工婚宴上他扮作伴郎。贝里去世后，公司一名执行官会定期去祭扫他的坟墓，因为他与自己已过世的领导者有着很强的情感联系。此外，魅力型领导者的追随者尊重并喜欢他们的领导者。他们对其领导者有极强的奉献精神，也有极高的忠诚度。他们钦佩领导者并仿效他们的行为和习惯，包括讲话、着装和行为，都要像他们一样行事。他们认同自己的领导者。而这一认同过程又进一步帮助追随者把领导者的价值观和雄心壮志内化成自己的。除了感情成分，魅力型领导者的追随者对其领导者的能力和高绩效怀有高度的信心和很高的期望。他们坚信自己的领导者能改变世界，至少可以改变自己的社群和组织。所有这些特征都使得追随者很可能响应领导者的号召而毫不迟疑。而这个因素恰恰会导致毁灭性的后果，如果其领导者是不道德的，甚至是虐待下属的。

表 6—2	魅力型领导者的追随者的特征

- 很强的情感纽带。
- 对领导者高度尊重、依恋、钦佩。
- 忠诚并献身于领导者。
- 对领导者的认同。
- 对领导者怀有很强的信心。
- 对绩效的高预期。
- 毫不犹豫的服从。

研究者指出，魅力型领导者能够改变下属对需要做什么的感知，并创造出一种积极的情绪渲染。领导者还会勾画出具有吸引力的未来愿景、发展共同的身份认同、增强追随者的自尊和自我效能。另外，产生魅力型领导者的一个关键因素是追随者感觉到变革的必要，因为现实是难以接受的，并且他们相信危机即将到来或已经存在。2008年奥巴马的竞选案例包含所有这些要素。他的支持者狂热地相信奥巴马提出的愿景、实施变革的能力，以此纠正他们认为无法接受的形势。

6.2.3 魅力情境

奥巴马总统的案例提供了魅力型领导的另外一个因素：危机感和变革的需要（见表6—3）。对危机的感知引导追随者去寻找新的方向和解决方案，也使他们做好接受变革的准备。如果有一个人恰好能俘获并代表该群体的需要和愿望，那么此人就会成为领导者。另外，那些展示出能力并忠实于群体及其目标的人将会受到信任。他可以利用此信任来担当领导者角色。这种独特的气质使得某些人成为领导者，并改变群体前进的方向。由于魅力型领导者巨大的情感影响，追随者充分地信任其领导者能领导群体进入新领域。

表 6—3	魅力型领导的情境因素

- 感知的变革需求。
- 对既成事实的危机或即将到来的危机的感知。
- 感受到变革的需要。
- 宣传意识形态和目标的机会。
- 戏剧性符号的可获得性。
- 清晰地阐明追随者在危机处理中角色的机会。

外部危机和动荡

魅力型领导的中心课题是某些人如何在无领导者的群体中成为领导者或取代一名上级任命的领导者。许多魅力型的革命领导人并不是通过正式任命才得到他们的地位。在组织中，尽管魅力型领导者是被选举出来的或任命的，但是他们的下属通常在他们得到任命前已经将他们看做领导者，这通常发生在危机时期，而正式任命仅仅是他们获得权力的最后一步。广受欢迎的政治及宗教领导人，比如马丁·路德·金、罗纳德·里根和奥巴马，赢得了追随者的心，然后追随者赋予了他们正式地位。

虽然并非所有研究者都认为危机是产生魅力型领导者的必要因素，但是许多人认为灾难感或危机感是魅力型领导者产生的重要原因。罗伯茨（Roberts）和布拉德利（Bradley）的研究表明，危机为领导者提供了展示领导能力的空间。另一些人将对模糊的弹性和容忍度与魅力及其在危机中的重要性联系在一起。在危机中，下属把领导者看做解决危机的不二人选。因此，魅力型领导者的产生需要具备一些条件，比如有变革的需要、新意识形态或愿景需要明确、下属做好了被拯救的准备或可以很容易地转换前进方向。他们用引人注目的符号来阐述他们的目标并且清楚地指明下属在危机解决过程中的角色。结果，下属确信魅力型领导者就是唯一可以解决问题的人，而领导者也使得下属知道了他们如何作出应有的贡献。

历史上所有的魅力型领导者都是在危机时刻或感知到危机时刻时产生的。例如，公元前 1500 年波斯帝国混战时期涌现出居鲁士大帝，法国大革命后期涌现出拿破仑，现代欧洲的法西斯独裁者在经济、社会危机中掌权，美国 60 年代民权运动领袖在文化、国民动荡中引领风骚。最近，一种危机感和对变革的需要导致了奥巴马当选总统。例如，美国的茶党运动把奥巴马的总统任期和民主党描绘成美国民主末日的符号，推动选民去投票。在所有情况下，危机和对变革需要的感知给魅力型领导者提供了展示能力的舞台。

产生魅力型领导者的组织内部条件

研究者指出，除了对外部危机的感知，一些组织内部条件也有利于魅力型领导者的产生。

- 组织生命周期。在组织生命周期的早期和后期、组织没有清晰的奋斗方向或组织方向需要改变或修改时，魅力型领导者更可能出现并更有效。
- 任务类型和奖励结构。需要下属发挥主动性和创造性而其绩效又无法跟外部报酬挂钩的、复杂的、具挑战性的以及模糊的工作对魅力型领导者比较有利。
- 组织结构和文化。灵活的有机结构及非等级化的文化可能会鼓励魅力型领导者的产生。

尽管已经有了支持这些建议的证据，但在认定它们为魅力型领导者的产生条件之前还需要进行一些实证的检验。

6.2.4 文化与魅力

正如你从本书中所学到的，文化强烈地影响着什么行为方式和风格对领导者而言是合适和有效的，同时限定了人们应该学习什么行为和接受什么行为。考虑到魅力型领导的本质和要素，有理由相信那种具有被拯救预期的文化更可能产生魅力型领导者。例如，犹太教与基督教所共有的对救世主的信任为魅力型领导者的产生和被接纳提供了肥沃的土壤。先知被定义为具有魅力的救世主。比如，以色列就有这样的传统。这方面的另一个例子是最近出现的伊斯兰激进组织，它与具有预言能力的精神领导人结合在一起，在苏丹和伊朗都有这样的例子。

在那种没有预言传统的文化里，魅力型人物可能很少出现。例如在中国，尽管处于危机及变革时期，领导者与下属的关系更多的是建立在儒家思想关于社会等级和对秩序的需要的基础上，而不是建立在像犹太教、基督教等宗教信仰中强烈的情感纽带的基础上。更进一步，一种文化中创造魅力型关系的要素有别于另外一种文化。比如日本，魅力型关系的发展需要依靠领导者胜任工作的形象和气节的培养和开发，并得到下属的尊重；相反，在印度，与魅力型领导相伴而来的是宗教的、超自然的情形。比如，在美国，魅力表现为言语果断和直接，而在其他国家可能就表现为沉默和不够果断。在任何情况下，即使魅力这一概念在文化中出现，其表现形式也不尽相同。

第 2 章介绍的全球领导与组织行为有效性研究，研究了 60 个国家和地区中的魅力型领导和其他领导行为及特征。该研究项目的基本假设是"魅力型领导会被普遍地认为是'优秀的'领导"。研究人员发现，尽管一些特征受到普遍的肯定或否定，但是有一些是权变的，并且与文化相关。需要着重指出的是，尽管与魅力型领导相伴的一些特征普遍与领导有效性相关，"魅力"一词在不同文化中会引起不同的反应。换句话说，有魅力可能是积极的，也可能是消极的。

除了与魅力型领导相伴的典型特征（积极的或消极的），还有一些特征（例如，成为团队建立者或变得足智多谋）并不是魅力的组成部分（见表 6—4）。有趣的是，尽管拥有愿景是与领导普遍相关的，但是如何表达及沟通这一愿景却是因文化而异的。例如，在中国，只有那些温和的、以平和的语气沟通愿景的领导者才被认为是有效的领导者，而印度人则推崇喜欢指责的、果断的领导者。相似地，追随者普遍看重沟通，但是人们可以接受的沟通风格（例如直接程度、音调等）则与文化高度相关。例如，毫无政治经验的诺罗敦·西哈莫尼（Norodom Sihamoni）于 2004 年 10 月加冕成为新一代国王的时候，柬埔寨人表现出了极大的热情，因为西哈莫尼那谦虚的风度与柔和的声音已经得到了柬埔寨人民的肯定。更进一步说，在美国，自我牺牲和冒险是魅力型领导的重要组织部分，但二者并不是在所有文化中都是优秀领导者的特征。

表 6—4 道德和不道德的魅力型领导

道德——社会化的魅力	不道德——个人的魅力
● 聚焦于组织目标	● 聚焦于个人目标
● 基于共同目标构建信息	● 基于领导者目标构建信息
● 鼓励并征询多元化观点	● 寻求一致同意，不鼓励或惩罚不同观点
● 公开的双向沟通方式	● 单向、自上而下的沟通方式
● 接受批评	● 不接受批评
● 利用印象管理来激励和鼓励下属	● 利用印象管理来欺骗下属
● 描述变革的实际需要	● 创造或夸大危机感

6.2.5 魅力的阴暗面

鉴于魅力型领导者对追随者拥有的巨大情绪感染力，他们可能会很容易地滥用它们以致产生不好的结果。除了甘地、约翰·F·肯尼迪、马丁·路德·金，魅力型领导者的名单里也非常遗憾地包括希特勒和吉姆·琼斯（Jim Jones，一个教唆自己成千上万的追随者自杀的邪教领导者）。带来破坏性的领导者在某些方面与正面的魅力型领导者相似，但是一些特征把他们区别开来。

道德的和非道德的魅力型领导者之间的主要区别在于非道德的领导者关注的是个人目标而非组织目标。非道德的领导者利用自己的才华以及与下属之间的特殊关系去实现自己的愿景并剥削下属；他们遵循的是内部及个人导向，他们的行为与黑三角模型描述的行为相似。道德的领导者利用权力去服务他人、开发下属的潜能并且实现共同的愿景。非道德的领导者杜绝反对意见，而且进行的是单向沟通；道德的领导者会接受反对意见，而且进行的是双向沟通。鉴于一些魅力型领导者握有巨大的权力以及他们与下属有着广泛而紧密的关系，道德的领导者和非道德的领导者的界限通常比较模糊。对自己的愿景深信不疑的领导者绝对不怀疑它的正确性，有能力去说服他人的领导者不必担心他人的反对。自信、塑造楷模的能力以及说服能力等特征可以确保领导有效性，也可能成为灾难性后果的源泉。

区分两种类型的魅力型领导者还可以帮助我们解释一个负面领导者是如何形成的。豪厄尔（Howell）对比了社会化的和个人化的魅力型领导者。前者注重满足下属的目标并且会传递一种讯息，这一讯息与共享价值观及下属的需要相一致，并且可能有助于减少团队的异常行为。而后者依靠下属去认同和接受他们自己的价值观和信仰。两个例子都体现出了魅力型领导者、追随者以及情境的特征。然而，个人化的领导者情境更倾向于滥用权力。

除了潜在的权力滥用和腐败，魅力型领导者也可能面对其他一些责任，从愿景存在瑕疵到自我对环境不切实际的估计。当魅力型领导者因高估了自己或下属的能力及成功的概率而误导了下属时，他们卓越的印象管理和影响能力也会成为他们对下属的债务和责任。不道德的魅力型领导者其领导过程只是围绕他们自己，而对大多数道德的领导者来说，他们是为了实现共同目标。在大多数情况下，不道德的魅力型领导者会夸大危机的程度，煽动追随者（灾难迫在眉睫），并明确表明他们需要其领导。魅力型领导者面临的其他潜在责任包括细节管理上的失败，没有成功地选择继任者，创立具有破坏性的圈子，实施颠覆性、反传统的行为。需要着重指出的是，追随者通常认为自己的魅力型领导者是合法的、是自己的救星，而诋毁者则认为他们是不道德的，甚者是邪恶的。两者都表现出和其领导者之间存在很强的情感纽带。魅力型领导者所创立的这种情感纽带给自我节制留下了太小的空间。

6.2.6　评估和应用

近年来发生在许多组织的变化已经制造出了一种危机感，并且引发了对变革及重振雄风的需要的感知。因此，魅力型领导的概念主导了美国学术界及对领导的看法并不是偶然的。重振工业、教育、健康医疗及政府机构的需要为魅力型领导的产生创造了一个关键条件；许多人认为我们正处于不安分的变革之中，即使算不上危机。我们非常期望领导者提出革命性的思想，但又因他们没有满足我们的期望而失望。事实上，我们的期望如此之高，以至于注定会失望。

学者们已经发展出了解释魅力型领导的许多不同方法，从关注领导者为什么会如此行为以及在什么情境下领导者会说服追随者自己具有魅力型领导者的特征的归因视角，到侧重于解释魅力型领导者如何影响及激励追随者的自我接受的观点，再到心理分析的视角及自我呈现的观点。许多争论是在魅力型领导的社会学视角和组织视角之间展开的，包括它的内容、焦点以及情境渊源。许多研究都对魅力型领导各种观点的要素进行了检验，但结论并不一致。然而，后续的研究有力地说明了魅力型关系的存在及其重要性，也说明了这类领导者是如何影响自己的下属和组织的。例如，魅力型领导者的焦虑水平低，能促进团队绩效，能在下属中培养出积极的情感。魅力型领导者能提升下属的努力程度，增强其组织公民行为，对外部股东及直接下属产生积极影响，同时调节下属间的关系。

魅力型关系是西方文化许多著名的领导情境中不可否认的组成部分。魅力型领导者及其下属可能会成就难以置信的伟业。然而，这种领导并不是组织成功所必需的。事实上，它有可能会带来灾难，想一下负面的魅力型领导者是错误的并把组织引向失败的情形。魅力型领导者是变革强有力的代言人，但同样也是变革强有力的阻力。另外，因为把人培养成魅力型领导者即使不是不可能的，也是很困难的，所以这一现象更多地依靠个人，而不是依靠那种前任离开后任就填补空缺的平稳的组织流程。最后，重要的是要记住，魅力型领导并不包治百病。考虑到潜在的好处，魅力型领导是一把需要谨慎监控以避免滥用的双刃剑。魅力型领导可能带来一些破坏性的灾难，如一些反面的魅力型历史人物所为，但是，同样以魅力要素为基础的变革型领导则聚焦于变革中领导者积极作用。变革型领导是下面将要讨论的主题。

领导问题回顾

许多文化都清楚无误地将魅力看做领导者积极、正面的特质。研究表明，魅力有许多积极的方面，但魅力也具有潜在的破坏性。即使是积极的魅力，其本身所内含的，或其本身所具备的与下属的情感联系或给下属煽风点火的能力，也不足以带来领导的有效性。与下属间很强的情感纽带必须伴随着行动、落实并产生结果。高调的演讲和牢固的情感纽带并不能自动运行一个组织。它们并不能替代艰苦的工作，来完成任务。魅力带来高涨的情感，但并不一定会导致有效的领导。

6.3 交易型领导和变革型领导

领导者如何发起并支撑组织变革？哪种领导风格能够激励下属投身于组织变

革？一些研究者提出了变革型领导的概念来解释这些问题，并以之描述和解释领导者如何成功地在组织内实现大规模变革。变革型领导理论由伯恩斯于 1978 年首次提出，他认为一些领导者凭借他们的个人特质及其与下属的关系，会超越简单的对资源和生产力的交换。

前面章节所介绍的领导模型侧重于领导者和下属之间的交易和交换。例如，在路径—目标理论中（见第 3 章），领导者通过提供任务结构或情感支持为下属扫清障碍，以换取下属的积极性。这种基本的交换，有时称为交易型领导，被认为是领导的重要组织部分，而且领导者应该很好地理解与运用。然而，为了发起变革，他们还需要变革型领导。变革型领导理论认为，领导者应该表现出比引入结构和情感支持更复杂的行为来构建与下属的关系，实现组织变革。

6.3.1　交易型领导

交易型领导是建立在领导者与下属之间的交换这一概念基础上的。领导者为下属提供资源、报酬以换取积极性、生产力以及有效地完成任务。这种交换以及给予相应的报酬的概念居于激励、领导和管理理论与实务的中心地位。交易型领导的两个类型是可变报酬和例外管理。

可变报酬

通过使用可变报酬，在下属达成双方商定的目标以后，领导者会把自己承诺的回报提供给下属。如果运用得当，可变报酬会满足领导者、下属和组织的需要，并且对三者都有利。它所产生的正式和非正式的绩效契约，在绩效管理中是很有必要而且很有效的。一些研究指出，交易型领导会提供结构支持从而带来积极结果。这些研究也发现，个人主义文化可能比集体主义文化对其有更积极的反应。另外一些研究则表明，交易型领导会阻碍创新。可变报酬是大多数领导培训项目的组成部分，领导者会被培训如何提供报酬、如何强化合适的行为以及杜绝不合适的行为。它们是进行有效领导和管理的必要组成部分。例如，交易型领导者成功地激励留下来的员工，净化并拆除位于科罗拉多州声名狼藉的落基场地核工厂（Rocky Flats）。经过数年的管理不善、事故以及广泛清理后，美国环境保护署（Environmental Protection Agency）在 2007 年 6 月确认该核武器工厂已经不再是污染源。全家都在那家工厂工作的丹尼·费拉拉（Denny Ferrara），负责组织失业的员工在那里工作。他借助设定清晰的目标、广泛地沟通、允许员工自主工作、认可员工以及给予员工丰厚回报获得了成功，他所给予员工的回报最高可达每年 8 万美元。

例外管理

例外管理是一种领导风格。这种类型的领导者与下属互动很少，提供很少的指导或根本不提供指导，而且只有在事情偏离方向时才会加以干涉。有两种例外管理的风格，一种称为"积极的例外管理"，另一种称为"放任自流的例外管理"。属于前者的领导者会监控下属的活动并在他们出现错误时予以纠正；后者对下属及其任务表现消极或者无动于衷。在这两种情况下，领导者都不会提供积极强化或鼓励；领导者几乎仅仅依靠规则和惩罚。一些管理者会混淆例外管理的使用和向员工授权。毕竟，员工看起来在不犯错误的情况下有自由以自己喜欢的方式工作。然而，这种对比是不恰当的。鼓励以及创造一种鼓励冒险的、积极的、支持性的氛围是授权的核心，而它们均不是依靠例外管理的领导者所关注的。即使是可变报酬也会产生积极的结果，而以使用例外管理为主要领导风格的领导者，尤其是放任自流的例外管理，会对下属绩效和满意度产生消极影响。

尽管一些交易型领导者也取得了一些成功，但是这种仅关注领导者和下属之间的交换和交易，对下属以及组织最低绩效的期望过低的做法也受到了批评。交易型的契约不能激励下属追求卓越，相反，它会使得他们关注短期的、当前的产出。长期激励需要的是变革型领导。

6.3.2　变革型领导

领导学的学者和实践者认为，当今组织需要的是可以激励下属并使他们投身于革命性变革的领导。来自工业、服务业以及非营利组织的变革型首席执行官因给组织带来彻底的变革受到人们的赞扬，并得到人们的恭贺。变革型领导包括三个要素——魅力和感召、智力激发、个人关怀——这些要素的有机结合，会促使领导者成功实施大规模变革（见图 6—2）。

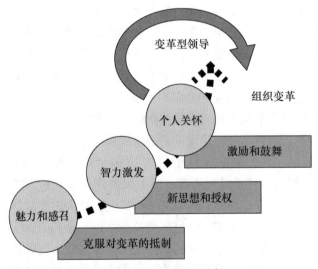

图 6—2　变革型领导要素

变革型领导的组成要素

魅力和感召是变革型领导的三个中心要素之一。魅力型领导关系在领导者与下属之间构建了紧密的情感联系，其结果是下属对领导者的忠诚、信任和效法。下属被激励去实现领导者的愿景。魅力型领导是由下属对领导者坚定的忠诚和充分的尊重界定的。而正是这些高度的忠诚和充分的尊重为领导者实施大型变革铺平了道路、减少了阻力。

变革型领导的第二个要素是智力激发。它是指领导者通过挑战下属的智慧来激励他们去解决问题，并授权他们创新并开发出创造性的解决方案。领导者和团队质疑现有价值观和假设并寻找新的答案。通过鼓励他们以新的眼光看待问题、寻找新的解决方案以及触发有争议的讨论和辩论，领导者可以促使下属表现出超越以往想象的绩效。山塔努·纳拉延（Shantanu Narayen）是 Adobe 系统公司的首席执行官，在重点讨论什么是领导风格至关重要的因素时他说："制定目标来挑战员工，然后让他们用自己的天赋来完成目标。这就是我想把它当成我的领导力的一部分来传承下去的东西。如果你设立了一个共同愿景，并招来一些绝顶聪明的人，他们会做出一些令人惊奇的事来。"魅力型关系在这一努力中提供了支持和鼓励，并且防止了下属产生被孤立的感觉。智力激发包括授权的部分，这使得下属相信自己的能力，并自信可以找到解决问题的新方案。据观察，变革型领导中已经实行了授权，反过来，这又提高了团队的有效性。

变革型领导的最后一个要素是个人关怀。它引导领导者发展与每个下属的私人关系。这与第 3 章所介绍的领导者—成员交换模型（领导者—成员交换关系）密切相关。通过给予个人关怀，领导者公平地区别对待各下属。这样，下属就会感觉自己是特别的，并受到鼓舞，受到激励，得到培养，从而表现得更好。领导者的个人关怀还允许领导者将下属的技能和能力与组织的需要匹配起来。施乐公司的董事会主席兼首席执行官马尔卡希将公司从破产的边缘挽救了回来。她坚信，领导的最重要一课是下属关系。有关下属关系，依然还有许多需要了解。你的员工或许是出于自愿来工作，或许选择消极地等待，如果他们不相信你。如果是后者，将会给一个大公司带来非常严重的损失。这就是创立良好下属关系的原因。因此，作为一位领导者，你能做的最重要的事是创立良好的下属关系。

三大要素——魅力和感召、智力激发和个人关怀的有机结合使得领导者能够实施组织所需的变革。交易型领导行为有助于维持组织的例行程序，而变革型领导允许外部适应。回顾在第 1 章介绍的领导有效性的定义，我们可以看到变革型领导行为带来的是外部适应，而交易型领导行为带来的是保持内部健康。有些研究指出，两者相伴而行，相互依存，共同成就领导的有效性。

你怎么办？

你已经在公司工作近五年了，而且绩效评估优秀。现在处在中层管理岗位，你喜欢目前的工作，工作既有挑战也很满意。你喜欢老板和同事。你的员工很优秀，也有满意的顾客。企业在稳定地成长，没有什么辉煌的业绩，但一切运行得非常顺利。新任首席执行官来到公司并宣布了几项重大变革：结构重组，激励员工，设立新的部门和团队，推动新产品和服务开发，开发新技术，从外部聘用多名年轻的高管，重新设计办公室以便办事公开等。你的舒适、安全并且成功的例常性工作正摇摇欲坠，包括你在内的每一个人都感觉到压力来临。你怎么办？

6.3.3　评估和应用

变革型领导理论是最流行的领导理论之一，而且已经得到深入研究。该理论已经从发展基本概念阶段转向了批判地审视这些概念并且识别出大量调节变量的阶段。因此，文献已经对变革型领导的各个方面进行了大量研究，提出了几个扩展模型。这些研究也被运用于更为广泛的组织情境中，例如，它在教育组织、军队组织和公共产业部门都得到运用和测试。研究表明，变革型领导通过提高员工的组织承诺水平来提高生产率，并进一步地与企业绩效提升相关，尤其是在小企业中。它也与员工的参与程度相联系。其他研究则表明，变革型领导与组织氛围和创新能力之间存在正相关关系，变革型领导与员工的积极情感相联系。

一些研究关注了变革型领导理论的跨性别和跨文化问题。例如，女性变革型领导者与每一位下属都形成了独一无二的关系。这表明女性更喜欢人际关系导向的领导风格。女性领导者通常表现出对他人、情感以及协作的关注。这些特质都与变革型领导相关。有些研究也支持变革型领导与双性（男女混合行为）行为之间存在关联。从跨文化的视角来看，在许多国家——比如，加拿大、南非、以色列、墨西哥、瑞典和新加坡——都比较理想的领导特征包含一些变革型领导的要素。变革型领导理论也被应用于非西方文化的国家，例如，以色列、巴基斯坦和土耳其等国，并且得到预期的结果。另外，集体主义文化的员工容易接受变革型领导。

尽管变革型领导得到了广泛的研究，但该理论还存在一些缺陷。第一，许多变革型领导者的行为特征，例如，性格意向和特质因素，多是在生命早期形成的。这一点是非常清楚明了的。因此，很难去把一个人培训成为一个变革型领导者。例如，尽管可以很容易地指导领导者如何实行可变报酬，但是教给领导者激励下属和对下属进行智力激发并没有那么简单。第二，和魅力型领导一样，把变革型领导看成是包治百病的灵丹妙药也是有问题的。但是，目前缺乏对何种情况下变革型领导是有效的，或是无效的研究。然而，一种更有力的权变方法是识别出各种有助于提高变革型领导有效性的组织变量。例如，并不是所有组织都需要变革型领导，许多组织只需要有效地维持现状。变革型领导如何在这样的情境下取得进展，目前还缺失这方面的研究。一些研究者进一步指出，如果把变革型领导和魅力型领导清楚地区分开来，区别变量的调节过程，以及区分导致实施变革型领导的情境变量，那么，这样的区分对变革型领导效果的研究大有裨益。最后，对变革型领导的负面后果的研究也非常有限。正如魅力型领导一样，变革型领导也会潜在地增加下属的依赖性以及消极的、不道德的行为。未来该领域的研究会进一步完善现有的变革型领导模型。变革型领导概念可以广泛地用于提高组织有效性和开发领导力的培训。和追随者密切联系并鼓舞他们，将会帮助大多数领导者（如果不是全部）和他们的组织，使他们更加有效。基于变革型领导模型，本书提出以下建议：

● 对目标实现和下属的能力表现出信心和乐观。

- 提供清晰的愿景。
- 通过授权、奖励尝试以及容忍犯错鼓励创造性。
- 设定高预期并创造支持性的环境。
- 与下属建立个人关系。

领导变革

非传统的理查德·布兰森爵士

"创业不是卖东西——它是要找到创新的方法来改善人们的生活。"理查德·布兰森爵士如是说道。他是英国排名第四的富翁，维珍集团首席执行官，一位胆色过人的企业家。英国维珍集团是一家家族企业，有400家子公司，雇用逾5万员工，在34个国家和地区有业务，多年来在欧洲大多数地区可谓家喻户晓。经营的业务包括唱片、手机、航空公司，2011年在新墨西哥开办商用港口。维珍是一个强大的品牌，目前正在探索进入银河系旅行和金融领域。布兰森打破所有的现存规则、成功地解决了所面对的挑战从而建立了维珍王国，而所有人都曾认为他不可能成功地应对那些挑战。布兰森在他位于加勒比海沿岸尼克群岛的一座私人岛屿的家中管理生意，在置于网球场之间的吊床上休息时打电话。他声称他此生从来没有在办公室待过一天。布兰森认为利润是次要的："最终的财务结果从来都不是做事的理由，而是你引以为豪的、作出贡献的、创造事物的满足感。"

人们所津津乐道的是他敏锐的市场洞察力和通过大胆的举动来吸引他人注意力的能力。比如，乘坐热气球横越大西洋以及一些令人憎恶的行为，比如打扮得像一位新娘或海盗，或为自己的自传拍裸照。但是，他关注是自己充满激情的事业，他深切地关心着公司的文化，也同样深切地关心着企业的员工。随着事业功成名就，他把注意力转向社会和环境问题，例如，气候变化，寻找清洁能源，帮助全世界的社会企业家。他甚至创立了一个称为"年老者"的群体，曼德拉也是该群体的发起人之一。这是一个快速反应的德高望重的群体力量，旨在对世界和平和人权问题进行快速反应。

布兰森相信："除非你热爱人类，否则你就不是一个好的领导者。你需要做的是把他们中最出色的找出来。"他还相信：响应员工的要求至关重要。如果你是领导者，那就应该给他们鼓励。如果你拒绝了别人的要求，那就只能花时间自己去做。就维珍集团的弹性工作制布兰森说："我们给予员工充分的自由，他们可以在任何他们想工作的地方工作，不论是在办公桌旁还是在厨房。"同时布兰森确保他们安全地获得知识和专业技能，确保驱动他们表现出卓越的绩效。通过给予员工足以让他们高兴的慷慨的赞赏来鼓励他们，允许他们自己发现错误而不是给他们指出错误，使员工轮岗以帮助他们找到最有可能取得优异表现的工作岗位，这些是布兰森领导哲学的全部。他说，当产生挫败感的时候，大多数员工会离开公司，那是因为他们没有被倾听。

尽管被称为把所有公司都抓在自己手里的控制狂，布兰森已经学会向员工授权以及开发员工。他描述了这一过程："我构思出一个最初的想法，然后花三个月时间深入业务中以便了解其投入要素和产出，再给首席执行官们一份股权，让他们把它当作自己的企业来运营。"布兰森希望确保自己所开创的或参与的事情是他可以引以为豪的。他承认："我犯过很多错误，也从所犯错误中学到了很多。归根到底，关键在于意志力。"他也愿意承认，自己其实不是一位典型的商人。"我从来不是一位按传统习惯去思考的人，毕竟企业家刚刚开办企业时会遇到各种困难，必须迅速地找到创造性的解决方案。"他将维珍集团的使命陈述为："上紧螺钉，让我们行动吧！"（Screw it，let's do it）。这样的使命陈述恰恰又是他独特的领导方式的又一份证词。

资料来源：Branson，R. 2006. "How to succeed in 2007," *CNN Money. com.* http://money. cnn. com/pop-ups/2006/biz/howtosucceed/4. html (accessed August 14, 2007); Branson, R. 2013a. "Richard Branson socialentre-preneurship," *Entrepreneur*, June 17. http://www. entrepreneur. com/article/227044 (accessed July 29, 2013); Branson, R. 2013Bb. "How Richard Branson decides where to setup shop," *Entrepreneur*, July 15. http://www. entrepreneur. com/article/227415 # ixzz2aSJ9I800 (accessed July 29, 2013); Branson, R. 2013c. "Richard Branson on crafting your mission statement," *Entrepreneur*, July 22. http://www. entrepreneur. com/article/227507 # ixzz2aS6wGYVq (accessed July 29, 2013); Deutschman, A. 2004. "The Gonzo way of branding," *Fast Company*, October 91 – 96; Hawn, C. 2006. "Branson's next big bet," *CNN Money. com.* October 2. http://money. cnn. com. /magazines/business2/business2 _archive/2006/08/01/8382250/ (accessed August 12, 2007); Larsin, L. 2013. "Richard Branson brands Marissa Mayer's ban in Yahoo! Employees work-ing from home 'perplexing and backwards,' | *MailOnline*, February 25, http://www. dailymail. co. uk/news/article-2284540/Richard-Branson-criticizes-Marissa-Mayers-perplexing-backwards-ban-Yahoo-employees-working-home. html # ixzz2aSFVcPgD (accessed July 29, 2013); and Branso. 2004. "The importance of being Richard Branson," *Workforce*, December. www. workforce. com/archive/article/23/91/47. php (accessed January 30, 2005).

6.4 基于价值观的领导： 服务型、真诚型和积极型领导

领导远不止一系列的行为和行动。对有些人而言，领导过程是一个精神过程，一个高度情感化的、个人化的，并建立在诸如诚实、关心与服务他人等根本价值观基础之上的精神过程。领导学的理论和研究已经涵盖了这些概念。但是，目前的领导学研究方法认为领导的首要因素，应该是价值观、情感和乐观等。有几种不同的领导学研究方法，其关注点比较宽泛，超越了组织绩效，包括追随者、文化、其他利益相关者。这些要素正日益成为领导理论与实践的重要组成部分。在谈论与员工沟通时，大陆航空公司的前任首席执行官戈登·贝休恩（Gordon Bethune）坚持认为，正直是绝对必需的领导品格。只有这样的领导者才能培养并维持自己的可信度。

6.4.1 服务型领导

许多被评为美国最佳工作场所的公司都将服务型领导称为其核心的价值观。服务型领导的概念首先由格林利夫提出。他把领导构建在为下属提供服务的基础上，并认为领导有效性是以下列要素为基础的：下属是否健康、自由、有自主权，以及那些没有特权的员工受到照顾的程度。尽管该领导概念有较强的影响力，但是格林利夫并没有给出一个明晰的界定。后续的一些研究则有助于对其做重新界定。服务型领导的核心是聚焦于下属，而不是组织或领导者。这也是它与其他大多数领导理

论相区别的要素。对服务型领导者而言，重要的是为下属提供的服务、下属的培养与开发及其效果，而不是组织有效性。

有超过 40 多种特质和行为被认为与服务型领导有关，其中一些关键特征如图 6—3 所示。和其他领导学研究方法相比，其中有些特征是服务型领导所独有的，而有些则不然。例如，公平第一、用服务来激励以及谦逊并不是西方组织领导中的典型特征。但是，同情与移情则是情商的一个要素，并被认为是领导的关键要素。同样，真诚、授权、对行为的后果负责通常被认为是领导的基本要素。

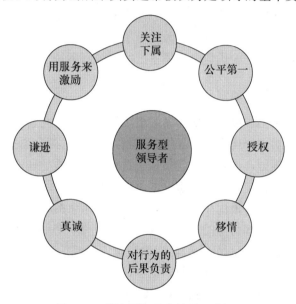

图 6—3　服务型领导者的重要特征

服务型领导是领导学研究的新方法，需要进行大量、更多的实证研究、测试与开发。服务型领导的几个组成要素的重要性和意义可以从相关的研究中总结出来，并且最初的研究结果也有充分的验证。例如，高质量的领导者—成员交换关系（见第 3 章）就包括许多服务型领导也包括的要素，诸如信任、尊重、合作以及聚焦下属的培养与开发。同样，组织公民行为的研究表明，如果领导者专注于为下属服务，那么员工就会更多地参与到其工作角色之外的行动中。在一些情境下，服务型领导与团队的绩效和工作效果相关。其他一些研究发现，服务型领导与下属的组织承诺、满意度、希望和工作参与程度相联系。更进一步，服务型领导的许多概念也是其他文化中领导概念的一部分。例如，谦逊、对行为的后果负责、关注下属是伊朗和其他印欧文化中理想领导的核心概念。

近年来，学者们越来越多地关注另外一种以价值观为基础的领导——真诚型领导。

6.4.2　真诚型领导

真诚型领导理论强调的是领导者的自我认识并忠于自己价值观的重要性。"要成为伟大的领导者，必须自立。"思科的首席技术官帕德马斯里·瓦里奥（Pad-masree Warrior）如是说。无线电基础设施提供商 Bytemoile 公司的高管哈提姆·贾比（Hatim Tyabji）是位世界知名的创新专家。他指出真诚是领导的核心。他坚信员工关注的是领导者做了什么而不是说了什么，因此言行一致非常重要。真诚的领导者是那些非常清楚地了解自己，并忠于自己的价值观和信仰的人。他们拥有坚定的价值观和目的感去指导自己的决策和行动。美敦力公司的前首席执行官乔治是真诚型领导最坚定的支持者之一。他认为那些能够给下属和组织带来最长久影响的最有效的领导者，就是那些有一个道德的罗盘针并找到真正方向的人。对于领导的实践者而言，真诚型领导的关键是了解并发展自己的优势。马库斯·白金汉建议领导者要辨清自己的优势，发挥自己的优势而不是去解决自己的弱势。

真诚型领导的定义与要素

把真诚当成领导首要因素的想法是领导学研究新时代理念的一部分。因此，有许多研究对这个构念进行界定和测量，并有许多研究将它与其他领导理论相联系，如变革型领导，也与组织后果相联系。真诚型领导理论的根源可以追溯到罗杰斯和马斯洛"自我实现"的概念，也可以追溯到更近一些的积极心理学运动、积极组织行为学以及自尊最优化等理论。所有这些概念的界定是以自我认识、自我价值观认知以及按此认知行动的认识为基础的。但是，各种真诚的概念包括其他一些特质，例如，指望（hopefulness）、构建经得住考验的关系、信心和道德的行动。真诚这个概念非常复杂，包括特质、情感、行为和归因。更进一步说，真诚和诚恳是不同的，诚恳涉及真实的自我呈现，而不是忠诚于自身。表 6—5 总结了真诚型领导的关键要素。

表 6—5　　　　　　　　　　　真诚型领导的组成部分

组成部分	描述
自我认识	意识到并且相信自己的情感、动机、复杂性、能力及潜在的内部冲突。
无偏见或平衡的加工处理	在合理限度内，有能力从多个角度去考虑问题，有能力在兼顾自身信息和他人信息的前提下输入并评价信息。
忠于自我的行为而且受到个人信念的激励	关注自身的信念，不受他人期望的影响进而去取悦他人，决策和行为受自身价值观的指导。
人际关系的真诚性或透明度	有能力以恰当的方式剖析自己并与他人分享有关自己的信息，有能力很开放地与他人联系，在亲密的关系中实现开诚布公和相互信任。

资料来源：Based on information in Avolio, B. J., and W. L. Gardner. 2005. Authentic leadership development: Getting to the root of positive forms of leadership. *The Leadership Quarterly*, 16: 315−338; Gardner, W. L., G. C. Coglier, K. M. Davis, and M. P. Dickens. 2011. Authentic leadership: A review of the literature and research agenda. *The Leadership Quarterly*, 22: 1120−1145; and Kernis, M. H. 2003. Toward a conceptualization of optimal self-esteem, *Psychological Inquiry*, 14: 1−26; Kernis, M. H., and B. M. Goldman. 2005. From thought and experience to behavior and interpersonal relationships: A multicomponent conceptualization of authenticity. In A. Tesser, J. V. Wood, and D. A. Stapel (Eds.), *On building, defending, and regulating the self: A psychological perspective* (31−52). New York: Psychology Press.

有些学者指出，真诚型领导理论是许多其他领导概念的基础，例如，魅力型领导、变革型领导和服务型领导，并把它和领导学研究的积极方法相联系。领导学研究的积极方法将是下一节研究的内容。研究者认为，真诚型领导是一个连续的统一体：在一个极端上，领导者要么不在意自己的价值观，要么不依自己的价值观行事；在另一个极端上，领导者能够清晰地表达自己的价值观，并以此指导自己的行为（见图 6—4）。

图 6—4　真诚型领导的连续统一体

真诚型领导聚焦于领导者自己及其自我认识水平。它也带有强烈的伦理道德元素，类似于服务型领导。真诚型领导依赖于自己的价值观，并做出符合伦理的行为，培养与下属的真诚关系。舒尔茨，星巴克的创始人及首席执行官，创立了对他至关重要的组织（见第 10 章的领导变革）。还是在孩提时，舒尔茨目睹了全家因没有医疗福利而陷入挣扎，因为他父亲在一次意外伤害中失去了工作。这些经历成了舒尔茨难以抹去的记忆，因而他把照顾好员工、提供医疗福利、不让任何人落后塑造成星巴克的核心文化。作为领导者，舒尔茨的行为源于他自己的信仰和价值观，也是成为一位成功领导者的源泉。比尔·乔治把美国教育（Teach for America）的创始人温蒂·科普（Wendy Kopp）作为另一个真诚型领导的例子。她有改变世界和改进美国中小学教育的强烈愿望。还在普林斯顿大学读大四时，她就组织了学生和商业领导者参加的会议。中产阶级家庭背景、对教学生涯的思考以及渴望作出贡献的热忱，使得她创立了美国教育，并带领该组织在经历了多年风雨之后成为社区参与的楷模。其他一些领导者认为，面临危机时才能让人们认清他们是谁、什么是真正重要的事。持这种观点的人包括思科的首席执行官约翰·钱伯斯（John Chambers）。他说："人们认为是成功，事实上，我要争辩的是我们生活中所面临的挑战塑造了我们。而我们应对这些挑战的方式可能与我们生活中取得的成就有关。"

评估和应用

真诚型领导是一个新理论，需要进一步研究。但目前研究得出的一致性结论是，它和积极的组织后果有关。例如，它和组织绩效、群体道德行为、团队美德、员工满意度、组织承诺、授权、工作参与以及组织公民行为等有关。然而，该模型在跨文化背景下的应用研究有限，需要进一步完善模型及其应用。例如，有学者指出，真诚不应该只包括对领导者优点的认识，还应该包括对其弱点的承认。其他学者开始考虑多种中介变量、情境变量和语境变量等影响真诚型领导效果的变量。

6.4.3 积极型领导

　　几位心理学家建议要把我们观察社会和临床情境的焦点从负面的问题转向积极的方法，从而关注积极向上的情境。为此要有一种坚定的观念，强调优势、能力和可能性，而不是关注弱势和问题。继积极心理学、积极组织行为学，积极型领导又开始兴起。和感召型领导与真诚型领导相似，积极组织行为学和积极型领导植根于自我实现理论，以及 20 世纪 60 年代由克里斯·阿基里斯（Chris Argiyris）和道格拉斯·麦格雷戈（Douglas McGregor）倡导的管理方法。他们关注人的成长及其潜力的开发。积极型领导包括许多个人特质、认知和行为要素，如图 6—5 所示。其核心是强调个体的优势、帮助人们成就最佳的潜能以及有些学者所称的心理资本。心理资本涉及积极的心理状态、信心、积极的归因机制、毅力和快速恢复能力。积极型领导者的各种特征一起相互作用，让它们在最优的范围内发挥作用，亦即实现其辉煌的成就。

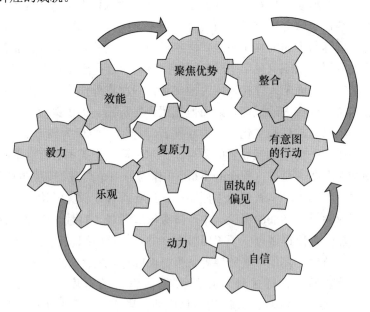

图 6—5　积极型领导的特征

　　"经历了很久我才领会到，乐观主义精神是领导非常重要的一部分。但是，你还需要有一些现实主义精神。人们并不愿意追随一个悲观主义者。"迪士尼首席执行官罗伯特·艾格说。作家卡米恩·加罗（Carmine Gallo）则进一步说："感召型领导对他们所从事的事情充满足够的激情。若不能感召自己，则不能感召别人。"比尔及梅琳达·盖茨基金会（Bill and Melinda Gates Foudation）主席山田忠孝（Tachi Yamada）对他们的思想做出了积极的回应，他认为："如果把时间都花在坏事上，那么我将一事无成。如果能让每个人都有最佳的表现，那么你所在的组织将会是一个伟大的组织。"这些高层管理者所实践的积极型领导包括以下几个方面：

- 保持乐观：把装有半杯水的玻璃杯看成有一半是满的；面对现实的同时，要看到事物的积极一面。
- 鼓励积极的行为：通过推动优秀结果的产生来改变行事方法，让事情变得更好。
- 聚焦于优势：要怀有坚定的信念，促进好事的发生，而不去纠正错误。
- 创造积极的氛围：在这种氛围中，要允许人们怀疑，这是有益处的。要培养激情、宽恕和感激的个性，及时庆祝成功。
- 保持积极的人际关系：在你的团队中，和下属保持积极的人际关系，提倡善良、合作、相互支持和宽恕他人。
- 进行积极的沟通：用肯定的语言，在培养和支持他人的优势时要给予公开、诚实的反馈。
- 迅速应对负面事件：及时解决负面行为，并控制团队的精力向建设性方向发展。

学以致用

在积极型领导与现实主义之间的平衡

积极型领导既是思维方式也是行动方式。尽管两者都根源于个性，但是积极型领导的许多行为方式是可以得到开发的，并在实践中落实。但是，积极的心态需要和健康的现实主义进行平衡。以下是有关的建议：

- 乐观是富有传染性的。许多人会对乐观的信息做出反应，因而更容易被说服。积极的心态产生热情和激励。
- 收集数据、靠事实说话。分析问题时要尽量以客观信息和事实为基础，你和你的团队要尽量找到这些信息和事实。因此，分析问题时要有乐观主义的心情，而对待备选方案要用苛刻、冷峻的眼光。
- 要认识到我们都会过高地估计自己的优势。要充满希望、保持积极的心态，但要认识到这样会带来潜在的偏见。

- 积极的心态要落到实处。做决定时，要用你的热情和乐观主义来鼓舞团队成员，在这个阶段他们需要你的鼓舞、信任和鼓励。
- 要处理负面的事，但要小心，不要抵制合法的批评和理由充分的怀疑。分歧不是不忠诚，你需要听取不同意的声音。
- 努力做到兼听则明。领导者权力越大，地位越高，下属也就越不可能提供坏消息，不会发出不同意的声音。你必须积极寻求他们对问题的看法。
- 认清受人喜欢的领导者的权力。下属越喜欢你，越尊重你，就越不可能批评你。不要让他们对你的尊敬和敬重冲昏你的头脑。你从来都不如你的崇拜者所说的那样好，也不如你的诋毁者所说的那样坏。

6.4.4　评估和应用

关于积极型领导影响的研究成果有限，但却表明领导者积极的心态、热情和乐观主义精神可以产生积极的组织后果，比如较高的组织绩效和较高的员工身心健康水平。有些学者也指出，积极型领导在跨文化背景下能够提供显著的好处。积极型领导提供了一个全新的方法，更多关注的是领导者如何思考，而不是领导者是什么样的——比如，有魅力的、基于价值观的、真诚的。由于来源于心理学，积极型领导也有自己的认知方法。它强调的是领导者看问题的视角，他们如何分析和解释情境，并且这一过程是如何决定其行为的。具体而言，积极型领导者采用的是积极的视角，来指导自己选择相应的方法从而有效地领导自己和下属。

基于价值观的领导、真诚型领导和积极型领导等概念，与本章所呈现的领导学其他几种方法，共享某些要素。它们都关注领导者和下属间的关系以及群体共享愿景。有些学者认为真诚型领导是其他领导的根基。尽管魅力型领导、变革型领导、感召型领导以及积极型领导都有某种程度上的真诚，但是真诚型领导者并不一定要是有魅力的、变革的、具有感召的或积极的。另外，真诚型领导者有任务导向和关系导向，或对下属有某种程度上的授权或参与。对魅力型领导者和变革型领导者，与下属间的关联源于感召诉求、印象管理，或对下属需求的关切。就真诚型领导而言，研究缺乏对通过辩论和修辞手法来赢得下属的关注。相反，真诚型领导者是用自己的优点和信仰来赢得下属。真诚型领导者并不关注他人的期望。

作为研究课题，服务型、真诚型和积极型领导既面临机遇又面临挑战。这些概念丰富了领导学的研究，将情绪引入领导过程。此外，引入希望和乐观主义来理解领导也是一种有意义的贡献，而两者都是这三类领导概念的基础。然而，到目前为止，许多基于价值观的领导和真诚型领导要么以案例研究为基础，要么以趣闻轶事为基础。尽管这样的研究信息丰富，也为未来研究提供了多种路径，但是针对它们的实证研究依然很稀缺。

6.4.5 对基于价值观的领导模型的批评

乐观主义、热情以及对下属的关心都是基于价值观的领导方法。它们能给组织带来一些益处。尽管对此并不存在怀疑，但是有些学者提出要谨慎使用过分积极型和误导性乐观主义的领导方式。这种呼声听起来很有道理。具体而言，在广泛研究认知和归因偏见的基础上，洛瓦洛（Lovallo）和卡内曼（Kahneman）指出，领导者和其他人一样，都有过高地估计自己的优点、夸大自己的才能的倾向，会夸大自己对积极事件的控制能力，并将积极事件带来的荣誉归功于自己。这些学者指出，我们倾向于成为妄想乐观主义的猎物，而对我们自己努力的成功怀有不切实际的乐观。此外，还有些学者指出，积极型领导或百忧解领导（Prozac leadership）、过分乐观和阳光的领导会给组织和政治领导者带来毁灭性的后果。例如，商业领袖持续不断的乐观和过分自信在催生金融危机中担当了一定的角色。

平等型领导也如魅力型、变革型和基于价值观的领导一样，都是以积极的心态为标杆的，会阻止我们应对领导带来的复杂而多层次的问题，弱化下属以及批评性思维和不同意见的重要性。例如，领导者能充分认识到那些不道德的行为吗？一位积极型领导者在面对持有负面想法的人时，会变成独裁或虐待型领导者吗？更进一步，尽管有些研究者认为积极型领导更适合应对跨文化挑战，但是鲜有将基于价值观的领导学研究成果应用到美国以外的领导情境。而《纽约时报》的金牌撰稿人芭芭拉·埃伦赖希（Barbara Ehrenreich）则认为，在美国人们对积极型领导怀有妄想和文化偏见。最后，正如魅力型领导和变革型领导一样，基于价值观的领导的假设前提，即它适用于所有情境和所有语境，必须详加思考。

6.5 结 论

本章介绍了主导当今新时代领导学研究领域的新理论，如魅力型领导、变革型领导、基于价值观的领导。尽管魅力型领导的概念多年来已经成为领导的一个中心元素，最近一些科学方法还是对这一领导过程进行了更加彻底的描述。尤其是，当今的观点把魅力型领导看做领导者和下属之间的关系，而不是领导者特征和行为的结合。要想产生魅力型领导，领导者需要表现出某些特征和行为，下属必须表现出特定的特征和心智结构，而且环境也应该具备产生危机的要素。这三种因素的结合才会产生魅力型领导。

魅力型领导是变革型领导模型的要素之一。该模型认为，关注在领导者和下属之间发展交换关系和交易型契约的交易型领导的观点，必须得到那些可以引发组织变革的行为的补充。变革型领导者能提供发起组织变革所需的愿景、激励及亲密的情感。基于价值观的领导包括服务型领导、真诚型领导和积极型领导。服务型领导是少有的几个将下属的身心健康放在中心地位的模型之一，真诚型领导强调领导者的自我认知水平是其领导有效性的源泉，而积极型领导思考的则是领导者采用积极、乐观的视角会鼓励下属提高绩效。

魅力型、变革型、基于价值观的领导有内容广泛的诉求点，为领导理论提供了直觉性的理解。这些理论适用于宽广的领导情境。它们重新点燃了人们对领导学的兴趣。由于是相对新近开发出来的理论，它们还需要进一步精炼。同样，它们在领导力培训中的应用也需要进一步提炼，尤其是识别出能够使这些模型更适宜、更有效的不同情境。

复习讨论题 ——■

1. 促进魅力型领导理论发展的因素有哪些？

2. 请描述魅力型领导的要素。

3. 文化会对魅力型领导的发展产生哪些限制？

4. 请描述交易型领导的要素。

5. 如何区分例外管理与授权？

6. 请描述变革型领导的要素及其在组织变革中的作用。

7. 对基于价值观的领导、积极型领导及真诚型领导进行对比。

8. 真诚型领导的关键要素是什么？

9. 魅力型领导理论的主要不足是什么？

10. 魅力型领导理论对我们理解领导的主要贡献是什么？

领导挑战： 直面魅力型却不道德的领导者 ——■

你很幸运地成为一位表现相当出色又有个人魅力的领导者的下属之一。她有着有关未来的宏伟愿景，沟通时充满激情，鼓励下属并且使下属感到自己是特别的。然而，由于先前对她的了解，你是少数知道她不诚实的人之一，她关注自己的日程和职业，会毫不犹豫地为了自己的利益牺牲自己的下属，而且对不支持她的人残酷无情。你知道，她的下属遭遇类似的待遇只是时间问题，因为她对他人缺乏关爱并且过于关注自身利益。

1. 你怎么办？

2. 你会与部门成员分享你的忧虑吗？与她的上级呢？

3. 如果采取行动，你会提出什么样的建设性意见？

4. 你的行为或互动的后果会是什么？

练习 6—1　你认识魅力型领导者吗 ——■

找出一个你认为非常有效的领导者。这个人可是你所在组织的一员，或者是你们城市、体育界、教育部门或宗教组织的领导者。

第 1 部分：描述这个领导者

在下面各题上为你所选择的领导者打分。

1＝从不

2＝偶尔

3＝经常

4＝总是

1. 该领导者表现出高度自信。_____

2. 该领导者不会表现出对自己想法的怀疑。_____

3. 该领导者有一个清晰阐述的愿景。_____

4. 该领导者精力充沛。_____

5. 该领导者对要从事的工作充满激情。_____

6. 该领导者善于表达情感。_____

7. 该领导者能够很好地表达自己的观点。_____

8. 该领导者善于沟通。_____

9. 该领导者会按照自己对下属的要求行事。_____

10. 该领导者是表现出理想行为的楷模，并且言行一致。_____

计分提示：将所有问题的得分加起来。最大的可能得分是 40 分。你的领导者得分越高，他就越表现出魅力型领导的特征。总分：_____

第 2 部分：描述下属的反应和行为

在下面各题上为领导者的下属（包括你自己）打分。

1＝从不

2＝偶尔

3＝经常

4＝总是

1. 下属尊敬该领导者。_____

2. 下属高度尊重该领导者。_____

3. 下属忠于该领导者并肯为之献身。_____

4. 下属喜欢该领导者。_____

5. 下属相信自己处理例外事故的能力。_____

6. 下属对要从事的工作充满激情。_____

7. 下属热切地服从领导者的指示。＿＿＿

计分提示：将所有问题的得分加起来。最大的可能得分是 28 分。下属得分越高，就越表现出魅力型领导中下属的特征。总分：＿＿＿＿＿

第 3 部分：描述情境

考察一下领导者和下属在日常活动中所面对的情境。在下面各题上为情境打分。

1＝从不

2＝偶尔

3＝经常

4＝总是

1. 我们的团队/组织需要变革。＿＿＿＿＿

2. 我们看起来是从一场危机进入了另一场危机。＿＿＿＿＿

3. 我们可以做许多事使状况更好一些。＿＿＿＿＿

4. 我们看起来并没有完全搞明白我们是干什么的。＿＿＿＿＿

5. 迄今为止我们都没有开发出多少机会。＿＿＿＿＿

6. 我们大多没有表现出自己的最佳状态。＿＿＿＿＿

计分提示：将所有问题的得分加起来。最大的可能得分是 24 分。你的团队得分越高，就越是准备好了进行变革及面对危机。总分：＿＿＿＿＿

第 4 部分：把它们结合起来

利用前面三个测量得到的分数，看一下是否：

1. 你的领导者具备魅力型领导者的特征。

2. 团队所表现出来的行为与魅力型领导典型一致。

3. 团队面临可以感知到变革需要的危机。

在这三个问题的基础上看一下，你所选择的领导者在多大程度上是魅力型领导者？

1＝一点也不是

2＝有一点，但不完全是

3＝在很大程度上是

第 5 部分：讨论

1. 哪些因素可以解释你的领导者的有效性？

2. 如果情境变化，你预测未来将会变成怎样？

练习 6—2　魅力型演讲

魅力型领导者的特征之一是他们以一种振奋人心的方式阐述自己思想和愿景的能力。一些人可能比另一些人更容易获得这种能力，但这种能力是可以习得的。

一个鼓舞人心的消息包括两个方面：(1) 合理的思想框架，提供强有力的情境；(2) 使用多种修辞技术，来支持信息。

框架元素

详述价值观和信仰。

阐述使命的重要性。

理清对使命完成的需要。

关注使命的效能。

修辞技术

使用隐喻、类比和简短的故事。

使用观众能接受的语言。

重复。

有节奏感。

押韵。

非言语信息。

写一篇简短的演讲稿阐述你的目标（个人的或团队的或组织的）。运用魅力型演讲的方法修改并练习。

资料来源：This exercise is based in concepts developed by Conger (1989).

练习6—3 评估魅力型演讲 ──■

魅力型领导在过去的几年中，在全世界范围内，包括美国，得到广泛的讨论，部分原因是奥巴马当选了美国总统。其中一个基本素质可以归因到其个人魅力，其演讲就是一个明显的例证。

（替代练习：选择一位你认为有个人魅力的领导者，并用这位领导者的资料来完成下列练习。）

第1部分：分析奥巴马的演讲

使用奥巴马的演讲词，来分析其演讲的魅力质量。可用的研究实例包括以下几篇：

《是的，我们能》（新罕布什尔州，纳舒厄，2008年1月9日）。

《更完美的团结》（宾夕法尼亚州，费城，2008年3月8日）。

《胜利演讲》 （伊利诺伊州，芝加哥，2008年11月4日）。

《在民主党全国委员会上的主旨演讲》（马萨诸塞州，波士顿，2004年8月18日）。

在多大程度上，领导者使用了下列项目？

	框架元素	根本没有	某种程度上	很大程度上
1	详述价值观和信仰	1	2	3
2	阐述使命的重要性	1	2	3
3	理清对使命完成的需要	1	2	3
4	关注使命的效能	1	2	3

	修辞技术	根本没有	某种程度上	很大程度上
1	使用隐喻、类比和简短的故事	1	2	3
2	使用观众能接受的语言	1	2	3
3	重复	1	2	3
4	有节奏感	1	2	3
5	押韵	1	2	3
6	非言语信息	1	2	3

第2部分：其他非魅力型领导者

思考一下其他领导者，可以是有效的，也可以是无效的，但是一般来说，不是魅力型领导者。例如，无论是老布什还是小布什，都不是魅力型演讲家，而希拉里·克林顿在大多数情况下，其演讲也不是魅力型演讲。

请用同样的量表来找出他们的演讲中缺少了哪些魅力型演讲的元素。

	框架元素	根本没有	某种程度上	很大程度上
1	详述价值观和信仰	1	2	3
2	阐述使命的重要性	1	2	3
3	理清对使命完成的需要	1	2	3
4	关注使命的效能	1	2	3

	修辞技术	根本没有	某种程度上	很大程度上
1	使用隐喻、类比和简短的故事	1	2	3
2	使用观众能接受的语言	1	2	3
3	重复	1	2	3
4	有节奏感	1	2	3
5	押韵	1	2	3
6	非言语信息	1	2	3

这些领导者的魅力中缺失了什么样的 元素？

自我评估 6—1　真诚型领导

要成为真诚型领导者，需要具备一些要素。下面的条目描述了你在多大程度上是真诚型领导者：

1＝强烈不同意（一点也不像我）

2＝不同意（我很少这样做）

3＝同意（我经常这样做）

4＝强烈同意（与我非常相符）

1. 我能认识到自己是什么样的人。_____

2. 我知道什么对我最重要。_____

3. 我在自己的原则基础上制定决策，而不是根据他人的想法。_____

4. 我在处理自己的弱点和错误时会遇到困难。_____

5. 我难以向他人敞开心扉。_____

6. 在团队中，我乐意同他人分享尽可能多的信息。_____

7. 尽管尊重他人的意见，但我倾向于坚持自己的立场。_____

8. 当得到相互矛盾的建议时，我很难决定哪种方案是对我最有利的。_____

9. 我擅长倾听及理解不同的观点。____

10. 在做出决定前，我喜欢倾听多方面的信息。_____

11. 大多数人并不了解我的真实一面。_____

12. 我能区分出何时我表现出不真实的自我。_____

13. 我从他人那里寻求反馈来改善自己。_____

14. 我可以清楚告诉他人我的感受和我所需要的东西。_____

15. 在群体中，我鼓励从各种角度来讨论。_____

16. 我的行动和行为是相互一致的。____

计分提示：将所有问题的得分加起来。最大的可能得分是 64 分。得分越高，说明你的真诚度就越高。

自我认识维度：将问题 1，2，12 和 13 的得分相加。总分：_____

权衡知觉维度：将问题 4 反向计分（1＝4，2＝3，3＝2，4＝1），将问题 4，9，10 和 15 的得分相加。总分：_____

基于价值观的行为维度：将问题 8 反向计分（1＝4，2＝3，3＝2，4＝1），将问题 3，7，8 和 16 的得分相加。总分：_____

关系透明度：将问题 5 和 11 反向计分（1＝4，2＝3，3＝2，4＝1），将问题 5，6，11 和 14 的得分相加。总分：_____

得分说明：总分介于 16～64 分之间。越接近 64 分，你就越具有真诚型领导者的要素。检查每一个维度（得分介于 4～16 之间），找出你得分较低的那个维度。

资料来源：This self-assessment is based on work by Avolio and Gardner（2005）；Kernis（2003）；and Neider and Schriesheim（2011）.

自我评估 6—2 积极型领导

积极型领导含有不同的要素。请指出下列陈述在多大程度上正确地描述了你自己。

1＝强烈不同意（一点也不像我）

2＝不同意（我很少这样做）

3＝同意（我经常这样做）

4＝强烈同意（与我非常相符）

1. 我是乐观的人。_____

2. 无论事情有多糟糕，总体上我关注的是事情的积极一面。_____

3. 我鼓励我的团队，提出新奇的方案，达到最佳的效果。_____

4. 我期望我的团队成员能表现最佳。_____

5. 我作出反馈的时候，关注的是他人的优点和培养他们的策略。_____

6. 我寻找方法，为团队成员提供所需，让他们做出最佳成绩。_____

7. 我是用善心善待他人的角色模范。_____

8. 我在团队和组织中强调合作。_____

9. 我行为善良，充满激情。_____

10. 事情出错时，我关注的是对团队成员的宽恕和支持。_____

11. 我把信息公开并提供诚实的反馈。_____

12. 我鼓励团队成员常沟通、建设性地沟通。_____

13. 我管理那些不在积极状态中的团队成员。_____

14. 我快速处理那些处于消极状态的团队成员。_____

计分提示：将所有14项的得分加总，总分介于14～54分之间。越接近最高分，你就越具有积极型领导的特质。计算出你的最终得分，以及每个维度的得分。请参考积极型领导的理论部分。

乐观维度：将问题1和2的得分相加。总分：_____

积极的偏差维度：将问题3和4的得分相加。总分：_____

关注优点维度：将问题5和6的得分相加。总分：_____

积极氛围维度：将问题7和8的得分相加。总分：_____

积极关系维度：将问题9和10的得分相加。总分：_____

积极沟通维度：将问题11和12的得分相加。总分：_____

管理消极因素维度：将问题13和14的得分相加。总分：_____

得分说明：积极型领导不能当成是特质，而是从肯定和积极的角度来解释事件和做出选择的方式。高于40分表明总体上是积极型的领导方式。但是，要根据每个维度的亚量表来辨认出自己的优点或优势。

资料来源：This self-assessment is based on work by Cameron (2008), Luthans and Avolio 2003 (1992), and Snyder et al. (2011).

实践中的领导

■ ■ ■ 钟彬娴在雅芳的起落 ■ ■ ■

钟彬娴（Andrea Jung）是雅芳首位女性首席执行官，2011年在低绩效和司法麻烦的疑云中离任。作为首席执行官，她是公司精力充沛、不知疲倦的发言人。她持有零售业优秀业绩证书，带着灿烂的笑容，再加上必胜的个性，使得她在整个任职期间都是媒体的宠儿。雅芳是一家有悠久历史的全球化公司，其历史在同业中是最长的。公司在多元化之前，一直雇用女性并服务于女性，而在全球化成为组织颂歌之前，它一直聚焦于顾客。

在过去的十多年里，钟彬娴毅然承担起再造公司这一令人畏惧的任务，将这个传统的采用门到门直销模式的公司推进到高科技的互联网时代，而又不能疏远它忠实的销售队伍——"雅芳女士"。在此过程中，她也再造了自己，反复思考她的角色究竟是什么，什么对顾客和利益相关者最重要。提到2008年的金融危机，她说："女士们总在进取，而不是被动防护，将会渡过这次的经济萎缩。"她承担了改造雅芳的任务，通过投巨资进行研发、开拓海外市场以及将注意力放在轻松欢快的营销活动上，邀请名流包括莎玛·海雅克（Salma Hayek）参加营销活动。钟彬娴开始操刀雅芳的变革。"钟彬娴很实际地重造了这家公司。她将它相互分割的国际业务联合成了一个她所说的'为女性服务的全球公司'。"她的战略得到了回报。在她接管领导权后，雅芳的销售额从57亿美元上涨到2009年的100亿美元。她还提升了公司的知名度，并获得了有社会责任感的组织公民荣誉证书。她筹集数百万美元捐助诸如照顾儿童的事业，包括治疗在美国"9·11"恐怖袭击中受到影响的儿童，加入"为治愈伤员而赛跑"活动，参加以瑞茜·威瑟斯彭（Reese Witherspoon）为全球大使的"终止针对女性的暴力的运动"。帮助女性进步是她的个人激情。她坚信女性是解决许多社会和经济问题的生力军。她引以为豪的是，在她的领导下，雅芳的管理层中女性管理者的数目超过任何一家《财富》500强公司，公司董事会成员中几乎一半是女性。

她花了550万美元来组建独立雅芳女士团队，以此证明她的承诺，增加直销代表人数，并为网上在线培训提供激励和资金。她让她们参与决策，而不是从顶层强行进行必要的变革。美林公司的一名金融分析师库尔特·尚辛格（Kurt Schansinger）这样描述钟彬娴："她有强力的愿景、很高的标准，她对业务非常了解，而且对分配任务充满信心。"在一次公司会议上见到钟彬娴后，销售代表伯蒂·贾沃思基（Birdie Jarworski）认为钟彬娴是"雅芳的摇滚之星"。化妆品杂志编辑艾伦·莫特斯（Allan Mottus）说："雅芳需要有魅力的领导者，而钟彬娴恰好就是。"

出生于一个受过高等教育的中国移民家庭——她的父亲是建筑师，她的母亲是加拿大第一位女性化学工程师，钟彬娴一直被寄予成功的厚望。她在普林斯顿大学接受了大学教育，并以优异成绩毕业。她能说流利的普通话和粤语以及一点法语。当她加盟布鲁明戴尔百货（Bloomingdale）时，她的父母开始并不赞成自己的女儿屈就去做销售员，尽管她现在的位置已经赢得了父母的支持。在布鲁明戴尔百货之后，她跟随她的良师益友瓦斯（Vass）先后加盟过马格宁（I. Magnin）和内曼·马库斯（Neiman Marcus）。她称赞瓦斯教会了她机智地进攻，这种风格与她的文化根源相一致。她一直坚信自己还有自己称之为亚洲式温柔的痕迹，尽管她已经学会在公司里更严厉一些。钟彬娴加盟雅芳，部分是因为公司的文化，部分是因为女性占据了雅芳经理人团队的1/4。而她离开时已经创建了雅芳与它的员工和顾客的直接联系。她的脸上常常挂着的笑容、积极向上的方法和态度，为公司定了基调，并传递出信心和成功的信息。她坚信，领导者要用心去领导，柔性领导是成功的关键因素。面对新的挑战，她建议："在再造公司之前，要先再造自己。"

钟彬娴能取得令人印象深刻的成果，源

于她对自己的战略持有坚定的决心和不屈不挠的信心。而该战略则涉及慢慢地引入互联网和其他零售业务，并将其融合成新的零售方法，与传统的直销方法一起使用。尽管她做出了所有的努力，并一直坚持，但是落后的供货系统、竞争的加剧、糟糕的营销以及来自全球部分市场的挑战，依然持续不断地挑战着雅芳公司。钟彬娴在多个场合被提名为商界最有权力的女人，以表彰她几年前采取的措施，并于 2012 年登上《福布斯》首席执行官榜，名列第 3。然而，就在结束在雅芳的领导时，她拒绝了来自科蒂化妆品公司（Coty）潜在利益诱人的合并要约。而此时，她不是作为光彩照人的继任者，而是作为证券交易委员会的调查对象，来行使领导职权的。她被指控可能与他国的受贿与行贿案有关。尽管做出了所有努力，但是钟彬娴不可能再造自己。雅芳依然需要巨大的转型，而这一任务将落在其新首席执行官沈力林（Sherilyn McCoy）的身上。她于 2012 年接管了雅芳。

问题

1. 钟彬娴领导风格的关键要素是什么？请考虑本章所介绍的各种模型。

2. 你如何解释她的起落？

资料来源：Chandra, S. 2004. "Avon's Andrea Jung Pins Hopes on China as Sales in U. S. Fade." *Bloomberg.com*, December 27. http://www. bloomberg. com/apps/news? pid＝10000080&sid＝aBrmvGQAml lc&refer＝asia#（accessed January 31, 2005）; "Executive Sweet," 2005. *Goldsea: Asian American*. http://goldsea. com/WW/Jungandrea/jungandrea. html（accessed January 31, 2005）; Forbes. 2010. *Avon Products*. http://finapps. forbes. com/finapps/jsp/finance/compinfo/CIAtAGlance. jsp? tkr ＝AVP（accessed April 5, 2010）; Global Influentials. 2001. *Time.com*. www. time. com/time/2001/influentials/ybjung. html (accessed January 31, 2005); Jones, D. 2009a. Avon's Andrea Jung: CEOs need to reinvent themselves. *USAToday*, June 15. http://www. usatoday. com/money/companies/management/aclvice/2009-06-14-jung-ceo-avon_N. htm (accessed March 24, 2010); Menkes, J. *Executive Intelligence* (New York: Harper Collins, 2006); Morrissey, J. (2013). Wall St. is pounding on Avon's Door. *The New York Times*. February 2. http://www. nytimes. com/2013/02/03/business/avon-tries-a-new-turuaround-plan-and-wall-st-is-anxious. html? ref ＝ andreajung (accessed April 2, 2013); Nuyten, T. (2012). Avon—Andrea Jung, Nr. 3 in the Forbes worst CEO screw-ups of 2012. *Business for Home*, December 31, 2012. http://www. businessforhome. org/2012/12/avon-andrea-jung-nr-3-in-the-forbes-worst-ceo-screw-ups-of-2012/ (accessed April 2, 2013); Reilly N. 2009. Women: The answer. *Newsweek*, September 12. http://www. newsweek. com/id1215305 (accessed March 24, 2010); Sellers, P. 2000a. "The 50 most powerful women in business," *Fortune*, October 16: 131–160.

第7章

领导的其他视角：高层领导和非营利组织领导

学完本章，你将能够：

1. 区分微观层和高层领导，描述战略领导者的范畴和作用。
2. 列举战略领导者的个性特征并讨论文化的作用。
3. 解释高层领导者如何影响其组织。
4. 分析非营利组织领导的独特挑战。

领导问题

在组织不同层级的领导者以及不同组织的领导者之间，你认为存在不同吗？除了规模和所领导的人数，在高层和底层之间或者不同组织的领导者存在根本性差别吗？

当我们谈及领导者时，常常会提及那些处于组织高层的人，比如首席执行官、市长、校长和社区领导者等。由于人们对高层领导者的高度关注，可以很容易推断出来，大部分实践者无疑相信高层领导者对组织的发展具有非常重要的作用。但是关于领导者如何影响文化、战略和结构等，在学术界还是相当新颖的课题。除了第6章所讨论的一些领导模型，到目前为止本书的其他领导理论还没有直接涉及高层领导梯队的作用和影响，大部分致力于研究部门主管、团队领导者和中层管理者这样的领导小团体或者部门的领导者。本章将厘清微观层和高层（宏观层）战略领导的差异，思考战略领导者的个性特征以及战略领导者如何影响组织的进程。我们也

将简要提出非营利组织领导者的特征和将要面对的挑战。

7.1 高层领导者的定义和作用

很多组织中的领导已经高度集权化，重要的权力都集中于顶层或者高层领导者手中。因此，理解高层领导者的具体个性和影响是很重要的。我们之所以称高层领导者为战略领导者，是因为他们塑造了整个组织。战略领导意味着领导者为了指导组织发展，必须具备考虑和预期内外部事件、保持灵活性和拥有长期愿景的能力。

研究表明，首席执行官可以影响组织的发展方向、战略和绩效。例如，首席执行官的风格能够直接影响或者通过员工态度间接影响企业绩效，或者影响多样性战略的采纳。首席执行官在腐败和权力滥用方面也扮演着关键角色。对组织高层领导者战略领导的文献回顾表明，实践者试图理解高层领导者在组织中所起的作用是合理的。尽管研究结论显得有些零散，但还是能够表明首席执行官对于组织的战略选择以及相关问题具有显著的影响。先前章节中介绍的许多领导概念和操作流程并没有考虑到领导者的层次。例如，领导和领导绩效的基本定义在从小群体应用到高层领导者时，必须进行一些微调。高层领导者可以定义为：在实现组织目标过程中指导他人的人，并且他们的绩效在于保持组织内部的健康和外部的适应性。因此，微观层和高层领导的主要差别并不是领导过程的性质，而是领导的层次和范围（见表7—1）。

表 7—1 　　　　　　　　　　　微观层和高层领导的差异

	微观层（群体）	高层（战略）
谁是领导者	领导群体、团队和部门的人。	领导整个组织的人，具有一系列的头衔（首席执行官、总裁、首席运营官）；高层管理团队（TMT）；治理团队如董事会。
领导范围有多大	小群体、团队或部门。	整个组织。
侧重点在哪里	内部。	外部。
绩效标准是什么	生产率；质量；员工满意度和动机；离职率和缺勤率。	股票价格和其他财务指标；股东满意度。

首先，微观层领导和战略领导的差异在于区分谁是领导者。对于微观层领导而言，领导者无疑就是那些指挥群体、团队或者部门的人。但对于战略领导而言，这个问题通常并不是那么简单。董事会主席、首席执行官、首席运营官，或者是由组织总裁和副总裁构成的高层管理团队都可能是组织的领导者。在某些情形下，比如非营利组织，相关战略领导者还可能是公司治理机构，例如董事会、大学评议委员会（board of regents）或者监事会。任何这些个人和团体都可能成为为组织进行战略选择的高层管理者。

两种层级领导的第二点差别在于领导者所能够影响的范围大小。大多数微观层领导者关注小群体、部门或团队，而高层领导者有权管理包含大量群体和部门的整个组织。由于职责范围更为广泛，高层领导者对于许多决策都具有决定和处置的权力。例如，福特汽车公司的主席兼首席执行官艾伦·穆拉利（Alan Mulally），将自己描述为一个可以将人才与组织更大的目标相结合并且鼓励人才实现自我目标的高层领导者。类似地，杜克能源公司的首席执行官詹姆斯·罗杰斯认为，高层领导者需要能感知员工正在经历什么以便于他们了解组织正在做什么。

两种层级领导的第三点差异在于它们的关注点不同。微观层领导者特别关注影响他们团队和部门的内部因素。对于微观层领导者而言，他们工作中的一部分职责或许会涉及处理外部因素，例如处理与消费者代表或者销售经理有关的问题，或者小部门内面临一项战略任务而遭受压力。然而，一般而言他们不需要在履行工作职责时处理外部事务。相比较而言，高层领导者的工作却几乎同等地关注内部和外部因素。处理外部因素，无论他们是股东、政府机构和官员，还是客户和顾客，都是高层领导者职责的中心内容。艾伦·穆拉利说："管理层级越高，将组织或者项目与外面的世界相联系就越重要。"

最后，他们的绩效标准也不尽相同。一般意义上而言，他们都只有在完成自己的目标时才是有效的。但是，微观层领导者关注的重点在于部门生产率、产品和服务的质量，以及员工士气等。而高层领导者关注的重点则在于整个组织的绩效、股票价格和外部的满意度等。医院的高层管理者需要将内部的生产率与组织的整体绩效联系起来。一个大型公司的首席执行官不会将员工离职作为个人绩效标准。相反，投资的总体回报和公司的发展情况才是一个首席执行官的绩效标准。

7.1.1　战略驱动力

图 7—1 描绘的六种战略驱动力指的就是战略领导涉及的主要范畴。文化指的是组织内部成员所共享的一套信仰和假设。结构指的是将人力资源组织起来的所有设计维度（例如，集中度、规范化、一体化和控制幅度等）。战略着眼于组织如何迈向它所期待的方向，即组织如何实现其目标。环境包含所有可能影响组织的外部力量。技术指的是投入转化为产出的方法。领导指的是组织内部所有层级上的管理者和监督者。

任何战略努力都需要在战略要素之间保持相互平衡和适应。必须了解所处的外部环境以及各层级的文化，必须了解组织的领导以及保证组织目标实现的结构、技术、设计或者实施的战略。当战略要素之间的适应性高时，组织就有可能变得更有效率。以科罗拉多州一家专营时尚登山服的公司 JEMG（Jagged Edge Mountain Gear）为例。1993 年孪生姐妹玛格丽特·昆宁摩恩（Margaret Quenemoens）和葆拉·昆宁摩恩（Paula Quenemoens）创建了该公司，并且以亚洲人对旅行和旅行过程的哲学为经营理念。它的目标是成为一家在行业内获得广泛认同、有竞争力的

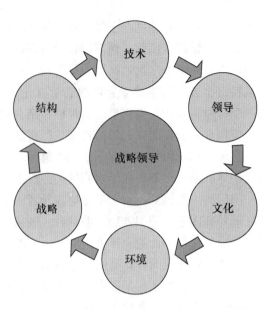

图 7—1　战略领导的范畴：六种战略驱动要素

企业。但是正如昆宁摩恩姐妹所说，"我们首先需要同自己竞争。我们必须做自己认为正确的事。"为了实现这个目标，姐妹俩吸引了一大批充满热情的登山爱好者加入到公司中来。他们在完成公司职责的同时，依然致力于冬季极限运动。该品牌的所有人、管理者和员工工作在一起，也玩在一起。该公司的组织文化强调轻松随意，并且流露出他们对运动的激情。组织结构方面虽然有正式的规定，但在很大程度上依赖于参与和授权的非正式交往。另外，由于公司位于科罗拉多州与世隔绝的滑雪胜地特纽赖德，公司员工需要运用信息技术与位于盐湖城的市场部门和位于马萨诸塞州、田纳西州以及中国的供应商保持联系。昆宁摩恩姐妹成功经营该公司的秘诀就是在六种战略要素之间创造出一种适应性。

　　六项战略要素的协同管理是战略管理的精髓。高层领导者的作用在于平衡这些不同因素间的关系并为组织设定未来的发展方向。一旦选定组织的发展方向，内部要素（例如，文化、结构和领导）将再一次运转起来，使组织朝着既定的方向前进。

7.1.2　战略领导者的作用

　　战略领导者（首席执行官或者高层管理团队）是负责以下工作的人：他们设定和改变组织的环境、文化、战略、结构、领导和技术，激励员工执行决策。他们的目标是设计组织结构，规划组织愿景和战略，并实施制定的战略；他们扮演着战略设计者和执行者的双重角色。如果组织还未草拟战略或正在寻求重大战略变革和战略方向转变，领导者将基于他们对环境的理解，对组织方向的形成发挥极为重要的作用。另一方面，如果组织已经拥有公认的、成功的战略，领导者则是执行战略的关键因素。战略领导者的双重角色如图 7—2 所示。

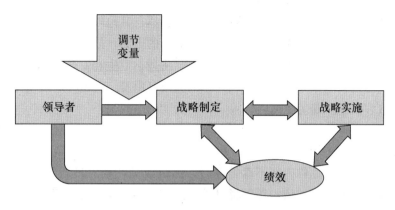

图 7—2　战略领导者的双重角色

　　虽然高层领导者在创造和维持主要组织要素过程中发挥了核心作用，但他们的影响力还是常常受到一些组织和环境因素的影响。因此，虽然领导者在组织决策过程的很多方面很有影响，但众多环境和可变因素很大程度上限制了领导者的决策自由度。下一小节我们将讨论这些因素。

7.1.3　领导者权力的调节因素

　　高层领导者并不具有影响组织的无限权力。管理者决策自由度理论对他们的权力局限性进行了大量研究。战略管理领域有大量的研究是关于管理者决策自由度对不同领域组织绩效和总裁薪酬的影响的。表 7—2 呈现了领导者决策自由度的调节因素。它们被分成外部环境因素和内部组织因素，两者都限制了高管对组织的直接或间接影响力。

表 7—2	管理者决策自由度的调节因素
外部环境因素	环境不确定性 产业类型 市场增长率 法律制约
内部组织因素	稳定性 组织规模和结构 文化 组织发展的阶段 高层管理团队的位置、权力及组成

外部环境因素

　　一些研究人员表示，当组织面临一个不确定的环境时，领导者的作用将变得更加突出。例如，在高速变化的产业中，如高科技、计算机或者航空业等，高管必须主动地审视和解释他们所处的环境，并通过他们对外部环境的理解做出战略决策。领导者的看法和行为是十分重要的。美敦力公司前首席执行官、哈佛大学管理学教授比尔·乔治认为，领导失败是导致 2008—2010 年金融危机的关键原因，没有有效的领导就不可能存在有效的措施。当然，其他外部因素，如市场增长率和法律制约等，也具有很大的影响。在快速成长的市场，战略领导者有相当大的决策自由度来设定和改变组织的方向。然而环境法规、卫生和安全法规，以及国际贸易壁垒等法律约束因素，却限制了领导者的决策自由度。在这样的环境中，领导者已做出的许多决策只是为了适应环境，自由行动的空间很小。

内部组织因素

当组织面临内部不确定性时，组织成员就会对现行的行为规范和决策提出质疑。他们会更加依赖领导者提供方向和指导。在例行的情形下，组织各项规章制度和组织文化实际上已经取代了领导。在企业面临收购威胁的情况下，员工就会发生过分依赖领导者的情况。在这种情况下，员工倾向于从首席执行官身上寻求未来的发展方向。首席执行官的种种言行将会被解读为一个个信号，他们对于并购的态度将成为员工的榜样。宾夕法尼亚大学沃顿商学院领导力和变革中心主任迈克·尤斯姆（Mike Useem）教授表示，在企业面临危机时，领导者的平静和自信是管理活动中的一个关键因素。危机感为领导者增强他们的影响力，或展现很大程度上影响追随者的魅力型领导行为（见第 6 章）提供了舞台。

第二组领导者决策自由度的内部调节变量是组织规模和结构。组织规模越大，决策就越可能分散。随着组织的成长，高管在日常运营中的影响力逐渐下降。在小型组织中，高管对组织文化和战略的意愿更可能反映在组织的实际运作过程中。然而在大型组织中，领导者同其他组织层级和部门的距离较远，这导致了领导者的直接影响力下降。例如，美国邮政是一家拥有超过 65 万名员工的全世界最大的雇主之一。邮政局长的影响力随着不同官僚层级而逐渐分散，以至于一些地方邮政局的员工无法感知到。这种过滤效应也可能是大型组织很难改造的一个原因。甚至最富有魅力和远见的领导者也很难与所有员工都建立起个人联系，并激发他们寻求和接受变革的意愿。

组织的生命周期或者发展阶段是导致内外部不确定性的原因之一。当组织处于发展初期时，领导者的个性和决策的影响力无处不在。领导者或创业者的个性和风格在组织各个方面都得到充分的反映。组织越年轻，组织的文化、战略和结构就越有可能受到领导者个人偏好的影响。当组织成长和成熟以后，领导者的影响力逐渐减弱，同时被强组织文化和各种已确立的成功惯例取代。通常在这个阶段，组织的创始人会离开并开创一个全新的事业。但是当组织绩效下降时，领导者的影响力会再次变得强烈。缺乏成功和对组织复兴的渴望，提高了组织对高层领导者的依赖性。这使他们能够再次拥有塑造组织的机会。福特的首席执行官艾伦·穆拉利的乐观主义和活力对一个面临业绩下滑的庞大组织产生了至关重要的影响。穆拉利将鼓舞每个层级的员工作为其最高职责之一。福特的前任首席执行官小比尔·福特招募了穆拉利，他也深知领导者在危机时期的权力。他表示，我们有人才，他们只是需要一个领导者去指引和鼓舞他们。

克鲁公司（J. Crew）的现任首席执行官、盖普公司（Gap）的前任首席执行官米基·德雷克斯勒（Mickey Drexler）被视为盖普公司在20世纪90年代后期取得成功的主要原因。一些人甚至宣称，他通过让大众消费者以合理的价位更好地打扮自己，创造了一种新的随意式的高雅。众所周知，他也因此拥有了相当大的权力。盖普公司的一名前员工曾经说："米基无所不能。没有人能够与他相比，甚至没有人能够接近他。"无论在盖普还是在克鲁公司，他都对组织具有相当大的控制力和影响力。他甚至亲自对很小的产品细节进行决策，他为自己作为一个微观层管理者而自豪。也正是因为盖普当时是一家正处于复兴期的、相对新的公司，德雷克斯勒才能够具有广泛的影响力。在组织生命周期早期，领导者具有很大影响力的另一个案例是奥普拉·温弗瑞（Oprah Winfrey）。作为拥有年营业收入超过3亿美元的电视和电影工作室的首位非洲裔美国人和第三位女性。她经营的这家组织充分反映了她个人的充满活力、助人的风格。她说："一切都是为了吸引人才，我身边不仅有聪明的人，而且有些人具备的才能是我不具备的。"

　　组织高层领导者的权力和影响力的最后一个调节变量是高层管理团队的位置、权力及组成。正如本章开始所说的，高层领导者通常需要在一个团队中工作。团队的出现以及团队如何与首席执行官相联系对组织有很强的影响力。如果组织没有团队或者团队弱小，首席执行官的影响力可能更直接。相反，如果组织由一个强有力的高层管理团队来管理，高层管理团队将影响领导者个人的权力和决策自由度。

　　功能型伙伴关系能提升领导者的权力。其典型的案例是甲骨文公司。该企业的部分成功是由于该企业的总裁拉里·艾里森（Larry Ellison）和董事长萨弗拉·卡茨（Safra Catz）（2013年薪酬最高的商业女性之一）以及新上任的联席董事长马克·赫德（Mark Hurd）之间的强关系和高度的匹配。艾里森是一个暴躁、外向、易于分散注意力的媒体名人。卡茨和赫德都是经营企业的专业金融人士，赫德还是董事会成员。一个行政人员这样描述他们之间的关系：萨弗拉很少过问艾里森做出的决定，任其运营公司。

　　一个有趣的现象是，高层管理团队成员同领导者和董事会之间的相似程度，很大程度上影响了高层管理团队的作用和权力。在许多组织中，高层领导者不仅挑选董事会成员，而且经常参与董事会活动。两者不同的是：董事会成员既没有首席执行官的权力，也没有挑战首席执行官的能力。高层领导者既选择董事会成员，也选择董事会主席。这个因素决定了董事会成员既不可能与首席执行官产生分歧，也不可能去挑战首席执行官。董事会的差异性会产生好结果，也会产生坏结果，并且会对公司的决策产生影响。许多组织充分认识到高层管理团队或者董事会构成的异质性的重要性。美国公共传媒集团（American Public Media Group）创始人和名誉总裁比尔·克林（Bill Kling）说："我觉得每一个首席执行官都需要有一个管理团队去均衡和适应他的权力。那些关键因素，比如战略、创新、管理和财务，不需要集中在单一职位上，必须分散于整个团队中。如果你穿过大厅时可以叫出每个员工的名字并和他们打招呼，那固然很好，但是我做不到。如果你在员工大会时可以以某种方式让员工觉得这真是一家很好的企业，那也不错，这一点我可以做到。你并不需要面面俱到。"

这些外部和内部调节因素限制了战略领导者的权力和决策自由度，并能阻止领导者对组织产生直接的影响力。下一节我们将考虑高层领导者的重要性格特征。

危机时期的管理

组织中各个层级的领导者都需要处理难题或者危机情况。虽然书本知识无法取代经验，但是知道要做什么或者有一些指导方针会让处理危机变得简单一些。第一步就是要严格审查现状并且尽可能地了解状况。这里还有其他一些处理危机状况的指导原则：

- 面对现实。了解所处状况的严重性并面对现实。一些人倾向于过度粉饰或者避免问题，还有一些人将每件事都视为危机。你需要做一个实情检查。
- 面对现状。不要推迟或者逃避处理危机。
- 进行研究并且收集事实和信息。在你拥有可靠事实作支撑后，做一些困难的决策时会变得容易些。
- 寻求帮助和支持。在可能的情况下寻求组织中的上级、有经验可信赖的顾问或者

同事的帮助和支持。

- 成为一个榜样。确保你让别人做的事你自己也是这样做的，言出必行。
- 实事求是。坦诚地交流，正直地行动。如果你有不能共享的信息，就实话实说，不要说谎或者装作不知道。
- 保持镇定和专业。追随者会对你的情绪和行为做出反应，对你的语言和非语言传达的信息以及自身的行为都要深思熟虑。
- 练习友善。让自己变得友善，给人怀疑的权力，在可以的情况下给予支持。
- 善于倾听，有同情心。设身处地，换位思考。你不需要同意或者解决追随者需要的一切，但是你可以好好倾听。
- 行动。作为领导者你必须做决策并且有所作为。虽然不需要惊天动地，不需要解决掉所有问题，但是你不能闲坐着或者逃避解决危机。

7.2　高层领导者的性格特征

管理者的个性和其他性格特征对他们所经营组织的风格和运作方式具有什么影响？是否有一些性格特征或特征组合与高层领导者更相关？各种有关高层领导者性格特征的研究，得出的结论并不完全一致。但本书还是通过对微观层领导学研究的回顾，发现了预测和理解小群组领导的一些重要维度；在过去的四五十年时间内，工作和关系维度在领导理论研究中占据了主导地位。尽管这两种维度的研究取得了巨大的成功，但在涉及高层领导时，它们并没有提供必需的、有价值的预测。

7.2.1　人口统计学特征和个人特质

年长一些的首席执行官通常更倾向于规避风险，内部提拔的首席执行官（相对于那些从组织外部招聘的）更倾向于维持稳定状态，因而较少倾向于改变组织。一些研究者也考虑了高层领导者的职能背景对组织战略选择的影响。一系列研究特别关注魅力型和变革型领导，情绪、情商和消极性格（比如黑三角理论）的影响。

多数研究发现，领导者的个性特征对组织决策有影响，尽管有时影响效果并不显著。贯穿战略领导者的个性特征研究的两个共同主题是：寻求挑战和控制需要。

寻求挑战

一些学者认为，高层领导者对变革的开放程度是战略领导的重要组成因素。高层领导者的创业精神、变革和创新的开放度、预见性、风险承担、变革型和魅力型领导都是该主题的一部分。这些概念的主线在于领导者寻求挑战的程度。领导者愿意承担多少风险？领导者愿意游过多少没有测量过的河流？领导者愿意了解多少久经考验的正确的战略和程序？一个富有挑战意识的人可能愿意冒风险，并着手全新、原创的活动。一个不愿意寻求挑战的人将规避风险，并停留在已经完善、先前证明无误的方式上。寻求挑战维度是与领导者制定战略相关的要素。例如，领导者可能会追求高风险的产品和设计战略。他们接受高失败风险的产品，有助于制造新产品和扩大新产品的市场。

在许多组织面临危机的时候，寻求挑战的管理者也可能受到尊敬。理查德·布兰森愿意承担风险就是他获得成功和赢得声誉的关键（见第 6 章）。纽约时尚餐厅的引导者戴维·罗克韦尔（David Rockwell）大受欢迎的原因，在于他的高度创造力，以及有效激发为他工作的 90 名设计师的能力。莫尼卡·拉奇费尔德（Monica Luechtefeld）是年销售收入超过 110 亿美元的电子商务公司欧迪办公（Office Depot）的电子商务副总裁，现在是该公司的顾问。她也是电子商务界的"无畏小牛"。她愿意承担别人都不愿意做的工作。她将这种精神归功于她父母不断给予她的信念"你能做任何事"和"你能弄清楚"。同时，她也将"为什么不能"的工作方法传递给了她的儿子。

控制需要

领导者的控制需要是有关首席执行官性格特征研究的第二个主题。控制需要指的是领导者放弃控制的意愿程度。控制需要的程度反映在做决策和执行战略时授权和员工参与的程度。控制需要的其他指标有集中化程度、规范化程度或者激励程度，以及对于不同意见和流程的容忍程度。关注过程和人际关系导向的程度、对于参与和开放的容忍程度和鼓励程度以及学者所称的开放灵活度（organicity，通常指开放度和灵活度），也都属于控制需要这个主题。

有高控制需要的领导者很可能会建立一个较少授权，并且很少关注过程的集中化组织。这样的组织文化是严厉的，关注点是组织内部的统一性和一致性。有低控制需要的领导者则建立分权化组织并授予员工做决策的职责。这样的领导者鼓励一种着眼于整合不同想法而不是统一想法的开放性、适应性强的组织文化。这种组织文化鼓励员工融入组织，并容忍不同的思想和行为方式。

尽管授权行为正成为组织的一种趋势，但目前还没有清晰的模式表明成功组织的高层领导者是如何控制组织的。在某些情形下，例如美国强生公司的首席执行官和高层管理团队，在不同部门采取的分权和自我管理已经成为该公司内部的信条，并成为该公司获得成功的关键。与之相反的是克鲁公司的首席执行官米基·德雷克斯勒。他以事无巨细地关注公司的每个细节而著称。

7.2.2　战略领导者的类型

寻求挑战和控制需要这两个主题对领导者的决策能力、管理风格和他们管理不同战略要素的方式都有影响。首先，高层领导者必须理解和解释组织面临的环境。其次，高层领导者作为主要决策人，需要为组织选择战略。最后，高层领导者通过创造和激励某种组织文化和组织结构，以及在组织内部选拔领导者和管理者对于执行选定的组织战略起着非常重要的作用。

寻求挑战和控制需要这两个因素联合起来产生四种类型的战略领导者（见图7—3）。每种类型代表了一种极端的战略管理风格，并且每种类型处理各种战略要素的方式同领导者的基本倾向和偏好相一致。如果考虑到授权的压力、员工参与程度以及可察觉的给组织各个方面带来非传统性和创新性的许多需求，那么某些类型的领导者比其他类型的领导者看上去更合适些。尤其是参与型创新者，看上去是理想的战略领导类型。但是，这种假设并不准确；不同风格的领导要基于组织长期的战略需要以适合不同的组织。

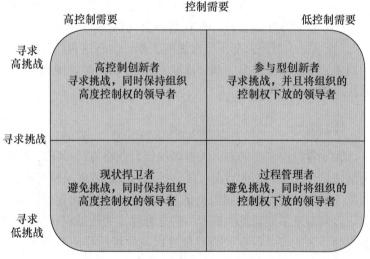

图 7—3　战略领导者的四种类型

战略领导者的类型及其对组织的影响

战略领导者的第一种类型是高控制创新者（high-control innovator，HCI）。高控制创新型领导者是喜欢对组织职能维持强控制并不断寻求挑战的人。这种类型的领导者在环境中寻找机会。他们愿意使用技术进步来实现目标。高控制创新型领导者在公司处于寻找未知领域和进入新市场、新产业的发展阶段时，寻求有风险的、创新型的战略。领导者对组织的影响，以及领导者如何察觉和管理六种战略驱动力的简要回顾，如表 7—3 所示。

表 7—3   战略领导者类型对六种战略驱动力的影响

领导者	环境	技术	战略	文化	结构	领导
高控制创新者	存在很多成长的机会以及来自其他组织的威胁	创新，使用高新技术	高风险；产品创新；坚持核心业务	很强的核心文化，很少的亚文化	决策权集中于少数人	领导者和管理者具有相似的风格和观点
现状捍卫者	许多威胁；希望保护组织免受外部环境的影响	不重视创新，除非能够帮助领导者对组织进行控制	低风险；很少创新；集中于效率	强的核心文化；对多样性较低的容忍度	决策权高度集中于少数人	领导者和管理者具有相似的风格和观点
参与型创新者	许多机会；倾向于对外部开放组织	鼓励试验；广泛使用技术	高风险；产品创新；对新领域开放	易变的主流文化；很多亚文化；对多样性高度容忍	决策权下放到底层；授权和参与	领导者和管理者具有多样化的风格和观点
过程管理者	存在威胁并倾向保护组织免受外部环境的影响	技术创新的适度使用	低风险；低创新；集中于效率	易变的文化，注重渐进变化；对多样性高度容忍	决策权下放到底层；授权和参与	领导者和管理者具有多样化的风格和观点

资料来源：Partially based on information in Nahavandi, A., and A. R. Malekzadeh. 1993a. Leader style in strategy and organizational performance：An integrative framework. *Journal of Management Studies* 30（3）：405−425；Nahavandi, A., and A. R. Malekzadeh. 1993b. *Organizational Culture in the Management of Mergers*. New York：Quorum Books.

高控制创新型领导者关注从外部因素中寻求创新。与之相反的是，他们在管理组织时却比较保守。高控制创新型领导者有高控制需要。这导致高控制型组织文化的产生。这种依附于组织共同目标和过程的文化是受到鼓励和奖励的。决策过程很可能是集权式的，领导者在做任何重要决策时很少授权。对于一名高控制创新型领导者而言，心目中理想的是创新型和专注型的组织。员工分享一种强烈的普遍联系并且相信领导者的管理方式。之前讨论过的米基·德雷克斯勒就是高控制创新型领导者的一个例子。他被称为"一个有远见且有控制欲的人"。虽然在战略规划和市场定位方面他是个创新者、冒险者，但他对组织保持强控制。德雷克斯勒被称为无情的"商场巡视员"（store walker），因为他会抓住每个细节。盖普公司的另一名经理也表示："没有什么事能从米基那里蒙混过关。他对细节的关注程度是非比寻常的。他查看线、纽扣，所有一切。他很难应付并且要求非常多。他相当具有攻击性。"他也因为创造力而为人所知，他认为这是他成功的核心因素。他认为很多人低估了创造力的重要性，却高估了漂亮产品的重要性；在任何行业中创造力都是增长的驱动力。在盖普公司以及克鲁公司的新领导岗位，德雷克斯勒都以其博学以及控制每个细节而著称。他承认："我能很快地看出细节问题。"另一个高控制创新型领导者的例子是我们在第 4 章讨论过的梦工厂动画公司的首席执行官杰弗里·卡森伯格。

同高控制创新者不一样，现状捍卫者（status quo guardian, SQG）并没有寻求挑战，但是，同高控制创新者一致的是，现状捍卫者也希望维持对组织的控制（见表 7—3）。这种类型的领导者需要控制组织的内部职能并且规避风险。现状捍卫型领导者将他们所处的环境视为威胁，并期望保护组织以避免外界环境对他们造成影响。他们并不寻求新颖、创新的组织战略，而是坚持可靠的并且已经得到很好验证的组织战略。由现状捍卫型领导者经营的企业不可能成为行业中新产品开发和创新的领袖。但是，这样的企业以其高效率和低成本而著称。

对于现状捍卫型领导者而言，理想的组织是高度集中和保守的，并伴随着一种紧密而明确的组织文化。这种文化希望员工和管理者在现有的实践和流程中能够保持一致。决策过程是高度集权式的。现状捍卫型领导始终了解大部分决策信息并参与这些决策。贾妮与维克托·曹（Janie and Victor Tsao）是《公司》（Inc.）杂志评选出的 2004 年度创业家。他们凭借着节俭、勤奋以及对每个操作和决策的高度控制，经营着价值 5 亿美元、拥有 300 名员工的链接系统公司（Linksys）。虽然他们发展网络化产品并允许员工管理自己的项目，但是他们这个夫妻团队相信他们的产品既不引人注意，也没有包含任何特殊的创造力——他们的成功秘诀仅仅是一份不错的商业计划书和一种很强的执行能力。一名员工这样描述他们的管理风格："维克托确实喜欢看见员工执行他们的决策。"蛋卷实业公司（Tootsie Roll）是另一家由现状捍卫型领导者经营的公司。首席执行官艾伦·戈登（Ellen Gordon）和她的丈夫梅尔文（Melvin，也是董事会主席），同其他四名高层管理者一起，完全控制企业的所有运营。Tootsie Roll 的名字意喻绩效优秀的小公司。它得以成功的信心大部分归功于戈登夫妇一心一意地专注于他们的生意和他们与人为善、权力导向的管理风格。艾伦说："我们鼓励新想法，我们创造团队，我们喜欢挑战，但我们始终保证，从不偏离我们的总体目标。"该公司计划专注经营糖果生意 100 年，并且通过一系列防御性战略转移，他们成功避免了被收购的可能。凭借着专门化战略和强控制，戈登夫妇鼓励开放组织并从员工那里获取反馈，以及继续建立一种强保守型组织文化。

参与型创新者（participative innovator, PI）正好与现状捍卫者相反。现状捍卫者重视控制型、低风险战略，参与型创新者在组织外部寻求挑战和创新，而在组织内部创造一种宽松、开放和参与型的组织文化和组织结构。参与型创新者认为组织外部环境能提供许多机会，并对能给包括技术在内的所有方面带来变革的外部影响因素持开放态度。同高控制创新者相似的是，参与型创新者也是寻求挑战的人，他们很可能会选择有高风险的组织战略。由参与型创新者经营的组织通常被认为具有高尖端技术、管理创新能力和创造力。

对于参与型创新者而言，理想的组织是开放式和分权式的，最低的组织层级可能会做出许多决策。因为领导者的低控制需要可以授权员工做出许多决策。参与型创新者的组织文化是松散的，能够最大程度容忍不同的想法和实践。组织内部仅有的共同要素或许就是对多样性的容忍——一种"多样化万岁"的心态。组织鼓励员工创造自己的工作流程，并且给予员工更多的自主权来执行他们的决策。参与型创新者的关键点在于允许员工和管理者发展他们自己的组织结构，并提出能够产生创新型产品、服务和进程的想法。

里卡多·塞姆勒（见第 5 章）在执行创新管理战略时，以愿意放弃控制并且授权员工而著称。曾开创许多事业的创业者罗伊·韦特斯托姆（Roy Wetterstrom）不仅爱冒险，同时也相信"当组织正在进行重大战略转移时，你需要从日常工作中休息片刻并且将责任分配到下级"。约翰·钱伯斯自 1995 年以来一直担任思科公司的首席执行官。他常称自己为"公司的间接费用"。他为下属买冰淇淋；他广泛接受不同的想法，愿意适应不同的情况；他做决策时相当依赖他人。他认为领导并不是控制他人和预算，每个层级的领导者都要有能力在无须征得许可的情况下作出决定。思科公司的一名员工这样描述公司的组织文化："约翰逐步灌输了这样一种组织文化：这并非表示软弱，而是强烈地释放出这样一种信号，'我不可能一个人做完所有的事情'。"

最后一种类型是过程管理者（process manager，PM）。它包含参与型创新者的外部要素和现状捍卫者的内部要素。过程管理型领导者偏好于坚持反复试验的保守战略。他们很可能回避冒险性的创新活动。但是，过程管理型领导者有低控制需要，这可能在组织内部产生多样性和开放性。员工并不一定要遵循组织共有目标和组织文化。比如，他们有自主权，组织的日常运作也不是高度标准化；决策的基本要求是不要给组织带来不恰当的风险。

直到 2005 年，乔恩·布罗克（Jon Brock）一直是世界上啤酒产量排第一位的公司的首席执行官，他就是一位过程管理型领导者。他的公司英博啤酒集团（In-Bev）由巴西人和比利时人共同拥有，总部设在比利时的鲁汶。该公司出产非常有名的比利时啤酒 Stella Artois 和巴西啤酒 Skol，Brahma。布罗克是一个不拘小节、脾气温和、轻松自在的人。他清楚地表示他并不希望公司成为世界上最大，而是要成为最好的啤酒酿造商。他的组织战略聚焦于效率以及通过削减成本增加利润。他不希望成为难缠的人物，"我们并不想挑战百威、米勒（Miller）和科斯（Coors）这些啤酒品牌。这样做无疑是自杀式行为。"

郭士纳（Lou Gerstner）曾经在 1993—2002 年间先后担任美国运通公司、美国雷诺烟草控股公司（RJR Nabisco）的主席以及 IBM 公司的首席执行官。作为战略领导者，他久负盛名并拥有令人羡慕的业绩记录。他加入 IBM 时，公司正面临发展历史上最严重的一次危机。郭士纳是一位谨慎的领导。在执掌雷诺烟草控股公司期间，他为了再造许多内部流程而广泛征询意见。他非常聪明，而且拥有独特的分析能力，但是他对变革所持的态度非常谨慎。他坚称除非变革可以与稳定相平

衡，否则就不要发生，而且他尤为擅长让众人接受他的预期。他采取的方法是慢慢
地改进现有的流程。他在许多方面改变了 IBM 公司。他至今仍以 IBM 缓慢而稳定
的进步而自豪。有些人称他为渐进规划者而不是改革者，因为他虽然可以避免犯大
错误，可是对组织的改变过于缓慢。

所有成功而有效的领导者在组织中随处可见。振兴组织的需要成为我们颂扬创
新者的一个理由。医疗行业对最佳管理者的褒奖通常是称赞他为创新者。最令人尊
敬的商业领袖是那些通过变革推动企业发展的人。但是，许多未曾称赞的现状捍卫
型和过程管理型领导者正在管理着高效率和高效益的组织。例如，广为人知的林肯
电气公司（Lincoln Electric）的领导者是一贯的现状捍卫者或过程管理者。这些领
导者所在的组织是运用财务奖励管理绩效的成功典范。如今我们仅欣赏那些变革型
领导者的倾向可能会让我们忽略一些高效的管理者和领导者。

你怎么办？

你完全明白变革不是你想要的。你在建立系统和构建有效的结构方面很成
功。你喜欢秩序和预见性，并且有一系列迹象证明你很擅长自己的工作。你进入
一个很成功的小企业的领导团队，但是它运作得很松散。每件事都是分散化的，
并且关注的焦点在于变革和创新。你该怎样作出贡献？你要做什么去获得成功？

7.2.3　文化和性别

如果考虑在微观层面领导方式的跨文化多样性，以及领导行为中文化因素的重
要性和影响力，那么我们可以假定战略领导在某些程度上同样也可以从文化角度来
区分，特别是文化价值观很可能影响高层管理者的决策和管理风格。之前的实证研
究很少关注文化对领导者管理风格的直接影响，不过大量有趣的证据反映了文化之间
的相似和不同之处。当组织变得更加全球化时，组织的战略领导者也变得更加全球
化。全球化能减少跨文化之间的差异。例如，威尔士人林赛·欧文-琼斯（Lindsay
Owen-Jones）直到 2011 年仍是法国化妆品公司欧莱雅的首席执行官。卡洛斯·戈恩
（Carlos Ghson）负责经营法国汽车制造商雷诺拥有的日产汽车。他出生在巴西，父母
是黎巴嫩人，本人在法国接受教育。奥地利人彼得·布拉贝克-莱斯梅特（Peter Bra-
beck-Lethmate）管理着瑞士的雀巢公司。其他公司也在积极地寻求多样性和多元文化
的高层管理团队。例如花旗银行和宝洁公司一半的高层管理者并非美国人。

以全球领导与组织行为有效性研究以及特姆彭纳斯等的研究为基础提出的一些
文化模型，表明领导模式在不同国家和地区之间有差异。特别需要注意的是，该研
究发现在他们所研究的国家文化族群中，每个都有不同的潜在领导理论或者文化支
持领导理论。例如，虽然具有不同文化价值观的领导者都有愿景并且能够鼓舞人
心，但是英国人、拉丁美洲人、东南亚人以及日耳曼人和北欧人在这方面比中东地
区的人表现得要更强烈些。类似的是，参与行为在英国人和北欧人看来是领导的一
部分，但是在东欧人、南亚人和中东地区的人看来并非如此。哥伦比亚人希望领导

者具有前瞻性，然而在认可他们所取得的成绩时却不希望他们具有前瞻性，特别是就变革方面而言。中东地区的人比其他文化族群，更愿意将自我保护的意识（包括以自我为中心、身份意识和爱面子）视为领导的一部分。通过跨文化研究和案例研究，我们可以合理地得出这样的结论：不同文化背景的高层管理者会展现出不同的管理风格和管理方法。

例如，在法国，作为干部（法语中指的是管理者）意味着拥有截然不同的个性特征。美国的高层管理者来自不同的社会阶层，他们拥有不同的技能和背景差异。然而，法国的高层管理者之间情况则比较类似。在高权力距离的组织文化中，领导者通常拥有更多职权和权力，组织内部的管理者几乎完全来自社会上层阶级。几乎所有法国企业的高层管理者都毕业于几所顶尖的高等学府。而这几所学校的入学要求不仅看重学员的智力水平，也同样看重他们的社会地位。这些学校有强烈的军事化管理传统并且始终由男性主导。学校的目标是训练高智商、严格遵守纪律的学生。这些学生在毕业以后继续保持紧密联系并相互支持。因此，法国的管理者是具有高智商、分析和综合能力，以及优秀沟通能力的人。同美国的领导者相比，法国的管理者并不关注实际问题或者是人际交往能力的发展。高权力距离的组织文化里很少需要下属来认可领导者的想法。法国管理者被认为是高智商的，他们的决策是不容置疑的。

许多法国高层管理者具有公共和政府部门的工作经历。这种经历让他们形成了政府和企业之间特有的关系，这种关系不会在像美国这样的国家出现。有趣的是，法国高等学院的毕业生从来没有考虑过在那些从普通大学毕业的人手下工作。这种情形使得法国管理者的同质化程度得以一直延续下去，进而形成一群在许多商业和政治问题上有共识的志趣相投的首席执行官。同样，这种同质性导致缺乏创新意识，当关注才智而忽略实际行动时，会产生较差的执行能力。

另一个有趣的地方是潜在的性别差异。遗憾的是，很少有人研究战略领导中性别差异这个主题。然而很明显的是，许多传统组织中的女性高层领导者取得成功的原因是她们的管理风格与那些男性形成了鲜明的对照。探索号航天飞机的指挥官艾琳·柯林斯（Eileen Collins）认为，女性通常亲力亲为地做许多事情，而男性更愿意授权，这样的观点得到了朱迪斯·鲁丁（Judith Rodin）的回应。朱迪思·鲁丁是宾夕法尼亚大学的前任校长以及洛克菲勒基金会的现任会长。她说："女性应当发现自己的心声，而不是模仿男性或者变得更具有侵略性。"我们回顾第2章提及的那些不同点，近期女性领导者的数量越来越多，并且她们越来越关注开放性、参与性和人际关系领导。这些现象为领导中性别差异的逐渐减少提供了一些依据。看上去似乎女性风格的领导通常采用低控制的管理方式。惠普的前任首席执行官梅格·惠特曼在商界一直处于最有权力的女性商业领导者行列。她说："实际上我并不认为我自己很强势。"相反，她信赖建立关系、发展专长和信誉，还有开发（她最爱用的词汇之一）她的员工。类似的是，派拉蒙的首席执行官雪莉·兰辛（Sherry Lansing）以培养式管理风格、富有魅力和同情心而著称。美国富达投资集团（Fidelity Investment）前任主席盖尔·麦戈文（Gail McGovern）注意到："真正的权力是影响力。我自己的观察是女性倾向于使她们位于富有影响力的职位。"

但是许多女性领导者并不太重视管理中的性别差异。巴纳德学院的前任校长朱迪斯·夏皮罗（Judith Shapiro）表示："你需要支持你的员工，原因是领导行为意味着服务。这并不是女性专有的事情；我认为这是一名优秀领导者应当做的事情。"她将所有的性别差异归结为女性的社会经验。1997—2011 年奥美广告公司的首席执行官、如今的名誉主席雪莉·拉扎勒斯（Shelly Lazarus）认为，每个人都应该找到自己的路。她声称："我确实不相信男性和女性在管理方面有什么差异。女性领导者同男性领导者，在管理风格和管理方式上有许多差别。"不管她们是寻求挑战者或者是风险规避者，正如萨莉·赫尔格森（Sally Helgesen）在研究中所描述的，许多女性高层管理者鼓励组织内有不同的想法并且倡导员工授权。女性领导者这种支持性的管理风格给予员工机会来为决策作出贡献。此外，她们采用扁平式的组织网络结构。这种组织结构中信息畅通的领导者位于组织的核心，决策过程并没有集权化。

正如微观层领导的例子所示，所需的战略领导者类型依赖于组织面对的外部环境类型、组织所属的行业情况、组织现在拥有的内部文化和组织结构。因此，领导者定义和影响战略影响力要素。他们的管理风格也需要同现有的战略影响力要素相匹配。如果一个组织处于一个高度稳定的行业并且鲜有竞争对手，那么组织创新和开放性的需求并不是那么强烈。在这样的环境中应当关注的是组织的效率。在这样的组织中采用高参与度和创新性的战略领导或许并不合适。

7.3　高层管理者如何影响他们的组织

如果我们不考虑组织中高层管理者的类型，那么战略领导者影响组织的过程就是相似的。作为主要的决策制定者和将总体方针转变为具体战略执行能力的负责人，高层管理者以不同的方式影响组织（见图 7—4）。

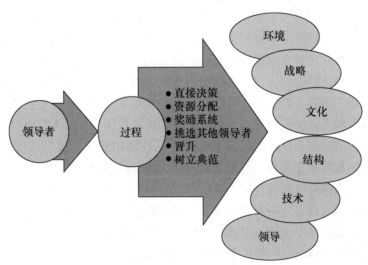

图 7—4　领导者影响他们所在组织的过程

7.3.1　直接决策

针对组织的不同方面，领导者的决策构成了组织的发展路线。根据组织的愿景和使命做出的战略选择影响了组织职能的各个方面。愿景和使命通过决定组织的基本预设而影响了组织文化，比如什么是重要的，什么需要首先参与其中，以及什么被视为没有什么价值的。因此，战略选择被认为几乎是高层管理专有的领域。

除了愿景、使命、文化和战略这些因素，不论是采取新的组织结构或者调整现存的组织结构，还是在组织内部员工之间的正式人际关系方面做出任何改变，这些决策都主要取决于高层领导者。领导者能够通过两种方式决定组织结构：其一是直接决定组织结构的类型；其二是通过员工分享和使用信息的方式间接地决定组织结构。先后担任盖普和克鲁公司首席执行官的米基·德雷克斯勒并不使用邮件或者写备忘录这两种方式沟通。他喜欢采用扩音系统与办公室里的员工进行沟通，他喜欢留下语音信息并进行面对面的沟通。他的员工已经习惯定期查看语音信箱并准备随时回答他的问题。同那些超越官僚阶层等级并且鼓励员工也如此沟通的领导者相比，坚持采用正式沟通渠道方式的领导者会建立起一种截然不同的组织结构。

7.3.2　资源分配和控制奖励制度

除了直接决策，高层管理者对组织最有效的影响因素是将资源分配和控制奖励制度。高层管理者将是资源分配给部门或者个人的最终决策人。如果领导者希望鼓励持续不断地创新，他们或许应当决定让组织内部的研发和培训部门获得最多的资源。这样的分配方式强化了既有的目标和行为，支持了特定的组织文化和组织战略，并且创立了只鼓励预期结果的组织结构。例如，亚马逊的首席执行官杰夫·贝佐斯（Jeff Bezos）相信，应当耗费一定的资源在顾客满意度上而不只是在最终财务结果上。他说："我不会像庆贺我们获得卓越顾客体验那样去庆贺我们在股市上10％的增长。"基于这种管理，亚马逊拥有高顾客满意度不足为奇。

正式和非正式的奖励制度同样也会给组织文化和组织内部成员的行为带来重大影响。例如，高层领导者能够形成这样的组织文化：他们以牺牲组织多样性为代价，奖励与组织独特的规范和行为标准相一致的行为。这样的过程不仅可以通过鼓励特定行为来实现，而且可以通过其他高层管理者的选拔，以及提拔那些同领导者倡导的组织文化保持一致的人得以实现。不管领导者的战略领导类型是什么，这样的过程都可能发生。例如，高控制创新型领导者或许最适合与其他同类型的人工作，而参与型创新者则期望关键岗位的管理者有相似的管理风格。可比较的过程很可能在员工个体层面上发生。行为与组织的愿景、使命和文化相符的员工更可能得到奖励。这种过程产生了多米诺骨牌效应，从而进一步使组织朝着反映组织领导者管理风格和偏好的方向发展。

7.3.3　制定规范和树立典范

奖励某些行为和决策显然是领导者应当做的部分工作。然而，树立行为典范并且设定某些决策标准和规范，则会对组织产生间接的影响。福特汽车公司的艾伦·穆拉利说："我非常关注组织的价值观和标准。我们期待怎样的行为？我们想怎样去对待彼此？"除了做决策，高层管理者能够设定其他人做决策的界限。首席执行官或许表示他们同意副手们对于某个新产品做出的选择，与此同时他们也清晰地提出什么样的产品类型是恰当的之类的具体准则，并且告诉组织应当进入什么类型的市场。通过设定这些标准，即使没有直接做出决策，首席执行官也可以确信副手们会做出正确的决策。

领导者影响组织的另一种潜在方式是他们树立行为类型的典范。福特汽车的穆拉利是公司最大的拉拉队长。布莱斯·霍夫曼（Bryce Hoffman）写了一本关于福特首席执行官的书，书中提及：艾伦总是通过个人关系宣传福特的福音。爱尔兰人费加尔·奎因（Feargal Quinn）是超级奎因连锁超市（Superquinn）的创始人和主席，他被尊称为"客户服务的教皇"。他着迷地专注于确定顾客是否再次光顾——他将这种执著的精神传递给了他的员工。杜克能源公司的罗杰斯十分注重言出必行，他最近被任命为总统能源政策小组成员。他声称："在担任首席执行官的 20 多年里，我亲临工作一线，记住子弹呼啸而过的声音，脚踏实地地工作。这是非常重要的。"角色典范可以发挥重要影响的另一领域是伦理方面。宝洁公司的雷富礼（A. G. Lafley）认为自我牺牲和正直是领导中重要的品质。类似地，美国大陆航空公司的戈登·贝休恩（Gordon Bethune）也强调正直的重要性。直接决策、分配资源和奖励制度、设定决策规范以及树立行为典范，是领导者影响组织的一些方式。通过这些不同的影响过程，领导者能够使组织反映他们的管理风格和偏好。这也为战略领导者提供了相当大的权力和影响力，这样的权力需要责任感。这将在下面说明。

7.3.4　战略领导者的责任感

全世界的首席执行官和高层管理团队成员对普通大众的生活有相当大的权力和影响力。他们的行为会影响国家的经济健康和人民的生活水平。他们的行为影响着国家和国民经济健康。背负着这样的压力，首席执行官理应获得相当可观的经济回报和显赫的社会地位。作为组织管理机制的另一个方面，高层管理者薪酬这个话题已经引起了相当多的关注和批评。根据美国劳工和产业组织联合会大会（AFLCIO）的数据，1982 年美国首席执行官与普通员工薪酬的比例是 42∶1，2002 年是 281∶1，2012 年达到了 354∶1，成为世界之最。在彭尼公司(J. C. Penney)罗恩·约翰逊（Ron Johnson）的案例中，这个比例达到了 1 795∶1。标准普尔公布的 2012 年全球 500 强企业首席执行官的平均薪酬是 110 万美元，平均 273 154 美元①的津贴。这种差距让很多

---

① 原文为 273.154 美元，疑有误，应为 273 154 美元。——译者注

人要求强制披露补偿计划和支付比例，但这项行动一直在美国国会停滞不前。

　　甚至被免职的首席执行官也获得了很高的薪酬。据估计，2006 年美国国内支付给被免职的首席执行官的补偿费总和超过了 10 亿美元。名单中包括被免职的美国在线公司首席执行官兰迪·法尔科（Randy Falco），2010 年他得到了 100 万美元的薪酬和 750 万美元的奖金。另外还包括戴维·埃德蒙斯通（David Edmonston），他因为承认自己的履历有假而从美国电器零售商瑞帝优上公司（Radio Shack）辞职（获得了 100 万美元的补偿费）；家得宝公司（Home Depot）的罗伯特·纳德利（Robert Nardelli），尽管在任时公司股票业绩很糟并且存在相当大的争议和批评，辞职后仍然拿到了超过 200 万美元的离职补偿款；在批评声中辞职的美国储蓄银行（Sovereign Bancorp）的杰伊·西德哈姆（Jay Sidhum）获得了价值 7 356 万美元的离职金（包括现金、股票期权、5 年的免费医疗保险和咨询服务合同）；哈曼国际工业公司（Harman International Industries）的道格拉斯·博茨（Douglas Pertz）因为公司股价在他上任后 4 个月内下滑而辞职，可是他仍拿到了 380 万美元的离职金。

　　高层管理者薪酬的问题是非常复杂的。理论上而言，董事会根据公司的业绩来决定首席执行官的薪酬；公司的财务业绩越好，首席执行官的薪酬也就越高。因此，首席执行官的薪酬是激励和控制经理人的有效工具。多数情况下，公司领导者的绩效很优秀，因此他们获得了相应的报酬。但是，我们很难忽视组织绩效和高薪酬之间缺乏联系的案例。许多高层管理者薪酬的涨幅远远高于所在公司业绩的增长。例如，2008 年阿彻丹尼尔斯米德兰（Archer Daniels Midland）的利润下降了 17%，而首席执行官帕特丽夏·沃尔茨（Patricia Woertz）的薪酬增长了将近 400%。类似地，2008 年波音的利润下降了 35%，其首席执行官詹姆斯·迈克纳尼（James McNemey）却得到了 14% 的加薪。在被迫从市场上召回止疼药万络之后，默克公司的股价暴跌了 30%。可是，公司董事会给了首席执行官雷·吉尔马丁（Ray Gilmartin）140 万美元的奖金以及价值 1 920 万美元的股票期权。

　　基于这些案例和一些有关首席执行官薪酬更深入的研究发现，公司的绩效并不是决定首席执行官薪酬的唯一因素。那么，什么因素决定高层管理者的价值？表 7—4 综述了影响高层管理者薪酬的因素。似乎能解释美国高层管理者薪酬数目的一个因素是组织的规模：不管组织的绩效如何，组织规模越大，首席执行官的薪酬就越高。另一个因素或许是聘用总裁的市场竞争行情。当一家公司出价高于另一家时，薪酬就会继续增长。

表 7—4	影响高层管理者薪酬的要素
公司规模	越大的公司，越高的薪酬。
行业竞争	公司竞争出高价雇用最顶级的管理者。
首席执行官的权力和决策自由度	首席执行官的权力越大，一揽子薪酬越高。
国际化	日益增加的国际化与管理者的高薪酬相关。
高度的压力和不稳定性	首席执行官的工作压力很大，从而要求高薪酬。

　　高层管理者拥有更多决策自由度，其组织同样倾向于支付更高的薪酬。此外，研究表明当公司董事会由组织外部成员控制时，高层管理者的薪酬和公司绩效更容易保持一致。其他关于国际化影响的研究发现，国际化程度的增加同首席执行官薪酬水平的增长是相关的。这种想法是基于这样的观点：对首席执行官的高要求和他们职务的不稳定性必须同高薪酬保持平衡。这些高薪酬现在在某些程度上已经成为美国行业标准，并且没有迹象表明薪酬的增幅会下降，即使是在经济危机时期。这样的结果导致了全新的、强势的美国管理阶层的产生，而且高薪和低薪组织之间的鸿沟越拉越大。

　　拿着高薪酬的高层管理者已经成为广受欢迎的英雄，而且关于他们的一切正成为我们日常生活的一部分。基于经济理论和组织理论，环境因素将会促使更换没有绩效的领导者。理想情形下，已经当选的联邦、州和市的各级官员，即使他们没有表现出良好的绩效，也不会重新选举；同样，董事会会更换没有取得预期绩效的首席执行官；学生成绩差并且辍学率高的学校校长也会被校董事会解雇。但是，这些理想化的情形却似乎并不常见。许多强势的领导者并没有为他们的行为负起相应的责任。不管组织绩效有多差、个人道德有多沦丧以及如何缺乏社会责任感，许多领导者依旧大权在握并且有很大的影响力。当美国的首席执行官或政府官员没有实现他们的承诺时，他们很少选择辞职。当组织遭遇重大困难或者承认违法行为时，首席执行官却可以安然离开。美国埃克森石油公司（Exxon）首席执行官对于瓦尔迪兹号（Valdez）漏油事件不承担任何责任；波帕工业灾害事件发生时，数千人丧生并且不计其数的人受伤，然而美国联合碳化物公司（Union Carbide）的首席执行官却没有被更换。2009年美国政府公然辞退了美国通用汽车公司的首席执行官，2010年英国石油公司的首席执行官托尼·海伍德（Tony Hayward）被辞退，但这些只是例外。

　　从组织和社会职能的收益以及福利而言，保持首席执行官的权力、影响力和社会地位与他们对组织成员的责任相一致是非常重要的。这样的问责制却停留在纸上，很难执行。高层管理者的权力和影响力是无可争议的。但是，他们的可信任度和对组织持久的影响力应当仅仅随着承担更多的责任而增长。

7.4　非营利组织面临的独特挑战

　　非营利组织是私人化组织，它不能为其拥有者或成员获利，但是可以向它所提供的服务或者成员收取费用。过去通常描述此类组织为：私人的、非营利的、带有公共目的的、包含志愿者性质的、非营利性的、慈善的并且是非政府的组织。严格意义上说，非营利组织是因为其税务豁免特性而被定义的，但是它处于公共组织和私人组织之间的某个位置，而且区分的界限并不总是清晰的。非营利组织以服务社会及其客户而创造价值为目标。

　　当面临许多适用于商业和其他组织的领导和组织原则时，这些非营利组织的独有特征呈现出其独特的领导挑战。本章"领导变革"专栏介绍的公众联盟（Public

Allies）的情况给出了一个非营利组织领导者的案例。该组织具有公共性质，资金来源主要是政府拨款、从基金会和个人那里获得的捐赠。

7.4.1　非营利组织的特征

非营利组织的许多特征与它适用的税法相关。其他特征则包括：

● 非营利性地运作。虽然非营利组织收取服务费和会员费，并因此集聚和使用了大量资金，但是所有资金都进行了再次投资，用于支持组织的日常运转。许多非营利组织具有很高的盈利能力，但是所有的剩余资金都再次投资以实现组织的使命。

● 公共服务的使命。非营利组织的主要使命是服务公共事业，不管是涉及医疗卫生（医院）、教育（中小学和大学）、教会、社区的改善，还是有普遍意义的基金会。

● 由志愿董事会管理。同那些支付董事会薪酬的商业组织不同的是，管理非营利组织的董事会是由志愿者组成的。他们是与组织的使命相关或者对此感兴趣的一群人。

● 通过捐赠获得资金。尽管收取服务费是许多非营利组织的一种收入来源，但是它们最主要的资金来源是个人、政府机构和其他基金会提供的捐款和拨款。

世界上许多组织属于非营利组织的范畴。以美国为例，有美国癌症协会（American Cancer Society）、美国国家地理协会（National Geographic Society）、大都会博物馆（Metropolitan Museum of Arts）、斯坦福大学（Stanford University）、计划生育组织（Planned Parenthood）、福特和洛克菲勒基金会（Ford and Rockefeller Foundations）、美国国家有色人种促进协会（National Association for the advancement of Colored People）、基督教青年会（YMCA）和基督教女青年会（YWCA）。非政府组织对于改善世界范围内的社会、人权、政治、经济和生态状况作出了相当大的贡献。例如无国界医生组织（Doctors Without Borders，Médecins sans Frontriéres）、乐施会（OXFAM）——一家国际救援机构、国际红十字协会（International Red Cross）和国际野生动物基金会（International Wild Life Funds），这些都是当全世界面临危机时促进发展和支持社会的各种非营利组织。它们通过使用从各种途径获得的资金的方式生存并且实现其组织目标。例如，许多医生通过无国界医生组织提供志愿服务，为世界边远地区提供医疗帮助；乐施会提供资金和资源来改善全球贫困和社会不公正。

领导变革

公众联盟——建立社区中的领导

"领导是行动而不是职位"，"领导是关　这些都是一个社区组织背后的原则。这个独于担负责任的"，"领导是关于价值的实践"，　特的、动态的组织称为公众联盟。该组织坚信社区中的年轻人获得机会、支持和训练后就会有能力领导其他人，会在自己的社区中发挥积极的影响力。这个组织就是建立在这样的信念基础之上的。经过各种程序之后，公众联盟将培养可以继续改变世界的下一代领导者作为目标。

该组织于 1992 年在华盛顿建立。创建者是两个社区活动积极分子瓦内萨·基尔希（Vanessa Kirsch）和卡特里娜·布朗（Katrina Browne）。她们用一些组织（比如麦克阿瑟和萨德纳基金会）的补助金将 14 个富有激情的成员聚集到一起。公众联盟是第一批由美国国家和社区服务委员会（Commission on National and Community Service，由乔治·布什总统设立）建立的组织之一，也是第一批由克林顿时期新组建的美国团（Americops）建立的组织之一。时至 1993 年，该组织有 500 个毕业生。2013 年，4 000 个盟友服务于 20 多个城市。在这些城市中他们与大学和非营利组织合作去服务各个社区。建立正确的联系是该组织成功的关键。基尔希听取了一些人的建议并且恰巧联系了一个 20 世纪 90 年代早期位于芝加哥的社区组织者。这个人叫贝拉克·奥巴马，她说服他加入自己的组织并且听从奥巴马的建议去见了他的妻子米歇尔。当时是1993 年，米歇尔 28 岁，为芝加哥市长理查德·戴利（Richard Daley）管理芝加哥办事处。基尔希和布朗还联系了阿肯色州的第一夫人希拉里·克林顿，她承诺如果她的丈夫在总统大选中获胜就在白宫举办一个活动。

热情、努力、战略性思维、经过验证的结果以及幸运促就了公共联盟的崛起。除了服务不同的社区，这个组织还向 18～30 岁的年轻人提供了一个机会去领导。其首席执行官保罗·施密茨（Paul Schmitz）说："有很多人才只是缺乏某条道路的知识，或者是缺乏如何前往某条道路的知识，而这条道路可以将他们的热情和技能转化为一份可行的事业。""这就是我们所说的，努力建立管道。"领导者的管道建立是通过公众联盟的程序进行的。在这个程序中成员们每周要在当地的慈善机构工作四天，并且在第五天进行集训。训练包括前沿领导力开发课程、教练、映射、反馈以及以团队为基础的项目。这些项目将社区中成员的工作与训练联系起来。和平之城（City at Peace）是一个将年轻人聚集到一起去创作和表演关于自己生活的音乐作品的组织，如今在美国的一些城市以及以色列和南非都有运作，其创建者是公众联盟的一个毕业生，名叫保罗·格里芬（Paul Griffin），他说公众联盟教会了他如何去领导。他相信他们回答了他的基本问题：怎样变得有效？谁是你的利益相关者？怎样建立一个群体去完成那些目标？

保罗·施密茨表示，他经常遇到这样的问题：如何领导每个人？如果没有人听从，那么领导有什么意义？他的回答正如公众联盟所说的那样，重塑领导的理念，将领导的侧重点由名词的"领导者"转到动词"领导"上。通过重新定义领导，通过公民参与、提供服务以及与其他组织协作，公众联盟已经展现出卓越的成果。虽然大部分服务于不同社区的非营利组织中的很多志愿者或者成员都是女性，但是他们基本上都是被白人男性领导的。公众联盟中 67% 的人是有色人种，60% 的女性受过大学教育。联盟的利益相关者拥有很高的满意度；组织有能力招募更多的志愿者去支持项目，仅 2010 年就有 2 万人；组织与其他组织建立了诸多联系以支持当地社区。毕业生已经达成一些目标，比如在芝加哥地区建立学校、在华盛顿建立青年学院、支持一个叫密尔沃基地下都市的青年项目等。所有的项目都基于一个严格的伦理准则，强调协作、多样性和包容性、基于社区的资产开发、持续性学习以及正直。

资料来源：Perry, S. 2008. "Fired up and ready to go," http://www. publicallies. org/atf/cf/{FBEO137A-2CA6-4EOD-B229-54D5A098332C}/Chronicle% 20Articles% 20April%2014%202008. pdf (accessed July 20, 2013); Public Allies-Code of Ethics. 2010. http://www. publicallies. org/site/c. liKUL3PNLvF/b. 4167361/k. B6B3/NEWS/apps/s/link. asp (accessed July 21, 2013); Public Allies-Our Mission. 2013. http://www. publicallies. org/site/c. liKUL3PNLvF/b. 2775807/k. C8B5/About_Us. htm (accessed July 20, 2013); Schmitz, P. *Everyone leads*: *Building leadership from the community up* (San Francisco: Wiley, 2012).

7.4.2　非营利组织的领导挑战

非营利组织的领导也包含与营利性组织相同的原则。领导者必须帮助个人或者群体设定目标并且指导他们去实现这些目标。非营利组织的公共使命，同许多员工、捐赠者和其他利益相关群体的志愿参与结合起来，向非营利组织的领导者提出一种特殊要求，即采取以合作和信任为基础的管理风格。绝大多数情况下，个人捐赠者除了适当地获得税收减免，从捐赠行为本身得不到任何好处。同时他们捐赠的资源也并不总是集中在所在的社区。非营利组织很大程度上是基于一种利他主义和无私奉献精神而创立的。

正直、可信赖并具有自我牺牲精神是所有领导者必备的要素，这些在非营利组织中可能更加明显。营利动机能引导商业组织和其领导者合法地获得回报（比如高层领导者可以得到公司股份作为报酬）。没有经济回报，非营利组织很可能以更加关注奉献精神来吸引领导者。非营利组织的领导者发挥中间人的作用。领导者指导组织如何把包括捐赠或政府拨款在内的各种资源，分配给不同的接受者，同时将组织所信任的资源转化成社会产品（见图7—5）。布赖恩·加拉格尔（Brian Gallagher）是国际联合劝募协会（United Way）的总裁，一家有庞大规模、价值50亿美元的伞状结构组织。在美国马里兰大学进行毕业演讲时，他强调服务社区和州的重要性，并且表示他的组织"调动社区的爱心力量来改善民生"。美国第二大慈善机构福特基金会（Ford Foundation）是一家为世界上的创新型人才和机构提供帮助的非营利组织。主席路易斯·乌比斯（Luis A Ubinas）领导的该组织有自己的使命，并支持愿景型领导。该组织在世界范围内处于社会变革的前沿，其使命是强化民主价值观、减少贫困、促进国际合作和提升人类的各项成就。该组织计划通过为合适的群体和组织提供援助来实现其组织目标。

非营利组织领导者面临的最主要挑战是如何招聘、留住和激励员工。因为他们许多人是志愿者，无法获得客观的经济回报。即使是那些拿薪水的员工，他们的薪酬通常也低于商业组织中同等职务的员工。因此，非营利组织的领导者需要有相当多的技巧来激励和鼓励员工。许多情况下，这些人加入组织只是因为他们对组织使命的强烈认同感，但是只有热情并不总是能产生绩效。另一个因素是许多非营利组织的结构相对扁平，有很少的管理层级和员工。有效的领导需要授权，尽量使用所有可用的资源，通常采用团队力量来管理，在没有许多资源的情况下参与式的创新可以解决许多问题。

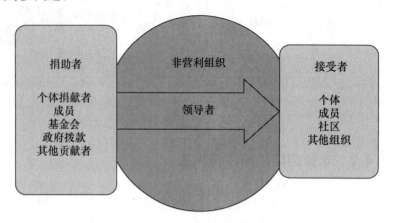

图 7—5　非盈利组织领导者的角色

近期研究表明，非营利组织由于大量短缺合格的领导者，正面临领导危机。当越来越多的非营利组织创立并且开始涉足政府或商业组织都没有解决的、不断增长的社会挑战时，对于有效领导的需求也随之不断增加。根据布里吉斯潘集团（Bridgespan Group）的研究报告，非营利组织的数量在过去的 20 年间增长了 3 倍，30％的增长发生于 1999—2009 年之间。但是由于人员变动、退休而且缺乏主动的招聘和开发，潜在领导者的人才供给并没有相应增长。因此，非营利组织领导者面临的一个挑战是招聘、挽留和开发未来的领导者。这样的工作在商业组织里更加容易，因为那里有相当可观的资源用于招聘、发展，并且从竞争对手那里挖来一些领导者也更容易些。

虽然领导非营利组织的许多流程同商业组织使用的流程相似，但是非营利组织的领导者需要特别关注建立关系和信任，并且注意发展未来的领导者。

> **领导问题回顾**
>
> 在一些层级中，领导者就是领导者，不管领导一个小组还是一个大型组织，你都需要去关注任务和人员。但是，高层领导者需要不同的能力，获得认知以及人与人之间更大依赖的能力，以及在战略层面上评判诸多复杂因素的能力。在与志愿者工作和为员工提供经济回报的问题上非营利组织都面临挑战。不管在任何组织或是任何层级，关心追随者都是领导的核心，即使面对的是任务所需的能力和知识或者商业问题，都不可妥协。但是每个领导情境都是独特的，有效的领导需要准备、知识、经验和行为风格去适应相应的状况。

7.5　结　论

许多应用于高层领导的流程同样适用于小群体层次的领导。但是由于高层领导者关注整个组织而不是小群体或部门，同时他们有决策自由度来深远地影响决策，因此增加了管理流程的复杂程度。此外，高层领导者关注外部支持者的同时也关注组织内部环境，因此同其他高层管理团队成员一起领导组织。

高层领导的综合方法是将领导者视为组织战略的设计者和执行者。因此，除了需要考虑到领导者与现有组织战略以及其他组织要素相匹配，综合方法也要考虑领导者个人的性格特征和管理风格在不同组织要素的选择和战略执行方面所起的影响和作用。这种将首席执行官视为现存战略的主要执行者的匹配概念，在选择一个领导者去执行全新的组织战略路线时也同样有用。

各种研究贯穿有关高层领导者性格特征的两类主题。其一是领导者寻求挑战的程度和对风险、创新的偏好程度。其二是领导者对组织的控制需要。这两种要素结合起来产生四种类型的战略领导者：高控制创新型、现状捍卫型、参与型创新型和过程管理型。四种类型的领导者都展现出对所在组织的发展方向和管理方式的不同偏好。他们通过直接决策、分配资源和薪酬以及组织规范和预期行为的设定来发挥影响力。战略领导者通过这些流程获得了相当大的权力和影响力。这种权力相应伴随着可观的薪酬。然而对高层领导者行为的问责制却依然有限。

虽然领导非营利组织的许多流程同商业组织中运用的极为相似，但是非营利组织的领导者需要特别关注建立关系和信任，并且开发未来的领导者。总之，不管是营利性组织还是非营利组织，战略领导的领域提供了研究领导的一种不同的、重要的视角。战略领导者需要面对许多微观层领导者不曾经历的挑战。有关战略领导的研究也是将微观因素和宏观因素联系起来进行总体研究的一个多产的研究领域。

复习讨论题 ——■

1. 现有的组织变革是如何影响微观层和宏观层领导之间的差异的？

2. 影响组织战略领导的战略要素有哪些？

3. 高层领导者在管理战略要素以形成和执行战略时起到了什么作用？

4. 分别举例说明影响组织领导的调节因素。

5. 用于描述高层领导者的不同类型的主要主题有哪些？

6. 分别描述四种类型的战略领导者并举例说明。

7. 文化和性别是如何影响战略领导的？

8. 描述领导者用于影响组织战略要素的所有流程。哪一种流程是最重要的？为什么？

9. 高层领导者对组织行为和绩效的责任是什么？

10. 非营利组织领导者的独特性格特征是什么？他们遇到了哪些挑战？

领导挑战： 董事会和首席执行官 ——■

首席执行官和其他高层管理者共同管理着上市公司。他们相应地向股东和董事会报告。有趣的是，尽管董事会监督首席执行官，决定他们的聘用和薪酬条款，并且监控组织绩效，首席执行官通常仍参与提名董事会成员。理由是首席执行官清楚地知道董事会成员所需要的专业技能，并且应当有一个他们可以合作的董事会。董事会和首席执行官之间的关系是复杂而有趣的。

1. 首席执行官参与选拔董事会成员会产生什么样潜在的道德和利益冲突问题？

2. 如何才能解决这些问题？

练习 7—1　理解战略驱动力 ——■

该练习用来帮助你理解本章所描述的领导者在管理六种战略驱动力时所起的作用。这六种驱动力分别是环境、战略、文化、结构、技术和领导。

场景

你是一名位于西部主要城市的一所中等规模初中的校董事会成员。该城市在过去 5 年中经历了惊人的增长。因此，在学校设施未经过改变和资金相对增长有限的情况下，学生人数增长了 20%。目前学校教室显得过于拥挤，许多设施陈旧，老师只有有限的资源来丰富教学课程，并且学校的发展方向也不明晰。与此同时，学生学习成绩和辍学率这两项最差的纪录仅有缓慢的改善。

但是几年前，该校拥有很好的声誉，被认为是所在城市最有创造力和成绩最好的名校之一。传统意义上，家长的参与和对学校的兴趣有很大差异。类似的是，教师的教学方法、任期和教育背景也有很大差异。但是绝大多数老师表现出关注学生并且致力于改善学校。

因为近期的一些事情，包括家长提出的平等机会诉讼、学生之间的暴力事件和较差的学习成绩，学校校长被迫辞职。许多家长、老师、校董事会成员指责校长对学校采取自由放任的态度，并且使学校看上去完全没有发展方向和重点。问题和抱怨只是被简单地指出但并没有强调，而且目前没有计划能够解决学校正经历的种种改变。

经过全国各州、地区范围内两个月的寻找并且面试了相当数量的候选人，校董事会最终将新校长的人选缩小到两名候选人身上。

候选人

J. B. 戴维森（J. B. Davison），55 岁，拥有教育管理博士学位，教育学学士、硕士学位。他曾经在其他两所学校担任校长。他在之前学校取得成功的原因是关注基础学习技能、传统教学方法、纪律和成功激励。在转为学校管理者之前，他是一名教授历史和社会研究课程的老师。校董事会对他清晰的思路和直截了当的教学方法印象深刻。他欣然地承认自己的性格有些保守、传统，并且他将自己视为学生们的父亲。他管理严格并且关注学校的方方面面。

杰丽·波波维奇（Jerry Popovich），40 岁。她在硕士和博士研究生阶段学的是教育管理，本科阶段学的是计算机科学。她在担任科学和数学老师之前曾经在计算机行业工作数年。她曾经在另一所学校担任校长助理，目前是西海岸某城市一所中学的校长。校董事会对她的创造力和发掘新教学方法的能力印象深刻。她称自己最大的长处在于能让许多下属参与决策。她称自己为教育流程的引导者。

理解战略要素工作表：比较候选人

为了帮助你决定应选择哪一位候选人，请分别考虑两人是如何处理和平衡六种战略要素的：环境、战略、文化、结构、技术和领导。

战略要素	J. B. 戴维森	杰丽·波波维奇
环境		
战略		
文化		
结构		
技术		
领导		

讨论题

两位候选人有什么差异？

如何解释两人之间的这些差异？

你的选择

你将推荐谁担任这个职务？为什么？

练习7—2 你的组织 ——■

该练习用来验证组织中高层管理者的潜在影响力。在开始练习之前，先清晰地定义你正在评估的部门、团队或者组织。你的指导老师也可以给你提供一些相关简介用于你的评估。

请使用以下标准，评估你所在组织或团队的以下方面：

1＝完全不赞成

2＝部分不赞成

3＝不赞成也不反对

4＝部分赞成

5＝完全赞成

1. 我所在组织采用集权式的决策过程。_____

2. 我所在组织存在强而有凝聚力的组织文化。_____

3. 我们做事情时总是想新办法。_____

4. 组织中一些人负责做最重要的决策。_____

5. 组织由许多小团体或小集团构成。_____

6. 我们主要关注的是效率。_____

7. 我们以创新能力而著称。_____

8. 我们对不同观点持开放态度。_____

9. 在没有管理监督的情况下，员工被授权做许多决策。_____

10. 在过去几年里，我们并没有改变组织太多的发展路线。_____

11. 我们冒了许多风险。_____

12. 许多规则和流程是为我们的工作所设立的。_____

13. 组织鼓励员工做他们自己的事情。_____

计分提示：问题5，6，8，9和13的分数颠倒计算（1＝5，2＝4，3＝3，4＝2，5＝1）。

组织结构：将问题1，4，9和12的分数相加。最高20分。分数越高，表明组织越是有集权化、控制倾向的组织结构。总分：_____

组织文化：将问题2，5，8和13的分数相加。最高20分。分数越高，表明组织文化越单一，不鼓励多元文化。总分：_____

组织战略：将问题3，6，7，10和11的分数相加。最高25分。分数越高，表明组织越愿意承担风险，越愿意创新。总分：_____

讨论题

基于所在组织在组织结构、组织文化和组织战略方面的得分，你预测组织的战略领导者属于哪种风格？

练习7—3 影响过程 ——■

该练习用来帮助你识别高层管理者影响组织，尤其是组织文化的流程。阅读完每个场景之后，请识别领导者和高层管理团队影响组织的流程是什么。

益智玩具公司首席执行官

斯坦利·王（Stanley Wang）是益智玩具公司（Brain Toys）首席执行官。他在公司创始人J. G. 格林（J. G. Green）决定退休的前几年进入该公司。首先我们很容易得出结论：斯坦利在该公司职务提升很快。他有工程和平面设计学士学位、工商管理硕士学位和电脑软件设计方面数年的工作经验。他很快适应了益智玩具公司的组织文化。他聪明、机智、善于分析，并且愿意竞争。J.G. 格林很喜欢他并且让他负责一些高知名度的项目，这使他有潜力获得较高的影响力和金额较大的公司预算。斯坦利每次都圆满地完成了工作。在工作前两年，斯坦利获得了益智玩具公司授予经理们的所有内部奖项。一些同事故意说斯坦利成功的原因是他爱好跑步而不是他的技术和管理能力。斯坦利每天工作前都和老板一起跑步，他们一起训练去参加许多比赛。

易接触型领导者

作为为数不多的女性首席执行官，莱斯莉·马克斯（Leslie Marks）为自己在男性统治的信息科技领域取得的成就感到自豪。作为 Uniform Data Link 公司首席执行官，她称自己为易接触型领导者。"我不相信强硬型领导。员工应当能够表达自己的想法。这是你能从中获得最大利益的管理办法。我们公司的最佳方案来自各个组织层级。"她为所

有员工敞开大门，而且将自己的办公室从三楼搬到了一楼。她通常穿牛仔裤上班，花许多时间就技术问题和工程师展开头脑风暴。她改变了许多员工评估和提升的流程。同时，她同一些受教育程度不高但是很有经验的员工合作，参与一些非常重要的项目。

医院的经济学家

约瑟夫·哈达德（Joseph Hadad）在美国西南部一所著名高校获得了经济和卫生管理博士学位，之前他有多年的医疗行业从业经验。现在他被任命为菲尼克斯一家医院的总裁。作为一名经济学者和笃信公平薪酬的人，哈达德花更多时间同人力资源经理在一起，来改进医院的薪酬制度和福利计划。原来偏重高层的薪酬制度被完全废除，取而代之的是绩效考核薪酬制度，这是将包括医生在内的员工薪酬，部分同医院的财务绩效结合的考核办法。该计划允许两年内有一定的灵活性，在此期间员工不会因为较差绩效而受到处罚，但是只在绩效好时才会获得奖励。两年后，员工共同承担组织绩效。大多数医院员工抱怨哈达德看上去什么都不关心。可是他们同时也注意到每位员工行为上的变化。

影响过程工作表

影响方法	斯坦利·王	莱斯莉·马克斯	约瑟夫·哈达德
直接决策			
资源分配			
薪酬制度			
其他领导者的选拔和提升			
树立榜样			

▌ 自我评估 7—1　你属于哪种战略领导者 ──■

该练习是基于本章描述的四种类型的战略领导者所做的自我测评。对于列出的每个项目，请根据以下标准进行自我评估。（你也可以用这些项目对你所在组织的领导者进行评价。）

0＝从不
1＝偶尔
2＝经常

3＝总是

1. 我喜欢从事日常工作。＿＿＿＿＿

2. 我在寻求做事情的新方式。＿＿＿＿＿

3. 我觉得将工作分配给下属是挺困难的事。＿＿＿＿＿

4. 我喜欢与下属分享相同的价值观和信仰。＿＿＿＿＿

5. 改变让我感觉不舒服。＿＿＿＿＿

6. 我鼓励员工参与决策。＿＿＿＿＿

7. 我觉得在有许多反对声时做事情是挺困难的。＿＿＿＿＿

8. 我喜欢从事新工作。＿＿＿＿＿

9. 我觉得将权力分配给下属是挺舒服的事。＿＿＿＿＿

10. 我认为自己是一个爱冒险的人。＿＿＿＿＿

计分提示：将问题 1，5，6，7 和 9 的分数颠倒计算（0＝3，1＝2，2＝1，3＝0）。

寻求挑战：将问题 1，2，5，8 和 10 的分数相加。得分在 0～15 之间。将得分抄写到下图寻求挑战的线上（垂直线）。总分：＿＿＿＿＿

控制需要：将问题 3，4，6，7 和 9 的分数相加。得分在 0～15 之间。将得分抄写到下图控制需要的线上（水平线）。总分：＿＿＿＿＿

你属于哪种战略领导者

你的两项得分在何处相交？例如，如果你的控制需要得分为 5 分，同时你的寻求挑战得分为 10 分，这两个分数表明你是一位参与型创新者。

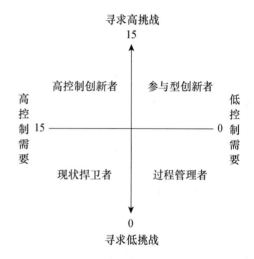

实践中的领导 ——■

■ ■ ■ ■ ■ 雷富礼重建宝洁公司 ■ ■ ■ ■ ■

宝洁公司创立于 1837 年，是一家受人尊敬的消费品公司。它的产品全球驰名，消费群体主要是女性，其旗下品牌仅仅列出一些就已经是我们耳熟能详的了，包括汰渍洗衣粉、帮宝适纸尿裤、佳洁士牙膏、伊卡璐洗浴用品（Clairol）、封面女郎彩妆（Cover Girl）、潘婷洗发水。虽然拥有悠久的历史和许多知名品牌，但是宝洁公司在 20 世纪 90 年代一度处于混乱状态，一些人将这归因于关注内部提升和一整套告知员工如何做好每件事的"现有最佳办法"政策。如果不是雷富礼，一位在该公司工作了 20 多年的内部人

士，在 21 世纪头十年内设计、指挥了公司转型，那么该公司就有可能加入到商业恐龙行列而消失。2009 年雷富礼按照公司惯例于 65 岁退休，通过一个精心计划的交接安排，他将公司交给了另一个内部人员——鲍勃·麦克唐纳（Bob McDonald）。2013 年，宝洁面临的另一个危机使得董事会邀请已退休的雷富礼重新执掌宝洁。作为一个因优秀领导和接班人计划而著称的企业，任命前任首席执行官不仅是前所未有的，而且是令人吃惊的。

在他第一任任期中，雷富礼悄然而有效

地改变了宝洁公司的组织文化和组织绩效。他的行动看上去很简单，他用自己所称的"芝麻街语言""让事情变得简单，因为困难的是确定让每个人都知道组织目标是什么，以及该如何实现它"。他抓住任何机会来持续、耐心地传达这些相同的信息。一项极具象征意义的、实用的和公开的行动是，他把在公司总部最高层的首席执行官办公室改造成一个领导培训中心——让高级管理经理集中在同一层办公。他创立了开放型办公室，其中有一间是留给他和其他一些高层管理人员的，雷富礼相信这样的安排不仅是公司全新开放的象征，展现了宝洁公司内部学习的重要性，而且有助于在公司内培养合作、创新和灵活性。他说："我希望营造一种更具有合作性的、联系更加紧密的、更能和员工在一起的组织内部环境……我需要一个少一点科技含量多一些实际沟通的地方。"

考虑到雷富礼平和的领导风格，或者更简洁地说，他的管理方式看上去更像在公司里营造家庭文化，他如此迅速地转变宝洁公司的能力令人十分吃惊。他说："我不是一个以自我为中心的人。对于将宝洁公司或者是宝洁的品牌置于我个人的抱负和成就之上，我毫无异议。"雷富礼通常被描述成平静、说话温和、和蔼、沉着，以及注意力高度集中、信念坚定。他这样描述自己：我不是一个经常尖叫或怒吼的人，但不要因此误解我的风格，我很果断。雷富礼相信"衡量一个人是否有权力是看他们影响力的范围，而不是他们控制的范围"。被重新任命为首席执行官之后，雷富礼很低调地说："既然选择了我，我就答应了，职责所在。"

麦克唐纳在 2009 年接任雷富礼的职位，他被认为是雷富礼的门生，也是一个基于 360 度反馈和评估的、彻底的、竭尽全力的领导发展计划的赢家。他在全球经济下滑前接手了公司并且努力经营。像他的导师一样，他因低调、专注于公司和领导而著称。他随身携带着一张十项领导经验的清单，清单内容包括每个人都想成功，成功是会"传染"的，性格是领导者最大的特质，组织必须更新自身等。但是他忽视了"目的激发的增长"的重要性，这造成了他在激发员工、董事会和投资者方面的失败。

虽然雷富礼自己并没有打算再干几年，但是据预期，他会重掌公司，从而重建在鲍勃·麦克唐纳时期因为众多管理漏洞而废弃的领导团队，并且找到下一任首席执行官的合适人选。为了完成这些颇具挑战性的任务，雷富礼必须与宝洁的董事会合作。该董事会是世界最强大的董事会之一，12 个成员中有 6 个是其他组织的高层管理者，包括波音、惠普、美国运通公司、美国梅西百货，以及墨西哥前总统。但是，其中有一些公司正面临着纠纷和危机，他们根本没有时间去解决宝洁的问题。与这些强大的人合作并且获得他们的帮助，对于任何一个首席执行官而言都是挑战。

问题

1. 哪些战略驱动力影响了宝洁公司？考虑内部因素和外部因素。

2. 哪些因素影响了领导者的自由裁量权？

3. 雷富礼领导风格的关键因素是什么？

资料来源：Berner, R. 2003. "P&G: New and improved," *Business Week Online*, July 7. www. businessweek. com/magazine/content/03_27/b3840001mz001. htm (accessed December 7, 2007); Coolidge, A. 2013. "P&G hands reins of power back to A. G. Lafley," *USA Today*, May 26. http://www. usatoday. com/story/money/business/2013/05/24/procter-gamble-ceo-lafley/2357141/ (accessed July 21, 2013); "Corporate design foundation: Procter & Gamble's A. G. Lafley on design," @*Issue. The Journal of Business and Design*, 9, no. 1 (2004). www. cdf. org/9_1_index/lafley/lafley. html (accessed February 8, 2005); Dana, D. 2007. "Bob McDonald CEO of P&G, on value-based leader-ship," *The Harbus*, October 15. http://media. www. harbus. org/media/storage/paper343/news/2007/10/15/News/Bob-Mcdonald. Coo. Of. Procter. Gamble. On. valuesBased. Leadership-3028093. shtml (accessed April 8,

2010）；Jones，D. 2007. "P&G CEO wields high expectations but no whip," *USA Today*，February 19. http://www. usatoday. com/money/companies/management/2007-02-19-exec-pandg-usat_ x. htm （accessed July 25， 2007）；Kerber，R.，N. Damouni, and J. Wohl. 2013. "Analysis: P&G all-star board's oversight questioned as CEO departs," *Reuters*，May 29. http://www. reuters. com/article/2013/05/29/us-proctergamble-ceo-board-analysis-idUSBRE94S05-U20130529 （accessed July 21， 2013）；Lublin, J. S.，E. Byron, and E. Glazer. 2013. "P&G's Lafley begins new hunt," *The Wall Street Journal*，May 24. evernote:///view/28354196/s232/db4b3ba0-c657-4bde-94db-4910e495e72b/db4b3ba0-c6574bde-94db-4910e495e72b/ （accessed July 21， 2013）；Markels, A. 2006. "Turning the tide at P&G," *U. S. New and World Reports*，October 22. http://www.

usnews. com/usnews/news/articles/O61022/301afley. htm （accessed July 25， 2007）；Pichler, J. 2013. "Years of crises for P&G board," Cincinnati. com, June 1. http://news. cincinnati. com/article/20130602/BIZ01/306020023/Year-crises-P-G-board （accessed July 21， 2013）；Reingold, J. 2009. "CEO Swap: the $79 billion plan," *CNN Money*，November 20. http://money. cnn. com/2009/11/19/news/companies/procter _ gamble _ lafley. fortune/ （accessed July 20， 2013）；Rosenbaum, S. 2013. "Rinse and repeat: What's behind the encore succession at P&G," *Chief* Executive. net, June 6. http://chiefexecutive. net/rinse-and-repeat-what's-behind-the-encore-succession-at-pg （accessed July 21， 2013）；Sellers, P. 2004. "eBay's secret," *Fortune*，October 18: 160−178.

第 3 部分
如何领导
Leading

▷▷▷　第 8 章　领导团队
▷▷▷　第 9 章　领导变革
▷▷▷　第 10 章　　领导力开发

第 3 部分关注群体和组织领导的具体内容，其中包括参与管理和领导团队、领导变革和领导力开发。在学习完第 3 部分之后，你将会理解通过变革来管理团队，领导个人、团队和组织的过程中将要面临的挑战，以及可以用于领导力开发的方式、方法和工具。

组织管理近年来有了相当大的改变。更快速地做决策、不断增加的组织灵活性、管理多样性和所面临的全球挑战，这些问题带来的压力仅仅反映了组织变迁的一部分。为了获得成功并且保持竞争力，组织必须能够快速地反应以应对不断增强的环境压力。组织试图娴熟地应对这些挑战和保持高效的核心主题是使用团队并在制定和执行决策过程中增强员工参与程度。领导者和组织面临的最大挑战是在面对经常性变化时如何掌握好组织的发展方向。常常使用的陈词滥调"唯一不变的是变化本身"表述得并不准确。在当今的环境中，领导者如何带领大家应对很多人所称的"永恒的激流"才是最为关键的。高度动态的组织也必须寻找新方法来帮助领导者实现变革和发展，以应对他们将要面对的未知挑战。

第 8 章关注团队和参与管理。第 9 章将完成我们在第 6 章开始讨论的基于变革的领导理论，即考虑领导者如何管理变革。最后，第 10 章将探寻领导者改进和发展自己的技能，以及不断更新自己以持续保持有效性的不同方法。

第8章
领导团队

学完本章，你将能够：

1. 理解何时及因何必须使用参与来提高领导的有效性。
2. 解释授权的好处并给出授权的指导方针。
3. 应用各种形式的团队和自我领导。
4. 有效领导并管理团队，避免团队的机能失调。

领导问题

是什么因素使得团队成为许多领导者的挑战？为此，需要做些什么才能改善这种状况？

多年来，员工参与一直是领导学研究领域的核心课题。几乎过去和现在的所有模型都以某种形式来表述这个问题。比如，Y 理论比 X 理论更强调高层次的员工参与。采用 Y 理论的管理者允许员工为他们的发展设定方向并给他们提供支持，然而，采用 X 理论的管理者采取控制员工的办法而不是让他们参与决策。与此相似，行为研究方法中的初始建构行为（initiation-of-structure）认为领导者需要构建组织结构，却丝毫没有提及员工参与在结构发展中的作用；同一模型中的关心员工行为则包含更高程度的员工参与。费德勒提出，工作导向型领导者单独做出决策，而关系导向型领导者则鼓励群体参与。最终，决策过程中的员工参与被称为规范决策模型的核心概念。

本章集中讨论参与管理和领导团队的概念。我们将讨论参与和授权行为的使用，以及它们给领导者带来的挑战。本章还涉及团队的独有特征以及自我领导的重要性，并且为如何更好地管理团队和避免团队内部功能障碍提供指导方针。

8.1 员工参与和团队： 益处以及使用标准

团队和参与管理的使用正朝着系统化的方向发展。在一个极端，领导者保留对所有事物的控制权，并且做决策时不需要向下属咨询意见，甚至不让他们得到任何信息；在另一个极端，领导者将所有决策授权给下属，并且允许他们拥有最终决策权。很少有领导者使用以上两种管理方式——极端的独裁或者极端的授权；在一定程度上，绝大多数领导者采用介于两者之间的管理方式。类似地，很少有组织完全以团队为基础或者根本不使用团队。绝大多数组织处于中间状态，结合了团队和传统的官僚组织结构（见图 8—1）。

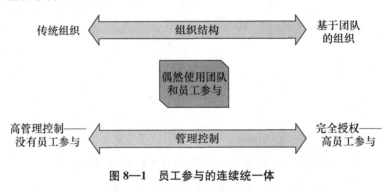

图 8—1 员工参与的连续统一体

8.1.1 员工参与和团队的益处

凯文·奥康纳（Kevin O'Connor）是双击公司（Doubleclick）的创始人并且是寻找最好公司（Findthebest，一个数据比较引擎）的首席执行官，他认为：有一个好想法并不足以建立一个好企业，关键是要会利用人才团队，合理地组织他们并使他们发光。很多企业采用了奥康纳的想法。例如，虽然福特汽车公司仍然维持多项传统组织结构中的要素，但是在保持传统集权式组织结构的同时，该公司也依靠团队完成多项工作。南希·乔亚（Nancy Gioia）是公司"可持续性移动科技和混合性汽车"项目的负责人。她表示："作为一名主管，当我的团队需要时，我会非常愿意让员工参与决策并且把权力下放给他们。福特公司的混合性团队中总是会出现一些最好和最聪明的想法。我对他们在相关技术知识方面的宽度和深度完全有信心。"X空间（Space X）这家太空运输企业是第一家为国际空间站运输设备的私人企业，也是一家彻底地实施员工参与的企业。公司创始人和首席执行官埃隆·马斯克（Elon Musk），同时也是贝宝（PayPal）的创始人、特斯拉汽车公司（Tesla Motors）的首席执行官和《公司》杂志评选出的 2007 年度企业家。马斯克极力依靠一部分非常聪明、目标明确的员工。他们为公司贡献了极为重要的创造力和创新能力。公司采取扁平式组织结构，没有组织结构图，没有烦琐的程序，并且建立了尊重团队工作和员工才能的组织文化。公司要求员工在一起合作。马斯克说："我认为，在我们公司里任何人都无法接受员工心存不满。"类似地，诺华制药（Novartis）也采用团队工作，团队在没有墙壁和小隔间的开放空间工作，并且员工可以随时与世界上的其他团队取得联系。

南加利福尼亚大学的研究人员对员工参与所做的时间序列研究表明，组织能从员工参与和主动性参与方面获益。这其中包含诸如信息分享、群体决策，以及团队使用、授权、利益分享和股票期权计划等方法。这些方法的目标都是提高员工在组织中的参与度。研究结果表明，采用这些办法明显会对组织绩效、盈利能力、竞争能力和员工满意度产生积极的影响。另外有研究进一步表明，团队运用、员工参与和双方约定这些方法有积极的意义，并且能在诸如学校、医疗机构、城市规划之类的非营利组织得到有效运用。此外，研究发现即使在没有反馈的情况下，相比于个人，团队的学习速度也更快，团队经验甚至可以帮助个人做出更好的决定。最近一个关于游泳接力团队的案例表明，在运用团队时较弱的成员往往做得最好。

各种规模以及不同部门的很多组织都依赖于团队和员工参与。最近一项研究表明，增强合作与协作成为经理人最关心的问题，并且有 46% 的公司依赖于跨时间和空间工作的虚拟团队。达登餐厅（Darden Restaurants）的首席执行官克莱伦斯·奥蒂斯（Clarence Otis）描述了他的公司是如何领导团队的。他们越来越少地去考虑怎样把事情做好，越来越多地去考虑怎样建立团队（把合适的人放在合适的岗位上），让有天赋和能力的人去做他们擅长的事。欧洲最大的电子产品制造商飞利浦公司正期望通过跨部门的合作与对话，以及员工参与来重新激活企业。为了实现重振企业的目标，公司首席执行官杰拉德·克莱斯特利（Gerard Kleisterlee）召集那些希望为公司作贡献的人，而不考虑他们在公司的等级和职务。克莱斯特利说："这些会议让不同部门之间产生了非常明确的目标和更好的合作。"杰能科国际（Genencor International）是一家位于加利福尼亚州帕洛阿尔托、拥有 1 200 名员工的保健产品公司。它是另一个邀请员工参与并从中受益的公司的案例。相比行业内平均 18% 的数据，该公司的离职率仅为 4%，并且销售量持续增长。该公司是依赖员工参与和投入的成功企业案例。1996 年公司建立总部大楼时就有员工参与制度，给员工提供机会以参与到大楼的具体设计工作。科研人员要求实验室完全开放，为其他人员的建议开辟一条"主要通道"，方便员工间相互交流，这些建议都得以成功实施。如今员工可以定期通过民意调查的方式获得与他们福利相关的信息。同时公司强调这样一种企业哲学：正如分管科技的副总裁辛西亚·爱德华兹（Cynthia Edwards）所说的那样，信任维系着员工的生活方式。基于员工的建议，杰能科公司给员工提供许多通勤服务项目，例如干洗、眼镜修理和小儿急症护理等现场服务。为了表示对员工工作的认可，员工自己可以提名杰出绩效员工，并且在周五下午的聚会中庆祝他们取得的成绩。这个聚会为员工之间的交流和彼此间的熟悉提供了机会。2005 年前一直担任该公司首席执行官的简-雅克·比昂内姆（Jean-Jacques Bienaime）坚信："如果你希望员工有绩效，就必须培育一种可以让他们变得有创造力的环境。"公司的人力资源副总裁吉姆·舒尔兹玛（Jim Sjoersma）表示，实现这样的收益所需要投入的成本为人均 700 美元，同招聘和培训一名新员工所需要的 75 000 美元相比是一个非常明智的投资。据舒尔兹玛所说："这些项目本身就带来了收益。"

8.1.2　员工参与的标准

尽管员工参与有许多潜在的好处，但它并不是一剂万灵药。员工参与更适用于某些情形，并且应当遵循一种权变理论。参与管理在社会科学与管理领域经过多年争论和研究之后，现在已经有了清晰的标准，以表明什么时候运用参与性决策最恰当（见表 8—1）。

表 8—1　　　　　　　　　　　　　使用员工参与的标准

标准	描述
当任务复杂、多面，并且质量很重要时	复杂的任务要求有不同能力的人投入进来；具有不同视角和观点的人更可能产生高质量的决策。
当成功实施需要下属的承诺时	员工参与增加了承诺和激励。
当时间充裕时	员工参与的使用需要时间；法定的时间期限和时间压力不允许寻求广泛的员工参与。
当领导者和下属都准备好了，并且组织文化是支持性的时	如果领导者和员工都认识到参与的好处，接受了如何使用员工参与的培训，并认为它一定能够成功，员工参与才能够成功。组织文化必须鼓励，至少容忍员工参与。
当领导者和下属之间的互动没有受到任务、结构和环境的限制时	参与要求领导者和下属之间的互动；只有当由于地理位置、结构要素或任务要求等因素带来的限制最小时，这样的互动才可能变为现实。

总之，如果组织及其领导者和员工正在为参与管理做准备，这项工作复杂并且没有太大的时间压力，而且员工承诺是重要的，那么领导者应当信赖员工参与决策。但是，如果时间压力是真实存在的，或者领导者、下属或者组织并没有为此做好准备，那么参与行为不太可能产生太多效益。如果领导者表现出强烈的控制欲，领导者是高工作导向型，并且他们曾经用独裁的管理方式取得成功，那么他们不可能轻易地执行参与管理。进一步而言，对于那些对参与行为不感兴趣或者充分信任自己领导者的下属，参与或许并不是必要的，或者至少不会比领导者个人做决策产生更好的效果。还需要补充的是，有一些组织文化本身就支持员工参与，因此这些组织实现员工参与或多或少更容易些。使用员工参与的另一种因素是看工作或者组织结构本身是否限制使用员工参与。如果是因为工作，或者是因为地埋位置的限制，员工无法轻易地同他人和领导者进行互动，那么员工参与可能并不合适。在某些情形下，由于诸如人事任命等法律和保密条款要求，是需要避免员工参与的。

基维航空公司（Kiwi Airlines）的案例呈现了一个由于员工参与管理不当产生潜在问题的经典事例。1992 年基维航空公司成立，随后很快成为员工参与和平等主义领导的完美典范。这是一家由一群美国东方航空公司（Eastern Airline）的前飞行员和其他部门员工创立的公司。基维航空公司承诺不再重复东方航空的错误，并且其组织目标是给所有员工营造一种家庭氛围。所有员工都不同程度上拥有公司的股份，同时他们相当自豪，希望以主人翁的身份参与、控制和承担相应的职责。公司所做的所有决策都有员工全程参与。不管处于什么管理层级，所有员工齐心协力完成工作并且提供优质服务。这很快在航空服务质量调查中为基维航空公司赢得了声誉。公司规模迅速成长为拥有超过 1 000 名员工，每天航班数超过 60 架次。其中，罗伯特·W·艾弗森（Robert. W. Iverson）是公司的一名飞行员、创始人，并随后成为公司董事会主席。他将公司的惊人增长和成功归因于员工的责任感以及组织的平等主义文化。基维航空公司是组织从员工参与受益的真正象征。1994年经济泡沫破灭。由创始人和股票持有人构成的公司董事会将艾弗森赶出了董事会。这个事件暴露出基维航空公司内部严重的管理和组织失效。员工参与的不足之处是对管理决策惊人地缺乏关注。如果许多员工股东相互间无法达成一致，他们是无法遵循管理规则的。员工要求参与每项决策，这让组织决策变得停滞并且让组织在解决问题时显得无能为力。艾弗森承认："我做的最愚蠢的一件事是让每个人都成为股东。而这些股东都认为自己可以对组织实践进行无理由的控制。"基维航空公司的案例证明了员工参与的无效使用。一些经理人相比那些参与决策的员工，更能有效率和效果地做出许多决策。正如这个例子所展示的那样，员工参与是否应该实施以及员工参与是否有可能提供更好的结果受到所处情境因素的影响。

8.1.3 组织文化的作用

当组织考虑运用员工参与时，国家文化价值观是其中一个重要的因素。例如集体主义和权力距离因素，团队导向型、参与型和自主型领导，跨文化的组织文化对员工参与是否会取得成功都会产生影响。全球领导与组织行为有效性研究项目发现，集体主义文化倾向于强调合作团队进程、考虑群体因素的薪酬和提升。此外，权力距离越大，团队越不可能授权。该研究的其他发现还表明，关爱他人并以他人的福祉为己任的人本主义导向，也可能是支持团队导向和参与型领导的一个因素。

例如，日本文化十分强调牺牲个人目标来实现一致性，达成共识和集体行为，尽管其具有较高的权力距离，但仍支持参与管理。日本式的参与是群体和谐与达成共识的混合物，含有指令型领导的要素。在这种垂直型的集体主义文化中，组织希望个体能为了群体利益而牺牲个人利益。在中国，建立共同目标和关注关系的发展，有助于培养参与型领导。在没有参与型领导的情况下，同样具有较高集体主义倾向、权力距离和男性主义的墨西哥，仍具有专制型领导的悠久传统。在多米尼加人身上同样也发现了类似的文化模式。在这样的文化背景下，领导者和员工都不觉得员工参与是可取的。此外，特姆彭纳斯以法国埃菲尔铁塔为例描述的跨文化组织文化，关注的是基于对组织中有正式职权的人服从和尊敬而产生的绩效。在这样的环境中，组织赋予领导者很大的权力，并且要求他们无所不知；要求员工参与或许被视为软弱和缺乏领导能力的标志。

具有相对平等的权力分配和垂直个人主义特征文化的国家，例如美国和澳大利亚，则面对不同的挑战。低权力距离允许员工参与，但是个人自主和个人贡献的价值可能是团队环境中合作的一个障碍。例如，在瑞典这样水平个人主义文化的国家，员工参与和团队合作是很容易的，因为所有的个体都是平等的。另外，适当的团队行为在不同文化之间差异很大。在日本，有效率的团队成员是彬彬有礼并且具有合作精神的；团队成员之间避免冲突和对抗。在美国，有效率的团队成员则说出自己的想法，通过相同的贡献做好自己分内的工作，积极参与，而后希望个人能得到认可。德国员工在职业生涯早期就被教导要探寻最好的技术。在阿富汗，组织要求团队成员分享资源，从而使得慷慨大方成为重要的团队行为。以色列文化是扁平集体主义。勤劳工作的价值观和对团队的贡献激励着基布兹（Kibbutz，以色列的集体农场）的团队成员。瑞典人觉得公开辩论很自然，他们会当众表示不赞同其他人和领导者。每种文化都预期并回馈不同类型的团队。

团队行为中的这些跨文化差异给文化差异型团队的领导带来了相当大的挑战。成功取决于准确的观察力和对跨文化符号的认真解读。领导者必须灵活、耐心，不仅愿意倾听他人，而且愿意质疑自己的想法。此外，他们必须记住许多行为差异是来自个体差异而非文化差异。成功执行团队的过程中唯一不变的是，领导者真挚地相信团队具有为组织作出贡献的能力。不管什么文化模式，这样的信念都是必要的。

8.2 授权问题

软件技术服务公司太阳卡（SunGard）主席和首席执行官克里托鲍尔·康德（Critóbal Conde）说："诀窍是让全世界的人都直接地为你工作，那样你就不需要花费大量的时间去管理他们。"落跑闹钟（Clocky）的创办者高瑞·南达（Gauri Nanda）和一个在房间滚来滚去的机器人闹钟讨论着她是否将会做出与众不同的事情。她说："我会在一开始就尽力寻求更多的帮助，我不只是靠自己，如果能够更好地学习业务的流程和每一个环节，我会去找个人帮忙。"这些领导者都遵循着一个管理的基本原则：授权。授权是指任命某人为代理人或代表，并委托其代为处理某项事务。虽然许多经理人认为授权是员工参与的一部分，但是授权在许多方面不同于员工参与。例如，如果许多领导者将工作委托给下属，他们会认为自己是参与型管理者。尽管这种行为让更多下属参与决策，但是授权的目标并不一定是培养员工或者让其承担更多的责任。授权也并不总是包含同员工分享权力。授权的目标可以简单地认为是帮助领导者减轻过重的工作量。授权最基本的方式是将某项工作交给其他人；在复杂一点的方式中，授权类似于参与管理。

8.2.1 授权的好处

当管理层级减少并且管理者发现自己的工作量增加时，将工作很好地授权给下属完成变得很重要。比如，产品经理发现需要管理的下属倍增；销售经理发现为了实现扩大组织结构的现有目标，他们管理的范围也扩大到原来的两倍。经历这样的重组过程正是许多组织测试团队合作的时机。然而，即使这样的授权能够被很好地接受并执行，公正的授权行为也是领导者获得成功的一种基本工具。授权的潜在好处包括以下几点：

- 授权让领导者腾出时间处理新工作和战略性事务。
- 授权为员工提供学习和发展的机会。
- 授权让员工参与工作。
- 授权可以观察和评价员工在新工作中的表现。
- 授权能更好地激励员工并增加员工的满意度。

除了是领导者时间和压力管理的工具，授权还可以让下属尝试新工作和学习新技术。因此，授权潜在地丰富了员工的工作内容，能更好地激励员工和增加员工的满意度。当员工执行新工作时，领导者有机会观察他们并且收集相关的绩效信息。这为进一步发展、评估和提拔员工做好了准备。授权本身也是领导者在组织中的计划得以延续的一种有效工具。在新工作中一直表现良好并且愿意承担更多责任的员工将可能成为组织的领导者。如果没有在现有工作之外成长的机会，那么就没有信息可以用来准确地预测员工在更高职务上的绩效。千年：武田肿瘤公司（Millennium：The Takeda Oncology）的首席执行官医学博士黛布拉·邓希尔（Debra Dunsire）表示，关于授权，她已经学会去提供一个安全的环境，并且让她的员工呈现那些不完美的工作以便于他们可以从自己的错误中学到东西。

如同参与管理一样，授权的最后一点好处是增加了员工融入组织的程度和对组织的责任感。工作丰富化和参与管理的研究表明，如果员工没有机会参与新的和有挑战的工作，那么他们很快就会感到压抑和缺乏动力。这些新工作的授权行为有助于更好地激励员工并增加员工对组织的满意度。

8.2.2 良好授权的指导原则

同任何管理工具一样，错误地授权会给组织带来很大的损失。领导者必须考虑一些相对简单的授权原则（见表 8—2）。对于领导者而言，一个重要的原则是将授权和推卸责任区别开来。领导者需要将轻松的、困难的、愉快的和不愉快的工作混合起来授权给下属完成。如果领导者仅仅是一直将不愉快的、困难的和无法处理的工作分给下属，那么当领导者完成那些引人注目的、有挑战性的和有趣的工作时，授权就变成了推卸责任。员工就是在这点上对授权抱怨最多。为了获得收益，领导者应当授权不同种类的工作，并且尤为关注授权是否均衡。

表 8—2　　　　　　　　　　　　　　　　好的授权原则

原则	描述
授权，而不是倾销	授权愉快和不愉快的工作；给下属提供一系列经验。
明确目标和期望	提供关于工作期望和限制的清晰目标和指导。
提供支持和权威	当任务被授权以后，提供必需的权威和资源，例如时间、培训和完成任务需要的建议。
监督和提供反馈	在工作进行和完成的过程中，定期跟踪进展，提供反馈。
授权给不同的下属	将任务授权给那些有最大的动机去完成任务的人，以及那些有潜力但没有清晰的绩效记录的人。
创造安全的环境	鼓励尝试，容忍诚实的错误和可能会失败的有价值的努力。
开发自己的教练技能	参加研讨班和培训课程，保证自己拥有授权的技能。

　　有效授权的要求远不止分配工作。领导者必须清楚他们的预期并且在员工执行该项任务时给予他们支持。这种支持包括告知部门内部和外部一些人，该项工作已经授权。另一种支持则包括提供培训和其他合适的资源，以便下属学习必要的技能。授权或许也需要定期监督和说明需要报告的预期情况。如果领导者没有适当地监督任务完成情况，对于一个着急的下属而言很容易做出同领导者目标不一致的决策。

　　不能或者是不应当授权的领域是人事问题。除非组织或者部门正朝着具有反馈和自我评估责任性质的自我管理团队（self-managed teams，SMT）发展，那么绩效管理工作仍然是领导者的职责。例如，授权下属来处罚一名迟到员工，或者期望下属监督和管理同伴的绩效情况，授权这些工作对于领导者而言并不恰当。自我管理团队的情况通常是改变这种原则。这种改变在本章随后部分进行讨论。

　　领导者必须认真选择他们授权工作的对象。对于绝大多数领导者而言，最容易的选择是授权给那些他们知道能做好这项工作的下属（圈内人）。虽然这样的想法至少在短时间内是合乎逻辑并且有效的，但是领导者必须意识到第 3 章所谈论的组织圈内人或圈外人的问题。因此，领导者必须选择那些已经表现出潜质，也愿意且有热情承担新工作，并具备应对新挑战所需的合适技能的人。有能力、有热情但是近期没有做好一项工作的下属也是一个不错的选择。但是如果领导者只是依赖他们信任的少数圈内成员，这些人可能就会被忽略。互联网初创企业艾力公司（Ally-Crop）的首席执行官凯文·瑞恩（Kevin Ryan）有一个包含 35～40 人的员工名单。据他所说，他总是联系名单的前十名员工，但是他一直努力去见其他员工。他说："总有那么三四十个人，他们有的是后起之秀，有的水平下降了，我希望他们知道我一直在关注着他们。"将工作授权给不同群体的下属，为领导者提供了广阔的视角来看待他们所在团队或部门的绩效能力和潜力。最后，创造一个容忍错误并且鼓励不断的培训的环境对于领导者而言也是非常重要的。

8.2.3　领导授权为什么会失败

　　在某些情形下，领导不应当授权。有时员工并没有做好接收授权任务的准备；有时员工已经是超负荷工作，或者他们本身正承担着特殊工作，因此无法接手新工作。但是，这种情况很少见，因为授权带来的可观收益远比许多有代表性的反对意见所认为的多。反对授权最通常的理由是"这件事如果由我自己做，那么会更快更好"。表8—3列出了不应当授权的典型借口和反对的意见。从短时间看，不该授权工作的理由或许是合理的。但是如果从长远发展来看，比如考虑领导者的个人绩效和员工的发展，那么许多理由并不成立。有效授权不仅需要努力和诸如培训之类的资源，同时也可以让领导者专注于更高层次的组织战略问题，而不是每天的日常工作。许多领导者不授权的一个潜在因素是他们的个性特征、对控制的需求以及担心丧失权力。例如，正如我们在第4章所讨论的那样，A型人格领导者的控制需求通常导致他们很少授权。竞争意识同样也会使A型人格领导者同下属竞争。其他个人需求，如权力需求，或许也会促成领导者希望对所有活动保持控制力，并阻止授权。

表 8—3	不授权的借口
借口	**反对的意见**
我的下属还没有准备好。	领导者的工作就是使得下属为新工作做好准备。
我的下属没有完成工作所必需的技能和知识。	领导者的责任就是培训下属，保证他们能够应对新的挑战。
让下属完成我的许多任务，我感觉不舒服。	只有少数的工作不能被授权。你需要平衡地既授权愉快的工作任务，也授权乏味的工作任务。
我自己能够更快地完成工作。	花费时间培训下属从长远来说更节省时间。
下属太忙。	领导者和下属必须学习如何通过设定优先目标，管理自己的工作负担。
如果下属犯了一个错误，我将会做出反应。	鼓励尝试、容忍错误是学习和发展的基本要素。
我的上级可能认为我工作不努力。	繁忙地工作并不是领导者使用时间的恰当方式。授权允许我们将自己的时间集中于战略性和更高层次的活动。

虽然人们意识到员工参与和授权属于管理和领导的一部分已经有很多年了，但是在引入分权和诸如下面将要说到的自我领导等概念之后，近期它们在团队型组织中表现出崭新的形式。

8.3　参与管理的演变：团队和自我领导

许多组织将团队当作组织结构长期的组成部分。即使团队不是组织结构的基础，也可以创建一种正式组织结构，以实现参与决策。日本经济取得的成就离不开日本组织依靠团队和参与管理的实践，这促使美国和其他西方组织运用团队。虽然并不是所有团队都能取得成功，并且团队常常给组织带来相当大的挑战，但是大量组织继续使用团队，并将其作为提高创造力、创新能力和产品质量的一种技术。谷歌在领导变革方面的案例表明，成功地运用团队需要付出巨大的努力。在谷歌的案例中，组织中的任何事情都是关注协作和契约的。这两大因素是团队成功运用的关键因素。简单地说，仅仅让员工以团队的形式工作是远远不够的。

谷歌——全球最快乐的工作场所？

谷歌是一家技术领先公司，它给劳动者提供了最快乐或者说至少是最好的工作场所。在美国企业的一个重要声明当中，谷歌的发言人乔丹·纽曼（Jordan Newman）表示，谷歌的企业目标是：创造全球最快乐、最高产的工作场所。

如果那项声明对你而言显得太过煽情，那就考虑一下谷歌广泛的数据收集和清晰的目标。这些驱动着谷歌的一切。据谷歌的工程总监克雷格·内维尔·曼宁（Craig Nevill-Manning）表示，这家企业坚信并且依靠员工的敬业和协作，所以其管理、物质背景以及结构都是为了使互动更加简单以及消除一切妨碍协作的壁垒。为了达到创始人拉里·佩奇所说的"一种被误认为是不可能的健全"，这种协作是关键的部分。

谷歌测量了方方面面以确保自己不偏离轨道并且知晓维持员工敬业的最佳方式。其分析员表示：文化十分重要。此外，适宜的工作场所使人更有效率。所以谷歌在人力资源部之上设置了首席文化执行官的职衔，并且打造了一个员工可以自由地互动、娱乐和工作的工作场所。在谷歌的加利福尼亚总部有娱乐场所、咖啡店、厨房、室内阳台及树屋、一条黄色石板路、排球场、按摩椅、午睡室和全天供应的美食。这是为了让员工保持良好的工作状态。此外，公司允许员工在一起消磨时间。每一个工作场所都根据当地的特色营造一个舒适的氛围。比如，在苏黎世的办公楼之间有滑雪缆车。

佩奇说："作为领导者，我的职责是确保公司的每个人都能获得机遇，让他们觉得他们对社会有积极的影响并能为社会作出贡献。"谷歌文化侧重于创造性和效率，而采用团队是该公司获得成功的关键。在一些独立分部，团队成员工作在一起，也玩儿在一起。团队之间的良性竞争促使他们关注工作。一个企业发言人声称："我深信我们有一个协作的、充满活力的企业文化，在这里人们努力工作但也能获得快乐。我们是一家严谨的企业，但我们不会让自己太严肃……"由于谷歌实行的是扁平式结构，因此只有少数中层管理者。一个亲力亲为的高层领导者，致力于敬业和参与并且广泛地运用团队，拥有很大的自主权和高度的权威性。谷歌的不断发展让很多人羡慕。副总裁凯文·瑞恩在搜索引擎观察网站上（SearchEngineWatch.com）说："谷歌的文化可能是全世界最积极、最有影响力、全方位、生产力诱导环境的企业文化之一。"

资料来源：DuBois, S. 2012. "The rise of the chief culture officer," *CNN Money*, July 30. http://management. fortune. cnn. com/2012/07/30/chief-culture-officers (accessed July 23, 2013); Chatterjee, S. 2012. "Top 5 reasons why Google is the best company to work for," *IBTimes*, January 20. http://www. ibtimes. com/top-5-reasons-why-google-best-company-work-553844 (accessed July 22, 2013); Fernholz, T. 2013. "Inside Google's culture of relentless self-surveying," *Quartz*, June 26. http://qz. com/97731/inside-googles-culture-of-relentless-self-surveying/ (accessed July 22, 2013); Johansson, G. 2013, "Google: The World's Most Successful Corporate Culture," *Suite 101*, March 25. http://suite101. com/article/google-the-worlds-most-successful-corporate-culture-a242303 (accessed July 22, 2013); Kelly, C. 2012. "O. K., Google, take a deep breath," *The New York Times*, April 28. http://www. nytimes. com/2012/O4/29/technology/google-course-asks-employees-to-take-a-deep-breath. html? pagewanted=all&_r=0 (accessed July 22, 2013); Lee. A. 2013. "How to build a culture like Google: 7 practical ideas from 'The Internship,'" *Entrepreneur*, June 7. http:/www. entrepreneur. com/article/226948 (accessed July 22, 2013); and Stewart, J. B. 2013. "Looking for a lesion in Google's Perks," *The New York Times*, March 15. http://www. nytimes. com/2013/03/16/business/at-google-a-place-to-work-and-play. html? pagewanted=all (accessed July 22, 2013).

8.3.1　团队的特征

虽然群体和团队都能让员工为了实现组织目标一起工作，但它们在一些维度上有所不同。表 8—4 描述了这些区别。

表 8—4　　　　　　　　　　　　　　　群体和团队

群体	团队
成员为了一个共同的目标工作。	成员完全承诺自己制定的共同目标和任务。
成员对管理者负责。	成员相互之间负责。
成员没有清晰稳定的文化，冲突经常发生。	成员之间相互信任，团队具有合作的文化。
领导的责任归于某个人。	成员之间共享领导的责任。
群体可能完成它们的目标。	团队产生协同效应：2＋2＝5。

资料来源：Hackman，J. R. 1900. *Groups That Work（and Those That Don't）*. San Francisco，CA：Jossey-Bass；Katzenbach，J. R. ，and D. K. Smith. 2003. *The Wisdom of Teams：Creating the High Performance Organization*. New York：Harper Business.

团队的首要特征是团队成员对共同目标和团队发展方式的完全认同。成员必须认可团队目标是有价值的，同时也认可实现该目标的大致方式。团队的第二特征是相互负责。团队要想成功，成员必须能为了他们工作的进程和绩效，理解他人并能为他人、组织承担责任。群体成员向领导者或者团队经理报告并且为某人承担责任，团队成员则必须从他们对团队的认同出发，负起责任并且完成任务。团队的第三个特征是团队文化必须建立在信任和合作的基础上。当群体成员分享相同行为准则时，团队成员则分享共同的团队文化。团队成员要愿意妥协、配合和合作，以实现他们的共同目标。合作的团队氛围并不意味着没有冲突。如果积极地处理，冲突能提高团队的创造力和绩效。同团队文化相关的还有分担领导。如果群体的领导者是组织任命的，那么团队之间所有成员分担领导是有所差异的。这种成员分担领导是重要的，同时领导者在成功团队里仍然发挥重要作用。特别是，领导者能鼓励合作型组织文化并通过授权成员促进团队学习。

最后，团队产生协同效应。协同的含义是团队成员一起工作比单独工作所获得的成就总和要多。当成员共同努力实现目标的时候，团队也达到了更高的绩效水平。当群体变成团队并且实现他们能够达到的最高绩效时，他们或许能给组织带来诸如削减成本方面的收益，这是因为团队需要较少的监督，具有更高的员工认同感。这能提高学习能力和灵活性。

8.3.2　自我管理团队

一些团队仍旧依赖一个外部的领导者，自我管理团队则是一种对员工工作具有完全管理控制能力的员工团队。诸如丰田汽车、通用食品公司和宝洁公司在内的大量组织，已经成功采用自我管理团队许多年了。双击公司的创始人及寻找最好公司的首席执行官奥康纳认为，管理者忘记了激励团队的重要性。他声称如果拥有一个聪明的团队，你应该鼓励每个员工去做出适合他们所属小组或者所处角色的决定。除了加快决策速度以及将团队成员塑造成未来的管理者，这也会在整个团队中灌输一种主人翁精神。谷歌的团队在做很多决策时既被给予了决策的权力，也拥有自主权。自我管理团队具有以下特征：

● 管理自己工作的权力。自我管理团队能够设定目标、计划、日程，选择员工，监督工作质量和执行决策。

● 成员具有不同的专长和实际经验。团队成员具有市场、金融、产品、设计等方面的才能。否则，团队不可能管理各个方面的工作。

● 没有外部管理者。团队无须向一名外部管理者报告。团队成员通过分担领导管理自己、团队的预算和他们的工作。固特异公司的前任首席执行官斯坦利·高尔特（Stanley Gault）说："固特异公司的团队现在可以跟老板讲如何运营。我必须说，这方面我做得很好。"

● 执行决策的权力。团队成员有必要的权力和资源来执行他们的决策。

● 通过团队决策同其他团队、个人协调与合作。因为每个团队是独立的并且不需要向经理做正式汇报，团队本身而不是经理必须协调、整合他们的工作和活动。

● 简化团队领导。领导者常常依据处理特定情况时每个人的专长在团队成员之间轮转。相比告诉他人做什么、设定目标或者监督绩效的领导者，团队领导者为团队清除障碍并且确保团队有他们需要的各项资源。团队领导者最主要的作用是为团队提供便利而不是控制团队。便利是指领导者关注为团队清除阻碍以便实现其设定的目标。

要想获得成功，团队需要具备一些关键因素。首先，团队必须认真挑选具有互补技能和专长的成员。成员间这种关键的相互依赖关系形成了"恰当的"团队合作。这种恰当的合作依赖于技能和协调人际关系的能力。其次，团队成员需要专注并且忠于团队目标。例如，来自市场或产品等不同职能部门的人，虽然他们因为在各自领域的专长而被选入团队，但是必须将原来的部门思维方式丢掉而专注于团队工作。捷尔特集团（Gilt Group）是一家为顾客提供打折的高档商品的企业，其首席执行官苏珊·莱恩（Susan Lyne）表示，在选拔新员工时，要寻找可以跨越公司任何部门工作的人。再次，团队工作必须适当复杂，同时也需要得到完成工作所需的重要资源。最后，团队需要足够的权力和权限来完成工作并且贯彻团队的想法。团队可以用第 5 章提出的团队权力来源完成工作。

创建一个有效的团队需要一定的时间。这样的过程要求团队具备建立人际关系的能力，而且能获得广泛的技术支持。信任、共同的愿景以及很好地合作的能力都需要恰当的人际交往能力。一旦团队建立起信任和目标，那么完成复杂工作就只需要适当的技能培训。许多人际交往和技术职能通常由领导者承担。但是团队中的领导常常是分散的，这可能给团队成员个体在承担新工作和新挑战时带来更多的压力。

在管理中使用体育团队模型

组织行为学专家、哈佛大学教授南希·卡茨（Nancy Katz）表示，经理人可以从体育团队那里学到如何使团队更有效。以下是以她的研究成果为基础得出的几条准则：

● 鼓励合作和竞争。这样做首先能产生团队凝聚力；其次能鼓舞团队成员工作时竭尽所能。

● 通过安排一些小的、短期而明晰的任务使团队形成初期就能获得一定的成功。初期的业绩能建立团队的自信心并创造积极向上的趋势。

● 通过积极地思考、挑战团队已有的成功模式并关注团队成员失败的外部而不是内部原因，突破失败。

● 花时间练习；努力实践；焦点应当放在学习和体验而不是成功上。

● 保持团队稳定，以加强凝聚力，并且给予员工时间来学会如何在一起工作。

● 回顾团队成员的表现，尤其是关注错误和失败；分析问题并从中学习。

8.3.3 自我领导

参与管理和团队的一种应用是自我领导。然而不论是传统的还是基于员工参与的领导，领导力的来源都是外部的追随者并且是属于领导者的。在自我领导中，追随者领导自己。查尔斯·曼茨（Charles Manz）和亨利·西姆斯（Henry Sims）率先通过每个团队成员建立了包含自我领导和自我管理的模型。自我领导是引导人们领导自己的过程。这是个基于社会认知理论的概念，人们可以管理和控制自身的行为。内在动机理论表明，自然内在报酬是一个强大的动机。当我们授权给员工并给他们提供不同领域的培训时，我们期待员工能渐渐独立地做决策。这些转变将注意力从领导者转移到下属身上。这个概念替代了那些凭借着威慑力的领导者（"强人"），而是关注关系的细微改变（"执行者"），或者在思考受阻的时候激发献身精神（"前瞻性英雄"），领导者和下属必须专注于自我领导。因此，在不需要领导时，组织必须教育并且鼓励团队成员自己做决策并承担责任。团队中自我领导的含义是所有团队成员设定目标，并且观察、评价、批评、强化和奖励他人及自身。这样的环境降低了对领导者的需求；团队成员设定目标并且决定如何实现目标。科技力量的不断发展、信息技术革命和知识工人的优势都支持自我领导。这种类型的领导者关注行为、提供恰当的回报，并且采用有建设性的思考模式。详细地说，自我领导的领导者：

● 发展积极的和激励性的思维模式。个人和团队寻求和创造环境来提供积极信号和支持性、激励性的团队氛围。

● 设定个人目标。个人和团队设定他们自己的绩效目标和预期绩效。

● 观察成员行为并进行自我评估。团队成员观察他们自己和其他成员的行为，提供反馈、批评并评估其他人的绩效。

- 自我强化。团队成员彼此提供奖励和支持。

因此，正式领导者的作用主要是指导其他成员进行自我领导，或者给每个下属"注入自我管理的能量"。英雄型领导者提供所有问题的答案，并且指导、保护和帮助下属。与英雄型领导者相反，自我管理型领导者必须引导下属，直到他们不再需要他人来领导。实际上，通过使用工作设计技术、发展团队文化、常规绩效管理以及建立自我管理型领导模型，领导者可以构建内部和外部的领导替代品（见第 3 章）。员工技能开发和内部激励可作为形成和指导领导的内部替代品（见练习 8—2）。自我管理型领导者的开发战略包括以下内容：

- 多听、少说。
- 提问而不是提供答案。
- 分享信息而不是存储信息。
- 鼓励独立思考而不是遵从他人。
- 鼓励创新而不是一致性。

自我领导的有关研究仍然继续支持这个模型。自我领导的维度是合乎逻辑的，同时也是与其他性格特征变量分离的，一些研究同时表明自我领导的实践对组织有益。近期的研究也考虑到了自我领导概念在其他文化背景下的适用范围。此概念为开发领导者提供了大量的决策转变的依据，并且有助于在依赖团队和授权的组织里建立可行的领导角色。

2002 年彭明盛（Sam Palmisano）担任 IBM 公司的首席执行官。当他表示要倡导跳跃式地发展这家值得尊重的公司时，公司全球人才项目副总裁唐娜·赖利（Donna Riley）不得不开始重新改造公司的领导者。在外部咨询顾问的帮助下，她着手识别 IBM 领导者帮助公司生存下去所需要的一套技术、行为和竞争力。他们开发出的领导特征包括信任和个人责任感、开发员工、促进增长、合作、信息化决策、建立客户伙伴关系。"在一个十分复杂的世界里，不同群体需要合作才能解决客户的问题，过去的那些命令控制型领导已经不起什么作用了。"IBM 公司用来塑造未来的领导特征同曼茨及其同事所做的研究结果类似。

为了获得成功，参与管理和自我领导要求向员工授权（见第 5 章）并且改变组织文化。组织文化变革的关键因素是重新定义领导者和下属的相关概念。自我领导的员工不需要领导者的组织、控制和监督。这种全新的定义要求重新思考领导的许多方面，包括第 1 章所说的内容。接下来我们将讨论一些使团队变得有效的方法和管理工具。

8.4　有效地领导团队

领导者如何应对团队出现的一些挑战？他们怎样去做才能使自己的团队变得更有效？

8.4.1　团队的规模

很多领导者会犯这样一个错误，就是努力招募很多人。他们觉得这样可以提供更多可供选择的代理人，或者觉得更多的人就会有更多的想法。然而这却是一个大问题。群体应该足够小以便于成员在工作时可以紧密联系并且实现互动。研究表明，很多人低估了当群体变大后完成工作实际上所耗费的时间。家居设计企业赛琳娜和莉莉（Serena & Lily）的创始人和首席执行官莉莉·坎特（Lily Kanter）认为，小群体最好，最好不要超过 4 个人。群体大小取决于项目，但一定要有某个人去负责。对于一个创新项目而言，2～4 人比一群人要好。毕竟，有几个企业不是从 2～4 人开始的？小工作群体非常高效。这才能确保人们了解何处需要决策。尽管没有理想的群体规模，但是一个大于 12 人的群体不太可能平稳地发挥作用。此外，奇数的成员数往往可以打破意见不统一的僵局。一般而言，随着规模的增加，个人没有机会去参与，同时也不太可能为他们的行为和团队结果负责。另外，随着群体变大，就需要用更小的亚群体的形式去处理不同的问题或者承担任务的不同部分。对于群体内部以及亚群体本身而言，存在一个消极因素，如果没有完整的亚群体结构，亚群体可能失去与其他亚群体的联系，这会导致行动的协调性差。

8.4.2　团队的组成

另一个团队领导者必须注意的基本问题是团队的成员或者叫团队构成（见图8—2）。一个关键点是考虑清楚任务本身的属性以及任务需求。此外，众多研究显示，拥有同质化成员（即有相似背景的成员）的群体有更强的凝聚力。由于观点相似，同质化的群体能够更快地融合，并且在过程和抉择方面意见统一，从而减少冲突且让成员获得认可，觉得正确并且全体一致。然而，过度的相似也会造成一些问题。当对群体的正确性出现过度信任的情况时，强凝聚力就成为导致群体思维的关

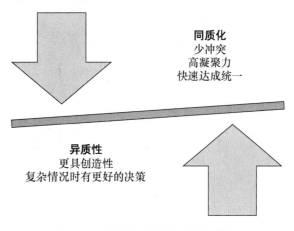

同质化
少冲突
高凝聚力
快速达成统一

异质性
更具创造性
复杂情况时有更好的决策

图 8—2　成员同质化与异质化对比

键因素。第二，同质化群体倾向于丧失创造性。尤其是当群体面临复杂的情况时，发现很多不同的观点是很重要的，特别是在面临伦理和道德困境的情况下。多样化的群体会考虑更广泛的选择，并且能够产生更高质量的决策。此外，多样化群体能更好地整合信息以便于决策制定。当管理良好时，冲突对于团体有很大的好处。在选择成员时，领导者要保持对于简单舒适的互动需求和创造性以及有效的群体流程之间的平衡。

8.4.3 团队环境中领导者的作用

在团队环境中领导者的作用发生了改变，但这并不意味着作用完全消失（见图8—3）。领导者不具体负责，并不意味着命令和控制。团队领导者必须减少亲力亲为。由于这个原因，许多实践者把团队领导者称为协调者和教练。领导者一个重要的职能是确保成员之间活动协调并且整合行动和贡献，这种协调促成了有效的团队。有效的团队意味着有效的团队协调和整合贡献；而无效的团队只是一个活动的集合，有时只是一个简单的明星组合。因此，把人拉到一起是必要的。神经领导学研究所（Neuro Leadership Institute）所长戴维·布洛克（David Brock）表示：如果可以为大家创造一个共享的目标，你就能非常迅速地创建有较强内聚力的圈内群体……除非领导者在整个组织范围内创设共享目标，否则整个组织就是隐藏着一系列危险的地下储窖。

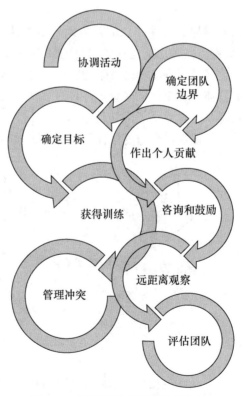

图 8—3　团队环境中的领导者角色

　　领导者为团队确定目标和边界，以使成员明白什么应该关注，什么应该远离。许多团队失败的原因是因为它们承担太多职责或者忽略了组织的实际情况和局限。例如，某教师团队承担了为四年级、五年级学生修改社会研究课程的任务，但是这样可能对其他学科课程的变化产生影响，并且当他们的建议没有得到完全执行时，他们可能会感到失望。团队领导者的角色应当是让团队关注特定的工作，或者将团队与那些能够提出广泛建议而帮助团队的人整合起来。领导者/协调人仍然履行传统意义上领导者的许多职能，但是他们做得更少，并且只有当员工要求时才履行。因此，团队环境中领导者的主要活动变成了评估团队的能力和技能，并且帮助他们发展必要的技能。这些通常需要得到适当的训练。尽管让个人更有能力且更有效率的战略会影响团队富有成效的整体能力，但团队经常需要一些专业的支持和干预去保持发展：

- 团队建设：明确团队目标和成员角色，设定可行的互动模式。
- 交叉训练：确保团队成员了解其他成员的任务。
- 协调训练：通过增加交流和协调让团队一起工作。
- 自我引导校正：教团队成员去监控、评估和校正他们在团队中的行为。
- 魄力训练：当团队成员之间提出要求、提供反馈以及进行其他互动时，帮助他们恰当地表达自我。

　　当团队领导者继续完成本职工作时，同时他们也扮演了冲突和关系管理者的角色。

你怎么办?

　　你被派去组建一个团队，以与一个高利润客户沟通有关公司研发的一个新产品的相关问题。任何你挑中的人选老板都会给你，但是她建议你选择最好的、最聪明的人，以保证该客户能获得顶级的服务。在组建团队时你将关注哪些因素？

8.4.4　团队管理的功能失调

　　虽然团队可以为组织带来很多好处，但是它也会给团队领导者带来挑战。不是所有团队都能良好运作，有些会陷入各种问题以至于需要花费大量的时间去处理冲突，花在为达目标的必要活动上的时间反而较少。表 8—5 总结了团队中可能出现的典型问题。

表 8—5	典型团队问题

群体思维：过度凝聚和命令型领导导致的决策失误。
搭便车：对团队的不平等贡献。
消极性和坏苹果：来自一个或者更多成员的消极思想。
缺乏合作：协调活动差以及人际关系不良。

群体思维

有凝聚力是每个团队的重要目标。团队成员努力减少冲突，在群体中维持成员间的相互关系。较小团队的规范比较清晰，拥有相似个性和相似成功史的成员更容易产生凝聚力。这种凝聚力会带来很多好处，比如为学习提供支持环境或者为更好的表现提供潜在可能。然而，它也会导致一个重要问题：群体思维。欧文·贾尼斯（Irvin Janis）于 1982 年首次提出群体思维的概念，用以描述群体机能障碍过程。群体成员变得紧密相关，不表达意见分歧或者没有批判性思维，此时就出现了群体机能障碍，从而会导致决策失误。群体思维的形成过程如图 8—4 所示。当高凝聚力的群体面对复杂情况时，他们将自己与外界隔离，并且不去考虑其他选择。为了保护群体凝聚力，他们只想快速达成一致意见。群体思维的一个关键前兆是可以推动意见一致的命令型领导。一旦这种情况出现，陷入群体思维的群体会有一系列表现，包括对于自身无懈可击和一致性的错觉、集体理性化、自我审查和持异议者的压力。这就导致其他选择不被重视，群体追求快速的意见统一，无法形成持续的计划，这些都将导致决策失误。贾尼斯引用了几个历史上的例子，比如猪湾入侵和古巴导弹危机。其他因群体思维而导致糟糕决策的案例包括挑战者号美国宇宙飞船爆炸的灾难和美国入侵伊拉克的决策。

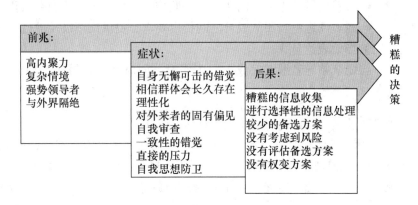

图 8—4　群体思维

许多研究者认为独裁和命令型领导在形成群体思维方面起着关键作用。除了鼓励发表不同意见、群体成员多元化以及引入外部人员进入群体，解决群体思维的首要方法是领导者要避免推动群体达成一致意见，并避免给每个成员分配一个挑剔的评估者。而且，在某些情况下，领导者要远离群体，尤其是在群体成员思考备选方案或故意采取某种行动时。

搭便车

团队中会出现一些不为团队工作尽全力却仍然从团队中获利的人，这是团队工作中常见的现象。这种被称作搭便车的情况在个人主义文化中较为常见。在集体主义文化中，群体意识以及要成为群体一部分的意识会抑制搭便车现象的出现。在个人主义文化中侧重于个人贡献，强调团队中所有成员要有相等和相似的贡献。这使得他们在面临搭便车现象时有一种不公平感。实际存在或者感知存在的搭便车现象会在很大程度上影响团队的效力，特别是会导致其他成员因为怕自己被利用而减少投入和贡献，甚至期望搭便车的人会受到惩罚。这更加会破坏团队的效力。迅速地处理搭便车现象是领导者的一项重要职能。

消极性和坏苹果

哈曼国际工业公司（Harman International Industries）是一家音频和信息娱乐设备公司，其董事会主席、首席执行官包利华（Dinesh C. Paliwal）认为，领导者如果不尽快介入阻止消极性和政治手段，那么他们就相当于是在鼓励这些行为。Angie's List 的创始人安吉斯·希克斯（Angies Hicks）也同意这种观点，认为即使是团队内的一个成员有这种不好的态度，也会极大地影响整个组织的文化。正如积极行为和积极态度一样，消极性会迅速蔓延并且破坏团队的凝聚力和效力，甚至出现不道德行为。一个不快乐、缺乏动力的团队成员会对其团队有一个不相称的消极影响。坏苹果通常只在意自己的目标，不喜欢合作而且霸道，不愿意作出贡献。他们不断地抱怨并且缺乏动力，会拖垮群体，同时导致其他成员无法完成团队目标。

缺乏合作

莫尔森库尔斯酿酒公司（Molson Coors Brewing）的总裁兼首席执行官彼德·斯温伯恩（Peter Swinburn）认为，导致团队失败的重要原因就是团队成员并没有将自己视为真正的队员。在一个有效的团队中，成员在完成某个目标时可以相互信任。团队中的合作在很大程度上依赖于信任和由此产生的安全感，这两者让成员们敢去尝试、学习、犯错，而不用担心被嘲笑或者报复。

8.4.5　帮助团队变得有效

让团队变得有效的方法有很多。需要明确的是团队中的成员必须是自愿加入的，并且有明确的目标和意图。团队领导者必须做好提供恰当培训的准备，同时在鼓励建设性意见时要处理好各种冲突。团队领导者的重要作用之一就是监控团队并持续地评估团队的健康状况和效力。如果团队出现任何机能障碍的征兆，领导者就需要介入解决，防止出现更多的问题。这对于领导者而言十分重要。在存在群体思维的情况下，领导者经常要脱离群体以防止自己受到太多的影响。在搭便车或者坏苹果的情况下，领导者在执行团队规范时必须发挥积极作用，促使成员接受领导，从而消除问题或者将不作为的成员除名。即使是在自我管理团队中，虽然领导者是协助者的角色，迅速采取措施解决问题也是非常重要的。

在帮助团队变得更有效的过程中，领导者的重要作用之一就是支持形成信任。信任需要很多因素，如图8—5所示。建立信任需要团队成员展现出完整性、努力工作和相互尊重。相对于竞争，成员应该更注重合作。公平起见，团队中应既庆贺团队成功也庆贺个人成功，并且可以开诚布公地交流。Angie's List 的创始人希克斯表示：我意识到，你必须去额外照顾大家并且抽时间去和他们交流；我意识到，你需要去沟通。当你和别人一起工作时，即使你认为已经说过了某件事，也需要再说两三次。

进一步说，不论在团队内部还是外部，成员必须相信他们的领导者是可预见的，关心他们的利益，公平地对待他们。最后，庆贺大大小小的成功可以进一步增加团队凝聚力和信任度。这些对于团队有效性至关重要。Think Finance 的首席执行官基恩·里斯（Keen Rees）是一个金融产品开发商，他说："你很容易意识到一个事实，那就是你并不处于想要的位置，这与你的付出不对等。所以，花点时间聊聊那些好消息，让事情保持乐观从而超越原本的不快。我认为对于很多首席执行官而言，我们过分关注所处的位置以至于失去了一路上珍贵的乐趣。"

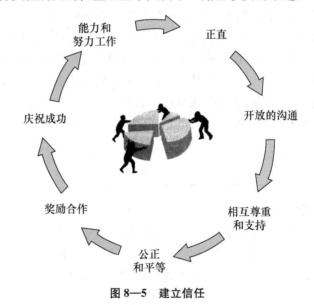

图 8—5　建立信任

> **领导问题回顾**
>
> 　　当团队非常高效时，常常被过度使用而且不容易推动。在很多个人主义文化中，以团队形式工作是个挑战。此外，组织经常奖励优秀个人和个人绩效，从而使团队的使用更加困难。为了确保成功，只有在实际贡献大于个人时，团队才会被使用。当适合使用团队时，成员和领导者都需要对相关问题进行培训，比如文化、协作决策以及冲突管理。当使用团队时，领导者必须完成好委托并且划分好任务和责任的边界。团队不是万能药，只是可供领导者使用的一种工具。

8.5　结　论

　　本章提出了参与管理的概念以及参与管理在组织内部使用团队时的延伸和应用。虽然参与管理可以带来许多收益，但成功与否还是取决于能否合理地运用。文化和组织因素决定了是否把员工参与作为一项管理工具。员工参与的一项基本应用是领导者授权。领导者必须认真实施并且审慎地确保公正授权；领导者必须考虑什么样的工作应当并且能够授权，以及他们准备授权给什么人。完整的反馈和监督也是相当重要的。

许多组织通过创立团队使参与管理行为正式化。自我管理团队和自我领导的成功运用证明了团队在重塑组织方面的作用。当组织继续使用团队时，团队的性质和作用发生了改变，就如同团队领导者的作用也发生了改变一样。尽管参与管理和团队使用需要不确定性的视角，但是世界各地的许多企业将团队看做一种基础的管理工具。更需要注意的是，在对参与管理和团队的成功案例持续分析的同时，要将侧重点放在文化因素上，这会促成参与管理概念的持续发展。

在团队环境中领导者变为协调者或者教练。领导者的作用是经常变化的，但是，领导者要密切地关注团队以避免功能失调，比如群体思维、搭便车或者消极成员的存在和团队有效性的关键——信任问题。领导者还要帮助成员获得正确的训练，从而使他们能在团队环境中实现自我管理和自我领导。

复习讨论题

1. 什么因素决定了员工参与的使用以及员工参与潜在的利弊？

2. 文化如何影响组织执行员工参与的能力？

3. 什么样的组织战略可以用来帮助领导者更频繁、更有效地授权？

4. 对比群体和团队。举例描述一个有效团队。促使团队获得成功的因素有哪些？

5. 授权和自我管理团队的执行之间有什么差异？

6. 领导和自我领导的步骤有哪些？

7. 团队面临的典型功能失调有哪些？领导者在解决这些问题时会发挥怎样的作用？

8. 团队环境中领导者的作用发生了哪些改变？领导职能中的哪些内容被保留下来？

领导挑战： 谁将得到这个项目

你所在的部门包括15名成员。每个人至少都同你共事过一年时间。总体上部门有凝聚力并且绩效不错，你准备从中挑选四位"明星"予以提升，因为他们的工作最出色。你正好在承担一个具有很大潜力、时间紧迫的新项目，并且需要相当大的修改和完善。项目如果成功的话，不仅会给负责项目的那名员工带来知名度，而且会影响到你在公司中的职业生涯。部门中的每个人都意识到这个项目的重要性，包括四位"明星"在内的一些人自告奋勇愿意承担这个项目。特别是其中一位工作年限最长、经验最丰富的员工（但不是四位"明星"之一），他迫切希望得到该项目。考虑到这个项目的重要性，你希望项目能被谨慎地处理并且无须从你那里得到太多指导。

当你准备将该项目授权给你最喜爱的"明星"下属时，你接到公司人力资源经理的电话，他说你的一名下属在非正式场合抱怨你徇私。人力资源经理说他不能告诉你那名员工的姓名，但希望你能意识到潜在的问题，并且他也会通过非正式访谈的方式来查明真相。

1. 你将决定由谁来承担这个项目？

2. 思考你决策时会考虑的内容。

练习 8—1　是否授权 ——■

角色扮演游戏是为了给你提供机会来体验作为领导者或者员工如何应对授权带来的挑战而设计的。阅读以下情境和团队成员的描述。

情境

你是阳光公司（Sunshine）地处某重要旅游胜地的公共关系和市场开发部门的团队经理。你所在组织的主要业务是为人们提供度假各方面的服务，并且在客户服务方面享有极佳的声誉。作为一名团队经理，你负责监督团体中四名客户经理和他们的个人发展。你的团体具体负责公司客户的销售和服务。

市场总监是你的上级。他刚交给你一项新任务。该项目是从旅游胜地的其他合作伙伴手中承接下来的。客户在付款方面存在一定的问题，还有其他一些不合理的要求，但是客户很具开发潜力。这是一家创业型公司，你的上级称它为"宠坏了的孩子"。当公司成功接收这个客户时，你被告知该客户很重要。"我们不希望失去这个客户；实际上，我们确实希望客户能够满意。似乎没有人能解决这个问题，但是我相信你会想出解决办法。"

你的团队中有四名成员：

弗兰·史密斯（Fran Smith）：弗兰在公司工作了四年。近期她在一所著名的州立大学获得市场营销方向的学士学位。她之前在一家餐馆供货商那里工作。在该公司她表现优异，表现出雄心和创造力，而且对工作充满激情。你之前给她分配了许多不同类型的工作，她都一一圆满完成。弗兰是你小圈子中的一员，你非常信任她。你同她多次谈论她未来的职务提升，并且她也能非常好地接受你的意见。弗兰在过去三个月中处于职业低潮期，但是她没有同你谈及这方面的问题。同时你觉得这可能是私人问题，因此对此也是听之任之。弗兰仍然有业绩，但是她对工作的一些热情已经不在了。

格里·纳尔登（Gerry Narden）：格里在公司工作了十年，有商务方向的大学本科学位，同时他的第一份工作就是在该旅游胜地担任接待人员。格里在旅游胜地的许多部门工作过，但他开始服务团体客户才6个月。调入这个团队时，他工作过的部门的历任领导者都给予他很高的评价。格里是团队的新成员，并且已经体验到销售工作的起伏。有一次他几乎丢掉了一位重要客户，你阻止了事态的扩大并且设法挽回了这位客户。他似乎从经验中学习到很多东西，并且在过去两个月表现良好。虽然他已经多次向你表示希望面对更多挑战，但是到目前为止，你仍然未分配给他任何重要工作。

特丽·陈（Terry Chan）：特丽加入这个团队五年了。她拥有传媒学硕士学位，并且是一名业绩出色的员工。她具有的超过十年以上的工作经验，大部分是在该公司的销售和客户服务领域获得的。这说明她具有处理大客户的才能，因为这些客户总是再次找她。她通常并不主动争取工作，并且她善于解决问题。特丽很少需要你的帮助或者管理，而且她似乎也能把自己的私事处理好。

里奇（J. P. Ricci）：他同团队合作超过一年。这是他的第一份工作，因此他是管理该团队过程中碰到的最主要问题。作为一名聪明、拥有常青藤联盟学校酒店、饭店管理和市场营销方向硕士学位的员工，他有相当好的销售技巧。他希望以自己的方式做事情。当全身心投入工作时，他受到客户的欢迎。但是他有时会缺少工作激情。同他讨论之后，你发现原因是他厌倦同样的工作并且需要挑战。他常常说想去找另一份更适合他的工作，但是他确实喜欢销售和旅游胜地的工作环境。他似乎在寻找方向。如果不考虑存在的这些问题，他是一名业绩出色，同时也是你放心交付工作的员工。

角色扮演

读完以上情节描述之后，请等待老师提供进一步的信息。

经理人工作表

1. 你将选择谁来负责这个项目？理由是什么？

2. 策划授权该项目的工作会议。你需要说些什么？你需要负责项目的哪些部分？你如何处理员工的需求？

员工工作表

1. 为了做好工作你需要做些什么？

2. 领导者是否向你提供了有关该项目的清晰信息？他对你的期待是什么？哪些事他做得不错？他又遗漏了些什么？你是否觉得自己准备好了并且有动力去承担这项任务？

练习 8—2　成为自我领导者的战略 ——■

改变行为

1. 观察自我

（1）识别那些与成为自我领导者有关的特殊行为（至少列出三种）。

（2）为了形成这些行为，请你设定特定的目标（至少列出三个）。

（3）为每个目标设计一份时间表。

（4）你如何衡量你的目标？

2. 创造演练机会

（1）发掘你可以演练这些新行为的环境（至少列出三种）。

（2）发掘那些能帮助你演练并同你合作的人。

3. 设立提示

（1）为了促成新行为，你需要在工作环境中设立提示。

（2）列出能够帮助你的人（至少列出三位）。

4. 建立奖惩制度

（1）列出能激励你自我领导的奖励措施（至少列出三种），同时阐明每种办法应当使用的时机。

（2）列出能够阻止不希望行为出现的办法（至少列出三种），同时阐明每种办法应当使用的时机。

转变认知模式

1. 关注工作带来的相应回报

列出能自然地鼓励自我领导行为的工作方式（至少列出三种）。

2. 建立积极的思维模式

寻找机会而不是寻找阻碍。

3. 表现积极的精神风貌

重新评估你优先考虑的事、信仰和假设。

资料来源：Based on self-leadership concepts developed by Manz and Sims (1991)；and Neck and Manz (2012)。

自我评估 8—1　授权程度 ——■

请使用以下量度，标示出你是否同意以下问题：

1＝强烈不同意

2＝有点不同意

3＝态度中立

4＝有点同意

5＝强烈同意

1. 同下属相比，我做大部分工作又快又好。_____

2. 我自己手上的许多工作无法授权给下属。_____

3. 大多数下属还不具备完成我授权给他

们的工作所需要的适当技能水平。_____

4. 授权许多工作给我的下属时，我感到不自在。_____

5. 我需要为下属所犯的错误承担责任，因此亲自做这项工作。_____

6. 如果下属完成了许多本属于我的工作，那么我就可能在公司里不再被需要了。_____

7. 向员工解释和培训他们通常需要花费太多时间。_____

8. 我的下属已经承担了太多工作；他们无法再处理更多事情。_____

9. 如果下属做这件事，那么我将会与大家日渐疏远并且可能成为圈外人。_____

10. 在能授权给下属之前，我需要知道工作的所有细节。_____

计分提示：你的得分合计数介于 10～50 分之间。得分越高，表明你倾向于授权的可能性越低，并且你同意管理者所说的不愿授权给下属的许多常见理由。总分：_____

自我评估 8—2　你是一名团队领导吗

请根据以下量度，对列出的每个问题进行自我评估。

1＝强烈不同意

2＝有点不同意

3＝态度中立

4＝有点同意

5＝强烈同意

1. 我乐于帮助他人完成工作。_____

2. 管理他人本质上是一份全职工作，同时也很自然地需要全身心的投入。_____

3. 我擅长就资源问题进行协商。_____

4. 人们常常找我来帮助他们解决人际关系方面的摩擦。_____

5. 当没有完全投入到所在团队正在做的工作时，我会觉得不自在。_____

6. 向他人提供正面反馈对于我而言比较困难。_____

7. 我能很好地理解组织政治。_____

8. 当不具备团队正在执行的一项任务所需要的专门技能时，我感到紧张。_____

9. 一位有效率的领导者，需要完全融入到所在团队的活动中。_____

10. 我擅长设定目标。_____

计分提示：问题 2，5，6，8 和 9 的分数反向计算（1＝5，5＝1）。将每一题的分数相加。最高得分是 50 分。分数越高，说明你拥有的团队领导技能越多。总分：_____

实践中的领导

全食超市

"如今我已经 53 岁，到了生命中不再需要为钱而工作的阶段。从 2007 年 1 月 1 日起，我的薪水将减至 1 美元，并且我不再领取任何现金薪酬。"这段话选自全食超市的创始人、首席执行官约翰·麦基（John Mackey）写给所有员工的一封信，当时全食超市的销售情况低于预期并且公司股票价格下降。

他的公司和非常独特的管理风格是世界创新和客户服务领域的一个典范。他将自己的公司和 5 万多名员工视为自己的孩子，他说自己做事是为了快乐，有些人觉得他是"右翼嬉皮士"。他认为商业应该有更高的目的，他将自己的这种观点称为清醒的资本主义。麦基说："我们正在努力做好事，我们试着去挣更多的钱。我们挣的钱越多，就可以做更多的好事"。

虽然麦基的观点与企业经营并不总是很匹配，但是麦基相信"我们正改变传统的做法，因此顾客喜欢这种全新的感受"。明亮的设施、宽松的过道、色彩缤纷的陈列品、专业的员工为客户提供大量帮助和信息，全食超市改变了大众在商店购买食品的方式。1980年约翰·麦基在得克萨斯州的奥斯汀创立了这家公司。起初这是一家有机食品商店；如今该公司拥有超过150家商店，年销售总额接近30亿美元。而且它正朝着一家全球化公司方向发展，第一家海外分店已经在英国开张。"麦基一点也不像管理者……他是一个无政府主义者"，这是全食超市的一名前高层管理者描述这位公司主席的话。麦基如今年过50，可他穿着短裤和运动鞋巡视店铺。他在工作场所倡导平等主义和民主，关注人类如何对待动物，对美国新的医疗计划持反对意见。他热衷于向员工和顾客学习，员工无拘无束地与他合作。从1992年起就在全食超市工作的温迪·斯坦伯格（Wendy Steinberg）称他为"观察者"。作为一名素食主义者，他在同一群致力于改善家禽生存条件的人一起工作之后，改变了自己的纯素食饮食，只排除某些肉类。他仍然坐经济舱，驾驶最便宜的汽车，但却是领导公司和员工取得相当大成就的一位精明和自律的商人。这些成就大多数归功于全食超市的团队导向型组织文化。这种文化倡导授权并且让员工参与决策过程的所有方面，同时要求绩效和客户服务。

全食超市的基本决策权在每个商场中负责部门管理的团队手中（例如，面包房、农产品部门、海鲜部门）。团队决定聘用谁、是否续聘员工、决定什么产品上货、如何分配薪酬等。所有团队成员还会一起做出其他战略决策，如公司为员工提供什么样的医疗保险等。公司的全体领导团队以投票方式做出总体决策。麦基说："我没有否定过全体领导团队……这些年我或许只有一两次推翻他们的决定。"他承认做过一些自上而下的决策，但这仅仅在没有更多的时间来咨询员工的情形下才会发生。

全食超市有一个"相互依赖宣言"。它声称所有的利益相关者相互依赖，并且明确地表示公司的目标是让顾客满意和高兴的同时让团队成员快乐和优秀。在这里需要强调的是，建立团队成员之间的良好关系、消除"我们和他们"的管理思维方式和深深根植的员工参与信念。在全食超市工作需要考虑的核心价值观包括以下部分：

● 用于解决问题和激励成员的自我导向团队。

● 通过让员工得到财务数据、薪酬和升职等信息的开放式管理和公开管理来增进沟通。

● 通过利益共享，激励员工的优良绩效并且通过共担命运（非高层管理者拥有公司94%的期权）来建立团队；通过薪酬保护来限制团队任何成员的薪酬不超过所有全职团队成员平均薪酬的若干倍数。

● 通过工作时随意着装带来的乐趣和友谊给员工带来快乐，员工可以在上班时间自愿工作，享受完备的健康计划，并且公司关注承担成功、失败、庆祝和员工鼓励。

● 为员工提供不断学习的机会，来了解他们所销售的产品和所从事的工作。

● 从内部提升以赏识和鼓励员工的才能并开发公平机会政策。

虽然积极的企业文化、享受工作乐趣和彼此友好是公司不断成功的关键，但是竞争和关注绩效并没有被舍弃。因为个人提升同他们所在团队的绩效联系起来，团队成员希望他们的团队中有优秀的员工。希望以爱而不是畏惧为公司哲学的麦基，身体力行并且走在社会最前沿。当动物权利组织不断批评全食超市是虚伪、反主流文化的公司，并且指责他本人太过于商业化，还有对公司层面的反工会指控，麦基回应"我们公司是销售真正的食品，而非精神食粮"时；当他不得不因为多年来在网上以网名"Rahobdeb"（他妻子姓名字母的颠倒排列）批评竞争对手野生燕麦公司（Wild Oats Market）的事件而道歉时，麦基作为商业总裁的面目变得越发清晰了。

问题

1. 约翰·麦基的领导要素有哪些？

2. 什么原因使得全食超市的团队变得有效率？

资料来源：Duff，M.，"The perils of the imperial reach," *DSN Retailing Today* 44，no. 1（2005）：10；Fishman，C.，2004. "The anarchist's cookbook," *Fast Company*，July：70-78；Kesmodel，D.，2007 "Whole Foods sets probe as CEO apologizes," *The Wall Street Journal*，July 18：A3；Mackey，J.，2007 "I no longer work for money," *Fast Company*，February，112；Mackey，J.，2009. "The Whole foods alternative to ObamaCare," *The Wall Street Journal*，August 11. http://online. wsj. com/article/SB 1000142405297020 42514045743421700728 65070. html（accessed April 16，2010）；Overfelt，M.，2003. "The next big thing：Whole food market," *Fortune*，June 2. http://www. fortune. com/fortune/print/0，15935，456063，00. html（accessed January 27，2005）；Paumgarten，N.，2010. "The food fighter," *The New Yorker*，January 4. http://www. newyorker. com/reporting/2010/01/04/100104fa_factpaumgarten（accessed on July 13，2013）；Sechler，B.，2004. "Whole Foods picks up the pace of its expansion," *Wall Street Journal*，September 29：1；Whole Foods Declaration of Interdependence. 2013. http://www. wholefoodsmarket. com/mission-values/core-values/declaration-interdependence（accessed on July 13，2013）；Stewart，J. B.，2007. "Whole Foods chief disappoints by sowing wild oats online," *The Wall Street Journal*，July 18：D5.

第 9 章

领导变革

学完本章，你将能够：

1. 定义变革的因素以及文化在变革中的作用。
2. 描述不同类型的变革，应用勒温的变革模型并解释变革的过程。
3. 总结阻碍变革的原因和可能的解决方案。
4. 列出实施变革所必需的领导实践，包括以下方面：
   - 创造力和创新。
   - 变革组织文化。
   - 愿景型和模范型领导的作用。
   - 创建学习型组织。

领导问题

变革是困难的，并且很多人都会抵制。因此，领导者应该简单地强制推行变革还是慢慢来，慢慢地引入变革并且给追随者适应的时间？

"永恒的激流"和"汹涌的浪涛"是如今形容组织面对的环境时经常使用的词汇。环境正以飞快的速度发生改变，导致组织需要灵活、创新和敏捷。绝大多数组织的绩效和生存能力，取决于它们是否有能力在适应环境变化的同时仍然保持组织内部健康。因此，领导变革是领导者面临的最大挑战和重要职责。不管是否采用新技术，是否对现有产品或服务更新换代，是否开发新产品或者服务，是否实现新的监督和管理系统，领导者必须在变革过程中指导下属。这种变革通常不易察觉却伴随着痛苦，并且常常遇到抵制，很难执行。然而，很好地管理变革对于组织的生存相当重要。一些调查表明，60%～70%的组织变革都以失败告终；此外，许多领导

者对于所在组织创新和适应变革的能力并不满意。他们充分了解执行变革是一个长期的过程，同时伴随着许多失败的风险。

本章将审视变革的过程以及领导者在组织领导和执行变革过程中所扮演的角色。

9.1 变革的因素

变革是指转变或者适应一种新的做事方式。它与创新相关，但创新是指运用资源和技能为组织或者利益相关者创造出新思想、新产品、新生产流程或者新服务。

9.1.1 内部因素和外部因素

什么时候组织会发生变革？什么让领导者决定实施变革？变革的影响因素既包括外部因素（环境），也包括内部因素（见图 9—1）。环境的改变包括以下方面，如社会或时尚趋势、文化和人口变化、政治制度转变、经济和科技进步。例如，在美国和世界其他主要地区，同族群和年龄相关的人口密度迫使组织思考能够解决客户需求的新方式。雅芳公司的案例（见第 6 章）表明，公司不得不改变的部分原因是人口和社会变迁使得许多女性外出工作，打破了该公司产品原先以家庭为主的分销方式。类似地，公众对于可持续性的兴趣和安全产品的需求促成了一些公司的成长。例如易盖公司（Ecover）。这家比利时公司如今已成为世界上最大的家用清洁产品制造商。易盖的成功又相应地推动了其他消费用品公司的变革。地区性和全球性政治环境的改变逼迫组织寻找处理新问题的新办法。捷蓝航空（见第 1 章）是第一家在飞机的驾驶舱里安装强化门的航空公司，这样做是为了应对类似于 2001 年的恐怖袭击。为了利用科技工具同年轻选民保持沟通，所有美国总统候选人都积极地通过网络来竞选，从而推动了政治组织发生变革。

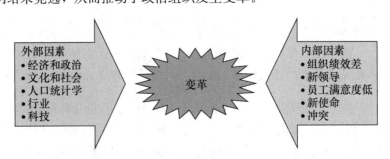

图 9—1　影响变革的因素

促进变革的内部因素同外部因素紧密联系。例如，苹果手机使得所有其他手机企业改变了设计和生产手机的方式。亚马逊重新定义了在线客服。某医院提供的一项新服务将会促使其他医院改变它们的服务项目或者广泛地使用新技术，诸如网络的发展或者不良的经济状况等因素促使市政府和州政府扩大它们的网上服务，聘用新员工，增加培训和新的管理流程。最普遍的组织内部变革的因素是绩效的差距——理想与现实绩效之间的差异。导致变革的另一个有力的内部因素是组织的某一管理层级出现了新领导。因此，领导者不仅通过变革引导组织，他们也常常是变革的原因。

在美国发生"9·11"恐怖袭击后，推动美国联邦调查局进行深远变革的因素已经在不同程度上取得了成功。变革的外部因素是全球政治、美国政府所面临的相当大的政治压力、公众的安全需求和科技进步。内部因素方面，美国联邦调查局面临绩效的差距（在某些方面明显的失败）、技术落后、过时的管理和监督系统、员工不满意程度高等现象。此外，联邦调查局副局长托马斯·哈林顿（Thomas Harrington）表示，组织的使命已经从原先主要负责破案并将罪犯绳之以法，转变为预防那些对美国国家安全构成威胁的因素。美国前总检察长迪克·索恩伯格（Dick Thornburgh）称："这对于联邦调查局的职责和做事方式而言，几乎是彻底的变革。这确实令人吃惊。"负责领导这次重大转型的是联邦调查局局长罗伯特·米勒（Robert Mueller），他在"9·11"事件前一周上任，于 2013 年退休。谈到这次组织转型的挑战时，他说："我最终发现最难做的事情之一是通过开发与变革商业实践来开办一个实体组织。"联邦调查局的案例展现了推动组织变革的许多因素。

9.1.2 文化和变革

当来自组织内部和外部的变革压力增加时，所有的领导者并不会有同样的反应。他们中有的人将压力视为一种威胁；其他人则是将压力当作一种机会。决定领导者及其下属采用什么方式察觉变革压力的一个因素是文化。这种文化既包括国家层面，也包括组织层面。稍后我们将探讨组织文化的重要性。从一个更广阔的视角看，国家文化价值观当中对于不确定性的容忍度和对时间的利用，影响了领导者如何看待变革。在民众不太容忍不确定性和模糊性的国家，如希腊、危地马拉、葡萄牙或者日本，变革的压力被视为一种威胁，或许被忽略掉，或许被认真计划和管理。一位日本商业领袖很可能在政府组织，如日本经济产业省的帮助下，通过更深入细致地长期计划和预测来管理变革。日本经济产业省为那些成长性产业提供服务，同时通过不同的经济、政治方式帮助它们，从而减少由于全球竞争引发的潜在负面影响。类似地，在那些有规避风险文化的国家，如马来西亚和泰国，政府的集中计划有助于支持商业领导者减少不确定性和模糊性。相反，有些国家可以容忍变革并且将变革视为机会，如瑞典、美国和加拿大，领导者通过迅速改变组织并且执行短期战略来进行变革。这些国家的企业处理突发压力时相对其他国家要更快捷。

对时间的察觉进一步影响了领导者实施变革。现在导向（时间是线性的）文化中的领导者可能对变革反应相对快些，并且关注短期计划。这种短期导向导致许多美国组织处于一种经常变革的状态。例如，詹姆斯·麦克纳尼 2000 年成为管理有百年历史的明尼苏达矿务及制造业公司（3M）的首位空降兵时，就宣称要改变公司的 DNA，他实施了重大变革。这深远地影响了明尼苏达矿务及制造业公司并促成他在 4 年后赴任波音公司。过去和未来导向文化的领导者不大可能对变革迅速做出反应，他们会花时间计划并且考虑他们的行动对企业长期的影响。

9.2　变革的类型和过程

读完本章随后部分的内容，你将会知道变革总是伴随着压力并且常常会遇到一些阻力。但是不同类型的变革对人们有不同的影响，同时需要不同类型的领导。突如其来的巨大变革更可能产生压力和阻力，而渐进式和程序化的变革更容易管理。

9.2.1　变革的类型

在某些情形下，领导者能认真地计划和执行变革；在另一些情形下，领导者和下属可能遭遇意外，并且不得不在没有特定准备的前提下做出反应。表 9—1 总结了组织可能面对的不同类型的变革。

表 9—1　　　　　　　　　　　　　　　　　　变革类型

变革类型	描述
计划型	在面对压力或者问题时，领导者或者员工做出的一种有意识的尝试而形成的变革。
非计划型	在没有针对性地处理问题的前提下，随机并且突然发生的变革。
渐进型	逐渐发生的变革。
革命型或者打破框架型	迅速并且显著的变革。

资料来源：Partially based on M. S. Poole and A. H. Van de Ven（eds.）. 2004. *Handbook of Organizational Change and Innovation*. Oxford，England：Oxford University Press；and by M. L. Tushman，M. L.，W. H. Newman，and E. Romanelli，1986. "Convergence and upheaval：Managing the unsteady pace of organizational evolution，" *California Management Review*，Fall：29-44.

当许多组织试图认真分析它们所面对的环境和内部因素时，例如，通过客户和员工满意度调查或者绩效考核来预测变革和计划行动方案，更多的变革是人们未曾预期的或者是无法预测的。此外，计划型和非计划型变革可能渐进或者迅速地发生，从而对组织产生重大影响。前面提到的明尼苏达矿务及制造业公司的例子中，詹姆斯·麦克纳尼计划通过认真地监督、评估和执行追求准确、一致的六西格玛管理方法，来达成他的期望——提高组织效率。现有的明尼苏达矿务及制造业公司的文化追求卓越的创新能力，并建立在试验和对失败的容忍基础上，这最终产生创新型产品和流程。例如，公司鼓励所有的员工用他们 15％ 的时间去创新。麦克纳尼寻求的发展方向是消除组织进程中的任何不确定因素，转而专注于分析、控制和效率。虽然这种转变事先经过计划，但是它是革命性的并且像是一种彻底的文化转变。

不同类型的变革或许需要领导者采取不同的行动。例如，在计划型和渐近型的变革中，领导者安排工作的能力或许很重要。当面对非计划型和革命型变革时，能够与追随者产生情感关联并帮助追随者适应变化的魅力型、变革型或积极型领导或许变得更重要。此外，基于下一小节将要讨论的变革过程，可获得的选择方案以及从领导者那里获得的行动权或许在不同类型的变革中有所不同。

9.2.2　勒温的变革模型

　　理解变革的过程能帮助领导者更好地计划和执行变革。在 20 世纪 50 年代，社会心理学家库尔特·勒温建立了组织变革理论。该理论至今仍有一定的影响力。勒温的力场理论建议组织同时保留驱动和抵制变革的因素，如图 9—2 所示。当两种力量平衡时，组织能维持现状。当变革的因素强于抵制变革的因素时，领导者能克服惯性并完成变革。如果抵制变革的因素强于变革的因素，组织就不太可能成功实施变革。因此，当实施变革时，领导者必须增加促成变革的因素，或者减少抵制变革的因素。

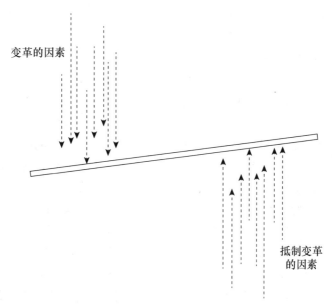

变革的因素

抵制变革
的因素

图 9—2　变革力场理论模型

　　勒温进一步指出，变革过程会经历三个阶段（见图 9—3）。首先是解冻阶段，现有的管理实践和行为受到质疑，同时推动变革的因素也随之发展。不管是内部还是外部因素，如果变革的因素很强烈并且组织成员和领导者都意识到它们的存在，解冻阶段可能相对容易些。对于领导者而言，最主要的一项任务是帮助下属"解冻"并让他们认识到目前组织变革的需要。顾问、管理人员培训师雷·威廉姆斯（Ray Williams）认为，组织变革成功的关键在于让上千名员工各自去考虑他们的工作，他们必须相信变革的必要。他说那些接受变革的员工也必然会参与某个变革过程，这不仅会改变他们对自身工作的看法，也会改变他们对自我的看法。例如，当英国航空公司（British Airways）要进行了一场成功的涉及私有化和裁员的结构变革时，其领导层花费了很大精力去反复沟通为什么变革十分重要。明尼苏达矿务及制造业公司的案例中，公司的增长已经放缓并且股票表现很差，这才促使麦克纳尼执行激烈的变革，如裁员 8 000 人（占员工总数 11%），并且对创新性的发明者加强管理。变革的压力也许是真实的，但是在经历这些情形时，员工却没有完全感受到变革的需要：明尼苏达矿务及制造业公司没有解冻阶段。

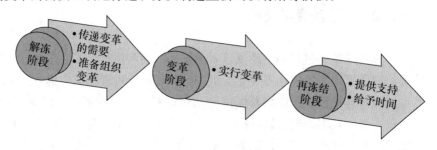

图 9—3　勒温的变革阶段模型

勒温所说的第二阶段是，变革本身发展到执行新的实践和政策并且学习新的行为和技能的阶段。变革涉及科技、人员、产品、服务或者管理实践和监督等各个方面。领导者的作用仍然很重要。他们需要支持下属，强调变革的重要性，必要时更改变革路线等。在实际变革时，绝大多数组织关注这一阶段，而没有足够重视组织变革的准备阶段或者最后的再冻结阶段。在变革的最后阶段，组织鼓励和支持学习新的行为和执行新的管理实践，成为员工日常活动的一部分。领导者在该阶段的作用是指导、训练并运用适当的奖励机制来帮助强化这种已经执行的变革。

所有变革都需要时间，但是在变革之后给予组织时间稳定下来尤为重要。组织研究领域的学者吉姆·卡梅伦（Kim Cameron）相信，变革管理中不可或缺的是定点法。他表示："遗憾的是，当一切都在改变的时候，变革变得无法管理。没有一个稳定不变的参照点，我们无法决定变革的方向和过程。"虽然变革对于组织的生存很重要，但是无法掌控的持续变革可能并不会奏效。对于员工而言很重要的是，在更加新颖的事物被再次引入之前，我们需要知道什么没有发生改变并且到底有多长的时间可以学习这些新的行为方式。根据组织变革方面的知名学者哈佛商学院教授科特所说，领导者也必须祝贺变革初期取得的成功和短期发生的进步，以不断地激励员工。在联邦调查局的案例中，过去 5 年一直发生的持续变革似乎对员工士气造成了打击，导致了大量员工离职。对于明尼苏达矿务及制造业公司而言，虽然采用新效率导向系统已经有 4 年，并且股价也回升了，但是变革设计师麦克纳尼离开了公司，同时大部分在公司工作多年的员工并没有完全接受这种变革。现任首席执行官乔治·巴克利（George Buckley）是一位说话温和的公司内部人士。他改变了变革路线，重新专注明尼苏达矿务及制造业公司的创新流程。他说："作为一家公司，我们所犯的一个错误或许是……当对组织一致性的关注超过了组织创造性时，我想你可能破坏了明尼苏达矿务及制造业公司这类企业的核心力量和灵魂。"他还将领导力开发放在首要位置，放缓提升高管的速度，在提升前让他们总结自己的成绩并从他们的错误中获得教训。从 2012 年开始担任首席执行官的英奇·图灵

(Inge Thulin) 也运用了类似的战略。他表示："我相信研究中的发明和发展可以通过回报我们的方式来驱动企业，每次我们这样做的时候都知道，我们拥有竞争优势。"

勒温提出的变革模型当中包含领导者必须考虑的四点关键特征：

- 领导者需要花时间为追随者做变革准备并且劝说他们，使他们有变革的需求。
- 出现抵制是不可避免的。
- 领导者需要开发资源支持变革，并且给予其充足的时间。
- 相对于一个接一个的叠加，让变革按照合理的速度进行会更有效率。

随后我们将讨论执行计划型变革的典型模型以及管理非计划型变革的方式。

9.2.3 计划型变革的流程

计划型变革有一个大致的流程（见图 9—4）。该流程有六个步骤，每一步需要不同类型的资源和领导技能。在埃森哲咨询公司（Accenture）工作了 30 多年的彼得·奇斯（Peter Cheese）表示，变革失败的一般原因都存在于计划型变革的流程当中。他说："失败的原因通常都能归结为下列四个之一：没有愿景，中层管理人员毫无活力，对变革缺乏理解，以及没有好的方法来衡量变革、实现变革。"第 1 步可以对照勒温变革模型的解冻阶段。领导者和员工必须意识到需要变革并且认识到变革对于组织绩效或者组织生存相当重要。该阶段或许一个绩效差距，或许出现了员工不满意的情况，或许正面临客户、竞争对手的外部压力。

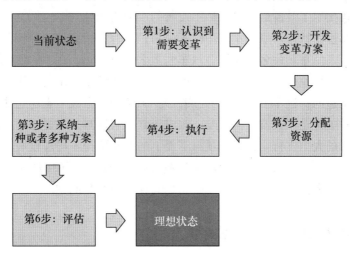

图 9—4 计划型变革的流程

第 2 步包含开发组织变革替代方案和思想。这一步骤可以由处于组织不同层级的领导者，通过小群体或者团队或者组织外部人士的参与共同完成。鼓励员工参与和受变革影响最大的相关人士加入，可能会使执行变革变得更加容易。例如，绝大多数大城市系统地向公众征集对诸如公园、高速公路或者其他基础设施项目的意见。相似地，当学校计划变革时，校董事会向学生的父母寻求反馈。组织内部使用团队和授权行为能够形成将变革的投入转化成发展其他备选方案的一种机制。此外，虽然对于是否变革或许没有一个明确的答案，但是总是有许多选择机会和路径可以实现组织的变革目标；变革过程的第 2 步是参与和投入的一个好机会。

接下来两步是采纳意见和执行变革计划。这两步对应于勒温模型的变革阶段。第 5 步是分配资源以支持变革。领导者不得不分配新的资源或者调动现有资源来帮助执行变革和"冻结"变革。例如，美国联邦调查局局长米勒将资源从打击间谍活动转移到支持新的发展方向。如今联邦调查局正给内部高层管理人员增加额外的为期一周的领导战略变革课程培训。这种资源分配从组织的领导层释放出以下重要信息：该项组织变革非常重要，每位成员应当予以认真对待。最后，变革流程的最后一步是评估变革过程和结果。计划变革的过程是一个持续的、动态的循环。组织执行变革之后，必须回顾和评价变革的效果和衡量变革所希望达到的目标是否实现。绩效差距是缩小还是扩大了？组织内部不同层级的成员，包括员工的满意度是否有所提高？新产品和服务是否满足了股东的需要？变革流程是否使组织更有效？新技术是否发挥了作用？如果变革目标没有实现，变革过程就会重新开始，再次回到需要变革的认识阶段。

变革过程或许是以自上而下的方式发生的，其中领导者发起并且推动变革过程；或者是以自下而上的方式发生的，其中组织内部的个人和团队开始并且执行变革。自上而下的变革非常适合传统的、阶层式的、命令与控制型的组织，同时倾向于迅速推动变革。但是它也可能遇到更多的阻力。自下而上的方式创造出更多的员工投入和参与，因此减少了可能遇到的阻力。但是后者的风险在于并不能获得领导者的支持。这是任何变革获得成功的关键因素。一个案例是丰田公司在 20 世纪 80 年代接手了效益最差并且最不友善的一家雪佛兰汽车工厂。该工厂位于加利福尼亚州弗里蒙特市，原属于通用汽车公司；没有人指望这项并购能取得多大成功。丰田把该工厂重新命名为新联合汽车制造公司（Nummi）。在保留原有的员工和工艺之后，工厂仅用了 3 个月的时间就开始再次大量生产出几乎毫无瑕疵的汽车（工厂以前制造的每辆车平均有 40 处瑕疵）。旷工和运营成本也随之显著下降。这次成功转变的关键是工人就如何改变、改进质量并且削减成本提出了办法，并且得到高层管理者的大力支持，这是这项自下而上的变革取得不可思议成功的一个因素。虽然工厂生产了一些高品质的汽车并且在所有的丰田工厂中瑕疵率最低，却于 2010 年关闭，有人怀疑是因为工会与公司之间存在一系列问题。

9.2.4 处理非计划型变革

计划型变革模型可以帮助领导者描绘变革路线，但变革通常突然、没有预期地发生，计划赶不上变化。经济转变、竞争对手推出新产品、发生天灾或者工会罢工，这些都是无法预期的。管理非计划型变革属于危机管理的范畴。当领导者和组织严重误读了所处的环境或者被无法预测的事件乘虚而入时，危机就产生了，而且很难控制。对于组织、员工和组织不同的利益相关者而言，代价可能相当大。在危机发展之前，领导者能通过以下步骤在一定程度上处理非计划型变革。正如你将看到的那样，这些步骤大多与本章末我们将回顾的主题——学习型组织相关。

- 组织应当避免过于正式、层级化、刻板和固执。
- 决策过程中注入适当的不可靠性、无法预测性和自发性，这将有助于防止组织产生自满情绪。
- 对于引入新战略、产品、服务或者流程，保持一定的攻击性和主动性。
- 替换和轮换领导者，以给组织带来新的思路、方法和愿景。
- 经常尝试新方法、产品、流程、组织结构等，以帮助下属练习如何处理变革。

美敦力的前首席执行官比尔·乔治进一步表示，危机往往伴随着机遇——组织为更好地发展而改变战略的机遇以及领导者发挥其最重要作用的机遇。即使是认真地推行计划型变革或者非计划型变革，人们也可能抵制变革。下一节我们将讨论变革的阻力、变革阻力的解决办法和变革过程中领导者的作用。

9.3　变革的阻力及其解决办法

在我们的生活中，改变是产生压力的一个主要原因。甚至积极性的改变，如升职、结婚，都可能产生焦虑并且导致压力，因此产生抵制、导致停滞或者延缓前进。在人生当中做出重大改变是非常困难的，例如患心脏病后改变生活方式。虽然人们仅需要一段时间的调整就能适应细微的改变，但是当生活或工作中遭遇大范围改变时，人们仍需要很长的适应期和更多的鼓励与支持。因此所有的变革，尤其是大范围的变革，都会遇到一定的阻力，特别是当人们没有做好变革准备时。

9.3.1　产生变革阻力的原因

变革的阻力一般来自三个方面：组织因素、群体因素和个体因素（表9—2列出了产生变革阻力的原因）。当计划和执行变革时，领导者需要考虑以上三种因素。阻碍变革的主要组织因素是惯性。惯性是指组织作为整体抵制变革并且希望维持现状的一种趋势。同惯性紧密相关的是组织文化和组织结构。一旦这些在组织中已经很完善，是很难改变的。

表 9—2　　　　　　　　　　　　　抵制变革的因素

组织因素	群体因素	个体因素
惯性	群体规范	对于未知的恐惧
组织文化	群体的凝聚力	害怕失败
组织结构		工作安全
缺少奖励		个体特征
错误的时机		原有的经验

　　除了惯性、组织文化和组织结构，组织可能由于不奖励参与变革的人或者在不恰当的时机（例如当前一次变革还没有"冻结"时）进行变革而阻碍变革。其他阻碍变革的原因同群体行为规范和凝聚力有关。有严格行为规范的凝聚型群体有许多益处。群体成员一起坚持，一起工作，同时能提供支持性的组织学习环境。但是严格的行为规范也可能给组织变革带来难以克服的阻碍。此外，在一些变革的案例中强大领导者的存在成为影响因素之一时，如果领导者不支持变革，那么该因素会成为巨大的阻碍。

　　抵制变革的最后一点原因是个体因素，例如对未知的事物、失败和丢掉工作的恐惧。个体的个体特征在此也起到了关键的作用。例如，那些对新事物持开放态度、有内控点或者具有高度的自我监控意识（见第 4 章）的个体更可能轻松面对并且更快捷地进行变革。类似地，具有灵活性并且愿意尝试新想法的创业者也能更好地应对变革。此外，一个人成长的文化背景，尤其是文化中对模糊性的容忍度也会起到一定作用。最后，一个人关于变革的经历也可能导致抵制。如果个体对失业有经验或者过去曾经经历其他痛苦的组织变革，那么他更可能厌恶在未来实施变革。

你怎么办？

　　在你的团队工作进程中，包括一项实施变革的任务。你的老板给你的时间很短，而且你个人是同意这项变革的。你的团队里一半的成员已经蓄势待发，而另一半成员对于变革存在很大疑虑。你怎么办？

9.3.2　解决办法

　　《激进管理领导者指南：21 世纪的职场重塑》的作者斯蒂夫·邓宁（Steve Denning）提出，当管理变革时组织有三套工具可以使用：领导工具、管理工具以及权力工具。领导工具通过劝说、角色典范和支持来鼓舞人心。管理工具通过训练和各种人力资源组织程序来提供信息。最后，权力工具可以通过强制、威胁和惩罚来震慑员工。组织的领导者能够做许多事情，如启动变革，鼓励员工执行变革，通过激励、即兴创作、创造力减少变革的阻力，以及激励员工。总之，如果员工可以改变他们对于变革消极的看法，看到变革潜在的好处，就会减少对变革的抵制。变革过程中的员工参与以及奖励支持变革的行为和规范可以激励这种变革观念。管理抵制的一些具体方法如表 9—3 所示。

表 9—3　　　　　　　　　　　　　　处理抵制变革的方法

方法	优点	缺点
领导工具		
愿景、劝说、讲故事	有利于在解冻阶段解释变革的需要；提供一个新框架以支持变革。	源自领导者的时间承诺；需要沟通技巧。
角色典范	言出必行能够鼓舞追随者以及对变革做出承诺。	高时间承诺并且要求领导者具有很好的沟通技巧。

续前表

方法	优点	缺点
员工参与和员工卷入	产生组织承诺并且能够提供更多的备选方案和想法。	耗费时间；存在执行不适当变革的风险。
管理工具		
简化和支持	当调整是抵制变革的原因时，是唯一选择方案。	耗费时间并且存在高失败风险。
训练和激励	易于实施；组织正在努力进行的工作的一部分。	成本昂贵并且耗费时间。
与关键方协商一致	实施起来相对容易；各方拥有同等权力时的唯一选择方案。	昂贵，耗时，导致持续和进一步的协商。
权力工具		
操纵和合作	相对迅速并且成本低。	可能产生不信任和怨恨。
指挥和命令	迅速实施；迅速取得短期成功。	可能产生怨恨并且阻碍长期成功；没有员工投入。
明确或隐晦的强制	能在短期内快速有效地终止抵制。	可能产生抱怨和道德问题；仅在短时间内有效。

资料来源：Based on J. P. Kotter and L. A. Schlesinger，1979. "Choosing strategies for change," *Harvard Business Review*，March-April；and S. Denning，2011. "How do you change an organizational culture," *Forbes*，July 23. http://www.forbes.com/sites/stevedenning/2011/07/23/how-do-you-change-an-organizational-culture/（accessed August 3，2011）.

通过运用以上这些不同办法，领导者能阻止、管理或者减少变革的阻碍。相对于权力工具，运用领导工具和管理工具的优势显而易见。麦肯锡（McKinsey）实施的一项全球调查显示，成功变革的关键因素之一是通过变革使员工参与并且协同工作。下一节我们将关注成功实施组织变革的企业领导者的具体作用。

9.4　领导变革：创新、愿景、组织领导和组织文化

变革追踪研究（Change Track Research）是一个澳大利亚的组织，拥有关于组织变革的庞大数据。该组织公布了成功的组织变革离不开的三大关键因素：变革必须是有意义的；对领导者的信任是成功的关键；统一的流程并不适合所有组织。在成功实施变革的过程中，领导者的作用是不容否认的。领导者必须为下属提供愿景并以此来鼓励下属，同时要适当地处理好组织文化变革的过程，从而成功地完成组织变革。

在实施组织变革过程中，领导者是向导，也是角色模范。他们必须用自己的行动表明，变革如何实施才能成功。

9.4.1　创新

创新，也称为差异性或者横向思维能力，是用新颖的方法连接不同思路的能力

（见第 4 章）。领导者和员工的创新能力是组织创新和变革能力的一个关键因素（见自我评估 9—2）。创新型人才对他们选择的路径比较自信，并且当别人放弃的时候他们愿意承担风险。他们注重学习并且愿意为了实现目标而忍受不确定性。面对老问题他们会想出新办法。科西嘉·雷迪（Kirthiga Reddy）是脸书的印度在线运营主管，并且被《快公司》（*Fast Company*）提名为 2013 年最具创新力领导者第四名。雷迪在两年内将印度的脸书用户从 800 万提升到 7 100 万。为此，她运用了自身深厚的文化知识和对脸书的充分了解，挑战了印度普遍的层级制组织文化，鼓励员工创新。她说："你在这里不仅仅是叫你做什么你就做什么，你在这里应该看到差距并且采取行动。"雷迪进一步考察了在印度人们使用脸书与在美国有什么不同之后发现，在印度人们经常将脸书作为短信和电话的替代品。

创新让人们去思考用新的方式解决问题，这是成功变革的关键。以宝洁的认知科学小组为例，创新有时是从他人那里借用灵感。该小组的副主管皮特·福利（Pete Foley）通过考虑壁虎的生物模仿，找到了解决圣迭戈动物园女性产品部门的问题的办法。相对于开发新方法，这种形式的创新是在其他领域寻求既有方法。哈佛大学教授卡林·拉哈尼（Karin Lakhani）表示，许多人并没有意识到其他视角的存在，从不同的角度看待问题会让问题更容易解决。

领导者能够通过以下流程帮助员工变得更有创造力并且更愿意接受变革：

● 领导风格。要求服从的专制型领导限制了创新过程，并且阻碍了鼓励创新的公开交流过程。

● 灵活的组织结构。较少的集权化和较少的组织层级可以让思想自由地流动。

● 开放的组织文化。创新和寻求新颖的办法更可能在一种尊重变革和有建设性差异的组织文化而不是传统和统一的组织文化中产生。

● 质疑的态度。领导者鼓励和启发员工质疑假设和规范，寻求新的替代办法，而不是对员工的一致性行为和服从给予回报。

● 容忍错误。通过鼓励尝试，容忍甚至奖励犯错，领导者能释放出一种强烈的信号：冒险是相当重要的。

包括头脑风暴在内的许多决策工具可以用来增加员工的创造力。在头脑风暴中，团队成员被鼓励在不受任何审查的情况下产生许多不同的想法。另一种方法是合作探索。该方法要求个体从不同的职务和角度出发思考问题。与传统的从正反两面看问题的角度不同的是，横向思维鼓励员工从中性的、情感的、乐观的、谨慎的、创新的和分析的角度看问题。通过使用这些办法，领导者能够鼓励员工运用更广阔的视角并且建立一种试验性和创新性的组织文化。

贝宝的联合创始人以及 Affirm 公司的首席执行官马克斯·列夫琴（Max Levchin）被称为"点子大王"（endless ideas man）。他有一套程序去激励自己的公司和员工创新，这套程序包括随机地和别人聊天、询问很多问题、为有趣的想法列一张清单、随机应用清单上的想法，最后，还要意识到清单并不是万能的。他的程序的最后一项提到，必要时应该即兴创作。

9.4.2　即兴创作能力

同创造力相关的是即兴创作能力。根据《领导力之舞》（*The Dance of Leadership*）一书的作者罗伯特·登哈特（Robert Denhardt）和珍妮特·登哈特（Janet Denhardt）所说："即兴创作是一项重要的领导技能，在和他人情感相通并且激励他人的整个过程中都很重要。"这两位学者将领导比喻成一种艺术，特别是舞蹈，他们关注领导的直觉性和需要控制领导的节奏。即兴创作能力是常常用在艺术家而不是领导者身上的词汇。它包含没有事先准备而产生的本能和临时产生的创造力。他们提出，即兴创作能力是在没有草稿和完整信息情况下发生的，并且需要结合预先计划和没有计划的活动和资源。即兴创作能力同样也需要才能、知识和对形势的预见能力，因为没有这些因素，领导者不可能充分理解能够领导的情境和环境。即兴创作能力并不是"即兴创作"找出解决办法。它基于精心准备、个人知识、自我反省、经验和信心。这些也是真诚型领导所具有的特征。一位音乐家声称："即兴创作表演的能力……首先依赖于对作品非常熟悉以及对即兴创作发挥的音乐情境的理解和发展。"

演员布莱恩·克兰斯顿（Bryan Cranston）在犯罪类系列电视剧《绝命毒师》中饰演沃特（Walter）这一角色时，需要极大的创新能力和即兴创作能力。在仔细准备这一角色时，他做了大量的研究并且依赖于精心创作的剧本，他也运用了惊喜的元素去演绎一些场景。他说他很喜欢那种不知道即将发生什么然后随波逐流的感觉。在进行即兴创作时需要认真准备和倾情投入，在领导组织变革时同样需要。为了改造组织，领导者本人必须能够并且愿意冒风险。正如那些艺术家所做的那样，领导者必须磨砺他们的技能，经常练习，开发竞争力，愿意同他们的员工团队一起试验并且转变自己和组织。

领导变革

穆拉利撑起福特

在过去的 30 年里，福特汽车和美国其他汽车制造商一样面临挑战，也犯过相似的错误。然而，在美国汽车制造商当中福特是最健康的一家并且已经东山再起，特别是在美国市场。这很大程度上得益于其成功的领导，自 2006 年起出任首席执行官的穆拉利重建了福特的信誉。穆拉利是注重股东和讲求公众至上的几个首席执行官之一，因为扭转公司局面、照顾企业员工以及成为一个富有责任感的企业公民，他受到了各界的赞誉。

穆拉利进入福特时，该公司是一个惯性和权力组织文化的"典范"，伴随着根深蒂固的管理、强烈的忠诚和频繁的势力角逐。公司的前任首席执行官和现任董事会主席小比尔·福特辞去了首席执行官一职，因为他相信作为一名组织内部人士无法解决现有的这些问题，同时他希望新首席执行官"知道如何动摇公司的基础"。现任首席执行官穆拉利之前没有太多汽车行业的经验。他向一些功能失调和不再适用的原有组织文化宣战。为了让福特公司的员工和管理者相信公司的变革，他一再重复这样的话，"我们已经停业 40 年了。"福特公司自满的组织文化、不鼓励分享想法的等级秩序结合非常刻板的组织结构、领导者短期内要承接许多工作和业已完善的领导培训项目，所有这一切都不鼓励组织的开放、合作，同时给组织变革带来一定的阻碍。当马克·菲尔茨（Marc Fields）1989 年加入该公司时，他被告知群体的行为规范是为了迎合高层，甚至在会议上提出任何问题之前，他必须事先得到老板的同意。

通过高度重视交流从而确保每个人都能了解问题的状况、设立新使命并将其印在卡片上分发给员工，穆拉利成功地慢慢改变着福特。他认为，每个人都应该知晓计划、计划的状况以及需要特别注意的方面。他也实施了结构性变革，他说："我需要调动和吸纳所有对我的团队有用的准则，因为在此的每个人都要参与其中并且事事通晓。"鉴于穆拉利的有效性，星巴克的首席执行官舒尔茨表示已经向福特学习库存周转，原因不言

而喻，就是因为穆拉利带来的领导和关注。在美国的首席执行官中穆拉利是少有的因高效务实和人格魅力而享有盛誉的。他耗费时间让人们意识到自身的重要性，参与到员工当中去，乐于分享故事，并且是一个重视领导责任的倾听者。

资料来源：Kiley，D. 2007. "The new heat on Ford," *Bloomberg Business Week*，June 3. http://www. business week. com/stories/2007-06-03/the-new-heat-on-ford（accessed August 3, 2013）；Muller，J. 2012. "Ford is worried, as it should be," *Forbes*，July 25. http://www. forbes. com/sites/joannmuller/2012/07/25/ford-is-worried-as-it-should-be/（accessed August 3, 2013）；Williams，S. 2013. "This is one incredible CEO," *Daily Financal*，June 13. http://www. dailyfinance. com/2013/06/13/this-is-one-incredible-ceo30/?source＝edddlftxt0860001（accessed August 3, 2013）；Reed，T. 2012. "6 leadership tips from Ford CEO Alan Mulally," *The Street*，April 12. http:// www. thestreet. com/story/11480044/1/6-1eadership-tips-from-ford-ceo-alan-mulally. html（accessed August 3, 2013）；Swisher，K. 2013. "Ford's Mulally says he's shared 'business transformation' tips with Microsoft's Ballmer," *All Things D*，July 9. http://allthingsd. com/20130709/fords-mulally-says-hes-shared. business-transformation-tips-with-microsofts-ballmer/? refcat ＝ news（accessed August 3, 2013）；Schultz，H. 2010. "Who 9 CEOs admire most," *CnnMoney. com*，March 4. http://money. cnn. com/galleries/2010/fortune/1003/gallery. most-admired-executives. fortune/3. html（accessed April 21, 2010）；and Taylor，A.，III. 2009. *Fixing up Ford*，May 12. http://money. cnn. com/2009/05/11/news/companies/mulally. ford. fortune/index. htm? postversion ＝ 2009051212（accessed April 21, 2010）.

9.4.3　愿景和激励

瑞典电信巨头爱立信的首席执行官思文凯（Carl-Henric Svanberg）说："你必须将你想达成的愿景和大家分享并且让每个人都参与其中，对其充满热情。当你让他们朝同一方向前进时，你就真的可以移动大山。"和众多领导者一样，思文凯深知领导者在组织变革时期最重要的一项职能是描绘愿景和鼓励员工。清晰的组织愿景为员工提供了组织变革的理由。愿景还为实际的变革过程提供支持，以帮助员工记住组织变革的目标，并且帮助员工在组织再冻结阶段保持专注。领导者给予下属的这种鼓励支持着员工，并且有助于消除他们对变革的抵制。很多有影响力的领导者都有能力以愿景为开端而发起变革，这种愿景被他们自己或者他们的追随者转化为能够达成的目标。肯尼迪曾经设想太空旅行，最终这种设想在人类首次登月时达

到了高潮。圣雄甘地有一个将印度从英国殖民地中解放出来的愿景。马丁·路德·金期盼在美国获得平等和公民权，并为实现自己的愿景采取行动。温蒂·科普基于其改进学校教育的愿景，创立了美国教育。愿景型领导中的一些内容对于变革而言十分重要：

● 愿景的重要性。成功和有效的领导者提供清晰的愿景或者帮助员工共建愿景。这两种方法，不管是源于领导者还是员工，都说明了愿景是有效领导的关键因素。

● 对下属的授权和信任。愿景型领导强调授权，不让员工依赖领导者而是自由和独立地工作。这种授权仅在领导者对员工真正表现出信任时才有可能实现。

● 灵活度和变化。快速变化的环境需要领导者关注组织的灵活度和变化。

● 团队工作和合作。成功的领导者强调团队工作，或许更重要的是，发展共担责任的观念的同时，也需要在领导者和员工以及员工彼此之间建立信任和合作。

一些领导者通过讲故事的方式来传递愿景和价值观。内科医疗服务与销售公司（Physician Sales and Services）的首席执行官帕特里克·凯利（Patrick Kelly）凭借讲故事的技巧提醒员工什么是重要的。无论什么时候当他重提起他喜欢的一则故事时，"公司的员工都暗笑……他们学到，或者再次学到了重要的一课：不管其他人对你有多糟，不管你对未来多么有信心，千万不要断了自己的后路。"学者诺埃尔·蒂奇（Noel Tichy）建议领导者说三个故事。第一个故事是"我是谁"；这是要讲领导者是谁；第二个故事是"我们是谁"；最后一个故事是"我们将去往何处"。一些管理咨询顾问和管理实践者也赞成，讲故事可能是领导者将他们的愿景传达给员工最有效的一种方式。哈佛大学教授霍华德·加德纳（Howard Gardner）说："可以用一个故事传递价值观，建立合作精神，创建榜样并且揭示周遭事物是如何运转的。"例如，星巴克的舒尔茨是一位讲故事的高手，他解释公司愿景的方式是分享他个人的经历。对于魅力型、变革型、价值导向型和感召型领导而言，上述观点相似。领导者的愿景对于创建变革非常重要；能够调动员工积极性的愿景，是清晰的和能够理解的，是有挑战性的，是理想主义然而也是可以实现的；它诉诸情感，也高瞻远瞩。有一个高瞻远瞩的愿景对于组织转型和大范围的变革都是非常重要的。

库泽斯（Kouzes）和波斯纳（Posner）提出了最为清晰的一种愿景型领导发展模型。该模型不仅呈现了学者称之为模范型领导的管理实践（见图9—5），还包含员工的观点和他们对领导者的预期。领导者不得不以身作则，发展并且鼓励分享愿景，挑战现状，授权员工并让他们能够行动、激励和支持领导者。库泽斯和波斯纳强调激励、回馈和认同的重要性，按照他们的话说"激发他们的心灵"是授权、员工信心和发展信任的关键因素。他们特别建议，为了真正地激励和鼓励员工，领导者必须做以下工作：

● 制定行为和绩效标准，并且确定能够被所有员工接受。

● 基于对员工能力的真实信念，期待员工做到最好。这种强烈的信念为员工创造一种自我实现的预期。反过来他们会表现得更好。

- 注意要会展现自己，四处走走，提醒员工和关注他们的行为、行动和结果。
- 个人化地认知，不仅要考虑每个员工的需求和偏好，还要让他们在变革过程中感觉到他们是独一无二的。
- 讲有关员工、愿景和绩效的故事，将其作为激励和教导员工的一种方式。
- 共同庆祝。领导者必须寻找更多的机会与下属一起庆祝团队和个人所取得的成绩。
- 树立模范和基本原则，以此来获得信任和强化相关信息。

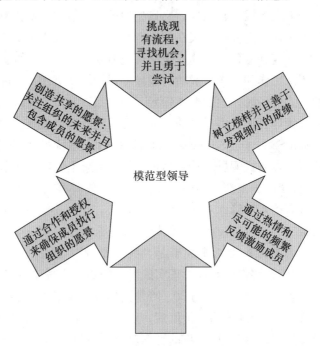

图 9—5　模范型和愿景型领导的管理实践

资料来源：Kouzes，J. M，and B. Z. Posner. 2003．*Encouraging the Heart*：*A Leader's Guide to Rewarding and Recognizing Others*．San Francisco：Jossey-Bass；and 2012．*The Leadership Challenge*：*How to Get Extraordinary Things Done in Organizations*．San Francisco：Jossey-Bass.

　　要想成为模范并实现愿景，领导者需要要求自己不断地质疑旧的信念和假设。这个过程会产生新的共同愿景。通过授权、激励和恰当地树立典型，领导者能激励员工实现愿景。领导者有能力实现这个承诺的背后驱动力是他的信誉。通过询问员工他们最欣赏以及最希望领导者拥有什么样的个性特征，库泽斯和波斯纳提出，诚实、有高瞻远瞩的能力，以及具有鼓舞性和竞争性才能是领导者信誉的基础。领导者改变员工和组织的能力取决于他们的信誉（见自我评估 9—2）。

　　2002 年当罗勃·沃尔德伦（Rob Waldron）成为初创公司（JumpStart）的首席执行官时，他接手的是一家成功的企业。该公司送美洲公司（AmeriCorps）的志愿者和大学生去不同的城市讲授"领先教育"项目课程，以改变一种渐渐普遍的现象，即低收入社区的学龄前儿童缺乏获得成功的必要技能。沃尔德伦承认，这是他所遇到的最大的管理和领导方面的挑战。沃尔德伦通过分散决策权、向每个中心授权的方式来鼓励员工提出他们最好的想法、削减总部员工以增加每个人的收入并吸引新人才等办法实现他的目标。他的战略获得了成功，初创公司在 2003 年增长 33%。谈到组织取得的成就时，沃尔德伦说："我们公司的传统是进行真正的变革。要想为了每一天都愉快地奋斗，我们需要将工作转变为与我们的人生变化息息相关的事情……我希望每个人都能感受到他们工作的方式。"

　　愿景型领导和组织变革让我们可以谈论每个人都认同的真实的领导者——那些改变组织的领导者。很显然组织面临危机时需要愿景型领导，并且它在实施变革时也发挥了重要作用。但是，愿景型领导在组织整合和维持现状时，并没有明显的成效。从定义上而言，变革导向型领导在组织变革时期会发挥作用；当变革并不是组织的关注重点时，变革导向型领导的作用也不明显。当不再需要变革时，变革导向型领导者普遍结局悲惨，同时愿景型领导者在遭遇瓶颈时也会出现这种情况。现有有关愿景型领导者的讨论并没有强调以上这些局限性。此外，没有研究把那些没有接受领导者所设计的愿景或者接受了领导者所设计的不恰当的愿景的组织和员工的命运，看成同明尼苏达矿务及制造业公司一样。历史上和政治组织的许多例子随处可见。类似情形在组织内部发生的程度可能需要进一步探寻。

　　尽管有这些缺点，愿景型领导仍然为领导者提供了管理组织变革的指导方针。因此，领导者必须有激情，提高他们的信誉，发展和阐明他们的愿景，同员工分享权力，同时或许最重要的是身体力行，为员工树立榜样。为了成功实施变革，很多组织必须从根本上改变它们的领导和文化。虽然之前提到的很多方法都支持变革，但成功变革最基本、最关键的步骤是组织设计，追求为了变革而建立的并且蕴涵促使变革积极化的文化。学习型组织的观念体现了灵活性、学习能力、适应能力以及持续变革的重要性。最近，积极组织行为学理论和积极型领导为领导组织变革提供了一种新方法。

9.4.4　学习型组织

　　学习型组织是人们能够不断地扩展创新能力的组织，是培养创新和合作的地方，是知识能在其中传递的组织。这种组织能比其他组织更快地学习和创新，并且这种能力成为组织生存和成功的主要因素。学习型组织并不是简单地管理变革；它们的目标是形成创新性、灵活性、适应性和学习能力成为组织文化和日常流程中不可或缺的部分的组织。

　　学习型组织的核心因素如表 9—4 所示。为了能将学习和接受变革变成他们日常工作的一部分，领导者和员工必须共享有关组织现在和未来状况的愿景。魅力型、变革型、真诚型和愿景型领导都是创建这种愿景的因素。然而，相当重要的是领导者和员工需要理解作为一个内部系统和身处外界环境之中的组织是如何运转的，同时他们还要能意识到构成组织文化的成文或不成文的预设有哪些。如果没有理解组织是如何真实地运转的，那么执行变革是很困难的。愿景和关于组织及其文化的相关知识让组织成员能够识别需要改变什么以及实现这种转变的最佳方法是什么。最后，为了个人和团队，成功变革需要才能和不断发展的新技术及竞争力。

表 9—4   学习型组织的核心要素

要素	描述
共享愿景	通过集体感和有助于未来形成责任感的共有目标，运用合作和开放来建立一种共享的愿景。
系统思考	理解相互间的关系，以及那些能将组织内部和外部人员联系起来的无形的和有形的关系。
心智模型	意识到那些能指导行为和决策的阐明和未阐明的预设和心智模型，并且在开放和合作的基础上发展新的预设和心智模型。
自我超越	不断地阐明和发展个人的愿景和目标，拓展和提升技能的种类和熟练程度。
团队学习	发展协作精神，以及成员可以在一起思考和工作，从而质疑现有预设并且创造新流程的能力。

资料来源：P. M. Senge. 2006. *The Fifth Discipline*：*The Art and Practice of Learning Organizations*. (New York：Doubleday；P. M. Senge. 1995. "Leading learning organizations," *Training and Development* 50, no. 12：36−37；P. M. Senge and J. D. Sterman. 1992. "System thinking and organizational learning：Acting locally and thinking globally in the organization of the future," *European Journal of Operations Research* 59, no. 1：137−140.

图 9—6 列出了阻碍组织学习的因素。存在这些因素，组织学习是无法进行的。他们是组织成员采用的阻碍变革的思考和行为模式。根据圣吉（Senge）所说，这些阻碍或者缺点，源于缺乏系统地思考，而将任务、工作、问题和目标相互分离、割裂地看待。此外，关注大范围变革的领导者或许忽略了循序渐进和递增型变革。这种变革或许也会发生，并且可能产生相同的变革结果。组织成员或许也关注特定的事件，在没有考虑产生问题的情境下关注问题产生的原因或者可能产生影响的所有系统因素。关注事件的结果是试图找到某人或某事来为问题负责。识别这些问题可以减少通盘考虑问题并且集中发现解决问题的办法。另一种组织学习的缺陷是技术上无竞争力。这是指依赖那些高度开发但是局限于专业领域的人，他们名气很响并且组织期待他们提供解决问题的办法。由于他们通常在解决问题，因此不可能承认对问题缺乏理解、缺少相应的知识或者说他们自己犯了错误。尽管有相当好的技能，但是他们不可能再学习并且逐渐变得没有竞争力。如果领导者是那些技术上无竞争力的人，那么情形会变得越来越危险。最后，同领导相关的另一因素是幻想承担领导责任：幻想一个人承担领导其他所有人的责任来解决问题，而不是与他人分享领导、授权或合作。

为了支持组织为变革做好准备并且成为学习型组织，领导者需要采取一些办法来建立一种支持不断变革的开放性和支持性组织文化。这些行动包括：对新想法持开放态度并且鼓励开发基本方法而不是一味地推行标准化，为学习和实验提供时间，培养那些对员工参与持开放态度的领导者。

明尼苏达矿务及制造业公司麦克纳尼的案例提供了一个阻碍和支持学习型组织的事例。基于创新能力和创新的历史纪录，明尼苏达矿务及制造业公司具备许多鼓励组织学习的要素。在麦克纳尼担任领导者前，明尼苏达矿务及制造业公司致力于局部解决方案、创新者之间的公开交流以及对组织的学习和尝试给予足够的时间和

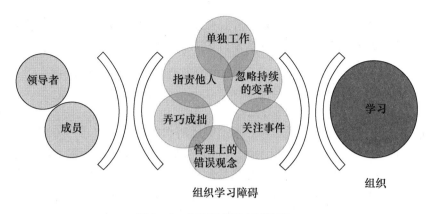

图 9—6　阻碍组织学习的因素

容忍。在寻求组织绩效的过程中，麦克纳尼替换了许多阻碍明尼苏达矿务及制造业公司这个学习型组织进行学习的因素。使用一种通用（one-size-fits-all）的六西格玛流程，关注特别的事件而不是寻找问题的系统化原因，关注来自高层的强制型愿景而不是分享型愿景。所有这些都侵蚀了明尼苏达矿务及制造业公司的组织文化和学习能力。当公司为了维持增长和利润率继续面对挑战时，现任领导者不得不重建那些曾经给公司带来创新型文化的因素。

　　赫尔曼·米勒公司是一家专业的家具制造商。该公司同样也可以作为学习型组织的一个案例。赫尔曼·米勒公司被认为是行业内最具有创新能力和独特组织文化的公司之一。众所周知的还有该公司通过灵活工作时间、远程办公、员工学习和员工所有制这些方法关注员工。它同客户一起发展解决客户特殊问题的独特解决方案。但是真正使该公司成为一家学习型组织的是它的好奇心和学习能力。作家格拉赛尔（Glaser）在她所著的《领导力基因》（*The DNA of Leadership*）一书中是这样描述其组织文化的："为了激发一种美妙的好奇心，领导者致力于协助赫尔曼·米勒公司的员工尝试并且从这些尝试当中汲取教训。这就是该公司组织文化的重要组成部分，已经植入了员工的一言一行之中——这已经嵌入到他们的遗传密码里。"

9.4.5　积极方法

　　在第 6 章我们学习了积极组织行为学理论和积极型领导。他们的很多观点和发现很容易应用于组织变革当中。尽管积极本身并不能阻止对变革的抵制，但是领导者对于变革的积极性、乐观和热情是具有感染力的。追随者以领导者为榜样从而报以恰当的热情和行为。虽然积极性在变革的计划阶段并不重要，但是在实施阶段却有重大影响力。畅销书作家、记者奇普（Chip）和丹·希斯（Dan Heath）认为，积极性思想和积极型角色典范对于发起变革和维持变革都很重要。他们讨论了杰里·斯特林（Jerry Sternin）的案例，斯特林为挽救儿童组织（Save the Children）工作，致力于解决第三世界儿童的营养问题。当论及如何改变行为时，他说："知识确实并不改变行为。我们都遇到过极瘦或极胖的医生和离婚顾问。"相反，真正起作用的是一个积极的结果或活动，并且明白事情为什么解决了，然后试着去重复。这种积极性做法被视为可以指导变革行为的"亮点"。

9.4.6 变革组织文化

第 7 章列出了高层领导者能够影响组织的许多方式（见图 7—4）。此外，埃德加·沙因（Edgar H. Schein）发掘了领导者形成组织文化的许多机制。其中包括：

● 沟通优先。从普遍性愿景、必须强调的特定问题和方法而言，通过指出什么是重要的，领导者可以对组织产生重大影响。例如，宝洁公司的首席执行官雷富礼不停地重复要关注客户的简单信息（见第 7 章）。

● 树立榜样。虽然领导者所说的是重要的，但是更重要的是领导者所做的。领导者必须做到他们自己所希望达成的改变。行动会证明他们的价值观以及什么是真正重要的。例如包括圣雄甘地和纳尔逊·曼德拉在内，历史上许多魅力型领导者曾经因为他们的信仰而入狱。面临危机时，因期待榜样行为所带来的特殊机会使得人们增加了对于领导的关注和需要。面对未曾预料的变革时领导者该如何做，他关注什么，以及他优先处理的事情有哪些改变，都为员工提供了权威的指导。

● 分配资源和报酬。更实际和平等地影响行为的是领导者如何分配资源和报酬。通过顺应性和一致性的分配制度，公开声称他尊重创新和探索的领导者可以展现自己真实的价值取向。类似地，领导者能够通过提拔那些符合组织价值观和使命的人，对组织文化产生清晰的影响。

可以用于形成组织的其他机制包括，组织结构和组织流程的设计，开发标准的设计，甚至包括实际空间的选择。其中一部分我们已经在第 7 章讨论过。

领导问题回顾

不管什么变革人们都会抵制。因此，一些领导者仅仅宣布要变革，然后就尽快地实施变革。撼动体系并且尽快揭下创可贴（治标不治本）这种方法很吸引人，但是在大多数情况下，往往会导致更长期的抵制，使得为变革付出的努力白费，这在组织中很常见。投入时间和精力让大家做好准备，说服他们并使其产生对变革的需求，在时间允许的情况下让他们参与到实施方案和实施想法的过程中，这些终究会得到回报。

学以致用

变革推动者和同侪压力

成功变革的关键因素之一是依赖变革推动者和积极型典范，将其作为激励他人接受变革的方式。这种同侪压力可以作为避免抵制变革的积极方法。以下是一些关于在领导变革时如何运用同侪压力的实践建议：

● 不要孤军奋战。虽然领导者拥有责任

和权威，但成功的变革是群体努力的结果。仔细地筹划如何让他人帮助自己实现变革。

● 找一些对变革感到兴奋的人。在与其他员工沟通时利用他们的帮助。

● 赢得意见领袖的支持。每个组织里都有备受尊敬的意见领袖。要赢得他们的支持，并利用他们的支持使得实施变革更加迅速。

● 树立一个成功典范。人们或许知道变革对他们是有好处的，但是这种知晓并不能转变为行为。看见一个成功的实例会在很大程度上让员工相信变革真的有用。

● 行动重于言语。在组织内外提供具体的实例去展现变革是可行的。

9.5 结 论

　　变革已经成为当今组织唯一不变的因素。内部和外部因素迫使组织变得灵活、适应新形势并且自我改变。领导者指导和支持员工完成变革的能力是领导的一项重要作用，可能会根据组织文化因素而有所不同，如对模糊性的容忍度和时间观念。虽然组织愿意为变革做计划并且渐进和递增地执行变革，但许多组织面临的仍然是无法预期的变革。这种变革是革命性的并且需要付出相当大的努力。不考虑变革的类型，领导者需要将变革视为包含解冻（或者让员工准备变革）、变革和再冻结这三个步骤的流程。这其中涉及提供巩固新流程和行为模式的资源与支持。

　　计划型变革通常包含六个步骤：认识到需要变革，开发变革方案，采纳变革方案，执行变革计划，分配资源，评估变革。在这个过程中，领导者可以比较快速地通过自上而下的方式推动变革。此外，由于非计划型变革被定义为不可预测的，领导者可以通过支持灵活性、引入渐进性变革并且尝试新方法这些方式，为非计划型变革做准备。即使有精心的计划和准备，由于诸如惯性和组织文化等组织因素、诸如群体规范等群体因素、诸如恐惧和个体特征等个体因素，抵制变革也可能会发生。领导者有许多办法可以用来减少变革的阻碍，在所有方法中，最关键的是支持员工，让他们参与到变革中并且建立可以维持变革的文化。

　　变革过程中领导者的一个重要作用是为变革建立共享愿景，用来支持员工完成执行变革的阶段。愿景型领导者的其他相关作用是挑战变革流程，激励员工，树立榜样以及授权。所有这些都能激发员工，并建立一种保持长期变革的组织文化。其他领导作用包括树立榜样，支持创新和即兴创作能力。如果一个组织拥有灵活和开放的组织结构，以及能容忍错误并且鼓励尝试和质疑态度的组织文化，那么它就能激发创造力。即兴创作能力需要长期准备、自我反省和承诺，所有这些也是真诚型领导的要素。

　　领导者支持员工完成组织变革的能力最终依赖于组织是否拥有已建立的、对变革有所准备并且不断学习的组织文化。领导者能在以下方面发挥重要作用，如创建学习型组织，开发员工的技能，如广泛性思考，开发个人才能、团队工作能力，发展共享的愿景，以确保作为整体的组织为学习和变革做好了准备。

复习讨论题 ▪

1. 请描述影响变革的内部和外部因素。

2. 组织文化对于人们察觉组织变革起到什么作用？

3. 请描述组织可能会面临的不同类型的变革。

4. 请解释勒温的组织变革模型以及它在组织中的含义。

5. 列出计划型变革过程的六个步骤，并且描述领导者在每个步骤当中所起的作用。

6. 为了应对非计划型组织变革，领导者需要做些什么？

7. 列出阻碍组织变革的组织、群体和个体因素。

8. 描述减少阻碍组织变革的方法，并且解释在什么情况下可以使用哪种办法。

9. 比较创新能力和即兴创作能力，并且解释它们在领导组织变革过程中起到的作用。

10. 什么是愿景型领导，它是如何同组织变革联系起来的？

11. 积极型领导是怎样支持实施变革的？

12. 有哪些组织文化要素支持变革，领导者在发展这种组织文化过程中起了什么作用？

领导挑战：　执行不受欢迎的变革 ▪

上级刚刚通知你，你所在的部门将进行重大的组织结构重组，目的是提高组织绩效。她安排你去执行这项变革。此外，这项计划是总部下达的，没有商量的余地。除了削减一些职位，你所在的部门还将搬到远离市中心的一处没有什么商业价值的新地段，并且将不得不和另一个团队分享行政管理人员。高层管理者想进一步利用这次重组机会，来实施一个更为重要的新型客户关系网络系统。

你的团队有 15 名成员，他们很团结。你知道，让两名成员离开对于每名员工都很难接受。此外，对于所有人而言新办公地点都

很远，你的办公室也没有原来那么好。虽然新技术受到欢迎，但是在它完全运转之前，还需要培训和支持。从个人层面，你很烦这次变革。这是多年以来第二次你没有机会参与决策却不得不执行的重大变革。你感受到了相当大的压力，并且开始担心团队的反应以及团队能否渡过难关。然而，你未来的职业生涯则取决于这项变革的执行情况。

1. 你应当如何向团队提起这次变革？

2. 你应当在多大程度上分享你的个人感受？

3. 你应当采取哪些关键行动？

练习 9—1　组织变革的分析和计划 ▪

该练习给你提供了一个机会尝试定义组织存在的问题并且计划组织变革。这是参照图 9—4 模型设计的一项练习。

第 1 部分：形成团队和选择问题

团队有 3～5 名成员，选择一名团队成员面临的需要解决的（组织或者个人）问题。

潜在的事例包括以下部分：你负责监督的销售团队没有很好地同开发部门或者生产部门一起合作；你的员工并没有采用客户导向型服务方法；在你所处的管理层级，你所在的团队不受重视；孩子所在学校的春季项目委员会归你领导，委员会抱怨该项目已经有数

年了；学校董事会希望在决策前寻求更多家长的意见等。请注意每个问题——任何你可能识别的——都包含个人和组织的许多问题。

你所在的群体将会强调什么问题？

第 2 部分：定义问题

就团队而言，对组织真正存在的问题有一个清晰的理解是非常重要的。作为一个团队：

1. 口头上尽可能用你能够采取的不同方式重申问题。

2. 思考问题包含的所有积极和消极因素。

3. 思考所有相关问题。

4. 就问题描述最终达成一致。

第 3 部分：变革计划

除了加紧行动和提出解决方案，你的团队必须理解存在的问题和变革的过程，思考许多替代方案，并且在选择方案之前评估它们。

1. 你将如何帮助组织理解变革的必要性？将采取哪些步骤？需要什么数据？

2. 在不进行评估的前提下（头脑风暴），尽可能识别更多的解决方案。

3. 认真地评估每个方案；思考它们的正面和负面作用。如果执行解决方案，谁可能会受到影响？谁将会抵制变革？变革的代价有哪些？这些方案能完全描述组织存在的问题吗？

4. 选择一个方案；它不需要十分完美，仅仅是一个团队分析得出的方案即可。请解释为什么这个方案是最好的。

5. 你将如何实施这个方案？请思考以下因素：人和资源、主要阻碍、备选方案、参与的关键人物、时间表、成本和你将如何衡量方案是否取得成功。

第 4 部分：陈述

每个团队为他们拟定的变革计划做一个简要陈述。

资料来源："Managing Change," in A. Nahavandi and A. R. Malekzadeh（eds.），*Organizational Behavior：The Person-Organization Fit*（Upper Saddle River, NJ：Prentice Hall, 1999）.

练习 9—2　创新和平行思维——六顶思考帽

研究创新和横向思维的国际专家爱德华·德博诺（Edward deBono）提出，争执往往是没有意义的，而关注"能够成为什么"更有利于创新性和有效性问题的解决。他提出了一个叫做"六顶思考帽"的工具。不同于在同一组中的不同人研究同一问题的不同方面，他强调所有组员同时研究某个问题的一个方面，用一种平行的方式。为此，所有组员要带上想象中的（或者是真实的帽子，如果你想更好玩些）不同颜色的帽子（每种颜色的帽子代表一种思维模式）。同时，组员要在同一时间里采用相同的思考问题的角度。

白色帽子：中立和客观。关注客观的事实和数据。

红色帽子：生气、愤怒和情绪。关注情感色彩。

黑色帽子：严峻、认真和谨慎。关注指出弱点和问题。

黄色帽子：阳光和乐观。关注希望和乐观的想法；尽可能期待最好的结果。

绿色帽子：丰富。关注创新和新主张。

蓝色帽子：鸟瞰。关注控制、整合，从多个角度整合思想。

第 1 部分：选择一个问题或主题

在你的小组中，选择一个复杂的问题去

讨论。这个问题可以源于你的工作单位、大学或者院系、社区、政界或商界。例如，你可能想讨论医疗保障问题、外国政策、增长税收、增长学费和费用或者你的组员遇到的有趣问题。最好避免一些高感性色彩或者价值观基础的问题，比如堕胎问题。

第2部分：使用帽子

一旦选定主题，就严格按照以下的规则运用六项思考帽的方法讨论问题：

1. 指定一个主持人去记录时间，指挥小组换帽子，重申他们的作用并且提醒每个人应该遵守的规则。主持人可以用诸如"现在大家都带上红帽子"这样的话来通知大家换帽子。

2. 只提及帽子的颜色而不说作用。比如，你可以说"让我们带上白帽子"而不是"让我们看看事实"。

3. 以蓝色帽子开头和结尾。开始时，你可以解决笼统的问题以及你要做什么的问题（比如复习规则以及决定帽子的顺序）。最后，你要进行回顾和总结。

4. 你可以按照小组的喜好以任何顺序带上帽子。

5. 当你处在某个颜色的模式下时，要一直戴着帽子。比如，如果小组戴着绿色帽子并且关注着创新，成员不可以中途戴上黑色帽子然后讨论所提出观点的缺陷。只有在时间终结的时候整个小组才换成另一个颜色的帽子。

6. 你可以给每个人一两分钟时间去考虑开始的时间和换帽子的时间。在戴着帽子的前提下，每个人有大约一分钟的时间阐述自己的观点，总时长依据小组成员的人数而定。比如，4个人需要24分钟讨论问题，加上结尾时蓝色帽子需要的额外4分钟，再加上6分钟的反应时间，共34分钟。

7. 祝玩得愉快！

第3部分：回顾过程

完成讨论时，回顾一下小组过程，然后考虑以下问题：

1. 与一人一个角度相比，将各个视角集中到一起考虑的好处和挑战有哪些？

2. 你作出了什么贡献？

3. 怎样在个人和工作方面应用？

第4部分：演示

准备一个两分钟左右的陈述向同学汇报你的经历。

资料来源：Based on E. deBono,. *Six thinking hats.* (Great Britain：Penguin Books, 2000). *Adapted with permission.*

自我评估9—1 建立信用 ■

愿景型领导的一个关键因素是领导者的信用。有信用的领导者可以真诚地并且在得到员工信任的前提下进行必要的组织变革。以下是信誉的要素。用以下标准给自己在每个项目上评级。

1＝从不

2＝偶尔

3＝经常

4＝总是

1. 我清楚地表述了我的职位。＿＿＿＿

2. 我的同事和下属总是知道我的立场。＿＿＿＿

3. 我认真地聆听并尊重他人的意见。＿＿＿＿

4. 我接受同伴和下属的不同意见。＿＿＿＿

5. 我尝试将他人意见纳入到我的观点。＿＿＿＿

6. 我鼓励和实践建设性的反馈。＿＿＿＿

7. 我鼓励和实践组织内部合作。＿＿＿＿

8. 我让持不同观点的人达成共识。_____

9. 我开发同事和下属的技能。_____

10. 我常常提供积极的反馈和鼓励。_____

11. 我对自己和他人的行为负责。_____

12. 我言出必行。_____

计分提示：将 12 个问题的分数汇总。最高得分为 48 分。得分越高，越表明你具备了建立信誉的行为。总分：_____

自我分析和行动计划

你哪项得分最低？为了建立信誉，列出你需要实现的目标。

你将如何处理这些问题？关注明确的和特殊的行为。制定短期目标和长期目标。取得了哪些进步？你如何评估自己？

资料来源：This self-assessment is partially based on concepts developed by Kouzes and Posner (1993；2003).

自我评估 9—2　创造力 ───■

对变革的开放程度在某些程度上属于创新的一部分。创造力算是个人性格特征的一部分，但是个体能通过一些方式提高他们个人的创造力。通过以下标准，依照你在每一项的实际情况给所有项目评级。

1＝从来没有

2＝有时有

3＝始终如此

1. 我很繁忙，没有时间关注任何新事物。_____

2. 我为自己设定了每日目标并且竭尽全力完成。_____

3. 当我做事时，我尽最大努力把它做好。_____

4. 我很清楚地知道优先顺序，什么重要以及什么不重要。我寻求方法去做那些更复杂和更有挑战性的事情。_____

5. 我知道生活中自己喜欢和不喜欢什么。_____

6. 我勇于面对问题并且积极寻找解决方案。_____

7. 我没有条理并且觉得我的安排不受控制。_____

8. 我常常因为没有预期的言行而让大家感到惊讶。_____

9. 我的办公室/家收拾得很整齐，让我觉得平静并且可以很好地工作。_____

10. 我很少能坚持完成那些引起我兴趣的事情。_____

11. 我让日常工作变得简单，因此有精力去思考重要的事情。_____

12. 我有放松和反思的时间。_____

13. 在解决问题之前，我尽可能尝试找出处理问题的多种解决方案。_____

14. 我停下来，看看周围那些不寻常的人和事件。_____

计分提示：问题 1，7，8 和 10 的得分反向计算（1＝3，2＝2，3＝1）。将得分加总最少得分是 15，最高得分是 45。得分超过 30 说明你用提高个人创造力的方式承担了许多活动和管理了你的生活。总分：_____

自我分析和行动计划

你哪项得分最低？为了提高创造力，列出你需要实现的目标。

资料来源：Developed based on information in M. Csikszentmihalyi. *Creativity：Flow and the Psychology of Discovery and Invention* (New York：Harper Perennial, 1997).

实践中的领导 ——▪

■■■ ■■ ■■ 百思买独特的组织文化 ■■■ ■■ ■■

也许在你看来百思买是一个大型数码商场或者是你和父母常常去买光盘的地方，但是在管理中，特别是人力资源管理中百思买因其结果标准式工作环境而为人所知。百思买打破了每天 8 小时、每周 5 个工作日的美国职场固有模式。2005 年，百思买允许公司员工自己决定工作的时间和地点，并且以工作成果而不是待在办公室的时间来评价员工。这种工作方式不仅改变了人们的工作方式，同时改变了企业文化，而且在早期就取得了显著的绩效增长。销售量增长了 35%，订单比那些没有参加该项目的员工增加了 13%~18%，离职率降低了 8%，同时削减了雇用成本。百思买的首席执行官布莱恩·邓恩（Brian Dunn）表示，在离职率方面的改善是全国性各层级的。

虽然没有像雅虎的决策那样大张旗鼓地广泛报道，但是百思买于 2013 年早期决定不再使用结果标准式工作环境。新任首席执行官休伯特·乔利（Hubert Joly）认为，在领导立场上看，结果标准式工作环境是有缺陷的，因为这种方式抛弃了管理控制力，将授权作为决策的唯一方式。公司的公共事务官马特·福尔曼（Matt Furman）认为，结果和完成事情的过程都应该受到组织的关注，这需要周围每个人都紧密联系并且相互协作。公司发言人杰夫·舍尔曼（Jeff Sherlman）进一步补充说，以前从家里去工作是一种权力，如今这成为一种选择。他表示，我们相信员工的灵活机动性，但是这需要在一个关于结果和如何完成工作的相互对话的背景下。

虽然没有正式的联系，但是停用结果标准式工作环境的决策导致了百思买几年的绩效不佳。对于百思买的员工而言，这种改变就像 2005 年初次决定实施结果标准式工作环

境时一样剧烈。对于绝大多数管理者和员工而言，工作时间可能远远超过一周 40 小时。时刻在工作，比其他人早到，晚上最后一个离开，周末还在工作，这一切在美国企业当中都被当成荣誉的象征和成功的必要条件，但至少有那么几年，百思买抵制住了这种趋势。通过实行结果标准式工作环境，这家总部在明尼苏达的电器销售公司的员工扔掉了出勤计时钟并且制定了他们自己的工作日程。"百思买的员工没有人真正知道我在哪里。"百思买的员工关系经理斯蒂夫·汉斯（Steve Hance）说。结果标准式工作环境注重从员工的业绩目标是否实现来评价员工，而不是考虑员工在办公室里待了多长时间。这些变革同结果标准式工作环境之间的差别是，以上变革是源于高层领导者并且是自上而下推广的，而结果标准式工作环境项目则始于公司的中低层，并且有意识地对高层领导者保密，同时在一些团队中先做了尝试；之后再上报高层主管。两年之后，直到在公司的一些办公室里执行并且取得了一些成功，前任首席执行官才知道这个项目。

结果标准式工作环境是两名人力资源部员工的构想。乔迪·汤普森（Jodi Thompson）和加利·雷斯勒（Cali Ressler）发现，他们可以在工作间分享有关工作的观点以及科技和无线网络是如何改变人们日常工作的。他们也注意到 2001 年的一份调查结果显示，员工普遍不满意，并且他们察觉到员工无法在工作和生活之间找到平衡。结果是正面的同时，这种新的工作方式也传播出去。由于担心高层领导者反对，实行结果标准式工作环境项目的部门保守秘密。那些没有实行结果标准式工作环境的部门说服了部门经理加入到该项目，慢慢

地有关结果标准式工作环境的内容传遍了百思买所有的办公室。初期，汤普森和雷斯勒被一些人视为"败坏"公司的破坏分子。更多传统经理人感受到威胁，觉得他们正在失去控制权和权力。其他人担心员工出去后不会工作。然而那些参与该项目的人和部门都明显获益。汤普森和雷斯勒离开了百思买并且将结果标准式工作环境的概念带出了百思买，他们创立了自己的咨询公司（CltureRx），将这种独特的工作模式传播到其他组织。

总而言之，让员工花更多的时间待在办公室并不能帮助百思买。分析人员认为这应该归咎于领导、竞争和企业文化，并且认为停用结果标准式工作环境对离职率、信任以及公司培养未来领导者的能力可能都会产生负面影响。

问题

1. 改变百思买的内部和外部因素是什么？
2. 组织变革是如何实施的？
3. 变革过程中不同领导者发挥了什么作用？

资料来源：Conlin, M. 2006a. "Smashing the clock," *Business Week*, December 11. http://www.businessweek.com/stories/2006-12-10/smashing-the-clock （accessed August 5, 2013）; Conlin, M. 2006b. "How to kill a meeting,"; *Business Week*, December 11. http://www.businessweek.com/stories/2006-12-10/online-extra-how-to-kill-meetings （accessed August 3, 2013）; CultureRx. 2013. http://www.gorowe.com （accessed August 4, 2013）; Kiger, P. J. 2006. "Throwing out the rules of work," *Workforce Management*, October 7. http://www.workfome.com/section/09/feature/24/54/28 （accessed April 25, 2010）; Everitt, L. 2008. "How Best Buy slays the turnover beast," *Money Watch*, April 16. http://www.cbsnews.com/8301-505123_162-33340028/how-best-buy-slays-the-turnover-beast/ （accessed October 20, 2013）; Matthews, C. 2013. "Best Buy's unlikely return from the dead," *Times Business and Money*, July 15. http://business.time.com/2013/07/15/best-buys-unlikely-return-from-the-dead/ （accessed August 3, 2013）; Pepitone, J. 2013. Best Buy ends work-fro-home program. *CNN Money*, March 5. http://money.cnn.com/2013/03/05/technology/best-buy-work-from-home/index.html （accessed August 3, 2013）; Peterson, G. 2013. "Cutting ROWE won't cure Best Buy," *Forbes*, March 12. http://www.forbes.comlsites/garypeterson/2013/03/12/cutting-rowe-wont-cure-best-buy/ （accessed August 3, 2013）; Schafer, L. 2013. "Pitching in is the new rule at Best Buy," *Star Tribune*, February 16. http://www.startribune.com/business/191449391.html?refer＝y （accessed August 3, 2013）; Stuart, H. 2013. "Best Buy ends work-from-home program known as 'results only work environment'," *The Huffington Post*, March 6. http://www.huffingtonpost.com/2013/03/06/best-buy-ends-work-from-home-policy_n_2818422.html （accessed August 3, 2013）; Upbin, B. 2012. "Why Best Buy CEO Brian Dunn had to quit," *Forbes*, April 10. http://www.forbes.com/sites/bruceupbin/2012/04/10/why-best-buy-ceo-brian-dunn-had-to-quit/ （accessed August 3, 2013）.

第 10 章
领导力开发

学完本章，你将能够：

1. 定义领导力开发的要素。
2. 描述学习的要素。
3. 回顾领导力开发的研究领域。
4. 介绍领导力开发的各种方法及其优缺点。
5. 思考文化在领导力开发过程中的作用。
6. 总结个人和组织在有效领导力开发过程中的作用。

领导问题

领导力开发如何才能取得成功？我们能教什么？而人们能学到什么？

领导不是终极目标；领导是贯穿一生的长途跋涉。本书及当代领导理论和实践的最基本前提是领导是可以学习的。领导者不是与生俱来的；他们是锻造出来的。我们的有些个体特征和特质或许对于成为领导者造成了一定阻碍，而其他人学习领导的技巧和实践则可能相对容易些，领导学领域的学者却普遍认为领导者能够改善和开发他们的领导技能。组织面对的动荡环境和灵活性的需求要求领导力开发，同时更重要的是要求拓展领导能力和领导技能及其"领导工具箱"。因此，组织和个人将相当多的资源给了领导者，并用于领导力开发，也就不足为奇了。一些统计资料表明，2009 年，美国大公司在员工学习和开发领导力方面的花费达 1 250 亿美元。另外，广泛的研究聚焦于领导力开发，并且企业评级是以其领导力开发好坏为基础的。遗憾的是，许多公司把花在领导力开发上的资源看成是成本，而不是对未来的投资。因此，它们并不能彻底评估其使用的领导力培训项目的有效性。尽管面临这些问题，但是培养领导者，让他们做好准备来应对组织和利益相关者变化的需求，恰恰是许多组织的首要任务。就个人层面而言，领导者必须为自我知识更新和能力开发做好计划，而不管其组织能提供什么样的资源。

诸如人们如何学习，什么是领导力开发的关键因素，什么是创造长期变革行为的最佳方式等问题，都是我们即将讨论的领导力开发不可分割的一部分，也是本章的重点。

10.1　定义和基本要素

开发是指因为不同的学习经验而产生的持续的、动态的、长期的变化或者演变。具体而言，领导者开发定义为"能有效发挥领导作用和有效实现领导进程的个人能力的扩展"。它关注个人并且给领导者提供管理工具来改善领导有效性。担当不同角色的领导者都可以用这些工具可以来改善其领导的有效性。领导力开发同领导者开发不同，尽管它们有关联，其差异在于领导力开发关注的是组织通过其多位领导者来完成任务的组织能力。这种差异是至关重要的，因为它们解决的是不同层次的开发问题。

本章主要关注领导力开发。当然，本章所描述的一些领导力开发方法，当应用到个人的领导时，可能会影响领导者开发。此外，尽管两者紧密联系并且常常使用类似方法，但是管理者开发、领导者开发、领导力开发和高层管理者开发之间依然存在差异。它们之间的差别主要在于关注点不同，是聚焦于个人，还是聚焦于组织，抑或聚焦于个人培训项目的定制化程度（见图10—1）。例如，管理者和主管开

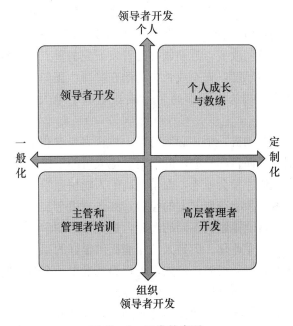

图 10—1　开发的类型

发主要专注于教育、教授他们有效处理日常活动和关心员工的技能，关注重点为帮助组织开发相关技能。培训项目是普遍适用的，并且通常为参与者提供课堂环境。领导者开发关注发展个人，采用更全面的办法提升自我认识水平并且提供技能。这种培训可能是通用性的，也可能是定制化的。领导力开发的目标是培养组织范围内的领导能力。最后，高层管理者开发的目标是为组织开发领导能力并且通常高度个性化，如高层管理者的辅导与教练。

10.1.1 学习的要素

学习涉及由经验累积而产生的行为、知识或技能相对永久的改变或提升。领导者要想开发自己，必须学习新的行为和技能。这些改变必须相对稳定、持久并能超越课堂或培训情境之外。学习解决的是变化的内容，领导力开发则着眼于变化的过程。因此这两点紧密地结合在一起。假定领导力开发和学习涉及变革，那么我们在第 9 章讨论的许多概念，包括模型、流程和变革的阻力都能够像组织学习理论一样应用到领导力开发。针对个体学习和开发，领导者必须首先意识到需要并且接受变革（解冻）。在实施一些变革之后，他们必须能支持和维持对新行为、技术或者知识的适应和使用（冻结）。持久变革是领导力开发的核心部分，它需要耐心和坚持。正如其他任何变革一样，它也可能会面临阻碍，如人们或许没有意识到需要变革，人们不愿意做出必要变革，或者由于缺少实践或支持从而无法坚持新学到的行为模式。个人和组织一定要认真地对待这种潜在的阻力。

学习的核心是由几个要素构成的。首先，个人必须认识到学习和变革是必需的。个人必须愿意学习，这需要动机和准备（见图 10—2）。认识和动机要素同变革的解冻期相关。我们大多数人都是和这样的领导者一起工作：他们既没有意识到自己的薄弱环节，也不愿意花费时间来改变。没有意识到或者不愿意学习和改变，就不会产生任何改变。近期领导力开发研究的重点是领导者需要深度探索并理解他们的动机、敏感度，识别成长中的潜在障碍。正如我们将在本章随后部分所讨论的那样，提升自我认识和加速个人成长组成了绝大多数领导力开发项目的实质性部分。

除了学习动机，个体必须有能力将智力要素和个性特质有机结合起来。学习或许对于某些人而言容易些，同时对其他人可能更具挑战性。例如，认知水平高及智力好的人能快速领会概念，而情商高的人能快速学会社交技能和人际交往技能。同时，领导者必须能获取开发的经验，并且有机会实践和习得这些经验。例如，小公司的员工通常能接触到不同的经验，这是很好的学习资源。大公司的工作和职责范围狭小，也更专业化。但是大公司能提供很好的福利，其中有大量的培训和诸如教育福利的个人发展资源。例如，麦肯锡开发出一个专门的领导力培训项目，称为中心领导力，以关注女性领导者的培养。

此外，和机会密切相关的是鼓励自我效能的开发。它是成功的、积极的经历所带来的学习潜能的提高和个人信仰的培养。如果个体愿意且有能力学习，并遇到挑

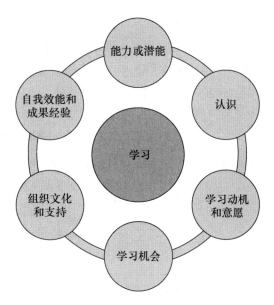

图 10—2 组织学习要素

战，最后经历了成功，那么他们会培养一种与完成任务相关的自信、一种自我效能感。而研究显示，自我效能与领导的有效性相关。与简单的自信相反，自我效能与具体情境和任务有关。在领导者开发的情况下，为领导者在工作情境中提供成功的机会，可以改善领导有效性。

最后，组织文化必须支持和维持组织学习和开发。这种支持不仅以培训项目的形式出现，还会以评估组织学习、容忍尝试和失败的非系统因素形式出现。本章末西南航空的案例提供了组织支持开发的实例：组织容忍犯错，组织领导者注重他人的领导力开发。组织支持的另一因素是监督。支持和鼓励的主管是领导力开发的关键因素。这种支持能通过正式工作和培训或者非正式辅导来实现。

学习需要不断地练习和坚持。当谈到诸如学习一项新的运动方式、一种新的工具或一门新的语言时，我们知道实践和坚持的重要性。但是，当我们在处理领导他人所需要的更复杂的技能和行为时，却倾向于忘记实践的重要性。良好和清楚的沟通，激励员工，在个人发展和学习方面辅导他们，以及提供反馈，这些正是领导好他人必备的复杂技能。学习它们中的每一项都必须坚持，都一定会犯错误，都需要重复。

10.1.2 开发什么：内容

领导力开发项目要解决什么问题？需要开发的技能、知识、行为是什么？表10—1 总结了领导力开发所涉及的典型领域。其中内容是广泛和复杂的，反映了领导的丰富内涵和复杂程度。因此，表格所列出的部分远远不够。开发内容取决于领导者的层级，如基础知识和技能是特别针对管理者和中层领导者的，而战略思考则是针对高层领导者的。大多数开发项目针对高层领导者，给他们提供有关个人成长和自我认识的培训。此外，如果从单独和不同的类别呈现，开发内容涉及的领域是相互关联并且融为一体的。例如，作为一项基本管理技能，提供反馈是沟通技能中的一部分——与沟通相联系的。类似地，诸如发展愿景之类的战略问题取决于概念抽象能力、沟通和人际交往能力，同时还需要创造力。

我们在本章随后部分将通过不同方法和工具来呈现每项内容。

表 10—1　　　　　　　　　　　领导力开发解决的问题事项

事项	描述
基础知识	与领导力有关的信息；定义；基本概念，例如沟通、反馈、权变奖励；通常通过课堂教育实现。
个人成长	自我认识，了解自己的优缺点；同个人的价值观、梦想和志向有关。
技能开发：监督、管理和人际交往技能	如何运用知识；包含监督技能，管理技能，例如计划、目标设定和监督，概念技能，例如解决问题和做决策的能力；与发展人际关系相关的技能。
创新能力	从新颖和创新的角度思考以及跳出既有框架思考的拓展能力。
战略问题	发展组织使命；战略性计划。

10.2　有效开发项目的必备要素

不同的开发项目具有不同的目标，每个项目都有优缺点。其中有一些重要标准可以用于评价培训项目是否有效（见图 10—3）。虽然并不是需要所有标准，但是如果满足大多数标准，项目就变得更加丰富多彩，并且更可能产生长期的组织变革和学习。有效开发项目的第一条原则是它给参与者提供相关评估数据，如现在的优点和缺点、绩效和从他们的立场出发的一些项目目标和领导能力。应用有关自我信息能够激励参与者取得进步，并且在项目实施过程中成为衡量参与者是否进步的标杆。例如，美国安捷伦公司（Agilent）是一家测量仪器制造商。该公司花费相当多的资源，通过一个综合项目来评估组织内 100 名高层领导者。该公司已经聘请了一位外部咨询顾问执行这个高风险项目，目标是开发潜在的领导力。评价领导者的标准是经营成果、潜力和每季度由员工填写的领导审计表。该审计表用来表明员工对管理者怀有信心的程度。

有效开发项目的另一项原则是，评估数据有助于提升个体认识水平。为了学习，参与者必须认识到变革的必要性及其具体领域，以表示他们做好了变革的准备。这种认识来自正式数据，或者来自同管理者、工作伙伴、辅导或者教练的非正式讨论。此外，一个有效开发项目能够丰富参与者的工作经验，以此挑战他们跳出自己熟悉的领域，并且推动他们尝试新技术、新行为和新方法，让他们提升自我效能。例如，安排新工作或者轮换到其他部门、其他团队，可能会丰富他们的经验。不管是通过新任务还是通过特定的工作，或者辅导日常活动，领导者必须有机会实践他们所学到的行为和技能。

一种办法是思考艺术家如何通过影视系统整合实践的机会——使用自我认知和

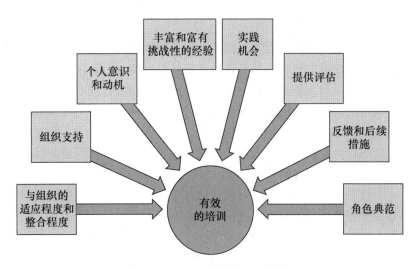

图 10—3　有效培训的必备要素

来自多元渠道的丰富的反馈意见来实践的机会。这种艺术方法在许多管理领域获得了好评。如果没有这种实践机会，领导者无法获得他们绩效的相关反馈，而这是有效开发项目的另一个标准。正如评价开发项目一样，反馈也可以正式化，例如评价某人的绩效，或者执行 360 度反馈，或者与工作伙伴、辅导者进行非正式的协商。施乐公司的董事会主席兼首席执行官安妮·马尔卡希认为，应对批评的能力是她获得成功的关键。她也表示，领导者所在的层级越高，就越难获得诚实、开放的反馈，因为"周围的人都想讨好你"。有效开发的最后两条标准是组织文化以及组织如何将开发项目同战略目标和领导者个人的需求相结合。支持领导者尝试所学的技能并且提供相应的培训资源、获得丰富经验的机会以及反馈等都体现了从组织获得的支持水平，也是组织整体上支持组织学习强度的一个信号。最后一个关键因素是个人、开发项目和组织目标之间的匹配和整合。基本上，当我们喜欢所做的工作并且对此充满激情时，我们在学习和工作上表现最佳。欧莱雅公司首席执行官让-保罗·阿贡（Jean-Paul Agon）建议学生"选择一份真正让你兴奋的工作，一份你每天早上起床后都会觉得上班是一件很开心的事的工作"。这种激情来自个人、组织和工作的有机结合。这种结合对于有效领导力开发同样重要。从组织的视角，有效项目是以战略目标和对这些目标的支持为基础的。因此，它不是仅仅强调最新的时尚和趋势，或者是像一些人所说的"当月流行"的方法来培训和开发，而是需要相对长期的关注。

　　以上讨论的标准是开发项目的关键因素；虽然在领导力开发过程中，并非每一个标准都需要。但是，如果无法满足大部分标准，则该项目是不可能有长期影响力的，至多是提供一些具有短期效益的娱乐经历而已。我们将在本章随后部分讨论一些很受欢迎的培训项目案例。其他有助于更有效地促进领导力开发的特定条件包括：

　　● 清晰的目标。这是同组织目标、领导者个人目标和现有条件下领导者将要面对的未来挑战相联系的目标。该目标必须事先声明，同时项目实施前后必须可以运用相应的评价手段。

● 奖励。和新的行为、技能和知识相联系的学习奖励。组织必须允许试验，而不惩罚错误或失败，尤其当领导者依然处于学习过程中时。

● 工具和方法相结合。提供相似的学习环境，同时强调不同的学习风格或者增加其他培训方法。例如，课堂学习可以和评估中心、辅导及新任务相结合。

● 评估和跟进。用来衡量变革、支持新的组织学习，并且确保在开发项目结束时新的行为、技能和方式没有被遗忘或者使用。学习需要实践和坚持。在培训期之外也应该存在这样的实践机会。

接下来我们将思考培训项目和方法的适用差异性程度，同时我们将根据它们与有效开发的标准匹配程度进行评估。

你怎么办？

你有一个直接向你汇报的下属，他聪明而且拥有工商管理硕士学位。你想把他提升到管理岗。然而，他似乎在有些方面有所欠缺，例如，团队工作、管理冲突、授权以及与他人打成一片的技能。你可用的培训资源很少。那么你要为他选择何种开发或培训项目？

10.3　领导力开发的方法

领导力开发有许多不同的办法，范围包括从高度结构化和正式的项目，到课堂教育，再到观察和亲身经历。多种方法相结合是有效开发的关键，一如为每位领导者尽量提供定制化的培训项目一样有效。每种方法都有优点并且着眼于领导力的某个特定方面。表 10—2 比较了我们讨论的不同开发方法。

表 10—2　　　　　　　　　　　　开发方法的比较

标准	评估	个人意识	丰富的开发经验	实践机会	全新学习的反馈和后续措施	组织支持	适应和整合
自我认识	√	√	—	—	?	—	—
经验	?	√	√	√	√	√	√
教练	√	√	—	√	√	√	√
导师	√	√	—	—	?	√	√
深度反馈项目	√	√	—	?	—	?	?
课堂教育	?	√	—	?	?	?	?
户外挑战	—	?	—	—	—	?	?

说明：√：非常相似；方法的内部要素。?：可能，取决于情境和组织的条件。__：很不相同；并不是方法设定目标的一部分。

10.3.1　自我认识

自我认识要素是领导力开发中里程碑式的发现。它是起点，也是基本的构建模块。维珍集团的创始人、首席执行官、企业家理查德·布兰森认为，自我认识是有助于领导者快速学习的一个因素。他说："我发现，了解业务并了解自己有助于你认识到何时跟着感觉走。因此，你就有足够的勇气前进，而忽略反对者的意见。自我认识也有助于你坚持执行自己的计划。"同样，施乐公司首席执行官安妮·马尔卡希带领公司从濒临破产的状态恢复过来。她坚信，一位好的领导者"要承认她所不知的，并且始终愿意学习"。风险投资公司酷球（Cue Ball）的首席执行官安托尼·天安（Anthony Tjan）进一步指出，自我认识是各种领导要素中的基础素质。领导者改善领导有效性的最佳方法是进一步明确是什么激励自己并促使自己做出相关决策。

学术研究也强调自我认识的重要性。第 6 章讨论的真诚型领导的概念就依赖于领导者对其基本价值体系的了解。有效领导当中自我认识的重要作用是贯穿本书和领导实践与研究的主题。自我反省和从他人那里获得反馈是发展自我认识的必要因素，这是双循环学习法（double-loop learning）的一项流程。还有一些研究表明，领导者的自我认识与下属较高的满意度和生产率相关。

增强自我认识的准则包括：

● 弄清楚一个人的价值观和关注点。这是一个过程，是自我认识的第一步；个体必须知道什么是重要的以及什么因素是需要优先考虑的。

● 寻求新经历。这对领导者提出了挑战，要求他们跳出舒适区而给自己创造学习机会；包括失败的机会。

● 观察自己的行为并反省。为此，要记日记，回顾成功的地方与犯错的地方，反省对你来说何者有效、何者无效。

● 寻求反馈。尽可能通过正式和非正式的渠道从众多不同的源头得到反馈。例如，从客户那里获得的一些行为模式的反馈，同从领导者那里获得的关于相同行为的反馈相比，或许非常不同，但是同样相关。

能找到和接受有关自我的信息，或许在某些程度上取决于个人的性格特质。例如，个人对经验的开放程度，即大五人格维度之一，或许起到了相应的作用（见第 4 章）。其他因素，如自我监控（第 4 章）或许让领导者更容易从其他人那里察觉和接收反馈，并且更容易使他们改变行为模式。虽然自我认识在许多方面是所有开发项目的基础，并且是领导者愿意改变和学习的必要条件，但它并不是充分条件。领导者也必须具备变革的工具。虽然评估和个人意识以自我认识为基础构成了开发项目，但是它并不能丰富领导者的经验，提供实践机会，或者从组织那里得到支持。因此从自身而言，自我认识并没有满足有效开发项目所需的所有标准（见表 10—2）。

10.3.2　经验

如果说自我认识是领导力开发的基础，那么经验或培养经验就是领导力开发的核心。人们是不可能通过坐在课堂里，阅读领导者的传记，或者观察其他领导者来学会如何领导的，也不能仅凭了解自己的价值体系来领导。通过课堂或者观察来传递信息是一回事；学习如何判断、理解复杂系统以及处理复杂信息则需要亲自实践。虽然信息和观察或许会增加我们对什么是领导和领导者做什么这些认知上的理解，但是它们并不能开发领导力。最近，创新领导中心的研究报告发现，许多领导技能主要从在适当的语境和情境下获取的经验中学到。

尽管详细的信息和对领导行为的观察可以提高人们对何为领导、领导者行为的理解和认知水平，但是两者都不能培养领导者。培养领导者最有效的方法之一是实际领导他人的经验。这些经验也是培养领导者核心能力的有效方法。而核心能力又是适应能力的必要因素。几乎在所有的组织中，在职工作的经验都是领导极为重要的要素。例如，强生公司和宝洁公司都认为培养领导者是该公司领导成功的关键要素。IBM 特别重视为其领导者提供宽泛的工作经历，尤其是宽泛的国际化工作经历。同样，明尼苏达矿务及制造业公司在首席执行官乔治·巴克利（2005—2012）的领导下再次聚焦于领导培训，让高级别的员工有足够的时间从事一种工作来学习领导。在谈到在工作之间调动人员时他说："我把步子放慢，他们必须待在同一工作岗位上足够长久，不但在等待成功光顾他们，而且在等待失败光顾他们。"众多其他企业，诸如小公司或者那些没有资源投入正式开发项目的公司，变换工作安排和经验是最主要的开发工具。

为了获得工作经验，并有益于领导者的培养，组织需要把领导者放到一个新鲜而富有挑战的环境中，以发挥他们的能力并且拓宽他们的视野。这些可以通过增加现有工作的职责，承担新工作，与不同的或不熟悉的全新项目团队一起工作，轮换到不同的工作岗位，国际化经历，甚至同一位很难相处的同事合作这些办法得以实现。所有这些经验给领导者不得不评价和理解新环境并且运用不熟悉的管理风格和行为方式提供了组织氛围。这种从实践中学习的方法能更好地建立自信和自我效能。

目前，已经开发出许多以实际操作为基础的领导力开发方法，这些方法试图接近实际经验。例如，可以通过员工参与小组活动、游戏、角色扮演、模拟行为，或者通过讨论和反思的方式跟进重要事件，来模仿经验。美国军队是持续关注领导者开发和领导力开发的组织。它使用的方法结合了自我认识、价值观发展、知识和经验。为/知/行模型（"Be, Know, Do" model）凭借的就是不同的开发手段。自我认识需要阐明一些核心价值观，例如忠诚、职责、尊重、个人勇气，及智力、体力和情绪特征的开发。该模型发展了特定内容的知识和技能，如技术和人际关系技能。最后，组织要鼓励领导者放手去做和从个人、组织和战略层次熟悉他们工作的不同方面。

通过整合领导力开发的许多关键因素和依赖经验与实践，美国军队培养了大量领导者。所有其他因素和经验结合，能够提供更加完整的领导者培养经验。例如，教练能产生实际绩效；当新知识能够被实际的领导情境检验时，课堂教育更有效。实际经验同每一种方法相结合，几乎能满足有效开发的所有标准（见表 10—2）。

它开发了个体自我认识，提供了丰富经验和机会去实践和获得反馈，不过当运用到开发过程中时，需要从组织获得支持并且将发展目标和组织目标结合。唯一的潜在问题或许是评估，这可以通过正式项目或者使用现有的组织绩效考核工具轻松建立起来。

10.3.3　开发关系：教练和导师

"在我的整个生命和职业生涯中，我有许多导师，他们传授给我原则……也有许多人用不同的方式触及我的生活。"美国全国通知网络公司的首席执行官辛塔·普特拉如是说。同样，施乐的新首席执行官乌苏拉·伯恩斯（Ursula Burns）在达到最高职位之前，也曾得到组织中许多人的帮助，他们都当过她的教练和导师。理查德·布兰森也相信导师的重要性。"当我被问起，在有前途的商人和成功的商人之间缺少什么样的联系时，我想到了导师的指导。提供建议告诉人们怎样才能最好地实现目标，是常常忽略的事情。"

教练和导师是有效领导的重要因素。教练会对某人的行为和绩效提供个性化和建设性的反馈，并聚焦于未来的改进。导师也是通过反馈和面向未来的方式对个体提供类似的关注，但是较少关注特定具体任务。导师是一种支持性的、长期的、正式的或者非正式的职业关系。导师可以是非正式的，而教练则更注重结构性和正式性。我们许多人都有导师和角色榜样给我们提建议和反馈。我们尊敬他们，并和他们建立长期的合作关系。教练一般用于特定情况并且是由组织安排的。教练和导师是开发关系的一部分。这种关系有助于领导者自我提高和职业成长。所有这些关系能否成功取决于领导者和教练或者导师之间能否建立一种信任与和谐。教练和导师都可以成为角色榜样，表现出组织所预期的行为。凭此并通过观察我们可以进一步提高学习效果。

教练

教练在许多方面都显示出它的有效性，同时它还能提高领导者的灵活性。它与外派经理人的成功相联系。作为一名领导力教练，罗斯·泰勒（Ros Taylor）声称高层领导者迫切希望得到支持："当组织找到我，要我当领导力团队的教练时……我时常发现：严格来讲他们却用自己的指甲攀悬在悬崖边上。他们正处在职业性自杀的边缘，因为他们不知道可以向谁寻求帮助。"由于有许多潜在的收益，教练是许多领导力开发实践的重点并且开始成为研究课题。体育教练，例如，杜克大学的篮球教练迈克·沙舍夫斯基（Mike Krzyzewski）被称为领导力大师，因为其非凡的教导和激励他人的能力。教练，无论是职业经理人，还是个人教练之类，本身就是一个巨大的产业，估计产值每年超过 10 亿美元。

教练能够指出真实生活情境下存在的问题，因此提供了反馈和实践的机会，同时还可以从主管或同伴那里得到支持。由于教练关注特定行为，它缩小了行为的范围并且便于学习。非正式教练是主管和领导者应当掌握的、最有效的工具，以支持员工学习新的技能。与领导力有关的教练项目频频出现在高层管理者开发项目中。这些项目中，外部咨询导师或者成功的现任、前任高层管理者给领导者提供个人化教练。高层经理的教练花费相当多的时间来观察领导者、讨论行为和寻找可以选择的方案，并提供有关领导风格、行为和绩效各个方面的详细反馈。这种对于工作环境的个性化关注是领导力开发的一项重要内容。如果教练是组织内部人士，那么高层管理者能从组织的视角出发进一步获益。而外部教练则能带来新颖的思考角度和方法。有报告指出，随着投资的增加，教练项目也倾向于获得成功，因为有公司报告指出，它可以改善团队工作、人际关系和工作满意度。

当和其他项目结合起来——例如与课堂培训，与导师、评估中心和360度反馈结合起来使用——教练能将一般知识与其在日常活动的应用相结合，为组织提供一定的益处。这其中包括产生个性化评估和合理的挑战。同时反馈是丰富的且高度相关的。另外，领导者发现其所观察和讨论的经验正是他们受到挑战的内容。正式教练所需的资源和成本支出进一步证明了组织对接受教练的员工和开发整体领导力所做出的承诺。所有因素都可能让教练成为一项非常有效的开发工具。除了高层管理者在担当组织领导者之前就已经参加过许多培训，许多领导者并没有为他们成为高层管理者承担复杂的工作做好准备。高层管理者教练罗斯·泰勒表示："组织期望新任领导者马上就可以取得成功，但是却没有对他们进行相应的培训。"教练能缩小这两者之间的差距并且支持领导者获得成功。

表10—3列出了有效教练的因素。同其他开发项目一样，领导者的准备程度十分重要。许多成功的高层管理者或许因为他们的成绩而抵制教练，或者因为他们接收的信息经过过滤并且只能获得正面的反馈，从而使他们相信自己不需要开发。正如比尔·盖茨所说："成功是一位很差劲的老师。它让聪明的人相信他们不可能失败。"需要指出的重要之处是，除了给个人能提供支持和反馈，有效教练需要同更广泛的组织目标和组织系统整合起来。同其他所有开发项目一样，教练项目能否成功取决于个人需要和组织需要能否融合起来。

表 10—3	有效教练的要素
● 个体接受指导的准备情况和意愿程度。	
● 思考更广泛的组织情境和组织系统。	
● 思考个人的目标、价值观和需求。	
● 关注绩效和与工作有关的问题。	
● 真挚的关心和关注。	
● 支持自我认识。	
● 有意义的反馈。	
● 支持性氛围。	

导师

职业关系是成功的关键，德勤竞争优势中心（Deloitte's Center for the Edge）联合主席约翰·黑格尔（John Hagel）说："在工作场所的文化中，这种职业上的人际联系对个人成长至关重要。而在这样的场所中，正规的学校教育和学位教育给员工提供的专业技能也许在 5 年内有用。"西班牙语教育基金会（Hispanic Scholarship Fund）是每年提供 2 500 万美元奖学金的一家机构，首席执行官萨拉·塔克（Sara Martinez Tucker）在加入这家非营利组织之前，在商业领域已工作数年。她相信："每位老板都是一个学习的机会——或者你可以向他们学习如何更好地做事情，或者学习如何避免那些不应当做的事情。"在其职业生涯中，她从那些通常和她并不相似的人身上学到了不少东西。她相信如果许多人知道你需要什么，他们都能成为积极的导师。

正式和非正式导师是一项有效的领导力开发工具，并能在导师和学员之间产生长期的相互支持关系。一个更有经验的领导者可以给缺乏经验的领导者提供辅导和建议。虽然许多领导者在组织内部和外部同许多人建立了导师关系，但是正式导师是从组织内部得到任务。正如萨拉·塔克建议的那样，导师的方法是思考从那些坏榜样而不是好榜样身上能学到些什么。即使不存在直接的导师关系，我们也可以观察那些绩效很差的组织内部或外部的领导者，从中学到很多。一位商业作家表示，那些"反对导师"的人是值得相信的并且是前后一致的，因此能够成为非常好的开发资源。来自梦工厂动画公司的杰弗里·卡森伯格对此表示赞成："我有过伟大的好老板，也有过糟糕的坏老板。实际上，我学到的最好的、最重要的经验教训却来自最坏的老板。"一些研究结果和案例表明，正式的导师行为或许没有非正式的有效。因为导师包含建立在信任基础上的个人职业化关系，而通过正式官僚选拔机制强制产生的导师其行为有效性会降低。但是，组织通过正式制度，能够建立一些或许很难发展的关系。例如，女性和少数族裔团体，他们通常很难有机会和那些传统组织中有权力的导师交流。

建立富有有效性的导师关系的准则包括：

● 找到多位导师，而不是向一个人寻求所有意见。不同的导师能够给领导者提供不同的视角和专业上的帮助。

● 找到不同层次的导师。一般而言，虽然导师的地位更高一些，但是同伴、外部人士甚至下属都是提供支持和发展性意见的重要资源。

● 能提供非正式支持的非正式关系同样有帮助。

● 增加导师，如果角色和责任发生变化，或者作为领导者需要调任新工作岗位时。

虽然导师是寻求支持的重要资源，但它和教练并不一样，它没有相当强的开发职能。因为它的非正式和更强的普遍性，建议和反馈一般很少有针对性和特殊性。同时，它也缺乏用于快速和直接反馈的实践机会（见表 10—2）。

10.3.4　深度反馈项目

目前深度反馈项目是在各个层级的领导力开发项目中应用最广的项目，例如 360 度反馈或者其他多种来源和方法的反馈项目。该项目广泛用于商业、政府和非营利组织。项目目标是评估领导者的优缺点并且识别开发需求。评估是基于访谈、态度测试、个性测试、角色扮演、模拟、试验练习和其他众多方法的一种组合方法。获取准确的反馈是更具开发性质的活动，而随着领导者沿着组织阶梯上升，获得准确反馈愈加困难。马尔卡希负责运营施乐公司的人力资源部时，所学到的教训就是："你很快会发现，在公司中所能获得的诚实的反馈少之又少，因而人们之间有一种坦诚的评估是何等重要。"

在 360 度和多种来源的反馈项目中，领导者由他们周围的个体评估，包括下属、同事、上级，在某些情形下还包括顾客和其他利益相关者。他们就领导者的管理风格、行为、绩效及其优缺点，提供详尽的反馈（见图 10—4）。多数情况下，用这种反馈项目，还能收集到领导者就同一维度进行自我评估的数据。培训主持人会回顾并分析从不同角度获得的数据，帮助领导者解释获取的信息，识别其优势领域，确认开发目标。

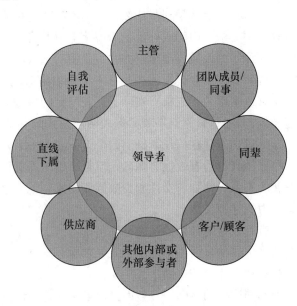

图 10—4　360 度反馈

多种来源和方法的深度反馈项目具有正规性、正式性和客观性。当领导者接收到负面意见时，它有助于减少领导者可能会产生的不愉快，并使领导者对该项目所带来的焦虑做中性化处理，客观对待。因为项目能从多种角度提供大量数据，它们非常适用于提升自我认识、详尽地评估领导者。当集中反馈性项目同教练和导师结合使用时，特别有效。深度反馈项目的确能满足开发项目所需要满足的一些标准，尤其是涉及丰富的经历、实践新行为的机会和反馈等领域时（见表 10—2）。

更多的研究集中在 360 度反馈项目。该项目的有效性取决于一些因素，包括组织的成熟度，组织成员公开、真实地提供反馈的成熟度。其他有助于项目成功的因素在表 10—4 中一一列出。接受 360 度反馈的管理者也从这一反馈中获得很大的好处。但是，许多人也抱怨说，它缺少主管的介入，所收到的反馈有时并不相关，并且评论带有私人性质。

表 10—4　　　　　　　　　　　360 度反馈项目实施成功的因素

因素	描述
组织支持和准备情况	组织各个层级必须熟悉项目的流程、内容和目标，并且做好相应准备。高层管理者的支持尤为重要。
直接主管参与	尽管项目的运行是由人力资源部负责的，但直接主管的参与是必需的。
保密和认真管理	保持评估人员的匿名性和评估过程的保密性，以确保对评估过程和目标持续的信任。对于调研的认真监督和数据处理也很重要。
清晰的问题	参与人收集到的问题必须是清楚具体的。
接受良好培训的协助人	项目成功需要技术上受过良好培训、职业化的内部或者外部协助人，来帮助解释相关信息并且帮助处理敏感数据和不便之处。
关注行为	反馈应当关注同工作绩效相关而非同一般性评价标准相关的特殊行为。
避免对私事做评论	参与者必须接受训练和指导，避免就个人问题做出评论，坚持反馈与工作相关的、可以付诸行动的问题。
清晰地阐明项目目的和目标	那些提供反馈的人和接受反馈的领导者应当非常清楚项目的目标以及应当如何使用项目数据。
按照群组分别反馈	按照群组或者数据来源分别向领导进行反馈，这样有助于阐述、解释和理解项目。
后续行动	增强领导者自我认识的最初行为必须有后续的行动计划予以配合。
同其他开发项目相结合	反馈增强了自我认识，但是没有其他开发工具的配合，反馈无法向领导者提供改变行为的方式。

资料来源：Chappelow, C. T. 2004. 360-degree feedback. In The center for creative leadership handbook of leadership development, 2nd ed. C. D. McCauley and E. Van Velsor, 58 - 84. San Francisco, CA: Jossey-Bass; Lepsinger, R. and A. D. Lucia. 1997. The art and science of 360 degree feedback. San Francisco, CA: Jossey-Bass/Pfeiffer.

10.3.5　课堂教育

根据一些相关统计数据，85％的美国公司都提供某种形式的助学金项目。许多公司为员工提供一些教育项目来鼓励他们发展和成长。一些公司还配备高层管理人员专门负责组织学习。学习内容包含领导者开发和领导力开发，或者在组织运用"大学"模式来培训和开发（如摩托罗拉公司和高盛公司）。即使公司不再提供相关的教育支持，高层管理者的教育需求也是不断上升的。因为不断增长的发展需求以及希望将这些培训项目同组织目标更好地整合，组织逐渐开始需要定制化的培训项目，如公司定制的工商管理硕士项目和其他为公司特别设计的培训项目。

例如，英格索兰公司（Ingersoll-Rand）是一家全球化的工业产品制造商。该公司同印第安纳大学合作，为公司里很有潜力的高层管理者提供一个定制化的工商管理硕士项目，其中选修的课程主要同该公司的战略发展重点相关。其他公司，如家得宝公司，也已经确定满足该公司需求的特定培训项目。该公司负责组织学习的莱斯莉·乔伊斯（Leslie Joyce）声称："我们决定将家得宝公司的助学金项目作为一项战略投资来管理，并且与我们维护和其他供货商的关系投入相同的精力。"其他一些例证包括：由大学提供的针对许多具体公司开发的培训项目，或针对高层管理者的生成开发项目。

课堂教育是向一群人传达一般信息和知识的一种有效方法。它广泛用于主管、中层管理者和领导者培训项目。课堂教育的主要目的是传递知识。根据培训覆盖的内容，这些项目或许也会关注个人意识。但是，因为环境因素，这种课程很少能提供丰富的发展经历以及实践和反馈机会（见表10—2）。课堂内容中经验所占的比例一般要远远高于讲课和讨论。诸如案例学习、角色扮演、练习、辩论、游戏和模拟，这些方法都被用来丰富和发展经验。它们包含实践和积极的参与，能够增强对课堂教学中所学习相关概念的理解。这种在安全的课堂环境中实践新行为的能力，虽然作用有限，但却是其他经验开发的起点。

10.3.6　户外挑战

户外挑战项目是一项非常受欢迎的有关领导力和领导者开发的项目。该项目让参与者投入体力和精力来完成逐渐增加难度的体育活动，如障碍训练、攀岩、体育竞赛和游戏。有些人建议开办一些一般的体育运动项目，无论是针对个人还是针对团队，这些体育运动将会是学习自我管理、自律和团队合作的良好资源。组织也越来越多地去寻找高参与且有娱乐性的工作室或培训项目，例如，采用诸如寻宝等方法。许多活动，例如爬竿、走绳索桥、过陷阱等，都旨在通过克服恐惧和挑战来增进个人成长和提升自信心。有些活动，例如由团队成员接住向后倒的人，或蒙住眼睛在合作伙伴的帮助下通过有障碍的路，则聚焦于培养部门、团队和组织成员间的信任。尽管这些活动常常振奋人心、令人愉快，但是他们对领导力开发项目的长期影响，还是少有文献记载。

综合使用各种方法是长期开发项目成功和有效的关键，而影响开发效果的另外一个因素是文化。我们下一节讨论它。

领导变革

霍华德·舒尔茨激发星巴克的潜能

"有些企业没有真正的目标，盈利能力是一种肤浅的目标，而真正的目标是要和他人分享利润。"这是星巴克首席执行官霍华德·舒尔茨所说的话。星巴克试图把这些话落实到实践中。为此，它要争当企业好公民。它资助其员工参加社区服务，总时间达到成千上万小时。它还关心自己的员工，培养自己的员工。培养和照顾员工如今是大多数公司信奉的圣言，但是很少有公司认真地执行。就星巴克而言，所有的员工都参与了培训、技能开发和建立特有的组织文化。如今星巴克拥有遍布全球的咖啡连锁店。霍华德·舒尔茨从接手星巴克开始就着力创造一家与众不同的公司。自从他的父亲摔断腿而丢掉工作，他个人就开始经历家庭困难。受此影响，当公司推动革新和再创新时，舒尔茨决心不丢弃任何一名员工。而且，他强调创新和关心员工是公司成功的关键。面对争议，他丝毫不避讳，也并不惧怕，就咖啡和政治问题说真话。舒尔茨相信星巴克"不得不在作为一名有竞争力的商业领袖和与人为善的雇主这两种身份之间找到平衡"。星巴克目前在全球拥有超过 5 500 家门店，15 万名员工遍布 50 个国家和地区，年销售额超过 110 亿美元。拥有这些记录的星巴克已经成为公认的行业领袖。星巴克承诺员工的一些具体表现方式包括甚至覆盖临时员工的医疗保险和关心员工的组织文化等。虽然公司在医疗保险的支出要高于咖啡的成本，但是舒尔茨反复强调"我们是不会收回这些员工福利的"。

舒尔茨有意识地维护星巴克的组织文化。2007 年 4 月，他给公司管理团队设立了一个备忘录。他表示星巴克的经验已经被削弱，现在公司需要走回到原先的发展道路上，并且维护他在意大利的咖啡馆所见的"咖啡生活乐趣"。员工是星巴克独特组织文化的核心部分。他们经过不同项目的培训，如"咖啡专家"教授员工如何区分不同咖啡风味的细微差别，培训结束时每人将得到一个特制的黑色围裙并且参与享受咖啡芳香的"干杯典礼"。公司培训咖啡调制师，要求他们体贴并且真诚地面对顾客。舒尔茨是一个体贴、热情的人，同时也是一位讲故事的高手。他寻求同员工建立联系并且提醒每一位员工，"我们不是一家专注让人填饱肚子的商业企业。我们是一家创造注满心灵的产品的公司"。

资料来源：Anderson, T. 2006. "Howard Schultz: The star of Starbucks," *CBS News*, April 23. http://www. cbsnews. com/stories/2006/04/21/60minutes/main 1532246. shtml? source＝search_story (accessed September 1, 2007); Baertlein, L. 2012. "Starbucks fiscal cliff cup campaign urges lawmakers to 'come together' on deal," *The Huffington Post*, December 26. http:// www. huffingtonpost. com/2012/12/26/starbucks-fiscal-cliff-cup-campaign-2012 n 2364538. html (accessed August 5, 2013); Berfield, S. 2009. "Starbucks: Howard Schultz vs. Howard Schultz," *Bloomberg Business Week*. http:// www. businessweek. com/magazine/content/09_33/b41430 28813542. htm (accessed April 27, 2010); Brain Statistics. 2013. http://www. statisticbrain. com/starbucks-company-statistics/ (accessed August 5, 2013); Brodie, L. 2013. "Starbuck CEO: We're in early stages of growth," *CNBC-MadMoney*, June 27. http://www. cnbc. com/id/ 100850266 (accessed August 5, 2013); Helm, B. 2007. "Saving Starbucks' soul," *Business Week*, April 9. http:// www. businessweek. com/magazine/content/07_15/b4029070. htm?chan＝search (accessed September 1, 2007); Fairchild, C. 2013. "Starbucks CEO Howard Schultz: 'Profitability is a shallow goal,'" *The Huffington Post*, June 28. http://www. huffingtonpost. com/2013/06/28/starbucks-profitability-howard-schultz_n_3516065. html (accessed August 5, 2013).

10.4 开发和文化

同领导的其他方面一样，组织文化从国家和群体（例如，性别）层次影响领导力开发的进程。文化影响人们对学习情境的期望、项目辅导员的角色作用和领导者偏好的开发方式。例如，当许多美国人轻松自如地就一项争议性的案例进行讨论，并且与项目辅导员辩论时，许多中东和亚洲人或许不太愿意这样做。法国人所受到的教导是受教育时要质疑一切。因此，他们希望能清楚地了解项目的内容和方法。文化价值观影响学习，例如过程是如何实施的，反馈是如何提供的，以及什么是优化的学习和开发情境。因此，我们必须在文化情境下思考如何进行领导力开发。表 10—5 列出了对领导力开发影响最大的文化价值观。

表 10—5　　　　　　　　　　　　文化价值观和领导力开发

文化价值观	对于领导力开发的潜在影响
沟通语境（高—低）；指向性	信息是如何沟通的；如何提供反馈；谁提供反馈；从评估和自我开发角度而言，信息的指向性程度如何。
个人主义和集体主义	开发关注的是领导者个人还是群组；开发和培训的准备。
行动导向	开发和培训的内容是关注组织的实际问题和操作性培训，还是关注理论的理解和概念的发展。
不确定性容忍度	对于新的挑战性情境的察觉度。
对时间的察觉度	是关注迅速和短时间的结果，还是关注长时间的结果。
权力距离和平等程度	开发项目是提供给所有人还是仅仅提供给那些被认为具有潜质的少数人；360 度反馈项目的执行情况。

　　对于组织学习而言，直接反馈在美国和包括德国在内的其他西方国家看来是相当重要的。然而在诸如日本或泰国这样的高语境和集体主义文化的国家中，它却很难获得成功，并且可能达不到预期目标，反而会让参与者丢面子。深度反馈项目产生的反馈结果要进行认真思考和调整，以给在自我保护型文化中成长的人创造和谐和保留"面子"，比如许多中东或者亚洲国家。其他需要考虑的文化价值观包括个人主义和集体主义。在个人主义文化的国家，如美国，领导力开发的重点是个人，找出最有才能的人来担当领导者。而在集体主义文化中，领导则存在于群体层次。领导力开发必须针对目标群体。另一项常与个人主义相关的因素是行动导向。美国式的发展和培训方法是实际操作型，提供实践机会。这个要素也是一个领导力开发项目是否有效的标准之一。在另一些文化中，可能更关注概念性和整体性的理解以及理论发展。对于模糊性的容忍程度或许也会影响开发项目的内容。比如在美国，当个体对于变革感觉比较舒服时，开发将个体放在日益新颖和富有挑战的环境中。又如在希腊，当文化价值观是避免不确定性时，具有挑战性的领导力开发可能会遭遇抵制并且产生相反的效果。

　　许多西方文化根据计划关注短期或者相对较短时间框架下如何开发员工，并且关注尽快得到结果。在长期导向的文化中，开发的范围可能包括在更长的时间框架下习得新技能和新知识，有时时间可能长达数年甚至超过 10 年。在这些国家可能需要花费数年时间才能够培养一名领导者。一个典型的案例是，亚洲国家培养武术大师的进程非常缓慢。这种文化中的组织需要花上多年工夫来培养一位领导者走上领导岗位。最后，职权和平等程度或许也会影响领导力开发。在许多强调平等型文化的国家，如丹麦或者瑞典，开发机会提供给尽可能多的人并且领导者不会因为被挑选而感到任何不愉快。在许多层级化和权力导向型文化的国家，如法国，值得接受领导力开发项目的人很早就通过教育系统得到辨认并被挑选出来，以便接受特殊训练。

　　在美国，应用最广、最有效的是将深度反馈和人际关系开发作为核心的开发方法。例如，非常流行和有效的 360 度反馈依赖组织所有层级的人员对个体绩效、管理风格和行为的诚实和直接的反馈。有趣的是，给予和接受反馈是一个高文化敏感性的过程。作为一项评估的结果，直接听到别人说你的缺点和所犯的错误，在许多文化中是非常不合适的。例如泰国，在那里人们会觉得尴尬、丢面子，同时觉得有损于自己有效的领导能力。类似地，在诸如法国、沙特阿拉伯这样的高权力距离文化的国家中给领导者提供反馈，并不恰当，会令人感觉不愉快，并且可能对领导者和下属的职业生涯产生负面影响。诸如教练和导师之类的发展型人际关系的概念，可能在集体主义文化当中更容易些。当人际关系已经高度定义并且正式化时，这些概念可能会面临挑战。当属于层级式和家长式作风文化的领导者感到有责任照顾并且开发下属时，这样的文化或许也有更严格的社会结构来识别什么人应当被开发以及负面信息应当如何沟通。文化价值观之间存在相当大的差异，同时目前对美国和其他西方式的领导力开发的应用性和普遍性缺乏研究。这些问题使得领导力开发的方法应用到范围更广的跨文化领域会有一定的危险。将公司文化完全应用到领导力开发的巨大需求，同绝大多数的研究和实践回顾一样，都没有思考过文化的作用。

10.4.1　性别和多样化

领导力开发过程中需要考虑的其他因素还有如何解决不同群体的需求。当所有群体具有相同的培训和发展需求时，需要考虑的因素是如何解决女性和少数族裔成员的特殊需求。一些研究表明，开发项目传统上是基于组织领导者是白人和男性而发展起来的。这对多样化群体的发展带来了负面影响。此外，组织多样化项目多年前就出现了。这导致有时会产生错误的感觉和观点，即多样化问题已经解决了，并且包括针对领导力开发在内的那些项目，在对待不同种族的人群时都可以采取相同的办法。

男性和不同群体成员在晋升和进步方面存在差别，其关键原因是他们之间存在不同的成长机遇。少数群体成员获得培养的机会有限，没有机会获得高曝光度、高风险的任务和经验，更无法联系到有权且有影响力的导师。女性和少数族裔或许会面对领导力开发方面的更多挑战，因为评价和比较她们的标准可能在文化上并不适合她们。一些研究表明，女性在 360 度反馈方面的结果常常要好于男性，然而其他研究表明在领导的一些维度上，男性得分要更高些。

女性和少数族裔成员在领导力开发方面面临挑战时，潜在的解决方法包括：

● 提供参与单一身份开发项目的机会。这样的项目可以增强有效性，提供榜样和沟通网络，并且试图使用相关内容来解决特殊问题。

● 通过正式和非正式的组织项目鼓励发展人际关系，以确保女性和少数族裔能获得与他们相似或者不同类型的好的教练和导师。

● 支持性网络开发。为女性和少数族裔在职业生涯开发过程中提供帮助。

这些方法，同第 2 章提到的多元化导向的实践相结合，有助于解决女性和少数族裔成员在领导力开发方面面临的独特挑战。

10.5 开发的有效性

虽然领导力开发项目在许多组织情境中广受欢迎并且广泛运用，但是其有效性无法得到完整评估。有些研究者表示有关领导的研究与其在领导者和领导力开发的实践应用有一些脱节。尽管有许多公司耗费了大量的资源来搞开发，但是它们很少知道其实际回报究竟是什么。福特希尔公司（Fort Hill）是一家培训咨询公司，其创始人卡洪·威克（Calhon Wick）说，公司关注的是提高学习服务，而不是提供结果的改善。当认真检验时，许多现有的方法和活动并没有表现出一致的结果，以提高个体和组织的绩效。例如，虽然面向外部的拓展训练具有娱乐性，并且受到参与者的高度评价，但是这些训练并不总能转化成行为上的长期转变。但一些研究表示，这些团队活动有可能增加团队的凝聚力，但并未充分证实对于领导者的绩效有什么具体的影响。

尽管缺乏一致的研究结果，但是不同的领导力开发方法确实给领导者及其组织带来了一定的正面影响。例如，导师项目可能有助于减少主动离职，高层管理者教练项目得到了预期的结果，并且从自我概念的角度而言甚至户外活动也显示出正面结果。新领导模型逐渐要求将组织学习和组织发展作为我们理解整体领导的一部分，并且全球性的环境和科技变革也要求我们持续不断地开发领导者和领导力。

领导问题回顾

你可以教给领导者许多东西。领导力开发项目能够也的确有效。但是，对那些根本不想学习的人，你是无法教会他们任何东西的，毕竟不通过实践，人们是无法学到东西的。这看起来简单，但是情况非常棘手。有了适当的支持，取得了适当的经验，我们才能教会一位领导者用许多方法来提高领导有效性。然而，这些领导者必须有激励来学习，其组织必须提供支持，允许他们实践，有时允许他们失败。

10.5.1 开发的组织和个人因素

本章呈现的信息非常清楚地表明三种因素可以支持领导力开发（见图 10—5）。首先，个体领导者对组织学习和组织成长的承诺的重要性，再怎么强调也不为过。领导者必须关注他们自我的发展。学习和自我管理的能力并不是组织可以控制的事情。因此，领导者为变革和承诺所做的准备是非常重要的。其次，组织承诺也是同样重要的。没有上级和同伴提供的支持，领导者无法长期维持新的组织行为。由于持续不断的组织扁平化趋势，监管层级越来越少，也需要领导者不断地学到新的技能。此外，使用团队给许多新行为带来了压力。这些压力必须和其他组织压力相匹配并聚焦于持续学习，从而形成支持学习和变革的一种新文化。第 9 章介绍的学习型组织的特征是支持开发的一些必要因素。

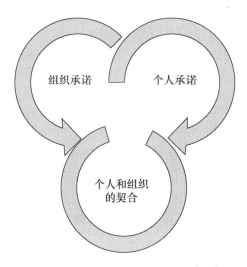

图 10—5　成功开发的三个关键因素

　　最后，开发的有效性取决于项目是否与组织愿景、使命和战略目标相契合。这进一步要求个体领导者的需求和组织的发展方向能够合理匹配。领导力开发的目标是通过提高领导者自己的领导有效性来提升组织的有效性，但是也必须考虑到领导者自己的领导有效性。

学以致用

自我开发

　　除了一些可能不适合的正式培训项目，你还可以选择其他方法来开发你的领导力：

　　• 了解自己。寻找一切你所能找到的机会来提升自我认识水平，保持记笔记的习惯，做完事要寻求反馈，填写行为和性格评估表，并寻找一些行为模式。并非所有信息都同样有效和有用，但是追求自我认识水平的提升恰恰始于收集信息。

　　• 开放性接受新经验。寻找新任务、项目、课程或者任何机会给你带来的经验。虽然并不是所有经历都与领导直接相关，但是它们提供了机会来拓展你的经验。

　　• 考虑志愿工作。尤其在职业生涯早期，志愿工作会给你提供非常多的"无风险"机会，来获得领导技能。尤其是学生能从中获益良多。

　　• 寻求反馈。当你做项目时，告诉你信任的人，你愿意从他们那里得到关于自己行为和绩效的反馈。当然不是每一条反馈都有帮助，但是你可以从中辨别出人们评价你的方式。

　　• 重点理解你的优点。除了试图弥补你的缺点，要花精力发展你的优点。

　　• 观察周围的领导者。你可以通过观察周围的领导者学到很多东西。不管是好的还是坏的方面，这些都能教会你许多可以用于实践的有效领导力。

　　• 坚持与实践。改变和学习需要一定的时间。实践新行为模式时需要耐心和坚持，直到这些新行为变得娴熟并且成为你全部技能的一部分。

10.6 结 论

对于组织生存和组织成功而言，非常重要的是领导力开发，以解决组织的变革需要。组织可以通过提供技能和知识的方式来重点开发组织内部不同层级的管理者、领导者，或者组织能够重点开发潜在的领导力。开发过程与变革过程极为相似，因为它要求个人认识到并且接受组织需要变革的现状，同时具备学习能力。它还要求有机会通过发掘适当的和成功的经验来开发领导力，并培养信心和自我效能感知。最后，学习必须得到组织的支持，以巩固和强化所学的新技能和新行为模式。

适当的评估、自我认识和丰富的经验，能够提供实践和反馈的机会，同时得到上级和同伴的支持，并同组织相吻合。这些都是有效开发项目的必要条件。领导力开发可以使用不同的方法。自我认识是所有开发项目的核心：领导者必须知道自己学习的潜能、优缺点、意愿和学习能力。获取实际领导经历是最有效的开发手段。不管通过日常工作所获得的工作经验，还是通过处理越来越困难任务和工作，让领导者面对自己舒适区之外的挑战等经验，这些实际领导经验是最有效的开发方法。教练和导师能通过提供相关的、任务导向和针对组织的反馈和建议来进一步丰富领导者的技能。其他流行的开发活动包括那些依赖多种信息源的深度反馈项目。课堂教育和课堂上众多不同的教学方法，如树立榜样、案例分析、游戏和模仿，让领导者在安全的环境下增加他们的知识并且实践新行为。最后，其他许多活动，如户外活动、体育活动和团队建立挑战，都可以试着用来解决开发的需求。

尽管本章描述的项目在美国和其他一些西方国家普遍使用并且获得了预期的结果，但是我们并不确定它们在其他文化背景下的应用能力。在实施任何领导者或者领导力开发项目时，我们必须考虑文化的作用。领导力开发的成功和有效性首先并且必须依赖于个体对学习和成长的承诺。同样关键的要素是组织对领导力开发的承诺。最后，组织中的有效领导力开发要求领导者的个体价值取向和需求，同组织的愿景、使命和目标相匹配和契合。

复习讨论题 ■

1. 领导者开发和领导力开发有什么区别？为什么说这种区别是重要的？

2. 学习有哪四点因素？它们在领导力开发过程中起了什么作用？

3. 描述领导力开发一般需要解决的问题。

4. 解释有效开发项目的标准。哪一条你觉得最重要？为什么？

5. 比较本章描述的领导力开发的方法。每一种分别有哪些优缺点？什么时候应当使用这些方法？

6. 开发的核心和基础是什么？它们是如何联系的？

7. 教练和导师有哪些相似和不同之处？

8. 描述深度反馈项目的特征和优点。

9. 课堂教育在领导力开发过程起到了什么作用？

10. 文化在领导力开发过程起到了什么作用？当执行开发项目时，我们必须考虑哪些文化因素？

11. 开发女性和少数族裔成员时应当考虑哪些特定因素？

12. 开发过程中需要考虑哪些组织和个人因素？

领导挑战：　寻找最合适的 ——■

上级刚刚要求你去参加一个周期长并且比较复杂的领导力开发项目。你公司绝大多数高层领导者都完成了这个项目。该项目被认为是针对极具潜力的领导者的，并且可能是你未来提升的一个关键因素。虽然在公司被称赞、极有可能被提拔、获得更高的薪酬（增幅可能达到 50%）是非常有吸引力的，但是你也在思考这家公司是否适合你。你在个人生活和工作之间寻求平衡。同时你也积极参与社区中的许多可持续发展工作，这也是你个人觉得很有价值的活动。工作占用了你大量的时间。多数时候你要到晚上七八点之后才能到家。你也试图在没有什么成功经验的前提下开始接受一个"新"项目，并且在做许多决策时你也提出了可持续发展问题。上级认为这些意见很有"意思"，但是意见本身未体现任何直接收益。可是你仍然在职业生涯的初期阶段；提升是非常好的；薪水也会更高。另一方面，培训项目也将会占用你更多时间，包括你可以用来寻找其他机会的时间。

1. 你应当考虑哪些因素？

2. 对于你而言，最好的选择是什么？为什么？

练习 10—1　识别你的导师需求和潜在的导师 ——■

导师是基于信任和共同兴趣的个人职业化的人际关系。通常许多导师比他们支持的人年长些并且更有经验，然而许多导师也可以和咨询人处于同一管理层级，甚至处于更低的组织层级并且经验更少。

设计本项练习是帮助你思考需要在哪些方面得到帮助并且识别哪些人可以作为你的导师。

第 1 部分：你需要什么

通过以下环节，你可以识别哪些方面需要开发：

● 自我探索并且认真地自我反省。

● 查看你近期的绩效回顾。

● 思考你在学校或者工作中参与的一些评估工具的结果。

● 识别你从家庭成员、朋友和同事那里获得的非正式反馈的模式。

基于回顾这些信息，你希望进一步在哪三个方面发展技能和竞争能力？

第 2 部分：你认识什么人

记住以上这些开发需求，你所认识的哪些人在这些方面有专长？开始时请列出一个长长的名单，尽可能包括你能想到的所有人。老板、导师和家庭成员中的年长者并不是仅有的能帮助你的人。你的同事很可能擅长这些方面，同时你所在组织当中比你资历浅的和更年轻的成员或许也具有你感兴趣领域的专长或者技能。

列出你长长的名单：

你将名单缩小范围是基于：

你信任他们能在以下方面帮助你：

你和他们在一起觉得很舒服：

第 3 部分：创建导师关系

现在你应当写出目标领域中的一些名字。你可以找到他们，请求同他们进行非正式的交流，或者共进午餐，或者一起喝杯咖啡。如果你感觉很舒服，接下来你可以请求他们帮助你学习感兴趣的相关领域。绝大多数人被请求帮助和给他人当导师时都会非常高兴，因此他们不大可能拒绝你。如果他们拒绝你，你可以考虑以后再联系他们。

需要记住的一些事情如下：

● 要非常清楚你需要多少帮助。大多数人太忙碌而无法集中时间处理一件相关事情，

因此要一个月或一段时间内一起吃顿饭或者喝杯咖啡。

● 不要将你的导师当作"垃圾箱"，将你在工作或学习遇到的所有问题都向他反映，而是集中学习你认为导师能帮助到你的特定领域。

● 对占用他们的时间和他们给予的支持表示感谢，并且在每次见面后寄出感谢卡或感谢邮件。

● 如果你觉得从中受益的话，请与他们继续保持这种关系。

虽然你可能觉得同 1～2 人交流最舒服，但是有一个广泛的社会网络总是有益的。

自我评估 10—1 我的个人使命陈述 ───■

领导力开发最重要的一环是有自知之明，意识到你关注的重点，以及你的价值观。你可以运用自我评估 4—1 中的信息来回顾你的价值观，并且在你完成以下练习时牢牢记住它。

第 1 部分：长大后我想做什么

我想靠什么为人所知？

如果我希望别人记住我做过某件事情，那会是什么事情？

我希望在墓志铭上如何评价自己？

当我退休时，我希望自己最重要的成就是什么？

第 2 部分：我的个人使命

基于第 4 章有关价值观的自我评估的结果，以及上述问题的答案，写下你的个人使命陈述。这没有正确或者错误的答案！

有关如何撰写一份使命陈述，请参见 http://www.levoleague.com/articles/career-advice/personal-mission-statement-three-easy-steps-defining-creating。

有关开发个人使命陈述的逐步指导，请参考 http://thinksimplenow.com/happiness/life-on-purpose-15-questions-to-discover-your-personal-mission/Franklin Covey：http://www.franklincovey.com/msb/。

一旦你完成个人使命陈述，立即运用它。当你在做决策和作为一名领导者寻找个人发展路径遇到困难的时候，它能给予你引导。

我的使命陈述：

实践中的领导 ───■

■ ■ ■ 西南航空的领导力开发 ■ ■ ■

在高度动荡的航空产业中，西南航空公司是最为健康的公司之一，并在威胁到其他航空公司生存的环境氛围中，实现了规模和利润持续不断地增长。营销战略家迈克尔·

所罗门（Michael Solomon）相信：公司的文化是其成功的关键。"一种以顾客为中心并得到认真培养的文化是一种商业优势。这种优势能服务于你多年，因而给你注入对抗竞争对手

的因素。"西南航空公司独特的文化强调个人的独特性、关心他人和娱乐。"从你的错误中学习；主动采取行动；倾听你的心声。"这一简单而有力的话语来自科琳·巴雷特（Colleen Barrett）。她是西南航空公司的前任首席执行官。她与其领导团队成员一样，在西南航空公司度过了自己的大半个职业生涯。这其中包括创立者赫伯·凯莱赫、现任首席执行官盖瑞·凯丽（Gary Kelly）及刚刚退休的营销与销售副总裁戴维·雷德利（David Ridley）。她自豪地说起西南航空公司的"武士精神"，强调这种精神关注的关心他人、情感和以员工为先。在她领衔该公司时，她被冠以可持续文化的"心灵女王"。她将这种文化描述为"有趣、生机勃勃、兴致盎然、勤奋工作和充满爱的文化。爱是美国公司不常用的一个词，但是在西南航空公司我们从一开始就使用它"。

除了支持性文化，西南航空公司还有意识地进行领导者和领导力开发。支持性文化应该归功于创办人凯莱赫和巴雷特。在谈到公司的人力资源管理实践时，巴雷特描述道："我们在招聘方面有非常严格的规定，我们在辅导和导师方面有非常严格的规定……如果很好地坦诚对待错误，我们公司是非常宽容的，但是我们对态度、行为和举止方面的问题毫不宽容。"巴雷特表示，开发员工和维护组织文化始于招聘流程，公司认真地挑选员工，同时让员工清晰地了解组织的期望和组织文化。领导力开发的项目范围涵盖包括一线人员在内的所有人的领导力培训，外部咨询导师所做的报告，领导力简报以及公司公告栏中的领导力沟通。管理者和公司领导者也重视在日常工作中涵盖有关领导的主题并且力争证明公司信奉的组织原则。他们给其他人提供了可信的模范角色。例如，凯莱赫的办公室狭小、没有窗户，不管员工的等级如何，他都给予关心和尊重。西南航空公司培训和开发的目标是让有效的组织文化和领导风格永远持续下

去。巴雷特说，他们坦率地承认公司仔细地监督员工，开除那些不合适的员工，提拔那些能代表公司精神的员工，并且让公司的领导者和管理者担负起他们的职责。他们站出来为自己的员工说话，不是羞羞答答地，即使员工遭到顾客的投诉，前提是其工作做得很好。

西南航空获得成功的关键是个人和公司之间相匹配的理念。通过仔细地招聘和培训，公司确信那些不适合公司的人不会被聘用或者无法在公司待很长时间。西南航空成功的前提条件是关心他人、真诚，或许最重要的是有幽默感。戴维说："我们的领导者对人怀有真爱，如果没有这样的爱，我们也不会让他加入领导团队。如果只关心你自己，我们也不需要你。在西南航空公司，我们没有大领导。"巴雷特凭借公司的文化委员会处理这种匹配关系。文化委员会是由她创立的、由100名倡导和传播西南航空公司独特组织文化的员工构成的一个团队。此外，文化委员会的成员还需要负责维护和加强西南航空公司精神这项工作。这种文化甚至有它自己的语言，其中包括"西南航空之家"，"公仆型领导"和"新进员工"。所有这些都运用适当的词语来表明组织文化在公司的重要性。

虽然领导者担当关键的角色来培养和开发他人的领导能力，但是每一位公司领导者和员工都对组织文化负责。通过强有力的培训项目、内部提拔、不断重复公司创办人凯莱赫得以成名的许多故事，西南航空公司的组织文化无时无刻不在。西南航空公司的办公室里有裱装好的公司大事记，用来进一步强化公司的理念。凯莱赫确信现在和即将到来的领导者已经准备好，并且保证"在赫伯之后得以延续"。巴雷特在领导者开发方面进一步发挥了作用。她给所有那些"对从事的事业有激情或者有学习愿望的"人当导师，并且她授权下属也这样做。她声称："当新进员工一直问我'你是如何保持西南航空公司的组织文化的'时，我

说，'并不是我，而是你们让西南航空公司的文化得以延续。'"现任总裁盖瑞似乎延续了很多文化传统。他在最近的公司万圣节派对上，打扮成艾德娜·特恩伯尔（Edna Turn-ball）——音乐剧《头发喷雾》（*Hairspray*）中的一位妈妈。

问题

1. 西南航空公司是如何进行领导力开发的？

2. 西南航空公司的组织文化和匹配程度对于公司的成功起了什么作用？

资料来源：Bailey, J. 2008. "South by Southwest," *The New York Times*, February 13. http://www. nytimes. com/2008/02/13/business/13southwest. html（accessed April 27, 2010）；Fisher, S. 2007. "Flying off into the sunset: An airline icon plans to slow down," *The Costco Connection*, September: 17-19；Medley, M. 2006. "The culture queen," *Motto*. http://www. whatsyourmotto. com/articles/culturequeen. aspx（accessed September 1, 2007）；"The power of persistence," 2002. *Fast Company*. http://www. fastcompany. comfast50_02/people/persistence/barrett. html（accessed April 27, 2010）；Shin, S., 2003. "LUV Colleen," *BizEd*, March/April: 18-23；Sekula, R. D. 2007. "Air superiority," *Smart Business*. http://www. sbnonline. com/Local/Article/10596/71/0/Air_superiority. aspx（accessed April 27, 2010）；Solomon, M. 2012. "What you can learn from Southwest Airlines' culture," *The Washington Post*, April 3. http://articles. washingtonpost. com/2012-04-03/business/35453344-1-culture-core-values-customers（accessed August 5, 2013）；Warrior Spirit with a servant's hear: SWA's thriving culture of service. 2006. Knowledge: W. P. Carey, May 24. http://knowledge. wpcarey. asu. edu/article. cfm?articleid=125（accessed April 27, 2010）.

参考文献

5 influential CEOs weigh in what makes a good leader. 2013. *Entrepreneur,* February 25. http://www. entrepreneur.com/article/225804#devine (accessed October 6, 2013).

Abbott, G. N., B. W. Stening, P. W. B. Atkins, and A. M. Grant. 2006. Coaching expatriate managers for success: Adding value beyond training and mentoring. *Asia Pacific Journal of Human Resources* 44: 295–317.

Ackerson, L. 1942. *Children's behavior problems: Relative importance and intercorrelations among traits.* Chicago, IL: University of Chicago Press.

Adler, N. J. 1991. *International dimensions of organizational behavior.* 2nd ed. Boston: PWS-Kent.

———. 2006. The arts and leadership: Now that we can do anything, what will we do? *Academy of Management Learning and Education* 5: 486–499.

Alessandri, G. 2011. Three typologies and the Big Five Factors to study personality. *Giornale italiano Di psicologia* 2: 413–442.

Algera, P. M., and M. Lips-Wiersma. 2012. Radical authentic leadership: Co-creating the conditions under which all members of the organization can be authentic. *The Leadership Quarterly* 23: 118–131.

Ali, A. J. 2008. The tyrant executive. *Advances in Competitiveness Research* 16: i–iii.

Allen, N. J., and T. D. Hecht. 2004. The "romance of teams": Toward and understanding of its psychological underpinnings and implications. *Journal of Occupational Organisational Psychology* 77: 439–461.

Alluto, J. A., and L. G. Hrebeniak. 1975. Research on commitment to employing organizations: Preliminary findings on a study of managers graduating from engineering and MBA programs. Paper presented at the National Academy of Management Annual Conference, August, New Orleans.

Alridge, J. 2009. I'm doing "God's work." Meet Mr Goldman Sachs. *Sunday Times,* November 8. http:// www.thesundaytimes.co.uk/sto/news/world_news/ article189615.ece (accessed October 5, 2013).

Alspach, G. 2004. Wanna grow old? Then lose the attitude. *Critical Care Nurse* 24(1): 8–9.

Alves, J. C., K. J. Lovelace, C. C. Manz, D. Matsypura, F. Toyasaki, and K. Ke. 2006. A cross-cultural perspective of self-leadership. *Journal of Managerial Psychology* 21: 338–359.

Amanatullah, E. T., and M. W. Morris. 2010. Negotiating gender roles: Gender differences in assertive negotiating are mediated by women's fear of backlash and attenuated when negotiating on behalf of others. *Journal of Personality and Social Psychology* 98(1): 256–267.

Amble, B. 2006. Women still rare in Europe's boardrooms. *Management Issues,* June 20. http://www. management-issues.com/2006/8/24/research/ women-still-rare-in-europes-boardrooms.asp (accessed June 19, 2007).

American Express Open. 2013. New OPEN reports shows phenomenal growth of women-owned business. https://www.openforum.com/articles/latest-trends-in-women-owned-businesses/ (accessed October 12, 2013).

America's highest paid chief executives. 2012. *Forbes.* http://www.forbes.com/lists/2012/12/ceo-compensation-12_rank.html (accessed June 19, 2013).

AmEx's Ken Chenault talks about leadership, integrity and the credit card business. 2005. *Knowledge@ Wharton,* April 20. http://knowledge. wharton.upenn.edu/article.cfm?articleid=1179 (accessed July 16, 2007).

Anderson, C. 1997. Values-based management. *Academy of Management Executive* 11(4): 25–46.

Anderson, C., S. E. Spataro, and F. J. Flynn. 2008. Personality and organizational culture as a determinant of influence. *Journal of Applied Psychology* 93(3): 702–710.

Anderson, J. 2007. Stepping lively at Credit Suisse; workaholic American named to lead Swiss financial services company. *New York Times,* February 16. http://query.nytimes.com/gst/fullpage.html?res= 9B0DE4DE143EF935A25751C0A9619C8B63 (accessed January 8, 2008).

Andolsek, D. M., and J. Stebe. 2004. Multinational perspective on work values and commitment. *International Journal of Cross Cultural Management* 4(2): 181–209.

Anne M. Mulcahy. 2001. Leadership is about learning. *Knowledge@Wharton*, July 4. http//:knowledge.wharton.upenn.eduarticle.cfm?articleid389 (accessed September 8, 2007).

Antonakis, J., A. T. Cianciolo, and R. J. Sternberg. 2004. *The nature of leadership*. Thousand Oaks, CA: Sage.

Antonakis, J., B. J. Avolio, and H. Sivasubramaniam. 2003. Context and leadership: An examination of the nine-factor full-range leadership theory using the Multifactor Leadership Questionnaire. *The Leadership Quarterly* 14: 261–295.

Antonakis, J., D. V. Day, and B. Schyns. 2012. Leadership and individual differences: At the cusp of a renaissance. *Leadership Quarterly* 23(4): 643–650.

Arfken, D. E., S. L. Bellar, and M. M. Helms. 2004. The ultimate glass ceiling revisited: The presence of women on corporate boards. *Journal of Business Ethics* 50: 177–186.

Argyris, C. 1991. Teaching smart people how to learn. *Harvard Business Review* (May–June): 99–109.

Arlidge, J. 2009. I'm doing "God's work." Meet Mr. Goldman Sachs. *Timesonline,* November 8, http://www.timesonline.co.uk/tol/news/world/us_and_americas/article6907681.ece (accessed March 24, 2010).

Armour, S. 2007. Hi, I'm Joan, and I'm a workaholic. *USA Today*, May 23, B1.

Ashford, B. E., and V. Anand. 2003. The normalization of corruption in organizations. In *Research in Organizational Behavior*, Vol. 25, ed. R. M. Kramer and B. M. Staw, 1–52. Amsterdam: Elsevier.

Astley, W. G., and P. S. Sachdeva. 1984. Structural sources of intraorganizational power: A theoretical synthesis. *Academy of Management Review* 9: 104–113.

Aune, R. K., and L. L. Waters. 1994. Cultural differences in deception: Motivation to deceive in Samoans and North Americans. *International Journal of Intercultural Relations* 18: 159–172.

Avey, J. B., B. J. Avolio, and F. Luthans. 2011. Experimentally analyzing the impact of leader positivity on follower positivity and performance. *The Leadership Quarterly* 22: 282–294.

Avolio, B. J. 2005. *Leadership development in balance: Made/born*. Mahwah, NJ: Lawrence Erlbaum.

Avolio, B. J., and W. L. Gardner. 2005. Authentic leadership development: Getting to the root of positive forms of leadership. *The Leadership Quarterly* 16: 315–338.

Avolio, B. J., W. L. Gardner, F. O. Walumbwa, F. Luthans, and D. R. May. 2004. Unlocking the mask: A look at the process by which authentic leaders impact follower attitudes and behaviors. *The Leadership Quarterly* 15: 801–823.

Avolio, B. J., F. O. Walumba, and T. J. Weber. 2009. Leadership: Current theories, research, and future directions. *Annual Review of Psychology* 60: 421–449.

Ayman, R., and M. M. Chemers. 1983. Relationship of supervisory behavior ratings to work group effectiveness and subordinate satisfaction. *Journal of Applied Psychology* 68: 338–341.

_____. 1991. The effect of leadership match on subordinate satisfaction in Mexican organizations: Some moderating influences of self-monitoring. *International Review of Applied Psychology* 40: 299–314.

Ayman, R., M. M. Chemers, and F. E. Fiedler. 1995. The contingency model of leadership effectiveness: Its levels of analysis. *The Leadership Quarterly* 6(2): 147–167.

Ayman-Nolley, S., R. Ayman, and J. Becker. 1993. Gender affects children's drawings of a leader. Paper presented at the annual meeting of the American Psychological Association, August, Chicago.

Babiak, P., and R. D. Hare. 2006. *Snakes in suits: When psychopaths go to work*. New York: Harper Collins Publishing.

Back, M. D., S. C. Schmukle, and B. Egloff. 2010. Why are narcissists so charming at first sight? Decoding the narcissism-popularity link at zero acquaintance. *Journal of Personality and Social Psychology* 98(1): 132–145.

Ballinger, G. A., and F. D. Schoorman. 2007. Individual reaction to leadership succession in workgroups. *Academy of Management Review* 32(1): 118–136.

Bandura, A. 1977. Self-efficacy: Toward a unifying theory of behavioral change. *Psychological Review* 84: 191–215.

_____, ed. 1995. *Self-efficacy in changing societies.* New York: Cambridge Press.

Banks, S. 2008. *Dissent and the failure of leadership.* Cheltenham, UK: Edward Elgar.

Bardes, M., and R. F. Piccolo. 2010. Goal setting as an antecedent of destructive leader behaviors. In *When leadership goes wrong: Destructive leadership, mistakes, and ethical failures*, ed. B. Schyns and T. Hansbrough, 3–22. Greenwich, CT: Information Age Publishing.

Baron, L., and L. Morin. 2009. The coach-coachee relationship in executive coaching: A field study. *Human Resources Development* 20(1): 85–106.

Baron, R. A., J. H. Neuman, and D. Geddes. 1999. Social and personal determinants of workplace aggression: Evidence for the impact of perceived injustice and the type A behavior pattern. *Aggressive Behavior* 25(4): 281–296.

Barrett, A. 2003. Staying on top. *Business Week*, May 5, 60–68.

Barrick, M. R., and M. Mount. 1991. The five big personality dimensions and job performance: A meta-analysis. *Personnel Psychology* 44(1): 1–76.

Barsh, J., and S. Cranston. 2009. *How remarkable women lead.* New York: Crown Business.

Barsoux, J. L., and P. Lawrence. 1997. *French Management: Elitism in action.* UK: Taylor and Francis.

Bartlett, C. A., and S. Ghoshal. 1992. Managing across borders: New organizational responses. *Sloan Management Review* 28(9): 3–13.

Basadur, M. 2004. Leading others to think innovatively together: Creative leadership. *The Leadership Quarterly* 15: 103–121.

Bass, B. M. 1960. *Leadership, psychology, and organizational behavior.* New York: Harper and Row.

_____. 1985. *Leadership and performance beyond expectations.* New York: Free Press.

_____. 1990. *Bass and Stogdill's handbook of leadership.* 3rd ed. New York: Free Press.

_____. 1997. Does the transactional-transformational leadership paradigm transcend organizational and national boundaries? *American Psychologist* 52(3): 130–139.

Bass, B. M., and B. J. Avolio. 1990. Developing transformational leadership: 1992 and beyond. *Journal of European Industrial Training* 14: 21–27.

_____. 1993. Transformational leadership: A response to critiques. In *Leadership theory and research: Perspectives and directions*, ed. M. M. Chemers and R. Ayman, 49–80. San Diego, CA: Academic Press.

Bauer, T. N., and S. G. Greene. 1996. Development of the leader-member exchange: A longitudinal test. *Academy of Management Journal* 39: 1538–1567.

Bedeian, A. G., and A. A. Armenakis. 1998. The cesspool syndrome: How dreck floats to the top of declining organizations. *Academy of Management Executive* 12(1): 58–63.

Bedeian, A. G., and D. V. Day. 2004. Can chameleons lead? *The Leadership Quarterly* 15: 687–718.

Behfar, K. J., R. S. Peterson, E. A. Mannix, and W. M. K. Trochim. 2008. The critical role of conflict resolution in teams: A close look at the links between conflict type, conflict management strategies, and team outcomes. *Journal of Applied Psychology* 93(1): 170–188.

Belet, D. 2007. Are "high potential" executives capable of building learning-oriented organisations? Reflections on the French case. *Journal of Workplace Learning* 19: 465–475.

Bennis, W. G. 2003. News analysis: It's the culture. *Fast Company,* August, 73. http://www.fastcompany.com/magazine/73/nyt.html (accessed September 30, 2004).

Bennis, W. G., and B. Nanus. 1985. *Leader: The strategies for taking charge.* New York: Harper and Row.

Bianchi, S. M. 2000. Maternal employment and time with children: Dramatic change or surprising continuity? *Demography* 37: 401–414.

Bird, C. 1940. *Social psychology.* New York: Appleton.

Biro, M. M. 2012. 5 methods for social leadership: Try reverse mentoring. *Forbes,* September 23. http://www.forbes.com/sites/meghanbiro/2012/09/23/5-methods-for-social-leadership-try-reverse-mentoring/ (accessed August 5, 2013).

Bisoux, T. 2008a. The instant messenger. *BizEd* (January–February): 16–20.

_____. 2008b. Good works. *BizEd* (May–June): 16–22.

_____. 2009. Making connections. *BizEd* (January–February): 16–22.

BizEd. 2009. *Tomorrow's Leaders* (September–October): 28–34.

Black, J. 2004. Always the optimist. *Inc.*, August, 95–98.

Bligh, M. C., and G. D. Hess. 2007. The power of leading subtly: Alan Greenspan, rhetorical leadership, and monetary policy. *The Leadership Quarterly* 18: 87–104.

Block, P. 1987. *The empowered manager.* San Francisco: Jossey-Bass.

_____. 1993. *Stewardship: Choosing service over self-interest.* San Francisco: Berrett-Koehler.

Blundell, M. 2007. How McDonald's tracks morale at the front line. *Strategic Communication Management* 11(4): 10.

Boerner, S., S. A. Eisenbeiss, and D. Griesser. 2007. Follower behavior and organizational performance: The impact of transformational leadership. *Journal of Leadership and Organizational Studies* 13: 15–26.

Boies, J. 2013. 6 ways Google builds company culture. *Sales Force,* June 14. http://blogs.salesforce.com/company/2013/06/google-company-culture.html (accessed June 22, 2013).

Bono, J. E., and R. Ilies. 2006. Charisma, positive emotion and mood contagion. *The Leadership Quarterly* 17: 317–334.

Bowers, D. G., and S. E. Seashore. 1966. Predicting organizational effectiveness with a four-factor theory of leadership. *Administrative Science Quarterly* 11: 238–263.

Boyatzis, R. E., and C. Soler. 2012. Vision, leadership and emotional intelligence transforming family business. *Journal of Family Business Management* 2(1): 23–30.

Brady, D. 2002. A makeover has Avon looking good. *BloombergBusinessweek,* January 21. http://www.businessweek.com/stories/2002-01-21/a-makeover-has-avon-looking-good (accessed October 12, 2013).

Branson, R. 2007. Learn to say no. *CNNMoney.* http://money.cnn.com/popups/2006/biz2/howtosucceed_leader/ (accessed October 12, 2013).

Branson, R. 2013a. The importance of mentoring. *Virgin,* May 8. https://www.virgin.com/richard-branson/the-importance-of-mentoring (accessed August 5, 2013).

Branson, R. 2013b. Richard Branson on self-awareness for leadership growth. *Entrepreneur,* June 3. http://www.entrepreneur.com/article/226863#ixzz2b75J5cj9 (accessed August 5, 2013).

Brant, J. 2004. Lucky Junki. *Inc.*, October, 109–116.

Braun, S., C. Peus, S. Weisweiler, and D. Frey. 2013. Transformational leadership, job satisfaction and team performance: A multilevel mediation model of trust. *The Leadership Quarterly* 24: 270–283.

Bray, D. W., and D. L. Grant. 1966. The assessment center in the measurement of potential for business management. *Psychological Monographs* 80(17): 1–27.

Brazil, J. J. 2007. Mission: Impossible? *Fast Company,* March. http://www.fastcompany.com/magazine/114/features-mission-impossible.html (accessed August 21, 2007).

Breen, B. 2002. David Rockwell has a lot of nerve. *Fast Company*, November, 76–84.

_____. 2004. The six myths of creativity. *Fast Company*, December, 75–78.

Bret, B. H., B. E. Postlethwaite, A. C. Klotz, M. R. Hamdani, and K. G. Brown. 2012. Reaping the benefits of task conflict in teams: The critical role of team psychological safety climate. *Journal of Applied Psychology* 71(1): 151–158.

Brodsky, N. 2006. The one thing you can't delegate. *Inc.*, April, 61–62.

Brown, M. C. 1982. Administrative succession and organizational performance: The succession effect. *Administrative Science Quarterly* 29: 245–273.

Brown, M. E., and L. K. Treviño. 2006. Socialized charismatic leadership, values congruence, and deviance in work groups. *Journal of Applied Psychology* 91: 954–962.

Brown, R., K. Budzek, and M. Tamborski. 2009. On the meaning and measure of narcissism. *Personality and Social Psychology Bulletin* 35(7): 951–964.

Brunell, A., W. Gentry, W. Campbell, B. Hoffman, K. Kuhnert, and K. DeMaree. 2008. Leader emergence: The case of the narcissistic leader. *Personality and Social Psychology Bulletin* 34(12): 1663–1676. http://articles.moneycentral.msn.com/Investing/CompanyFocus/The5RichestPayoffsFor FiredCEOs.aspx (accessed March 16, 2010).

Bryant, A. 1995. Worker ownership was no paradise. *International Herald Tribune*, March 23, 16.

_____. 2009a. Managing globally, and locally. *The New York Times*, December 13. http://www.nytimes.com/2009/12/13/business/13corner.html (accessed March 12, 2010).

_____. 2009b. Connecting the dots isn't enough. *The New York Times,* July 19. http://www.nytimes.com/2009/07/19/business/19corner.html (accessed April 4, 2010).

_____. 2009c. The keeper of the tapping pen. *The New York Times,* March 22, http://www.nytimes.com/2009/03/22/business/22corner.html (accessed April 4, 2010).

_____. 2009d. In a near-death event, a corporate rite of passage. *The New York Times*, August 2. http://query.nytimes.com/gst/fullpage.html?res=9F04E6DD123CF931A3575BC0A96F9C8B63 (accessed April 4, 2010).

_____. 2009e. He was promotable after all. *The New York Times*, May 3, http://www.nytimes.com/2009/05/03/business/03corner.html (accessed April 4, 2010).

———. 2009f. Imagine a world of no annual reviews. *The New York Times,* October 18. http://www.nytimes.com/2009/10/18/business/18corner.html (accessed April 4, 2010).

_____. 2009g. Planes, cars and cathedrals. *The New York Times*, September 6. http://www.nytimes.com/2009/09/06/business/06corner.html (accessed April 7, 2010).

_____. 2009h. The CEO as general (and scout). *The New York Times*, October 11, http://www.nytimes.com/2009/10/11/business/11corner.html (accessed April 7, 2010).

_____. 2009i. Ensemble acting, in business. *The New York Times*, June 7, http://www.nytimes.com/2009/06/07/business/07corner.html (accessed April 12, 2010).

_____. 2009j. Stepping out of the sandbox. *The New York Times*, August 30, http://www.nytimes.com/2009/08/30/business/30corner.html (accessed April 16, 2010).

_____. 2009k. Want to talk to the chief? Book your half-hour. *The New York Times*, October 4. http://www.nytimes.com/2009/10/04/business/04corner.ready.html (accessed April 16, 2010).

_____. 2009l. The benefit of a boot out the door. *The New York Times—Corner Office*, November 7. http://www.nytimes.com/2009/11/08/business/08corner.html?_r=1 (accessed March 2, 2010).

_____. 2009m. No doubt women are better managers. *The New York Times*, July 26. http://www.nytimes.com/2009/07/26/business/26corner.html (accessed May 8, 2010).

_____. 2010. The container store. *The New York Times,* March 12, http://www.nytimes.com/2010/03/14/business/14corners.html (accessed May 13, 2010).

_____. 2010a. Remember to share the stage. *The New York Times,* January 3, http://www.nytimes.com/2010/01/03/business/03corner.html (accessed April 4, 2010).

_____. 2010b. Talk to me. I'll turn off my phone. *The New York Times*, February 28. http://www.nytimes.com/2010/02/28/business/28corner.html (accessed April 4, 2010).

_____. 2010c. Structure? The flatter, the better. *The New York Times*, January 17. http://www.nytimes.com/2010/01/17/business/17corner.html (accessed April 16, 2010).

_____. 2010d. Xerox's new chief tries to redefine its culture. *The New York Times,* February 20. http://www.nytimes.com/2010/02/21/business/21xerox.html?pagewanted=all (accessed October 20, 2013).

_____. 2012a. Sometimes, you need to blow the fuses. *The New York Times,* January 14. http://www.nytimes.com/2012/01/15/business/bill-kling-of-american-public-media-on-valuing-creativity.html (accessed July 22, 2013).

_____. 2012b. Let everyone swim, but make sure you're in the pool. *The New York Times,* June. http://www.nytimes.com/2012/06/24/business/

angies-list-co-founder-reviews-management-style. html (accessed July 22, 2013).

_____. 2013a. A Boss's challenge: Have everyone join in the "in" group. *The New York Times,* March 23. http://www.nytimes.com/2013/03/24/ business/neuroleadership-institutes-chief-on-shared-goals.html?pagewanted=1 (accessed July 22, 2013).

_____. 2013b. How to become a bus driver, not a bulldozer. *The New York Times,* October 7. http:// www.nytimes.com/2012/10/07/business/ken-rees-of-think-finance-on-leading-a-growing-company. html (accessed July 22, 2013).

_____. 2013c. Shifting hats and working in small teams. *The New York Times,* February 23. http:// www.nytimes.com/2013/02/24/business/lily-kanter-on-working-in-small-entrepreneurial-groups.html (accessed July 22, 2013).

Buchanan, L. 1999. The smartest little company in America. *Inc.*, January, 43–54.

_____. 2001. Managing one-to-one. *Inc.*, October, 82–88.

_____. 2010. Productivity nation. *Inc.,* March, 62–73.

Buckingham, M. 2005. The Frankenleader fad. *Fast Company*, September, 93–94.

_____. 2009. Why are women unhappier than they were 40 years ago? *Business Week,* October 16. http://www.businessweek.com/managing/content/ oct2009/ca20091016_302039.htm?chan=careers_ special+report+—+women+and+leadership_ special+report+-+women+and+leadership (accessed January 18, 2010).

Bunker, M., and A. D. Ball. 2009. Consequences of customer powerlessness: Secondary control. *Journal of Consumer Behavior* 8(5): 268–281.

Burke, C. S., K. C. Stagl, C. Klein, G. F. Goodwin, E. Salas, and S. M. Halpin. 2006. What type of leadership behaviors are functional in teams? A meta-analysis. *The Leadership Quarterly* 17: 288–307.

Burlingham, B. 2003. The coolest small company in America. *Inc.*, January, 65–74.

Burns, J. M. 1978. *Leadership*. New York: Harper and Row.

Burris, E., M. Rogers, E. Mannix, M. Hendron, and J. Oldroyd. 2009. Playing favorites: The influence of leaders' inner circle on group processes and performance. *Personality and Social Psychology Bulletin* 35(9): 1244–1257.

Butler, R. J., and D. C. Wilson. 1990. *Managing voluntary and non-profit organizations: Strategy and structure*. London: Rutledge.

Byrne, J. A., and H. Timmons. 2001. Tough times for a new CEO: How Ken Chenault of AmEx is tested in ways few could have imagined. *Business Week*, October 29, 64–68.

Cain, S. 2013. *Quiet: The power of introverts in a world that can't stop talking*. New York: Random House.

Caligiuri, P. M. 2000. The Big Five personality characteristics as predictors of expatriate's desire to terminate the assignments and supervisor-rated performance. *Personnel Psychology* 53(1): 67–88.

Cameron, K. 2006. Good or bad: Standards and ethics in managing change. *Academy of Management Learning and Education* 5: 317–323.

_____. 2008. *Positive leadership*. San Francisco: Berrett-Koehler.

_____. 2011. Responsible leadership as virtuous leadership. *Journal of Business Ethics* 98: 25–35.

Cameron, K., J. E. Dutton, and R. E. Quinn, eds. 2003. *Positive organizational scholarship: Foundations of a new discipline*. San Francisco: Berrett-Koehler.

Campbell, D. J., and G. J. Dardis. 2004. The "Be, Know, Do" model of leader development. *Human Resource Planning* 27(2): 26–39.

Canabou, C. 2003. Fast talk. *Fast Company*, September 58.

Carl, D., V. Gupta, and M. Javidan. 2004. Power distance. In *Culture, leadership, and organizations: The GLOBE study of 62 countries*, ed. R. J. House, P. J. Hanges, M. Javidan, P. W. Dorfman, and V. Gupta, 513–563. Thousand Oaks, CA: Sage.

Carli, L. L. 1999. Gender, interpersonal power, and social influence. *Journal of Social Issues* 55: 81–99.

_____. 2001. Gender and social influence. *Journal of Social Issues* 57: 725–741.

Carlson, N. 2009. AOL will pay fired CEO Randy Falco $8.5 million through 2010. *Business Insider,* November 16. http://www.businessinsider.com/aol-will-pay-fired-ceo-randy-falco-85-million-through-2010-2009-11 (accessed April 8, 2010).

Carlyle, T. 1907. *Heroes and hero worship*. Boston: Adams.

Carmeli, A., Schaubroeck, J., and A. Tishler. 2011. How CEO empowering leadership shapes top management team processes: Implications for firm performance. *The Leadership Quarterly* 22(2): 399–411.

Carpenter, M. A., M. A. Geletkanycz, and W. G. Sanders. 2004. Upper echelons research revisited: Antecedents, elements, and consequences of top management team composition. *Journal of Management* 30: 749–778.

Carrns, A., and V. Bauerlein. 2007. Scrushy gets nearly 7 years in bribery case. *Wall Street Journal*, June 29, http://online.wsj.com/article/SB118307727806452313.html (accessed March 17, 2010).

Carson, J. B., P. E. Tesluk, and J. A. Marrone. 2007. Shared leadership in teams: An investiagaing of antecedent conditions and performance. *Academy of Management Journal* 50(5): 1217–1234.

Carsten, M. K., Uhl-Bien, M., West, B. J., Patera, J. L., and R. McGregor. 2010. Exploring social constructions of followership: A qualitative study. *The Leadership Quarterly* 21: 543–562.

Cartwright, D. C. 1965. Influence, leadership, control. In *Handbook of organizations*, ed. J. G. March, 1–47. Chicago: Rand McNally.

Caruso-Cabrera, M. 2013. 3M CEO: Research is "driving this company." *CNBC,* June 10. http://www.cnbc.com/id/100801531 (accessed August 1, 2013).

Carvell, T. 1998. By the way, your staff hates you. *Fortune* 138(6): 200–212.

Case, S. 2009. Graduation speech at George Mason University. *Case Foundation.* http://www.casefoundation.org/blog/steve-case-george-mason-university-commencement-speech (accessed March 25, 2010).

Chafkin, M. 2013. Most creative people 2013: 6. Max Levchin. *Fast Company,* May 13. http://www.fastcompany.com/3009197/most-creative-people-2013/6-max-levchin (accessed August 3, 2013).

Chandler, S. 2004. Execs take companies' cash as privilege. *Arizona Republic*, September 19, D1, D5.

Chapman, J. 2006. Anxiety and defective decision making: An elaboration of the groupthink model. *Management Decision* 44: 1391–1404.

Chappelow, C. T. 2004. 360-degree feedback. In *The Center for Creative Leadership: Handbook of leadership development*. 2nd ed. Ed. C. D. McCauley and E. Van Velsor, 58–84. San Francisco: Jossey-Bass.

Chatterjee, A., and D. C. Hambrick. 2007. It's all about me: Narcissistic chief executive officers and their effects on company strategy and performance. *Administrative Science Quarterly* 52(3): 351–386.

Chatterjee, S. 2012. Top 5 reasons why Google is the company to work for. *International Business Times,* January 20. http://www.ibtimes.com/top-5-reasons-why-google-best-company-work-553844 (accessed June 22, 2013).

Cheese, P. 2013. What's so hard about corporate change. *CNNMoney,* May 20. http://management.fortune.cnn.com/2013/05/20/corporations-change-failure/ (accessed August 1, 2013).

Chemers, M. M. 1969. Cross-cultural training as a means for improving situational favorableness. *Human Relations* 22: 531–546.

_____. 1993. An integrative theory of leadership. In *Leadership theory and research: Perspectives and directions*, ed. M. M. Chemers and R. Ayman, 293–320. New York: Academic Press.

_____. 1997. *An integrative theory of leadership.* Mahwah, NJ: Lawrence Erlbaum.

Chemers, M. M., and G. J. Skrzypek. 1972. An experimental test of the contingency model of leadership effectiveness. *Journal of Personality and Social Psychology* 24: 172–177.

Chen, C. Y., and C. I. Li. 2013. Assessing the spiritual leadership effectiveness: The contribution of follower's self-concept and preliminary tests for moderation of culture and managerial position. *The Leadership Quarterly* 24: 240–255.

Chen, Y. F., and D. Tjosvold. 2006. Participative leadership by American and Chinese managers in China: The role of relationships. *Journal of Management Studies* 43: 1727–1752.

Cheng, T, Huang, G., Lee, C., and X. Ren. 2012. Longitudinal effect of job insecurity on employee outcomes: The moderating role of emotional intelligence and the leader-member exchange. *Asia Pacific Journal of Management* 29(3): 709–728.

Cherrington, D. J., S. J. Condies, and J. L. England. 1979. Age and work values. *Academy of Management Journal* (September): 617–623.

Chester, A. 2005. Kenneth Chenault, AMEX CEO, speaks on leadership. *Wharton Journal*, March 28. http://media.www.whartonjournal.com/media/storage/paper201/news/2005/03/28/News/Kenneth.Chenault.Amex.Ceo.Speaks.On.Leadership-904135.shtml (accessed July 14, 2007).

Chi, S. C. S., and S. G. Liang. 2013. When do subordinates' emotion-regulation strategies matter? Abusive supervision, subordinates' emotional exhaustion, and work withdrawal. *The Leadership Quarterly* 24: 125–137.

Child, T. 2013. Workforce diversity: The bridge between the workplace and the marketplace. http://www.tedchilds.com/experience.html (accessed May 30, 2013).

Cho, T. S., and W. Shen. 2007. Changes in executive compensation following an environmental shift: The role of top management team turnover. *Strategic Management Journal* 28: 747–754.

Christie, R., and F. L. Geis. 1970. *Studies in Machiavellianism*. New York: Academic Press.

Chu, J. 2013. Most creative people 2013: 4. Kirthiga Reddy. *Fast Company,* May 13. http://www.fastcompany.com/3009243/most-creative-people-2013/4-kirthiga-reddy (accessed August 3, 2013).

Church, G. J. 1997/1998. Man of the year. *Time*, December 29–January 5. http://www.time.com/time/special/moy/grove/runnergreenspan.html (accessed December 29, 2004).

Civettini, N. H. W. 2007. Similarity and group performance. *Social Psychology Quarterly* 70(3): 262–271.

Clarke, S. 2013. Safety leadership: A meta-analytic review of transformational and transactional leadership styles as antecedents of safety behaviours. *Journal of Occupational and Organizational Psychology* 86: 22–49.

Cleyman, K. L., S. M. Jex, and K. G. Love. 1993. Employee grievances: An application of the leader-member exchange model. Paper presented at the 9th Annual Meeting of the Society of Industrial and Organizational Psychology, Nashville, TN.

Collins, J., and D. K. Cooke. 2013. Creative role models, personality and performance. *Journal of Management Development* 32(4): 336–350.

Collinson, D. 2012. Prozac leadership and the limits of positive thinking. *Leadership* 8(2): 87–107.

Colvin, G. 2001. The anti-control freak. *Fortune*, November 26, 60.

———. 2009. Crisis chief: Amex's Chenault. *Fortune*. October 15. http://money.cnn.com/2009/10/14/news/companies/american_express_chenault.fortune/index.htm (accessed March 1, 2010).

Conference board. 2012. Workers less miserable, but hardly happy. http://www.conference-board.org/press/pressdetail.cfm?pressid=4527 (accessed May 30, 2013).

Conger, J. A. 1989. *The charismatic leader: Behind the mystique of exceptional leadership*. San Francisco: Jossey-Bass.

———. 1990. The dark side of leadership. *Organizational Dynamics* 19: 44–55.

———. 1992. *Learning to lead: The art of transforming managers into leaders*. San Francisco: Jossey-Bass.

———. 2004. Developing leadership capability: What's inside the black box? *Academy of Management Executive* 18(3): 136–139.

Conger, J. A., and R. N. Kanungo. 1987. Toward a behavioral theory of charismatic leadership in organizational settings. *Academy of Management* 12: 637–647.

———. 1998. *Charismatic leadership in organizations*. Thousand Oaks, CA: Sage.

Containing Culture. 2007. *Chain Store Age* (April): 23–24.

Conyon, M. J., and S. I. Peck. 1998. Board control, remuneration committees, and top management compensation. *Academy of Management Journal* 41(2): 146–157.

Cooper, C. D., T. A. Scandura, and C. A. Schriesheim. 2005. Looking forward but learning from our past: Potential challenges to developing authentic leadership theory and authentic leaders. *The Leadership Quarterly* 16: 475–493.

Cooper, N. 2007. Looking after your leaders. *Personnel Today*, April 24, 24–26.

Cordery, J. 2004. Another case of the Emperor's new clothes? *Journal of Occupational and Organizational Psychology* 77: 481–484.

Corruption Index. 2013. http://www.transparency.org/research/cpi/overview (accessed October 11, 2013).

Crant, M. J. 2000. Proactive behavior in organiazations. *Journal of Management* 26(3): 435–462.

Cronin, E. T. 1987. Leadership and democracy. *Liberal Education* 73(2): 35–38.

Cross, T. L., Bazron, B. J., Dennis, K. W., and M. R. Isaacs. 1989. *Towards a culturally competent system of care: A monograph on effective services for minority children who are severely emotional disturbed*, Vol. 1. http://minorityhealth.hhs.gov/templates/browse.aspx?lvl=2&lvlID=11 (accessed June 21, 2013).

Crouch, A., and P. Yetton. 1987. Manager behavior, leadership style, and subordinate performance: An empirical extension of Vroom-Yetton conflict rule. *Organizational Behavior and Human Decision Processes* 39: 384–396.

Cryer, S. 2004. Recruiting and retaining the next generation of nonprofit sector leadership. *The Initiative for Nonprofit Sector Careers,* January. http://www.handsonnetwork.org/files/resources/AR_NextGenofNPSectorLeadership_2006_Scryer.pdf (accessed July 20, 2013).

Cummings, B. 2004. The best bosses: The Whipcracker. *Fortune Small Business*, October 1. http://www.fortune.com/fortune/print/0,15935,697855,00.html (accessed November 15, 2004).

Cunningham, J. B., and J. MacGregor. 2000. Trust and the design of work: Complementary constructs in satisfaction and performance. *Human Relations* 53: 1575–1591.

Customer service. 2007. http://www.superquinn.ie/Multi/default.asp?itemId=305 (accessed July 25, 2007).

Cyert, R. M., and J. G. March. 1963. *A behavioral theory of the firm*. Upper Saddle River, NJ: Prentice Hall.

Dana, J. A., and D. M. Bourisaw. 2006. Overlooked leaders. *American School Board Journal,* June, 27–30.

Daniel, T. 2009. Tough bosses or workplace bully. *HR Magazine,* June 2009. http://findarticles.com/p/articles/mi_m3495/is_6_54/ai_n32067231/ (accessed March 9, 2010).

Dansereau, F., Jr., G. B. Graen, and W. J. Haga. 1975. A vertical dyad linkage approach to leadership within formal organizations: A longitudinal investigation of the role making process. *Organizational Behavior and Human Performance* 13: 46–78.

Darla Moore Speech to Palmetto Center for Women. 2007. http://www.palmettoinstitute.org/.../darla%20moore%20speech%20to%20the%20twin%20awards%209%2007... (accessed January 11, 2010).

Dash, E. 2007a. Executive pay: A special report. http://www.nytimes.com/2007/04/08/business/yourmoney/08pay.html?ref=business (accessed January 8, 2008).

_____. 2007b. Executive pay: Has the exit sign ever looked so good? *New York Times*, April 8. http://www.nytimes.com/2007/04/08/business/yourmoney/08axe.html?ref=businessspecial (accessed January 8, 2008).

Davidson, A. 2013. Workers of the world, sit tight. *The New York Times,* January 29. http://www.nytimes.com/2013/02/03/magazine/do-unions-have-a-shot-in-the-21st-century.html (accessed October 6, 2013).

Davis, J. H., F. D. Schoorman, and L. Donaldson. 1997. Toward a stewardship theory of management. *Academy of Management Review* 22: 20–47.

Davis, K. M., and W. L. Gardner. 2012. Charisma under crisis revisited: Presidential leadership, perceived leader effectiveness, and contextual influences. *The Leadership Quarterly* 23: 918–933.

Day, D. V. 2000. Leadership development: A review in context. *The Leadership Quarterly* 11: 581–613.

———. 2010. The difficulties of learning from experience and the need for deliberate practice. *Industrial and Organizational Psychology* 3(1): 41–44.

Day, D. V., and D. J. Schleicher. 2006. Self-monitoring at work: A motive-based perspective. *Journal of Personality* 74: 683–714.

Day, D. V., D. J. Schleicher, A. L. Unckless, and N. J. Hiller. 2002. Self-monitoring personality at work: A meta-analytic investigation of construct validity. *Journal of Applied Psychology* 87: 390–401.

Day, D. V., P. Gronn, and E. Salas. 2004. Leadership capacity in teams. *The Leadership Quarterly* 15: 857–880.

Day, D. V., and R. G. Lord. 1988. Executive leadership and organizational performance: Suggestions for a new theory and methodology. *Journal of Management* 14: 453–464.

Day, D. V., S. J. Zaccaro, and S. M. Halpin, eds. 2004. *Leader development for transforming organization:*

Growing leader for tomorrow. Mahwah, NJ: Lawrence Erlbaum.

De Bono, E. 1992. *Serious creativity: Using the power of lateral thinking to create new ideas.* New York: Harper Business.

De Hoogh, A. H. B, and D. N. Den Hartog. 2009. Neuroticism and locus of control as moderators of the relationship of charismatic and autocratic leadership with burnout. *Journal of Applied Psychology* 94(4): 1058–1067.

Delbecq, A. 2001. "Evil" manifested in destructive individual behavior: A senior leadership challenge. *Journal of Management Inquiry* 10: 221–226.

Denhardt, J. V., and K. B. Campbell. 2006. The role of democratic values in transformational leadership. *Administration and Society* 38: 556–573.

Denhardt, R. B., and J. V. Denhardt. 2006. *The dance of leadership.* Armonk, NJ: M. E. Sharpe.

Den Hartog, D. N., R. J. House, P. J. Hanges, S. A. Ruiz-Quintanilla, and P. W. Dorfman. 1999. Culture-specific and cross-culturally generalizable implicit leadership theories: Are attributes of charismatic/transformational leadership universally endorsed? *The Leadership Quarterly* 10: 219–256.

Denning, S. 2010. *The leader's guide to radical management: Reinventing the workplace for the 21st century.* San Francisco: Jossey-Bass.

—————. 2011. How do you change an organizational culture. *Forbes,* July 23. http://www.forbes.com/sites/stevedenning/2011/07/23/how-do-you-change-an-organizational-culture/ (accessed August 3, 2013).

Denton, D. K. 2007. Using intranets as a training and empowerment tool. *Training and Development Methods* 21(1): 217–222.

De Pillis, E., R. Kernochan, O. Meilich, E. Prosser, and V. Whiting. 2008. Are managerial gender stereotypes universal? *Cross Cultural Management: An International Journal* 15: 94–102.

de Rond, M. 2012. Conflict keeps teams at the top of their game. *HBR Blog,* July 3. http://blogs.hbr.org/cs/2012/07/conflict_keeps_teams_at_the_to.html (accessed July 22, 2013).

Derr, C. B. 1987. Managing high potentials in Europe: Some cross-cultural findings. *European Management Journal* 5: 72–80.

Deshpande, R., and A. Raina. 2011. The ordinary heroes of the Taj. *Harvard Business Review*, December. http://hbr.org/2011/12/the-ordinary-heroes-of-the-taj/ar/1 (accessed February 21, 2012).

Deutsch Salaman, S., and S. L. Robinson. 2008. Trust that binds: The impact of collective felt trust on organizational performance. *Journal of Applied Psychology* 93(3): 593–601.

Deutschman, A. 2005. Change or die. *Fast Company*, May. http://www.fastcompany.com/magazine/94/open_change-or-die.html (accessed June 19, 2007).

—————. 2007. The three keys to change. *Fast Company*, January. http://www.fastcompany.com/articles/2007/01/change-or-die.html (accessed August 22, 2007).

Diddams, M., and G. C. Chang. 2012. Only human: Exploring the nature of weakness in authentic leadership. *The Leadership Quarterly* 23: 593–603.

Digman, J. M. 1990. Personality structure: Emergence of the five-factor model. *Annual Review of Psychology* 41: 417–440.

Dillon, P. 2004. Perceptive, adaptable, and remarkably low-key, eBay chief executive Meg Whitman rides e-tail's hottest segment. *Christian Science Monitor*, March 10. http://www.csmonitor.com/2004/0310/p11s01-wmgn.htm (accessed July 12, 2007).

D'Intino, R. S., M. G. Goldsby, J. D. Houghton, and C. P. Neck. 2007. Self-leadership: A process of entrepreneurial success. *Journal of Leadership and Organizational Studies* 13: 105–120.

Diversity and inclusion: Unlocking global potential. 2012. *Forbes Insight,* January. http://www.forbes.com/forbesinsights/diversity_2012_pdf_download/ (accessed June 24, 2013).

Dorfman, P. W., J. P. Howell, S. Hibino, J. K. Lee, U. Tate, and A. Bautista. 1997. Leadership in Western and Asian countries: Commonalities and differences in effective leadership processes across cultures. *The Leadership Quarterly* 8(3): 233–274.

Dorfman, P., M. Javidan, P. Hanges, A. Dastmalchian, and R. House. 2012. GLOBE: A twenty year journey into the intriguing world of culture and leadership. *Journal of World Business* 47(4): 504–518.

Downey, H. K., J. E. Sheridan, and J. W. Slocum, Jr. 1975. Analysis of relationships among leader behavior, subordinate job performance and satisfaction: A path-goal approach. *Academy of Management Journal* 18: 253–262.

Drucker, P. F. 1990. *Managing the non-profit organization: Principles and practices.* New York: HarperCollins.

Drum, K. 2012. Digging into the pay gap. *Mother Jones*, May 3. http://www.motherjones.com/kevin-drum/2012/05/digging-pay-gap (accessed June 19, 2013).

Duarte, N. T., J. R. Goodson, and N. R. Klich. 1994. Effects of dyadic quality and duration on performance appraisal. *Academy of Management Journal* 37: 499–521.

Duncan, W. J., K. G. LaFrance, and P. M. Ginter. 2003. Leadership and decision making: A retrospective application and assessment. *Journal of Leadership and Organizational Studies* 9(4): 1–20.

Dunlop, W. L., and M. R. Beauchamp. 2011. Does similarity make a difference? predicting cohesion and attendance behaviors within exercise group settings. *Group Dynamics: Theory, Research, and Practice* 15(3): 258–266.

Dunn, M. W., B. Dastoor, and R. L. Sims. 2012. Transformational leadership and organizational commitment: A cross-cultural perspective. *Journal of Multidisciplinary Research* 4(1): 45–59.

Dvir, T., D. Eden, B. J. Avolio, and B. Shamir. 2002. Impact of transformational leadership on follower development and performance in a field experiment. *Academy of Management Journal* 45: 735–744.

Eagly, A. H., and L. L. Carli. 2004. Women and men as leaders. In *The nature of leadership*, ed. J. Antonakis, A. T. Cianciolo, and R. J. Sternberg, 279–301. Thousand Oaks, CA: Sage.

Eagly, A. H., M. C. Johannesen-Schmidt, and M. van Engen. 2003. Transformational, transactional, and laissez-faire leadership styles: A meta-analysis comparing women and men. *Psychological Bulletin* 95: 569–591.

Eagly, A. H., M. G. Makhijani, and B. G. Klonsky. 1992. Gender and the evaluation of leaders: A meta-analysis. *Psychological Bulletin* 111: 3–22.

Eagly, A. H., and S. J. Karau. 2002. Role congruity theory of prejudice toward female leaders. *Psychological Review* 109: 573–598.

Eagly, A. H., S. J. Karau, and M. G. Makhijani. 1995. Gender and the effectiveness of leaders: A meta-analysis. *Psychological Bulletin* 117: 125–145.

Edelhauser, K. 2007. Steve Case takes on health care. *Entrepreneur.com*, July 18. http://www.entrepreneur.com/ebusiness/article181860.html (accessed August 12, 2007).

EEOC Press release. 2013. *US Equal Employment Opportunity Commission*, January 18. http://www.eeoc.gov/eeoc/newsroom/release/1-28-13.cfm (accessed June 21, 2013).

Ehrenreich, B. 2009. *Bright-sided: How the relentless promotion of positive thinking has undermined America.* New York: Metropolitan Books.

Einarsen, S., Aasland, M. S., and A. Skogstad. 2007. Destructive leadership behavior: A definition and conceptual model. *The Leadership Quarterly* 18: 207–216.

Eisenbeiß, S. A., and S. Boerner. 2013. A double-edged sword: Transformational leadership and individual creativity. *British Journal of Management* 24(1): 54–68.

Elkins, T., and R. T. Keller. 2003. Leadership in research and development organizations: A literature review and conceptual framework. *The Leadership Quarterly* 14: 587–606.

Ellerbee, L. 1999. My biggest mistake. *Inc.*, January, 81.

Elliot, P. 2009. AIG bonuses: Scandal spurring government to rein in bail-out funds. *The Huffington Post*, March 16. http://www.huffingtonpost.com/2009/03/17/aig-bonuses-scandal-spurr_n_175634.html (accessed March 16, 2010).

Emmons, R. A. 1987. Narcissism: Theory and measurement. *Journal of Personality and Social Psychology* 52: 11–17.

Employees of big firms post lower job satisfaction. 2006. *Wall Street Journal*, November 13, 30.

Erdogan, B., R. C. Linden, and M. L. Kramer. 2006. Justice and leader-member exchange: The moderating role of organizational culture. *Academy of Management Journal* 49: 394–406.

Erez, A., V. F. Misangyi, D. E. Johnson, M. A. LePine, and K. C. Halverson. 2008. Stirring the hearts of followers: Charismatic leadership as the transferal of affect. *Journal of Applied Psychology* 93(3): 602–615.

Ernst, C., and A. Martin. 2007. Experience counts: Learning lessons from key events. *Leadership in Action* 26(6): 3.

Estow, S., J. P. Jamieson, and J. R. Yates. 2007. Self-monitoring and mimicry of positive and negative social behaviors. *Journal of Research in Personality* 41: 425–433.

Executive pay watch. 2013. CEO pay and you. *AFLCIO.* http://www.aflcio.org/Corporate-Watch/CEO-Pay-and-You (accessed July 20, 2013).

Executive paywatch around the world. 2013. http://www.aflcio.org/Corporate-Watch/CEO-Pay-and-You/CEO-to-Worker-Pay-Gap-in-the-United-States/Pay-Gaps-in-the-World (accessed July 20, 2013).

Fanelli, A., and V. F. Misangyi. 2006. Bringing out charisma: CEO charisma and external stakeholders. *Academy of Management Review* 31: 1049–1061.

Farh, J. L., P. M. Podsakoff, and B. S. Cheng. 1987. Culture-free leadership effectiveness versus moderators of leadership behavior: An extension and test of Kerr and Jermier's "substitutes for leadership" model in Taiwan. *Journal of International Business Studies* 18(3): 43–60.

Faucheux, M. 2013. Examples of change management plans that worked. *Bright Hub PM,* April 24. http://www.brighthubpm.com/change-management/55056-examples-of-change-management-plans-that-worked/ (accessed August 3, 2013).

Felps, W., T. R. Mitchell, and E. Byington. 2006. Now and when, and why bad apples spoil the barrel: Negative group members and dysfunctional groups. *Research in Organizational Behavior* 27: 175–222.

Fiedler, F. E. 1967. *A theory of leadership effectiveness.* New York: McGraw-Hill.

_____. 1978. The contingency model and the dynamics of the leadership process. In *Advances in experimental social psychology*, Vol. 2, ed. L. Berkowitz, 59–112. New York: Academic Press.

_____. 1993. The leadership situation and the black box in contingency theories. In *Leadership theory and research: Perspectives and directions*, ed. M. M. Chemers and R. Ayman, 2–28. New York: Academic Press.

———. 2002. The curious role of cognitive resources in leadership. In *Multiple intelligences and leadership.*

LEA's organization and management series. Ed. Riggio, Ronald E., Murphy, Susan E., and Pirozzolo, Francis J., 91–104. Mahwah, NJ, US: Lawrence Erlbaum Associates Publishers.

Fiedler, F. E., and M. M. Chemers. 1974. *Leadership and effective management.* Glenview, IL: Scott-Foresman.

_____. 1984. *Improving leadership effectiveness: The leader match concept.* 2nd ed. New York: John Wiley.

Fiedler, F. E., and J. E. Garcia. 1987a. *Improving leadership effectiveness: Cognitive resources and organizational performance.* New York: John Wiley.

_____. 1987b. *New approaches to leadership: Cognitive resources and organizational performance.* New York: John Wiley.

_____. 1996. *Strategic leadership: Top executives and their effects on organizations.* St. Paul, MN: West Publishing.

Fisher, A. 1998. Success secret: A high emotional IQ. *Fortune* 138(8): 293–298.

Fisher, K. 1993. *Leading self-directed work teams.* New York: McGraw-Hill.

Flannery, N. P. 2011. Paying for failure: The cost of firing America's top CEOs. *Forbes,* October 4. http://www.forbes.com/sites/nathanielparishflannery/2011/10/04/paying-for-failure-the-costs-of-firing-americas-top-ceos/ (accessed October 12, 2013).

Fleishman, E. A. 1953. The measurement of leadership attitudes in industry. *Journal of Applied Psychology* 37: 153–158.

Fleishman, E. A., and E. F. Harris. 1962. Patterns of leadership behavior related to employee grievance and turnover. *Personnel Psychology* 15: 43–56.

Flynn, F. J., and S. S. Wiltermuth. 2009. Who's with me? False consensus, advice networks, and ethical decision making in organizations. Working.

Ford. 2004. David Neeleman, CEO of JetBlue Airways, on people + strategy = growth. *Academy of Management Executive* 18(2): 139–143.

Ford Foundation. 2013. Our mission. http://www.fordfoundation.org/about-us/mission (accessed July 20, 2013).

Foster, T. 2004. Using delegation as a developmental tool: Methods and benefits. *Training Journal* (May): 28–32.

Fowers, B. J., and B. J. Davidov. 2006. The virtue of multiculturalism: Personal transformation, character, and openness to the other. *American Psychologist* 61: 581–594.

Frauenheim, E. 2007. Taking the measure of agilent. *Workforce Management*, January. http://www.workforce.com/section/10/feature/24/62/46/index.html (accessed January 8, 2008).

French, J. R. P., and B. H. Raven. 1968. The basis of social power. In *Group dynamics*. 3rd ed. Ed. D. Cartwright and A. Zander, 259–269. New York: Harper and Row.

Frey, R. 1993. Empowerment or else. *Harvard Business Review* (September–October): 80–94.

Friedman, V. 2011. Lunch with FT: Mickey Drexler. *Financial Times,* October 21. http://www.ft.com/intl/cms/s/2/bcf99a3e-fb01-11e0-bebe-00144feab49a.html#axzz2ZclR33J5 (accessed July 20, 2013).

Frontiera, J., and D. Leidl. 2012. *Team turnaround: A playbook for transforming underperforming teams.* San Francisco: Jossey Bass.

Fry, L. W. 2003. Toward a theory of spiritual leadership. *The Leadership Quarterly* 14: 693–727.

Fry, L. W., S. T. Hannah, M. Noel, and F. O. Walumba. 2011. Impact of spiritual leadership on unit performance. *The Leadership Quarterly* 22: 259–270.

Fulfilling the promise. 2012. *Statement by the policy and impact committee of the committee for economic development.* http://www.fwa.org/pdf/CED_WomenAdvancementonCorporateBoards.pdf (accessed June 19, 2013).

Fuller, B., and L. E. Marier. 2009. Change driven by nature: A meta-analytic review of the proactive personality literature. *Journal of Vocational Behavior* 75(3): 329–345.

Furnham, A., Richards, S. C., and D. L. Paulhus. 2012. The dark triad of personality: A 10 year review. *Social and Personality Psychology Compass* 7(3): 199–216.

Galinsky, A. D., D. H. Gruenfeld, and J. C. Magee. 2003. From power to action. *Journal of Personality and Social Psychology* 85: 453–466.

Gallagher, B. M. 2006. Commencement address at University of Maryland. http://national.unitedway.org/files/pdf/speeches/UniversityMaryland Commencement.pdf (accessed July 26, 2007).

Gallo, C. 2007. The seven secrets of inspiring leaders. *Business Week,* October 10. http://www.businessweek.com/smallbiz/content/oct2007/sb20071010_093227.htm (accessed April 5, 2010).

———. 2012. Alan Mulally, optimism, and the power of vision. *Forbes,* April 25. http://www.forbes.com/sites/carminegallo/2012/04/25/alan-mulully-optimism-and-the-power-of-vision/ (accessed July 20, 2013).

Galton, R. 1869. *Hereditary genius*. New York: Appleton.

Gallup—State of the American Workplace. 2013. http://www.gallup.com/strategicconsulting/163007/state-american-workplace.aspx (accessed June 25, 2013).

Gardner, W. L., G. C. Coglier, K. M. Davis, and M. P. Dickens. 2011. Authentic leadership: A review of the literature and research agenda. *The Leadership Quarterly* 22: 1120–1145.

Gawker. 2007. New York's worst bosses. http://gawker.com/243908/new-yorks-worst-bosses-scott-rudin (accessed March 1, 2010).

Geiger, S. W., and L. H. Cashen. 2007. Organizational size and CEO compensation: The moderating effect of diversification in downscoping organizations. *Journal of Managerial Issues* 19: 233–254.

Gelfand, M., D. P. S. Bhawuk, L. H. Nishii, and B. J. Bechtold. 2004. Individualism and collectivism. In *Culture, leadership, and organizations: The GLOBE study of 62 countries*, ed. R. J. House, P. J. Hanges, M. Javidan, P. W. Dorfman, and V. Gupta, 437–512. Thousand Oaks, CA: Sage.

George, B. 2003. *Authentic leadership*. San Francisco: Jossey-Bass.

———. 2007. *True north*. San Francisco: Jossey-Bass.

———. 2009. *Seven lessons for leading in crisis*. San Francisco: Jossey-Bass.

———. 2009a. S. Seven lessons for leading in crisis. *The Wall Street Journal*, March 5. http://online.wsj.com/article/SB123551729786163925.html (accessed April 8, 2010).

Georgetown National Center for Cultural Competence. 2013. http://www11.georgetown.edu/research/gucchd/nccc/foundations/frameworks.html#ccprinciples (accessed June 21, 2013).

Ghiselli, E. E. 1963. Intelligence and managerial success. *Psychological Reports* 12: 898.

Gibbs, N. 2008. This is our time. *Time Magazine,* November 17: 28–40.

Gladwell, M. 2008. *Outliers: The story of success.* New York: Little, Brown and Company.

Glaser, J. E. 2006. *The DNA of leadership.* Avon, MA: Platinum Press.

Goetz, K. 2011. How 3M gave everyone days off and created an innovation dynamo. *Fast Company,* February 1. http://www.fastcodesign.com/1663137/how-3m-gave-everyone-days-off-and-created-an-innovation-dynamo (accessed August 1, 2013).

Goldstein, I. L. 1986. *Training in organizations: Needs assessment, development, and evaluation.* Monterey, CA: Brooks/Cole.

Goldstein, L. 2000. Whatever space works for you. *Fortune,* July 10, 269–270.

Goleman, D. 1995. *Emotional intelligence: Why it can matter more than IQ.* New York: Bantam Books.

_____. 1998. *Working with emotional intelligence.* New York: Bantam Books.

_____. 2004. What makes a leader? *Harvard Business Review* 82(1): 82–91.

Goleman, D., R. E. Boyatzis, and A. McKee. 2002. *Primal leadership: Realizing the power of emotional intelligence.* Boston: Harvard Business School Press.

Goldsmith, S. 2008. *Denver's pre-kindergarten programme set up to benefit whole community.* http://www.citymayors.com/education/denver-pre-k.html (accessed January 4, 2010).

Gonzales, R. 2010. Nummi plant closure ends Toyota-GM venture. April 1. http://www.npr.org/templates/story/story.php?storyId=125430405 (accessed April 21, 2010).

Goozner, M. 2011, The 10 largest global business corruption cases. *Fiscal Times,* December 13. http://www.thefiscaltimes.com/Articles/2011/12/13/The-Ten-Largest-Global-Business-Corruption-Cases.aspx#page1 (accessed July 15, 2013).

Gordon, M. 2004. Mickey Drexler's redemption. *New York Magazine,* November 29. http://newyorkmetro.com/nymetro/news/bizfinance/biz/features/10489/index1.html (accessed February 7, 2005).

Govindarajan, V., and J. Terwilliger. 2012. Yes you can brainstorm without groupthink. *HBR BLOG,* July 25. http://blogs.hbr.org/cs/2012/07/yes_you_can_brainstorm_without.html (accessed July 22, 2013).

Graen, G. B. 2006. In the eye of the beholder: Cross-cultural lesson in leadership from Project GLOBE. *Academy of Management Perspectives* 20(4): 95–101.

Graen, G. B., and J. R. Cashman. 1975. A role-making model of leadership in formal organizations: A developmental approach. In *Leadership frontiers,* ed. J. G. Hunt and L. L. Larson, 143–165. Kent, OH: Kent State University Press.

Graen, G. B., and W. Shiemann. 1978. Leader-member agreement: A vertical dyad linkage approach. *Journal of Applied Psychology* 63: 206–212.

Graen, G. B., and M. Uhl-Bien. 1991. The transformation of work group professionals into self-managing and partially self-designing contributors: Toward a theory of leadership-making. *Journal of Management Systems* 3(3): 33–48.

_____. 1995. Relationship-based approach to leadership: Development of leader-member exchange (LMX) theory of leadership over 25 years: Applying a multilevel-multidomain perspective. *The Leadership Quarterly* 6: 219–247.

Greenleaf, R. K. 1977. *Servant leadership: A journey into the nature of legitimate power an greatness.* New York: Pualist Press.

———. 1998. *The power of servant leadership.* San Francisco: Berrett-Koehler.

Greguras, G. J., and J. M. Diefendorf. 2010. Why does proactive personality predict employee life satisfaction and work behaviors? A field investigation of the mediating role of the self-concordance model. *Personnel Psychology* 63(3): 539–560.

Griffin, R. W. 1979. Task design determinants of effective leader behavior. *Academy of Management Review* 4: 215–224.

Grow, B. 2007. Out at Home Depot. *BusinessWeek. com*. January 9. http://www.msnbc.msn.com/ id/16469224/ (accessed April 8, 2010).

Grzelakowski, M. 2005. *Mother leads best*. Chicago, IL: Dearborn Trade Publishing.

Guido, H. 2011. Synergetic effects in working in teams. *Journal of Managerial Psychology* 26(3): 176–184.

Gunther, M. 1998. The internet is Mr. Case's neighborhood. *Fortune* 137(6): 68–80.

Guillén, L., and Ibarra, H. 2009. Seasons of a leader's development: Beyond a one-size fits all approach to designing interventions. *Academy of Management Proceeding (*August 1): 1–6.

Gupta, A. K. 1984. Contingency linkages between strategy and general manager characteristics: A conceptual examination. *Academy of Management Review* 9(3): 399–412.

———. 1988. Contingency perspectives on strategic leadership: Current knowledge and future research directions. In *The executive effect: Concepts and methods for studying top managers*, ed. D. C. Hambrick, 141–178. Greenwich, CT: JAI Press.

Hackman, J. R., ed. 1990. *Groups that work (and those that don't): Creating conditions for effective teamwork*. San Francisco: Jossey-Bass.

———. 2005. Rethinking team leadership or team leaders are not music directors. In *The psychology of leadership: New perspectives and research*, ed. D. M. Messick and R. M. Kramer, 115–142. Mahwah, NJ: Lawrence Erlbaum.

———. 2009. Why teams don't work. *Harvard Business Review* 87(5): 98–105.

Hackman, J. R., and G. R. Oldham. 1980. *Work redesign*. Reading, MA: Addison-Wesley.

Haleblian, J., and S. Finkelstein. 1993. Top management team size, CEO dominance, and firm performance: The moderating roles of environmental turbulence and discretion. *Academy of Management Journal* 36: 844–863.

Haley, F. 2004. Mutual benefits. *Fast Company*, October, 98–99.

Hall, E. T. 1976. *Beyond culture*. Garden City, NY: Anchor Press, Doubleday.

Hall, E. T., and M. R. Hall. 1990. *Understanding cultural differences*. London: Nicholas Brealy Publishing.

Hall, R. N. 1977. *Organizations, structure, and process*. 2nd ed. Upper Saddle River, NJ: Prentice Hall.

Halpin, A. W., and B. J. Winer. 1957. A factorial study of the leader behavior descriptions. In *Leader behavior: Its description and measurement*, ed. R. M. Stogdill and A. E. Coons. Columbus: The Ohio State University, Bureau of Business Research.

Hambrick, D. C. 2007. Upper echelons theory: An update. *Academy of Management Review* 32(2): 334–343.

Hambrick, D. C., and S. Finkelstein. 1987. Managerial discretion: A bridge between polar views of organization. In *Research in organizational behavior*, Vol. 9, ed. L. L. Cummings and B. L. Staw, 349–406. Greenwich, CT: JAI Press.

Hambrick, D. C., and P. A. Mason. 1984. Upper echelon: The organization as a reflection of its top management. *Academy of Management Review* 9: 193–206.

Hammon, S. 2013. Bob Ladouceur steps down as De La Salle's head coach, ends historic era. *Mercury News. com*, January 4. http://www.mercurynews.com/high-school-sports/ci_22312816/bob-ladouceur-steps-down-de-la-salles-head (accessed May 30, 2013).

Hammond, K. H. 2004. GE smackdown. *Fast Company*, July, 32.

Hannan, M. T., and J. H. Freeman. 1977. The population ecology of organizations. *American Journal of Sociology* 82: 929–964.

Hardy, C. 1985. The nature of unobtrusive power. *Journal of Management Studies* 22: 384–399.

Hardy, L., C. A. Arthur, G. Jones, A. Shariff, K. Monnuch, I. Isaacs, and A. J. Allsopp. 2010. The relationship between transformation leadership behaviors, psychological, and training outcomes in elite military recruits. *The Leadership Quarterly* 21: 20–32.

Harris, P. R., R. T. Moran, and S. V. Moran. 2004. *Managing cultural differences*. 6th ed. Amsterdam: Elsevier.

Harrison, J. S., and R. E. Freeman. 2004. Democracy in and around organizations: Is organizational democracy worth the effort? *Academy of Management Executive* 18(3): 49–53.

Hastings, R. R. 2012. Generational differences exist, but beware stereotypes. *SHRM,* October 18. http://www.shrm.org/hrdisciplines/diversity/articles/pages/generational-differences-stereotypes.aspx (accessed October 11, 2013).

Heath, D., and C. Heath. 2009. Stop solving your problems. *Fast Company,* November, 82–83.

———. 2010. *Switch: How to change things when change is hard.* New York: Random House.

Hedlund, J., G. B. Forsythe, J. A. Horvath, W. M. Williams, S. Snook, and R. J. Sternberg. 2003. Identifying and assessing tacit knowledge: Understanding the practical intelligence of military leaders. *The Leadership Quarterly* 14: 117–140.

Helfat, C. E., D. Harris, and P. J. Wolfson. 2006. The pipeline to the top: Women and men in the top executive rank of U.S. corporations. *Academy of Management Perspectives* 20(4): 42–64.

Helgesen, S. 1995. *The female advantage: Women's way of leadership.* New York: Doubleday, Currency.

Hemphill, J. K., and A. E. Coons. 1957. Development of the leader behavior description questionnaire. In *Leader behavior: Its description and measurement,* ed. R. M. Stogdill and A. E. Coons. Columbus: The Ohio State University, Bureau of Business Research.

Hemsworth, D., J. Muterera, and A. Baragheh. 2013. Examining Bass's transformational leadership in public sector executives: A psychometric properties review. *Journal of Applied Business Research* 29: 853–862.

Herman Miller-things that matter to us. 2013. http://www.hermanmiller.com/about-us/things-that-matter-to-us.html (accessed August 3, 2013).

Hess, P. W. 2007. Enhancing leadership skills development by creating practice feedback opportunities in the classroom. *Journal of Management Education* 31: 195–213.

Hewlett, S. A. 2007. *Off-ramps and on-ramps.* Boston: Harvard Business School Press.

Hickson, D. J., C. R. Hinings, C. A. Lee, R. E. Scheneck, and J. M. Pennings. 1971. A strategic contingencies theory of intra-organizational power. *Administrative Science Quarterly* 16: 216–229.

Hindo, B. 2007. At 3M, a struggle between efficiency and creativity. *Business Week*, June 11, 8.

Hinkin, T. R., and C. A. Schriesheim. 2008. An examination of "nonleadership": From laissez-faire to leader reward omission and punishment omission. *Journal of Applied Psychology* 93(6): 1234–1248.

Hira, N. A. 2007. You raised them, now manage them. *Fortune*, May, 38–43.

Hirst, G., L. Mann, P. Bain, A. Pirola-Merlo, and A. Richter. 2004. Learning to lead: The development and testing of a model of leadership learning. *The Leadership Quarterly* 15: 311–327.

Ho, J., and P. L. Nesbit. 2009. A refinement and extension of the self-leadership scale for the Chinese context. *Journal of Managerial Psychology* 34(5): 450–459.

Hodson, R., V. J. Roscigno, and S. H. Lopez. 2006. Chaos and the abuse of power: Workplace bullying in organizational and interactional context. *Work and Occupation* 33(4): 382–416.

Hofman, M. 2000. The metamorphosis. *Inc.*, March 1, 53–60.

Hofmann, D. A., and F. P. Morgeson. 1999. Safety-related behavior as a social exchange: The role of perceived organizational support and leader-member exchange. *Journal of Applied Psychology* 84(2): 286–296.

Hofstede, G. 1992. *Culture and organizations.* London: McGraw-Hill.

———. 2001. *Culture's consequences: Comparing values, behaviors, institutions, and organizations across organizations.* Beverly Hills, CA: Sage.

Hofstede, G., G. J. Hofstede, and M. Minkov. 2010. *Culture and organizations: Software of the mind.* New York: McGraw-Hill.

Holland, K. 2007. How diversity makes a team click. *New York Times*, April 22. http://select.nytimes.com/search/restricted/article?res=F20D10FD3D5A0C718EDDAD0894DF404482 (accessed June 27, 2007).

Hollander, E. P. 1979. Leadership and social exchange processes. In *Social change: Advances in theory and research,* ed. K. Gergen, M. S. Greenberg, and R. H. Willis. New York: Winston-John Wiley.

Hollon, J. 2009. The last word: Calm, cool leadership. *Workforce Management,* October 19, 58.

Holson, L. M. 2004a. Eisner says Ovitz required oversight daily. *New York Times*, November 17, C1, C12.

_____. 2004b. Ovitz testifies he was sabotaged at Disney. *New York Times*, October 27, C1, C4.

Homans, G. C. 1950. *The human group.* New York: Harcourt, Brace.

Hoobler, J. M, S. J. Wayne, and G. Lemmon. 2009. Bosses' perception of family–work conflict and women's promotability: Glass ceiling effects. *Academy of Management Journal* 52: 939–957.

Hooker, J. 2009. Corruption from a cross-cultural perspective. *Cross Cultural Management* 16(3): 251–267.

Hoppe, M. H. 2004. Cross-cultural issues in the development of leaders. In *The Center for Creative Leadership: Handbook of leadership development.* 2nd ed. Ed. C. D. McCauley and E. Van Velsor, 331–360. San Francisco: Jossey-Bass.

Hopfensitz, A., and E. Reuben, E. 2009. The importance of emotions for the effectiveness of social punishment. *The Economic Journal* 119(540): 1534.

Houghton, J. D., and C. P. Neck. 2002. The revised self-leadership questionnaire: Testing a hierarchical factor structure for self-leadership. *Journal of Managerial Psychology* 17: 672–691.

Houghton, J. D., T. W. Bonham, C. P. Neck, and K. Singh. 2004. The relationship between self-leadership and personality: A comparison of hierarchical factor structures. *Journal of Managerial Psychology* 19: 427–454.

House, R. J. 1971. A path-goal theory of leader effectiveness. *Administrative Science Quarterly* 16: 321–339.

_____. 1977. A 1976 theory of charismatic leadership. In *Leadership: The cutting edge*, ed. J. G. Hunt and L. L. Larson, 189–204. Carbondale: Southern Illinois University Press.

House, R. J., and G. Dessler. 1974. The path-goal theory of leadership: Some post hoc and a priori tests. In *Contingency approaches to leadership*, ed. J. G. Hunt and L. L. Larson, 29–55. Carbondale, IL: Southern Illinois University Press.

House, R. J., and A. C. Filley. 1971. Leadership style, hierarchical influence, and the satisfaction of subordinate role expectations: A test of Likert's influence proposition. *Journal of Applied Psychology* 55: 422–432.

House, R. J., P. J. Hanges, M. Javidan, P. W. Dorfman, and V. Gupta. 2004. *Culture, leadership and organizations: The GLOBE study of 62 countries.* Thousand Oaks, CA: Sage.

House, R. J., M. Javidan, P. W. Dorfman, and M. S. De Luque. 2006. A failure of scholarship: Response to George Graen's critique of GLOBE. *Academy of Management Perspectives* 20(4): 102–114.

House, R. J., M. Javidan, P. Hanges, and P. Dorfman. 2002. Understanding cultures and implicit leadership theories across the globe: An introduction to project GLOBE. *Journal of World Business* 37: 3–10.

House, R. J., and T. R. Mitchell. 1974. Path-goal theory of leadership. *Contemporary Business* (Fall): 81–98.

House, R. J., and B. Shamir. 1993. Toward the integration of transformational, charismatic and visionary leadership. In *Leadership theory and research: Perspective and directions*, ed. M. M. Chemers and R. Ayman, 81–107. New York: Academic Press.

Howard, D. 2006. A case study on management style. *Management Style,* May 28. http://www.associatedcontent.com/article/35077/management_style_pg2.html?cat=4 (accessed April 8, 2010).

Howell, J. M. 1988. Two faces of charisma: Socialized and personalized leadership in organizations. In *Charismatic leadership: The illusive factor in organizational effectiveness*, ed. J. Conger and R. Kanungo, 213–236. San Francisco: Jossey-Bass.

Howell, J. M., and B. J. Avolio. 1992. The ethics of charismatic leadership: Submission or liberation. *Academy of Management Executive* 6(2): 43–54.

Howell, J. P. 1997. "Substitutes for leadership: Their meaning and measurement"—an historical assessment. *The Leadership Quarterly* 8(2): 113–116.

Humphrey, R. H. 2002. The many faces of emotional leadership. *Leadership Quarterly* 13(5): 493–504.

Hunt, J. G. 1999. Transformation/charismatic leadership's transformation of the field: An historical essay. *The Leadership Quarterly* 10: 129–144.

Hunter, D. 2006. Leadership resilience and tolerance of ambiguity in crisis situations. *Business Review* 5(1): 44–50.

Hunter, E. M., M. J. Neubert, S. J. Perry, L. A. Witt, L. M. Penney, and E. Weinberger. 2013. Servant leaders inspire servant followers: Antecedents and outcomes for employees and the organization. *The Leadership Quarterly* 24: 316–331.

Huppke, R. 2013. Do emotions have a place in the office? *Chicago Tribune,* January 14. http://articles. chicagotribune.com/2013-01-14/business/ct-biz-0114-work-advice-huppke-20130114_1_emotional-intelligence-new-workplace-average-workplace (accessed October 12, 2013).

Hutchinson, L. R., and N. F. Skinner. 2007. Self-awareness and cognitive style: Relationships among adaptation-innovation, self-monitoring, and self-consciousness. *Social Behavior and Personality* 35: 551–560.

Ibarra, H. 1993. Personal networks of women and minorities in management: A conceptual framework. *Academy of Management Review* 18: 56–87.

IBM. 2009. World's best company for leaders. *CNNMoney.com.*

————. 2010. Global CEO study. http://www-03.ibm. com/press/us/en/pressrelease/31670.wss (accessed October 12, 2013).

Inside diversity structure at Sodexo, Johnson & Johnson, and Rockwell Automation. 2013. *Diversity Best Practices*, January 29. http://www. diversitybestpractices.com/news-articles/inside-diversity-structure-sodexo-johnson-johnson-and-rockwell-automation (accessed June 18, 2013).

Irving, J. A., and G. J. Longbotham. 2007. Team effectiveness and six essential servant leadership themes: A regression model based on the items of the organizational leadership assessment. *International Journal of Leadership Studies* 2: 98–113.

Jackson, E. 2012. The 7 reasons why 360 degree feedback programs fail. *Forbes,* August 17. http://www. forbes.com/sites/ericjackson/2012/08/17/the-7-reasons-why-360-degree-feedback-programs-fail/ (accessed August 5, 2013).

Jackson, E. M., and R. E. Johnson. 2012. When opposites do (and do not) attract: Interplay of leader and follower self-identities and its consequences for leader-member exchange. *The Leadership Quarterly* 23(3): 488–501.

Jagged Edge Story. 2013. http://www.jagged-edge-telluride.com/jagged-edge-story/ (accessed July 20, 2013).

James, W. 1880. Great men, great thoughts, and their environment. *Atlantic Monthly* 46: 441–459.

Janis, I. L. 1982. *Groupthink*, 2nd ed. Boston: Houghton Mifflin.

Jansen, K. J., and A. Kristof-Brown. 2006. Toward a multidimensional theory of person-environment fit. *Journal of Management Issues* 18: 193–212.

Javidan, M., and R. J. House. 2001. Cultural acumen for the global manager: Lessons from project GLOBE. *Organizational Dynamics* 29: 289–305.

Jawahar, I. M. 2001. Attitudes, self-monitoring, and appraisal behavior. *Journal of Applied Psychology* 86(5): 875–883.

Jenkins, W. O. 1947. A review of leadership studies with particular reference to military problems. *Psychological Bulletin* 44: 54–79.

Jensen, S. M., and F. Luthans. 2006. Entrepreneurs as authentic leaders: Impact on employees' attitudes. *Leadership and Organization Development Journal* 27: 646.

Jones, D. 2007. P&G CEO wields high expectation but no whip. *USA Today,* February 19.

Jones. 2009a. Avon's Andrea Jung: CEOs need to reinvent themselves. *USAToday,* June 15. http://www. usatoday.com/money/companies/management/advice/2009-06-14-jung-ceo-avon_N.htm (accessed March 24, 2010).

————. 2009b. 3M CEO George Buckly focuses on leadership training. *USAToday,* May 17. http://www. usatoday.com/money/companies/management/advice/2009-05-17-buckley-3m-leadership_N.htm (accessed April 21, 2010).

Jones, R. A., A. E. Rafferty, and M. A. Griffin. 2006. The executive coaching trend: Toward more flexible executives. *Leadership and Organizational Development Journal* 27: 583.

Jones, S. 1998. Emergency surgery for MedPartners. *Business Week*, March 9, 81.

Joo, B. K. 2005. Executive coaching: A conceptual framework from an integrative review of practice and research. *Human Resource Development Review* 4(4): 462–488.

Joo, B. K., and K. J. Ready. 2012. Career satisfaction: The influences of proactive personality, performance goal orientation, organizational learning culture, and leader-member exchange quality. *Career Development International* 17(3): 276.

Juarez, V., S. Childress, and E. Hoffman. 2005. 12 women leaders on life. *Newsweek/MSNBC.com.* http://www.msnbc.msn.com/id/9712114/site/newsweek/page/0/ (accessed July 24, 2007).

Judge, P. C. 2001. Suddenly the world changes. *Fast Company*, December, 131–132.

Judge, T. A., and B. A. Livingston. 2008. Is the gap more than gender? A longitudinal analysis of gender, gender role orientation and earnings. *Journal of Applied Psychology* 93(5): 994–1012.

Judge, T. A., R. F. Piccolo, and R. Ilies. 2004. The forgotten ones? The validity of consideration and initiation of structure in leadership research. *Journal of Applied Psychology* 89(1): 36–51.

Judge, T. A., R. F. Piccolo, and T. Kosalka. 2009. The bright and dark sides of leader traits: A review and theoretical extension of the leader trait paradigm. *The Leadership Quarterly* 20: 855–875.

Judson, A. S. 1991. *Changing behavior in organizations: Minimizing resistance to change.* Cambridge, MA: Basil Blackwell.

Jung, D. I., B. M. Bass, and J. Sosik. 1995. Collectivism and transformational leadership. *Journal of Management Inquiry* 2: 3–18.

Kabasakal, H., and M. Bodur. 2004. Human orientation in societies, organizations, and leaders attributes. In *Culture, leadership, and organizations: The GLOBE study of 62 countries*, ed. R. J. House, P. J. Hanges, M. Javidan, P. W. Dorfman, and V. Gupta, 564–601. Thousand Oaks, CA: Sage.

Kacmar, K. M., L. A. Witt, S. Zivnuska, and S. M. Gully. 2003. The interactive effect of leader-member exchange and communication frequency on performance ratings. *Journal of Applied Psychology* 88: 764–772.

Kacmar, K. M., S. Zivnuska, and C. D. White. 2007. Control and exchange: The impact of work environment on the work effort of low relationship quality employees. *The Leadership Quarterly* 18: 69–84.

Kaiser, R. B., and R. B. Kaplan. 2006. The deeper work of executive development: Outgrowing sensitivities. *Academy of Management Learning and Education* 5: 463–483.

Kalshoven, K., Den Hartog, D. N., and A. H. B. De Hoogh. 2011. Ethical leadership at work questionnaire (ELW): Development and validation of a multidimensional measure. *Leadership Quarterly* 22(1): 51–69.

Kang, H. R., H. D. Yang, and C. Rowley. 2006. Factors in team effectiveness: Cognitive and demographic similarities of software development team members. *Human Relations* 59: 1681–1711.

Kant, L., A. Skogstad, T. Torsheim, and S. Einarsen. 2013. Beware the angry leader: Trait anger and trait anxiety as predictors of petty tyranny. *The Leadership Quarterly* 24: 106–124.

Kanter, R. M., and R. I. Corn. 1993. Do cultural differences make a business difference? Contextual factors affecting cross-cultural relationship success. *Journal of Management Development* 13(2): 5–23.

Karakitapoğlu-Aygün, Z, and L. Gumusluoglu. 2012. The bright and dark sides of leadership: Transformational vs. non-transformational leadership in a non-Western context. *Leadership* 9(1): 107–133.

Kark, R., B. Shamir, and G. Chen. 2003. The two faces of transformational leadership: Empowerment and dependency. *Journal of Applied Psychology* 88: 246–255.

Kark, R., R. Waismel-Manor, and B. Shamir. 2012. Does valuing androgyny and femininity lead to a female advantage? The relationship between gender-role, transformational leadership and identification. *The Leadership Quarterly* 23: 620–640.

Karkoulian, S., L. Messarra, and M. Sidani. 2009. Correlates of the bases of power and the Big Five personality traits: An empirical investigation. *Journal of Organizational Culture, Communications, and Conflict* 13(2): 71–82.

Katz, D., and R. L. Kahn. 1966. *The social psychology of organization.* New York: John Wiley.

Katz, N. 2001. Sports teams as a model for work-place teams: Lessons and liabilities. *Academy of Management Executive* 15(3): 56–67.

Katzenbach, J. R., and D. K. Smith. 2003. *The wisdom of teams: Creating the high-performance organization.* New York: Harper Business.

Kaufman, G., and P. Uhlenberg. 2000. The influence of parenthood on the work effort of married men and women. *Social Forces* 78: 931–949.

Kegan, R., and L. L. Lahey. 2001. *How the way we talk can change the way we work: Seven languages for transformation.* San Francisco: Jossey-Bass.

Keinan, G., and M. Koren. 2002. Team up type As and Bs: The effects of group composition on performance and satisfaction. *Applied Psychology: An International Review* 51(3): 425–445.

Kellerman, B. 2004. *Bad leadership: What it is, how it happens, why it matters.* Boston: Harvard Business School Press.

Kelloway, E. K., H. Wiegand, M. C. McKee, and H. Das. 2013. Positive leadership and employee well-being. *Journal of Leadership & Organizational Studies* 20(1): 107–117.

Keltner, D., and R. J. Robinson. 1996. Extremism, power and the imagined basis of social conflict. *Current Directions in Psychological Science* 5(4): 101–105.

Kempster, S. 2006. Leadership learning through lived experience: A process of apprenticeship? *Journal of Management and Organization* 12: 4–22.

Kennedy, J. C. 2002. Leadership in Malaysia. *Academy of Management Executive* 16(3): 15–26.

Kennedy, J. K., Jr. 1982. Middle LPC leaders and the contingency model of leadership effectiveness. *Organizational Behavior and Human Performance* 30: 1–14.

Kernis, M. H. 2003. Toward a conceptualization of optimal self-esteem. *Psychological Inquiry* 14: 1–26.

Kernis, M. H., and B. M. Goldman. 2005. From thought and experience to behavior and interpersonal relationships: A multicomponent conceptualization of authenticity. In *On building, defending, and regulating the self: A psychological perspective*, ed. A. Tesser, J. V. Wood, and D. A. Stapel, 31–52. New York: Psychology Press.

Kerr, J., and J. W. Slocum. 1987. Managing corporate culture through reward systems. *Academy of Management Executive* 1: 99–108.

Kerr, S., and J. M. Jermier. 1978. Substitutes for leadership: Their meaning and measurement. *Organizational Behavior and Human Performance* 22: 395–403.

Kessler, J. 2010. 6 CEOs share their biggest regrets. Inc.com. http:www.inc.comss6-ceos-share-their-biggest-regrets#0 (accessed April 16, 2010).

Kets de Vries, M. F. R. 1993. *Leaders, fools, and imposters: Essays on the psychology of leadership.* San Francisco: Jossey-Bass.

Kets de Vries, M. F. R., and D. Miller. 1986. Personality, culture, and organizations. *Academy of Management Review* 11: 266–279.

Khandwalla, P. N. 1976. Some top management styles, their context, and performance. *Organization and Administrative Science* 74: 21–52.

Kharif, O. 2003. Anne Mulcahy has Xerox by the horns. *Business Week*, May 29. http:www.businessweek.comtechnologycontentmay2003tc20030529_1642_tc111.htm?chansearch (accessed September 8, 2007).

Kickul, J., S. W. Lester, and W. Belgio. 2004. Attitudinal and behavioral outcomes of psychological contract breach: A cross-cultural comparison of the United States and Hong Kong Chinese. *International Journal of Cross-Cultural Management* 4(2): 229–252.

Kim, T. Y., A. H. Y. Hon, and M. J. Crant. 2009. Proactive personality, employee creativity, and newcomer outcomes: A longitudinal study. *Journal of Business Psychology* 24(1): 93–103.

Kipnis, D., S. M. Schmidt, and I. Wilkinson. 1980. Why do I like thee: Is it your performance or my orders? *Journal of Applied Psychology* 66: 324–328.

Kirkpatrick, S. A., and E. A. Locke. 1991. Leadership: Do traits matter? *Academy of Management Executive* 5(2): 48–60.

Kisfalvi, V., and P. Pitcher. 2003. Doing what feels right: The influence of CEO character and emotion on top management team dynamics. *Journal of Management Inquiry* 12: 42–66.

Kish-Gephart, J., D. Harrison, and L. Treviño. 2010. Bad apples, bad cases, and bad barrels: Meta-analytic evidence about sources of unethical decisions at work. *Journal of Applied Psychology* 95: 1–31.

Kiviat, B. 2007. A whole new crew. *Time-CNN*, March 15. http://www.time.com/time/magazine/article/ 0,9171,1599694,00.html (accessed July 25, 2007).

Klein, H. J., and J. S. Kim. 1998. A field study of the influence of situational constraints, leader-member exchange, and goal commitment on performance. *Academy of Management Journal* 41: 88–95.

Klidas, A., P. T. van den Berg, and C. P. M. Wilderom. 2007. Managing employee empowerment in luxury hotels in Europe. *International Journal of Service Industry Management* 18: 70–83.

Klotz, I. 2013. SpaceX dragon capsule returns from International Space Station. *NBCNews.com,* March 26. http://www.nbcnews.com/id/51336158/ns/technology_and_science-space/t/spacex-dragon-capsule-returns-international-space-station/#.Ue1-ihZLzow (accessed July 22, 2013).

Koman, E. S., and S. B. Wolff. 2008. Emotional intelligence competencies in the team and team leader. *Journal of Management Development* 27(1): 55–75.

Konrad, A. M. 2006. Engaging employees through high-involvement work practices. *Ivey Business Journal* (March–April): 1–6.

Kotin, J., and M. Sharaf. 1976. Management succession and administrative style. *Psychiatry* 30: 237–248.

Kotter, J. P. 1985. *Power and influence.* New York: Free Press.

_____. 1990. *A force for change: How leadership differs from management.* New York: Free Press.

_____. 1996. *Leading change.* Boston: Harvard Business School Press.

Kouzes, J. M., and B. Z. Posner. 1993. *Credibility: How leaders gain and lose it, why people demand it.* San Francisco: Jossey-Bass.

_____. 2003. *Encouraging the heart: A leader's guide to rewarding and recognizing others.* San Francisco: Jossey-Bass.

_____. 2012. *The leadership challenge: How to get extraordinary things done in organizations.* San Francisco: Jossey-Bass.

Kraemer, H. 2003. Keeping it simple. *Health Forum Journal* (Summer): 16–20.

Krech, D., and R. S. Crutchfield. 1948. *Theory and problems of social psychology.* New York: McGraw-Hill.

Kroll, L., and A. Fass. 2007. The world's billionaires. *Forbes.com*, March 8. http://www.forbes.com/2007/03/07/billionaires-worlds-richest_07billionaires_cz_lk_af_0308billie_land.html (accessed August 6, 2007).

Kujala, J., and T. Pietilainen. 2007. Developing moral principles and scenarios in the light of diversity: An extension to the multidimensional ethics scale. *Journal of Business Ethics* 70(2): 141–150.

Kupfer, A. 1998. The real king of the Internet. *Fortune* 138(5): 84–93.

Kurtz, D. L., L. E. Boone, and C. P. Fleenor. 1989. *CEO: Who gets to the top in America?* East Lansing: Michigan State University Press.

Kurtz, R. 2004. Knowing when to say when. *Inc.*, July, 65–71.

Kuvass, B., R. Buch, A. Dysvik, and T. Haerem. 2012. Economic and social leader-member exchange relationship and follower performance. *The Leadership Quarterly* 23(5): 756–765.

LaBarre, P. 1998. These leaders are having a moment. *Fast Company*, September, 86–88.

_____. 2001. Marcus Buckingham thinks your boss has an attitude problem. *Fast Company*, August, 88–98.

Labor force—Gender Statsitics. 2009. *Encyclopedia of the Nations.* http://www.nationsencyclopedia.com/WorldStats/Gender-statistics-labor-force-female2.html (accessed May 30, 2013).

Labor participation rate. 2013. *The World Bank.* http://data.worldbank.org/indicator/SL.TLF.CACT.FE.ZS (accessed June 24, 2013).

Ladkin, D., and S. S. Taylor. 2010 Enacting the "true self": Towards a theory of embodied authentic leadership. *The Leadership Quarterly* 21: 64–74.

LaGuarde, C. 2010. Women, power, and the challenge of financial crisis. *The New York Times*, May 10. http://www.nytimes.com/2010/05/11/opinion/11iht-edlagarde.html?_r=1 (accessed June 20, 2013).

Lam, W., S. Huang, and E. Snape. 2007. Feedback seeking behavior and leader-member exchange: Do supervisor-attributed motives matter? *Academy of Management Journal* 50(2): 348–363.

Lammers, J., and D. A. Stapel. 2009. How power influences moral thinking. *Journal of Personality and Social Psychology* 97(2): 279–289.

Laporte, N. 2013. Most creative people 2013: 8. Bryan Cranston. *Fast Company,* May 13. http://www.fastcompany.com/3009191/most-creative-people-2013/8-bryan-cranston (accessed August 3, 2013).

Larcker, D. F., and B. Tayan. 2012. Is a powerful CEO good or bad for shareholders. *Stanford Closer Look Series,* November 13. http://www.gsb.stanford.edu/sites/default/files/.../28_CEOpower_0.pdf (accessed July 15, 2013).

Lashinksly, A. 2009. Oracle's enforcer—Safra Catz. *CNNMoney.com.* October 10. http://money.cnn.com/2009/09/08/technology/oracle_safra_catz.fortune/index.htm (accessed April 8, 2010).

———. 2010. The Larry, Mark and Safra show at Oracle. *CNN Money,* September 7. http://tech.fortune.cnn.com/2010/09/07/the-larry-ellison-mark-hurd-and-safra-catz-show-at-oracle/ (accessed July 20, 2013).

Laurent, A. 1983. The cultural diversity of Western conceptions of management. *International Studies of Management and Organizations* 13(1–2): 75–96.

Lawler, E. E., III, and S. A. Mohrman. 1987. Quality circles: After the honeymoon. *Organizational Dynamics* 15(Spring): 42–54.

Lawler, E. E., III, S. A. Mohrman, and G. E. Ledford Jr. 1995. *Creating high performance organizations: Practices and results of employee involvement and total quality management in* Fortune *1000 companies.* San Francisco: Jossey-Bass.

Lawrence, R. L., D. A. Deagen, and A. Debbie. 2001. Choosing public participation methods for natural resources: A context specific guide. *Society and Natural Resources* 14: 57–872.

Lazarus, S. 2010. Authenticity, generosity, and passion in leadership: Womensphere. *Vimeo.* http://vimeo.com/18978904 (accessed July 20, 2013).

Leithwood, K., and J. Sun. 2012. The nature and effects of transformational school leadership: A meta-analytic review of unpublished research. *Educational Administration Quarterly* 48(3): 387–423.

Lennox, R. D., and R. N. Wolfe. 1984. Revision of the self-monitoring scale. *Journal of Personality and Social Psychology* 46(6): 1349–1364.

Lepsinger, R., and A. D. Lucia. 1997. *The art and science of 360 degree feedback.* San Francisco: Jossey-Bass/Pfeiffer.

Levay, C. 2010. Charismatic leadership in resistance to change. *The Leadership Quarterly* 21: 127–143.

Lewin, K. 1951. *Field theory in social science.* New York: Harper and Row.

Lewin, K., and R. Lippit. 1938. An experimental approach to the study of autocracy and democracy: A preliminary note. *Sociometry* 1: 292–300.

Lewin, K., R. Lippit, and R. K. White. 1939. Patterns of aggressive behavior in experimentally created social climates. *Journal of Social Psychology* 10: 271–301.

Lewis, M. 2010. *The big short.* London: Allen Lane.

Li, N., J. Liang, and J. M. Crant. 2010. The role of proactive personality in job satisfaction and organizational citizenship behavior: A relational perspective. *Journal of Applied Psychology* (March): 395–404.

Liden, R. C., and G. Graen. 1980. Generalizability of the vertical dyad linkage model of leadership. *Academy of Management Journal* 23: 451–465.

Lieberson, S., and J. F. O'Connor. 1972. Leadership and organization performance: A study of large corporations. *American Sociological Review* 37(2): 117–130.

Ling, Y., Z. Simsek, M. H. Lubatkin, J. F. Veiga. 2008. The impact of transformational CEOs on the performance of small-to-medium sized firms: Does organization context matter? *Journal of Applied Psychology* 93(4): 923–934.

Litzky, B. E., K. A. Eddleston, and D. L. Kidder. 2006. The good, the bad, and the misguided: How managers inadvertently encourage deviant behaviors. *Academy of Management Perspectives* 20(1): 91–103.

Livers, A. B., and K. A. Caver. 2004. Leader development across race. In *The Center for Creative Leadership: Handbook of leadership development.* 2nd ed. Ed. C. D. McCauley and E. Van Velsor, 304–330. San Francisco: Jossey-Bass.

London, M. 2002. *Leadership development: Paths to self-insight and professional growth.* Mahwah, NJ: Lawrence Erlbaum.

London, M., and T. J. Maurer. 2004. Leadership development: A diagnostic model for continuous learning in dynamic organizations. In *The nature of leadership*, ed. J. Antonakis, A. T. Cianciolo, and R. J. Sternberg, 222–245. Thousand Oaks, CA: Sage.

Lopez-Zafra, E., Garcia-Rentamero, R., and M. P. B. Martos. 2012. The relationship between transformational leadership and emotional intelligence from a gendered approach. *The Psychological Record* 62: 97–114.

Lovallo, D., and D. Kahneman. 2003. Delusions of success: How optimism undermines executive decisions. *Harvard Business Review,* July. http://hbr.org/2003/07/delusions-of-success-how-optimism-undermines-executives-decisions/ar/1 (accessed July 31, 2013).

Love, D. 2013. Former employee: "At Apple, they really are after you." *Business Insider,* January 9. http://www.businessinsider.com/apple-corporate-culture-2013-1 (accessed October 5, 2013).

Lubin, R. 2002. Long-term organizational impact of destructively narcissistic managers. *Academy of Management Executive* 16(1): 127–138.

Luthans, F. 1989. Successfull vs. effective real managers. *Academy of Management Executive* 2(2): 127–132.

Luthans, F., and B. J. Avolio. 2003. Authentic leadership: A positive developmental approach. In *Positive organizational scholarship*, ed. K. S. Cameron, J. E. Dutton, and R. E. Quinn, 241–261. San Francisco: Barrett-Koehler.

Maciejovsky, B., M. Sutter, D. V. Bedescu, and P. Bernau. 2013. Teams make you smarter: How exposure to teams improves individual decisions in probability and reasoning tasks. *Management Science* 59: 1255–1270.

Mackey, A. 2008. The effect of CEOs on firm performance. *Strategic Management Journal* 29(12): 1357–1367.

Magee, J. C., D. H. Gruenfeld, D. J. Keltner, and A. D. Galinsky. 2005. Leadership and the psychology of power. In *The psychology of leadership: New perspectives and research*, ed. D. M. Messick and R. M. Kramer, 275–293. Mahwah, NJ: Lawrence Erlbaum.

Magee, J. C., and A. D. Galinsky. 2008. Social hierarchy: The self-reinforcing nature of power and status. *The Academy of Management Annals* 2(1): 351–398.

Main, C. 2013. Solvency II costs: Compliance. *Bloomberg,* April 30. http://www.bloomberg.com/news/2013-05-01/ceo-worker-pay-ratio-boe-policy-solvency-ii-costs-compliance.html (accessed July 20, 2013).

Malekzadeh, A. 1995. How leaders manage the six strategic forces. Unpublished manuscript.

Manz, C. C., and H. P. Sims, Jr. 1991. Superleadership: Beyond the myth of heroic leadership. *Organizational Dynamics* 19(4): 18–35.

Marchetti, M. 2005. Stepping in for Superman. *Fast Company*, September. http://www.fastcompany.com/magazine/98/open_playbook.html (accessed August 12, 2007).

Marsh, H. W., G. E. Richards, and J. Barnes. 1987. A long-term follow-up of the effects of participation in an Outward Bound program. *Personality and Social Psychology Bulletin* 12: 475–492.

Marshall, L. 2009. Leadership is a choice: A conversation with Barbara Waugh of H-P's World E-Inclusion. http://www.linkageinc.com/thinking/linkageleader/Documents/Lisa_Marshall_ Leadership_Is_a_Choice_1005.pdf (accessed January 4, 2010).

Marshall, R., J. Talbott, and D. Bukovinsky. 2006. Employee empowerment works at small companies, too. *Strategic Finance* 88(3): 34–39.

Marsick, V. J., E. Turner, and L. Cederholm. 1989. International as a team. *Management Review* 78(3): 46–49.

Martin, R. 2013. Breaking into the business world with "women-friendly" model. *NPR-Weekend Edition Sunday,* June 23. http://www.npr.org/2013/06/23/194683800/breaking-into-the-business-world-with-woman-friendly-model (accessed June 24, 2013).

Martinez, S., and P. W. Dorfman. 1998. The Mexican entrepreneur: An ethnographic study of the Mexican empressario. *International Studies in Management and Organizations* 28(Summer): 97–123.

Martinson, L. 2011. *Creativity Research Journal* 23(3): 185–202.

Maruca, R. F. 2001. Masters of disaster. *Fast Company*, April, 81–96.

Massey, M. E. 1986. *The past: What you are is where you were when.* Schaumburg, IL: Video Publishing House.

Mathisen, G. E. 2012. Creative leaders promote creative organizations. *International Journal of Manpower* 33(4): 367–382.

Mathur, A., Y. Zhang, and J. P. Meelankavil. 2001. Critical managerial motivational factors: A cross-cultural analysis of four culturally divergent countries. *International Journal of Cross-Cultural Management* 1(2): 251–267.

Matviuk, S. 2007. A study of leadership prototypes in Colombia. *Business Review* 7: 14–19.

Maull, S. 2005. Tyco excecs' trial to start with tight focus. *Arizona Republic*, January 18, D5.

Maune, D. J. 1999. The glass ceiling and the glass escalator: Occupational segregation and race and sex differences in managerial promotions. *Work and Occupations* 26: 483–509.

Mayo, A., and N. Nohria. 2006. *Paths to power: How insiders and outsiders shaped American business leadership.* Boston: Harvard Business School Publishing Corporation.

McCall, M. W., and M. M. Lombardo. 1978. *Leadership: Where else can we go?* Durham, NC: Duke University Press.

_____. 1983. Off the track: Why and how successful executives get derailed. Technical Report No. 21. Greensboro, NC: Center for Creative Leadership.

McCauley, C. D., and C. A. Douglas. 2004. Developmental relationships. In *The Center for Creative Leadership: Handbook of leadership development.* 2nd ed. Ed. C. D. McCauley and E. Van Velsor, 85–115. San Francisco: Jossey-Bass.

McCauley, C. D., and E. Van Velsor, eds. 2004. *The Center for Creative Leadership: Handbook of leadership development.* 2nd ed. San Francisco: Jossey-Bass.

McCauley, L. 2000. Unit of one: Don't burn out. *Fast Company*, May, 101–132.

McFarland, K. R. 2007. Lesson from the anti-mentor. *Business Week*, June 11, 86.

McGregor, J. 2004. Rocky Mountain High. *Fast Company*, July, 59–63. http://www. fastcompany.com/magazine/92/clear-leader-extra.html (accessed June 18, 2007), http://www.

fastcompany.com/magazine/91/gospels.html (accessed June 19, 2007).

McGregor, J. 2005. Competing on culture. *Fast Company*, March. http://www.fastcompany.com/magazine/92/clear-leader-extra.html (accessed June 18, 2007).

_____. 2007. The 25 most innovative companies: The leaders in nurturing culture of creativity. *Business Week*, May 14, 52.

_____. 2011. Coach K's leadership ABCs. *The Washington Post,* November 17. http://www.washingtonpost.com/blogs/post-leadership/post/coach-ks-leadership-abcs/2011/04/01/IQAkIpPUN_blog.html (accessed August 5, 2013).

McKinsey. 2010. *What successful transformations share: McKinsey global survey results*, March. http://www.mckinseyquarterly.com/Organization/Change_Management/What_successful_transformations_share_McKinsey_Global_Survey_results_2550 (accessed April 21, 2010).

McKinsey. 2013. *Transformational change.* http://www.mckinsey.com/client_service/organization/expertise/transformational_change (accessed August 1, 2013).

McKinsey conversation with global leaders: John Chambers of Cisco. 2009. *McKinsey Quarterly,* July. http://www.mckinsey.com/insights/high_tech_telecoms_internet/mckinsey_conversations_with_global_leaders_john_chambers_of_cisco (accessed July 20, 2013).

McMurray, A. J., M. Islam, J. C. Sarros, and A. Pirola-Merlo. 2012. The impact of leadership on work-group climate and performance in a non-profit organization. *Leadership & Organizational Development Journal* 33(6): 522–549.

Meindl, J. R., and S. B. Ehrlick. 1987. The romance of leadership and the evaluation of organizational performance. *Academy of Management Journal* 30: 90–109.

Meister, J. C. 2006. Grading executive education. *Workforce Management*, December 11, 1, 27.

Mello, A. S., and M. E. Ruckes. 2006. Team composition. *Journal of Business* 79(3): 1019–1039.

Menon, S. T. 2001. Employee empowerment: An integrative psychological approach. *Applied Psychology: An International Review* 50(1): 153–180.

Menon, S. T., and L. C. Hartmann. 2002. Generalizability of Menon's empowerment scale: Replication and extension with Australian data. *International Journal of Cross-Cultural Management* 2(2): 137–153.

Meyer, D. 2006. *Setting the table: The power of hospitality in restaurants, business, and life.* New York: HarperCollins.

Meyerson, M. 2010. Everything I thought I knew about leadership is wrong: Reinventing the leader in you. *Fast Company.* http://www.fastcompany.com/events/realtime/monterey/mentors/mmeyerson.html (accessed January 20, 2010).

Miller, D. M. 1987. The genesis of configuration. *Academy of Management Review* 12: 686–701.

Miller, D. M., and C. Droge. 1986. Psychological and traditional determinants of structure. *Administrative Science Quarterly* 31: 539–560.

Miller, D. M., and P. H. Freisen. 1982. Structural change and performance: Quantum vs. piecemeal-incremental approaches. *Academy of Management Journal* 25: 867–892.

Miller, D. M., E. R. Lack, and S. Asroff. 1985. Preference for control and the coronary-prone behavior pattern: "I'd rather do it myself." *Journal of Personality and Social Psychology* 49: 492–499.

Miner, J. B., and N. R. Smith. 1982. Decline and stabilization of managerial motivation over a 20-year period. *Journal of Applied Psychology* 67 (June): 298–305.

Minton-Eversole, C. 2012. Virtual teams used most by global organizations, survey says. *Society for Human Resource Management,* July 19. http://www.shrm.org/hrdisciplines/orgempdev/articles/Pages/VirtualTeamsUsedMostbyGlobalOrganizations, SurveySays.aspx (accessed July 22, 2013).

Mintzberg, H. 1973. *The nature of managerial work.* New York: Harper and Row.

_____. 2009. The best leadership is good management. *Business Week.* August 6. http://www.businessweek.com/magazine/content/09_33/b4143068890733.htm (accessed January 18, 2010).

Mintzberg, H., J. B. Quinn, and J. Voyer. 1995. *The strategy process.* Englewood Cliffs, NJ: Prentice Hall.

Misangyi, V. F., G. R. Weaver, and H. Elms. 2008. Ending corruption: the interplay among institutional logics, resources, and institutional entrepreneurs. *Academy of Management Review* 33(3): 750–770.

Mischel, W. 1973. Towards a cognitive social learning reconceptualization of personality. *Psychological Review* 80: 252–283.

Misumi, J., and M. F. Peterson. 1985. The performance-maintenance (PM) theory of leadership: Review of a Japanese research program. *Administrative Science Quarterly* 30: 198–223.

Mittal, R., and P. W. Dorfman. 2012. Servant leadership across cultures. *Journal of World Business* 47: 555–570.

Montesino, M. 2003. Leadership/followership between people in a developed and a developing country: The case of Dominicans in NYC and the Dominicans on the island. *Journal of Leadership and Organizational Studies* 10: 82–93.

Morf, C. C., and F. Rhodewalt. 2001. Unraveling the paradoxes of narcissism: A dynamic self-regulatory processing model. *Personality Inquiry* 12: 177–196.

Morrison, A. M., and M. A. Von Glinow. 1990. Women and minorities in management. *American Psychologist* 45: 200–208.

Mosadegh-Rad, A. M., and M. H. Yarmohammadian. 2006. A study of relationship between managers' leadership style and employees' job satisfaction. *Leadership in Health Service* 19(2): 11–28.

Moshavi, D., F. W. Brown, and N. G. Dodd. 2003. Leader self-awareness and its relationship to subordinate attitudes and performance. *Leadership and Organizational Development Journal* 24(7–8): 407–418.

Mount, I. 2004. Be fast, be frugal, be right. *Inc.,* January, 64–70.

Muio, A. 1999. Mint condition. *Fast Company,* December, 330.

Mumford, M. D., and B. Licuanan. 2004. Leading for innovation: Conclusions, issues, and directions. *The Leadership Quarterly* 15: 163–171.

Mumford, M. D., S. J. Zaccaro, M. S. Connelly, and M. A. Marks. 2000a. Leadership skills: Conclusions and future directions. *The Leadership Quarterly* 11: 155–170.

Mumford, M. D., S. J. Zaccaro, F. D. Harding, T. O. Jacobs, and E. A. Fleishman. 2000b. Leadership skills for a changing world: Solving complex problems. *The Leadership Quarterly* 11: 11–35.

Munk, N. 1998. Gap gets it. *Fortune* 138(3): 68–82.

Murrill, A. 2007. A friend to Kellogg and Northwestern, Tootsie Roll president Ellen Gordon creates value in the classroom and boardroom. *Kellogg World* (Summer). http://www.kellogg.northwestern.edu/kwo/sum07/features/gordon.htm (accessed April 8, 2010).

Myatt, D., and C. Wallace. 2008. When does one bad apple spoil the barrel? An evolutionary analysis of collective action. *The Review of Economic Studies* 75(2): 499–527.

Nahavandi, A. 1993. Integrating leadership and strategic management in organizational theory. *Canadian Journal of Administrative Sciences* 10(4): 297–307.

———. 2012. *Ancient leadership wisdom.* Shelbyville, KY: Wasteland Press.

Nahavandi, A., and E. Aranda. 1994. Restructuring teams for the re-engineered organization. *Academy of Management Executive* 8(4): 58–68.

Nahavandi, A., and A. R. Malekzadeh. 1988. Acculturation in mergers and acquisitions. *Academy of Management Review* 13: 79–90.

———. 1993a. Leader style in strategy and organizational performance: An integrative framework. *Journal of Management Studies* 30(3): 405–425.

———. 1993b. *Organizational culture in the management of mergers.* New York: Quorum Books.

———. 1999. *Organizational behavior: The person-organization fit.* Upper Saddle River, NJ: Prentice Hall.

Nahavandi, A., P. J. Mizzi, and A. R. Malekzadeh. 1992. Executives' type A personality as a determinant of environmental perception and firm strategy. *Journal of Social Psychology* 13(1): 59–68.

Nahrgang, J. D., F. P. Morgeson, and R. Ilies. 2009. The development of leader–member exchanges: Exploring how personality and performance influence leader and member relationships over time. *Organizational Behavior and Human Decision Processes* 109: 256–266.

National Center for Charitable Statistics. 2010. http://nccsdataweb.urban.org/PubApps/profile1.php (accessed July 20, 2013).

Neck, C., and C. C. Manz. 2012. *Mastering self-leadership: Empowering yourself for personal excellence.* 6th ed. Upper Saddle River, NJ: Prentice Hall.

Neider, L. L., and C. A. Schriesheim. 2011. The authentic leadership inventory (ALI): Development and empirical tests. *The Leadership Quarterly* 22(6): 1146–1164.

Neiminen, L. R. G., R. Smerek, L. Kotrba, and D. Denison. 2013. What does executive leadership coaching intervention add beyond facilitiated multisource feedback? Effect on leader self-ratings and perceived effectiveness. *Human Resource Development Quarterly* 24(2): 145–176.

Newstetter, W. I., M. J. Feldstein, and T. M. Newcomb. 1938. *Group adjustment.* Cleveland, OH: Western Reserve University Press.

Ng, E. S., and G. T. Sears. 2012. CEO leadership styles and the implementation of organizational diversity practices: Moderating effects of social values and age. *Journal of Business Ethics* 105: 41–52.

Ng, K. Y., C. S. -K. Koh, and H. -C. Goh. 2008. The heart of the servant leader: Leader's motivation-to-serve and its impact on LMX and subordinates' extra role behavior. In *Knowledge corporation-complex creative destruction,* ed. G. B. Graen and J. A. Graen, 125–144. Charlotte, NC: Information Age.

Nocks, J. 2007. Executive coaching: Who needs it? *Physician Executive* (March–April): 46–48.

Nohe, C., B. Michaelis, J. I. Menges, Z. Zhang, and K. Sonntag. 2013. Charisma and organizational change: A multilevel study of perceived charisma, commitment to change, and team performance. *The Leadership Quarterly* 24: 378–389.

Norman, W. T. 1963. Toward an adequate taxonomy of personality attributes: Replicated factor structure in peer nomination personality ratings. *Journal of Abnormal and Social Psychology* 66: 547–583.

Obama's inaugural speech. 2009. *CNNPolitics.com,* January 20. http://www.cnn.com/2009/POLITICS/01/20/obama.politics/index.html (accessed March 25, 2010).

O'Connor, K. 2012. 9 ways great companies organize their teams for success. *Fast Company*, August 21. http://www.fastcompany.com/3000584/9-ways-great-companies-organize-their-teams-success?utm_source=feedburner&utm_medium=feed&utm_campaign=Feed:+fastcompany/headlines+(Fast+Company) (accessed July 22, 2013).

Ohlott, P. J. 2003. Answering the call: Job assignments that grow leaders. *Leadership in Action* 23(5): 19–21.

Ones, D. S., and C. Viswesvaran. 1999. Relative importance of personality dimensions of expatriate selection: A policy capturing study. *Human Performance* 12(3–4): 275–294.

O'Reilly, C. A., D. F. Caldwell, J. A. Chatman, M. Lapiz, and W. Self. 2010. How leadership matters: The effects of leaders' alignment on strategy implementation. *The Leadership Quarterly* 21: 104–113.

O'Reilly, C. A., III, and B. G. M. Main. 2007. Setting the CEO's pay: It's more than simple economics. *Organizational Dynamics* 36: 1–12.

Osborn, K. A., B. C. Irwin, N. J. Nikilaus, and D. L. Feltz. 2012. The Kohler effect: Motivation gains and losses in real sports groups. *Sport, Exercises, and Performance Psychology* 1(4): 242–253.

Osland, J. S., Bird, A., Delano, J., and M. Jacob. 2000. Beyond sophisticated stereotyping: Culture sensemaking in context. *Academy of Management Executive* 14(1): 65–79.

O'Toole, J. 2008. Obama vs. Clinton: Leadership styles. *Business Week*, February 8. http://www.businessweek.com/managing/content/feb2008/ca2008028_331189.htm (accessed January 20, 2010).

Ott, J. S., and Dicke, L. A. eds. 2012. *The nature of the nonprofit sector*. 2nd ed. Boulder, CO: Westview Press.

Overholt, A. 2001. Unit of one: Open to women. *Fast Company*, August, 66.

———. 2002. The art of multitasking. *Fast Company*, October, 118–125.

———. 2005. Jumpstart. *Fast Company*, January, 55.

Padilla, A., Hogan, R., and R. B. Kaiser. 2007. The toxic triangle: Destructive leaders, susceptible followers,

and conducive environments. *The Leadership Quarterly* 18: 176–194.

Pagliarini, R. 2011. Top 10 professional life coaching myths. *CBS-Money Watch*, December 20. http://www.cbsnews.com/8301-505125_162-57345386/top-10-professional-life-coaching-myths/?pageNum=4 (accessed August 5, 2013).

Parker, C. P. 1999. The impact of leaders' implicit theory of employee participation on tests of the Vroom-Yetton model. *Journal of Social Behavior and Personality* 14(1): 45–62.

Parker, P., Hall, D. T., and K. E. Kram. 2008. Peer coaching: A relational process for accelerating career learning. *Academy of Management Learning and Education* 7(40): 487–503.

Pattison, K. 2010. How Herman Miller has designed employee loyalty. *FastCompany*, September 22. http://www.fastcompany.com/1689839/how-herman-miller-has-designed-employee-loyalty (accessed October 5, 2013).

Paulhus, D. L., and K. M. Williams. 2002. The dark triad of personality: Narcissism, Machiavellianism, and psychopathy. *Journal of Research in Personality* 36: 556–563.

Pawar, B. S., and K. K. Eastman. 1997. The nature and implications of contextual influences on transformational leadership: A conceptual examination. *Academy of Management Review* 22: 80–109.

The Pay at the Top. 2010. *The New York Times*, April 3. http://projects.nytimes.com/executive_compensation (accessed April 8, 2010).

Pearce, C. L., and C. C. Manz. 2011. Leadership centrality and corporate social ir-responsibility (CSIR): The potential ameliorating effects of self and shared leadership on CSIR. *Journal of Business Ehtics* 102: 563–579.

Pelled, L. H., and K. R. Xin. 1997. Birds of a feather: Leader-member demographic similarity and organizational attachment in Mexico. *The Leadership Quarterly* 8: 433–450.

———. 2000. Relationship demography and relationship quality in two cultures. *Organization Studies* 21(6): 1077–1094.

Pellegrini, E. K., and T. A. Scandura. 2006. Leader-member exchange (LMX), paternalism, and delegation in the Turkish business culture: An empirical investigation. *Journal of International Business Studies* 37: 264–279.

Pepitone, J. 2013. Best Buy ends work-from-home program. *CNN Money,* March 5. http://money.cnn.com/2013/03/05/technology/best-buy-work-from-home/ (accessed October 20, 2013).

Personal coach for CXOs. 2011. *The Economic Times,* August 23. http://economictimes.indiatimes.com/slideshows/management-leaders/a-personal-coach-for-cxos/taking-off/slideshow/9703084.cms (accessed August 5, 2013).

Pescosolido, A. T. 2002. Emergent leaders as managers of group emotion. *The Leadership Quarterly* 13: 583–599.

Peters, L. H., D. D. Hartke, and J. T. Pohlmann. 1985. Fiedler's contingency theory of leadership: An application of the meta-analysis procedure of Schmitt and Hunter. *Psychological Bulletin* 97: 274–285.

Peterson, G. 2005. Ford's Nancy Gioia: Hybrid Queen. *Vehicle Voice*, December 29. http://blog.vehiclevoice.com/2005/12/fords_nancy_gioia_hybrid_queen.html (accessed July 22, 2007).

Peterson, S. J., F. O. Walumbwa, B. J. Avolio, and S. T. Hannah. 2012. The relationship between authentic leadership and follower job performance: The mediating role of follower positivity in extreme contexts. *The Leadership Quarterly* 23: 502–516.

Pettigrew, A. 1973. *The politics of organizational decision making*. London: Tavistock.

Pfeffer, J. 1981. *Power in organizations*. Marshfield, MA: Pitman.

———. 1983. Organizational demography. In *Research in organizational behavior*, ed. L. L. Cummings and B. W. Staw, 299–357. Greenwich, CT: JAI Press.

———. 2010. *Power: Why Some People Have It—And Others Don't*. New York: HarperCollins Publishers.

Phomprapha, S., and S. Chansrichawla. 2007. Leadership-supported mentoring: The key to enhancing organisational commitment and retaining newcomers. *International Journal of Management and Decision Making* 8: 394.

Popper, M. 2002. Narcissism and attachment patterns of personalized and socialized charismatic leaders. *Journal of Social and Personal Relationships* 19: 797–809.

———. 2005. Main principles and practices of leader development. *Leadership and Organization Development Journal* 26: 62–75.

Popper, M., and Mayseless, O. 2007. The building blocks of leader development: A psychological conceptual framework. *Leadership and Organizational Development Journal* 28(7): 664–684.

Poropat, A. E. 2009. A meta-analysis of the Five-Factor model of personality and academic performance. *Psychological Bulletin* 135(2): 322–338.

Posner, B., and J. Kouzes. 1993. Psychometric properties of leader practices inventory: Updated. *Educational and Psychological Measurement* 53: 191–199.

Powell, G. N., D. A. Butterfield, and J. D. Parent. 2002. Gender and managerial stereotypes: Have the times changed? *Journal of Management* 28: 177–193.

Prendergast, C. 1993. Theory of "Yes Men." *American Economic Review* 83(4): 757–770.

Price, T. L. 2003. The ethics of authentic transformational leadership. *The Leadership Quarterly* 14: 67–81.

Puffer, S. M. 1994. Understanding the bear: A portrait of Russian business leaders. *Academy of Management Executive* 8(1): 41–54.

Pugh, D. S., D. J. Hickson, C. R. Hinings, and C. Turner. 1968. Dimensions of organization structure. *Administrative Science Quarterly* 13: 65–105.

Pynes, J. E. 2011. *Effective nonprofit management: Context and environment*. Armonk, NY: M.E. Sharpe.

Rafferty, A. E., and M. A. Griffin. 2004. Dimensions of transformational leadership: Conceptual and empirical extensions. *The Leadership Quarterly* 15: 329–354.

Ragavan, C. 2005. Fixing the FBI. *U.S. News & World Report* March 3. http://www.usnews.com/usnews/news/articles/050328/28fbi.htm (accessed April 19, 2010).

Rahim, M. A., D. Antonioni, K. Krumov, and S. Ilieva. 2000. Power, conflict, and effectiveness: A cross-cultural study in the United States and Bulgaria. *European Psychologist* 5(1): 28–33.

Randolph, W. A., and M. Sashkin. 2002. Can organizational empowerment work in multinational settings? *Academy of Management Executive* 16(1): 102–115.

Rank, J., N. E. Nelson, T. D. Allen, and X. Xu. 2009. Leadership predictors of innovation and task performance: Subordinate self-esteem and self-presentation as moderators. *Journal of Occupational and Organizational Psychology* 82(3): 465–470.

Raskas, D. F., and D. C. Hambrick. 1992. Multifunctional managerial development: A framework for evaluating the options. *Organizational Dynamics* 21(2): 5–17.

Raskin, R., and C. S. Hall. 1979. A narcissistic personality inventory. *Psychological Reports* 45: 590.

Rastogi, R., and V. Dave. 2004. Managerial effectiveness: A function of personality type and organisational components. *Singapore Management Review* 26(2): 79–87.

Reed, G. E. In print. Expressing Loyal Dissent: Moral Considerations from Literature on Followership. *Journal of Public Integrity*.

Reed, G. E., and R. A. Olsen. 2010. Toxic leadership: Part deux. *Military Review* (November–December): 58–64.

Reed, W. 2013. Diversity turnaround at Sodexo. *Louisiana Weekly,* March 4. http://www.louisianaweekly.com/diversity-turnaround-at-sodexo/ (accessed June 18, 2013).

Reeves, R. 2006. Our fetish for feedback. *Management Today*, June 25.

Rego, A., A. Vitória, A. Magalhães, N. Ribeiro, and M. Inan e Cunha. 2013. Are authentic leaders associated with more virtuous, committed and potent teams. *The Leadership Quarterly* 24: 61–79.

Reingold, J. 2003. Still angry after all these years. *Fast Company*, October, 89–94.

———. 2005. Hondas in space. *Fast Company*, February, 74–79.

Repetti, A., and R. Prélaz-Droux. 2003. An urban monitor as support for a participative management of developing cities. *Habitat International* 27(4): 653–662.

Rice, R. 1978a. Construct validity of the least preferred coworker. *Psychological Bulletin* 85: 1199–1237.

———. 1978b. Psychometric properties of the esteem for least preferred coworker (LPC) scale. *Academy of Management Review* 3: 106–118.

Rich, L. 2005. Hands-on managing: Playing well with others. *Inc.*, January, 29–32.

Rink, F., and N. Ellemers. 2010. Benefiting from deep-level diversity: how congruence between knowledge and decision rules improves team decision making and team perceptions. *Group Processes and Intergroup Relations* 13(3): 345–359.

Roberts, N. C., and R. T. Bradley. 1988. Transforming leadership: A process of collective action. *Human Relations* 38: 1023–1046.

Robichau, R. W. 2013. Between markets and government: Essays on nonprofitness and the institutional transformation of child welfare agencies. Unpublished dissertation, Arizona State University.

Rogers, A. 1994. Is he too cautious to save IBM? *Fortune* 130(7): 78–88.

Riggio, R. E., Murphy, S. E., and F. J. Priozzolo. 2002. *Multiple intelligences and leadership.* Mahwah, NJ, US: Lawrence Erlbaum Associates.

Riggio, R. E., and R. J. Reichard. 2008. The emotional and social intelligences of effective leadership: An emotional and social skill approach. *Journal of Managerial Psychology* 23(2): 169–185.

Rosenthal, S. A., and T. L. Pittinsky. 2006. Narcissistic leadership. *The Leadership Quarterly* 17: 617–633.

Rosier, R. H. 1994. *The competency model handbook*, Vol. 1. Boston: Linkage.

———. 1995. *The competency model handbook*, Vol. 2. Boston: Linkage.

Rubinkan, M. 2007. Teamsters still foaming over ejection by brewery Yuengling. *Philly.com*, May 29. http:www.phillyburbs.compb-dynnews103—05282007-1353974.html (accessed January 8, 2008).

Ruderman, M. N. 2004. Leader development across gender. In *The Center for Creative Leadership: Handbook of leadership development*. 2nd ed. Ed. C. D. McCauley and E. Van Velsor, 271–303. San Francisco: Jossey-Bass.

Rus, D., D. van Knippenberg, and B. Wisse. 2012. Leader power and self-serving behavior: The moderating role of accountability. *The Leadership Quarterly* 23: 13–26.

Ryan, M. K., and S. A. Haslam. 2007. The glass cliff: Exploring the dynamics surrounding the appointment of women to precarious leadership positions. *Academy of Management Review* 32: 549–572.

Rychlak, J. F. 1963. Personality correlates of leadership among first level managers. *Psychological Reports* 12: 43–52.

Ryerson-Cruz, G. 2004. Scrushy's successor at HealthSouth tries to pick up pieces. *Tennessean. com*, December 20. tennessean.com/business/archives/04/12/63085234.shtml?Element_ID = 63085234 (accessed December 28, 2004).

Sacks, D. 2009. Space man. *Fast Company*, October, 130–133.

————. 2013. 10 creativity tips from J. Crew CEO Mickey Drexler. *Fast Company,* April 15. http://www.fastcompany.com/3007844/10-creativity-tips-jcrew-ceo-mickey-drexler (accessed July 20, 2013).

Sadri, G. 2012. Emotional intelligence and leadership development. *Public Personnel Management* 41: 535–548.

Salancik, G. R., and J. Pfeffer. 1977a. Constraints on administrator discretion: The limited influence of mayors in city budgets. *Urban Affairs Quarterly* 12(4): 475–496.

————. 1977b. Who gets power and how they hold onto it: A strategic-contingency model of power. *Organizational Dynamics* 5(Winter): 3–21.

Salas, E., K. Stagl, and C. S. Burke. 2004. 25 years of team effective in organizations: Research themes and emerging needs. In *International review of industrial and organizational psychology*, Vol. 19, ed. C. L. Cooper and I. T. Robertson, 47–91. New York: John Wiley.

Salovey, P., and J. Mayer. 1990. Emotional intelligence. *Imagination, Cognition, and Personality* 9: 185–211.

Salter, C. 2000. What's your mission statement? *Fast Company*, July, 48–50.

Salter, C., 2004a. "And now the hard part," *Fast Company* 82. http://pf.fastcompany.com/magazine/82/jetblue.html (accessed October 1, 2004)

Salter, C., and E. Westly. 2010. Novartis. *Fast Company*, March, 65.

Samnani, A., and P. Singh. 2013. When leaders victimize: The role of charismatic leaders in facilitating group pressure. *The Leadership Quarterly* 24: 189–202.

San Antonio, D. M., and D. T. Gamage. 2007. PSALM for empower educational stakeholders: Participatory school administration, leadership, and management. *The International Journal of Education* 21: 254.

Sandberg, S. 2013. *Lean in: Women, work and the will to lead.* New York: Alfred Knopf.

Sanders, W. M. G., and M. A. Carpenter. 1998. Internationalization and firm governance: The roles of CEO compensation, top team composition, and board structure. *Academy of Management Journal* 41: 158–178.

Sankin, A. 2013. Bob Ladouceur, legendary De La Salle football coach retires after 34 years of stunning victories. *Huffington Post*, January 4. http://www.huffingtonpost.com/2013/01/04/bob-ladouceur_n_2412783.html (accessed May 30, 2013).

Sanyal, R., and T. Guvenli. 2009. The propensity to bribe in international business: The relevance of cultural variables. *Cross-Cultural Management* 16(3): 287–300.

Sarvar, A., and A. Khalid. 2011. Impact of employee empowerment on employee's job satisfaction and commitment with the organization. *Interdisciplinary Journal of Contemporary Research in Business* 3(2): 664–683.

Sashkin, M. 2004. Transformational leadership approaches. In *The nature of leadership*, ed. J. Antonakis, A. T. Cianciolo, and R. J. Sternberg, 171–196. Thousand Oaks, CA: Sage.

Scandura, T. 1999. Rethinking leader-member exchange: An organizational justice perspective. *The Leadership Quarterly* 10(1): 25–40.

Scandura, T., and P. Dorfman. 2004. Leadership research in an international and cross-cultural context. *The Leadership Quarterly* 15: 277–307.

Schaffer, B. S., and C. M. Riordan. 2013. Relational demography in supervisor-subordinate dyads: An examination of discrimination and exclusionary treatment. *Canadian Journal of Administrative Sciences* 31(1): 3–17.

Schein, E. H. 2004. *Organizational culture and leadership*. San Francisco: Jossey-Bass.

———. 2010. *Organizational culture and leadership.* San Francisco: Wiley & Sons-Jossey-Bass.

Schmid M. M., K. Jonas, and J. A. Hall. 2009. Give a person power and he or she will show interpersonal sensitivity: The phenomenon and its why and when. *Journal of Personality and Social Psychology* 97(5): 835–850.

Schmidt Mastm M., Jonas, K., and J. A. Hall. 2009. Give a person power and he or she will show interpersonal sensitivity: The phenomenon and its why and when. *Journal of Personality and Social Psychology* 97(5): 835–850.

Schneider, S. K., and W. M. George. 2009. Servant Leadership versus transformational leadership in voluntary service organizations. *Leadership and Organization Development Journal* 32(1): 60–77.

Schriesheim, C. A., S. L. Castro, and C. C. Cogliser. 1999. Leader-member exchange (LMX) research: A comprehensive review of theory, measurement, and data-analytic practices. *The Leadership Quarterly* 10(1): 63–113.

Schriesheim, C. A., and S. Kerr. 1974. Psychometric properties of the Ohio State University Leadership scales. *Psychological Bulletin* 81: 756–765.

Schriesheim, C. A., B. J. Tepper, and L. Tetrault. 1994. Least-preferred co-worker score, situational control and leadership effectiveness: A meta-analysis of contingency model performance predictions. *Journal of Applied Psychology* 79: 561–574.

Schwartz, N. D. 2001. What's in the cards for Amex? *Fortune*, January 22, 58–70.

Schyns. B., and J. Schilling. 2013. How bad are the effect of bad leaders? A meta-analysis of destructive leadership and its outcomes. *The Leadership Quarterly* 24: 138–158.

Scott-Ladd, B., and C. C. A. Chan. 2004. Emotional intelligence and participation in decision making: Strategies for promoting organizational learning and change. *Strategic Change* 13: 95–105.

Search for women. 2006. *Executive MBA Council.* http:www.emba.orgexchangeexpanded_web_may_2006feature_1.html#the_world_looks (accessed January 12, 2010).

Searle, T. P. 2010. Servant leadership, hope and organizational virtuousness: A framework exploring positive micro and macro behaviors and performance impact. *Journal of Leadership and Organizational Studies* 18(1): 107–117.

Seely Howard, E., W. L. Gardner, and L. Thompson. 2007. The role of the self-concept and the social context in determining the behavior of power holders: Self-construal in intergroup versus dyadic dispute resolution negotiations. *Journal of Personality and Social Psychology* 93(4): 614–631.

Seibert, S. E., J. M. Crant, and M. L. Kraimer. 1999. Proactive personality and career success. *Journal of Applied Psychology* 84(3) (June): 416–442.

Seibert, S. E., and M. L. Kraimer. 2001. The five-factor model of personality and career success. *Journal of Vocational Behavior* 58(1): 1–21.

Seibert, S. E., S. R. Silver, and W. A. Randolph. 2004. Taking empowerment to the next level: A multiple-level model of empowerment, performance, and satisfaction. *Academy of Management Journal* 47: 332–349.

Seibert, S. E., G. Wang, and S. H. Courtright. 2011. Antecedents and consequences of psychological and team empowerment in organizations: A meta-analytic review. *Journal of Applied Psychology* 96(5): 981–1003.

Seligman, M. E. P. 2002. *Authentic happiness: Using the new positive psychology to realize your potential for lasting fulfillment.* New York: Free Press.

Seligman, M. E. P., and M. Csikszentmihalyi. 2000. Positive psychology. *American Psychologist* 55: 5–14.

Sellers. 1998. The 50 most powerful women in American business. *Fortune* 138(7): 76–98.

———. 2000a. The 50 most powerful women in business. *Fortune*, October 16, 131–160.

———. 2000b. Big, hairy, audacious goals don't work—just ask P&G. *Fortune*, April 3, 39–44.

———. 2004. eBay's secret. *Fortune*, October 25, 161–178.

———. 2009. Gerry Laybourne reemerges, wisdom intact. *Fortune-Postcards.* http://postcards.blogs.fortune.cnn.com/2009/05/26/gerry-laybourne-reemerges-with-wisdom/ (accessed January 12, 2010).

Semler Interview. 1993. *Maverick! The success story behind the world's most unusual workplace.* London: Century.

———. 2013. Interview with Ricardo Semler. *VPROBacklight,* February 5. http://www.youtube.com/watch?v=USC1RE8jE50 (accessed June 1, 2013).

Senge, P. M. 2006. *The fifth discipline: The art and practice of the learning organization.* New York: Doubleday.

Shahhosseini, M., A. D. Silong, and I. A. Ismaill. 2013. Relationship between transactional, transformational leadership styles, emotional intelligence and job performance. *Journal of Arts, Science and Commerce* 4(1). http://www.researchersworld.com/vol4/vol4_issue1_2/Paper_03.pdf.

Shamir, B. 1991. The charismatic relationship: Alternative explanations and predictions. *The Leadership Quarterly* 2: 81–104.

Shamir, B., R. J. House, and M. B. Arthur. 1993. The motivational effects of charismatic leadership: A self-concept-based theory. *Organization Science* 4: 1–17.

Shamir, B., and J. M. Howell. 1999. Organizational and contextual influence on the emergence and effectiveness of charismatic leadership. *The Leadership Quarterly* 10(2): 257–283.

Shamir, B., E. Zakay, E. Breinin, and M. Popper. 1998. Correlates of charismatic leaders' behavior in military units: Subordinates' attitudes, unit characteristics, and superiors' appraisals of leader performance. *Academy of Management Journal* 41: 387–409.

Sherman, L. 2013. J. Crew's Mickey Drexler on Secrets to his success. *Fashionista,* January 7. http://fashionista.com/2013/01/j-crew-mickey-drexler-wwd-ceo-summit/ (accessed July 20, 2013).

Shin, S. J., and J. Zhou. 2003. Transformational leadership, conservation, and creativity: Evidence from Korea. *Academy of Management Journal* 46: 703–714.

Shinn, S. 2004. The Maverick CEO. *BizEd* (January–February): 16–21.

———. 2005. Beauty king. *BizED* (July–August): 20–23.

——— 2006. *Profiting From Experience* (July–August): 16–20.

Silver, S., W. A. Randolph, and S. Seibert. 2006. Implementing and sustaining empowerment: Lesson learned from comparison of a for-profit and a non-profit organization. *Journal of Management Inquiry* 15: 47–58.

Simsek, Z., C. Heavy, and J. J. F. Veiga. 2010 The impact of CEO core selfevaluation on the firm entrepreneurial orientation. *Strategic Management Journal* 31(1): 110–119.

Singer, P. 1969. Toward a re-evaluation of the concept of charisma with reference to India. *Journal of Social Research* 12(2): 13–25.

Singh, J. 2006. Employee disempowerment in a small firm (SME): Implications for organizational social capital. *Organizational Development Journal* 24(1): 76–86.

Slaughter, A. M. 2012. Why women still can't have it all. *The Atlantic* (July–August). http://www.theatlantic.com/magazine/archive/2012/07/why-women-still-cant-have-it-all/309020/ (accessed June 19, 2013).

Smith, E. B., and P. Kuntz. 2013. CEO pay 1,795-to-1 multiple of wages skirts U.S. law. *Bloomberg,* April 29. http://www.bloomberg.com/news/2013-04-30/ceo-pay-1-795-to-1-multiple-of-workers-skirts-law-as-sec-delays.html (accessed July 20, 2013).

Smith, M. A., and J. M. Canger. 2004. Effects of supervisor "Big Five" personality on subordinate attitudes. *Journal of Business and Psychology* 18(4): 465–481.

Smith, P. B. 2002. Culture's consequences: Something old and something new. *Human Relations* 55: 119–135.

Smith, T. W., and F. Rhodewalt. 1986. On states, traits, and processes: A transactional alternative to the individual difference assumption in type A behavior and psychological reactivity. *Journal of Research in Personality* 20: 229–251.

Snyder, C. R., S. J. Lopez, and J. T. Pedrotti. 2011. *Positive psychology: The scientific and practical explorations of human strengths.* 2nd ed. Thousand Oaks, CA: Sage Publications.

Snyder, M. 1974. The self-monitoring of expressive behavior. *Journal of Personality and Social Psychology* 30: 526–537.

Sodexo ranked number one company for diversity by DiversityInc. 2010. *PRNewswire,* March 10. http://www.prnewswire.com/news-releases/sodexo-ranked-number-one-company-for-diversity-by-diversityinc-87219747.html (accessed June 18, 2013).

Solomon, N. 2010. In-house resource groups can help and harm. *NPR-Morning Edition*, January 13. http:www.npr.orgtemplatesstorystory.php?storyId122516577 (accessed January 18, 2010).

Song, J. H. 1982. Diversification strategies and the experience of top executives of large firms. *Strategic Management Journal* 3: 377–380.

Sosik, J. J. 2005. The role of personal values in the charismatic leadership of corporate managers: A model and preliminary field study. *The Leadership Quarterly* 16: 221–244.

Sosik, J. J., B. J. Avolio, and D. Jung. 2002. Examining the relationship of self-presentation attributes and impression management to charismatic leadership. *The Leadership Quarterly* 13: 217–242.

Sparrowe, R. T., and R. C. Liden. 1997. Process and structure in leader-member exchange. *Academy of Management Review* 22(2): 522–552.

Srivastava, A., K. M. Bartol, and E. A. Locke. 2006. Empower leadership in management teams: Effects on knowledge sharing, efficacy, and performance. *Academy of Management Journal* 49: 1239–1251.

Staats, B. R., K. L. Milkman, and C. R. Fox. 2012. The team scaling fallacy: Underestimating the declining efficiency of larger teams. *Organizational Behavior and Human Decision Processes* 118(2): 132–142.

Stanners, P. 2012. Abuse of power behind Dong CEO's dismissal. *The Copenhagen Post,* March 14. http://cphpost.dk/business/abuse-power-behind-dong-ceos-dismissal (accessed July 15, 2013).

Starbuck, W. H., A. Greve, and B. L. T. Hedberg. 1978. Responding to crisis. *Journal of Business Administration* 9(2): 111–127.

Start-up America Partnership. 2011. http://s.co/press-release/white-house-announces-startup-america-partnership-foster-innovative-high-growth-firms (accessed July 28, 2013).

Statistical overview of women in the workplace. 2013. *Catalyst,* March 13. http://www.catalyst.org/knowledge/statistical-overview-women-workplace (accessed June 24, 2013).

Steptoe, S. 2007. Building a better mouse. *Time.com,* June 14. http://www.time.com/time/globalbusiness/article/0,9171,1633077,00.html (accessed July 17, 2007).

Stern, G. M. 2011. Company training programs: What are they really worth? *CNN Money,* May 27. http://management.fortune.cnn.com/2011/05/27/company-training-programs-what-are-they-really-worth/ (accessed August 4, 2013).

Sternberg, R. J. 2002a. Creativity as a decision. *American Psychologist* 57: 376.

_____, ed. 2002b. *Why smart people can be so stupid.* New Haven, CT: Yale University Press.

———. 2003. WICS: A model of leadership in organizations. *Academy of Management Learning and Education* 2(4): 386–401.

_____. 2007. A systems model of leadership. *American Psychologist* 62: 34–42.

Sternberg, R. J., G. B. Forsythe, J. Hedlund, J. A. Horvath, R. K. Wagner, W. M. Williams, S. A. Snook, and E. Grigorenko. 2000. *Practical intelligence in everyday life.* New York: Cambridge University Press.

Sternberg, R. J., and T. I. Lubart. 1995. *Defying the crowd: Cultivating creativity in a culture of conformity.* New York: Free Press.

Stewart, J. B., 2007. "Whole Foods chief disappoints by sowing wild oats online," *The Wall Street Journal,* July 18: D5.

Stewart, J.B. 2013. Looking for a lesion in Google's Perks. *The New York Times*, March 15. Accessed at http://www.nytimes.com/2013/03/16/business/at-google-a-place-to-work-and-play.html?pagewanted=all on July 22, 2013.

Stewart, T. A. 1998. The cunning plots of leadership. *Fortune* 138(5): 165–166.

Stewart-Belle, S., and J. A. Lust. 1999. Career movement of female employees holding lower-level positions: An analysis of the impact of the type A behavior pattern. *Journal of Business and Psychology* 14(1): 187–197.

Stinson, J. E., and T. W. Johnson. 1975. The path-goal theory of leadership: A partial test and suggested refinement. *Academy of Management Journal* 18: 242–252.

St. Martin, G. Northeastern helps the FBI transform its culture. *Northeastern,* June 8. http://www.northeastern.edu/news/2011/06/executive_education/ (accessed August 1, 2013).

Stogdill, R. M. 1948. Personal factors associated with leadership: A survey of the literature. *Journal of Psychology* 25: 35–71.

Strauss, K., M. A. Griffin, and A. E. Rafferty. 2009. Proactivity directed toward the team and organization: The role of the leadership, commitment and role-breadth self-efficacy. *British Journal of Management* 20(3): 279–290.

Strauss, G., and B. Hansen. 2005. CEO pay "business as usual." *USA Today*, March 30. http:www.usatoday.commoneycompaniesmanagement2005—03-30-ceo-pay-2004-cover_x.htm (accessed July 26, 2007).

Strube, M. J., and J. E. Garcia. 1981. A meta-analytical investigation of Fiedler's contingency model of leadership effectiveness. *Psychological Bulletin* 90: 307–321.

Strube, M. J., C. W. Turner, D. Cerro, J. Stevens, and F. Hinchey. 1984. Interpersonal aggression and the type A coronary-prone behavior pattern: A theoretical distinction and practical implications. *Journal of Personality and Social Psychology* 47: 839–847.

Strube, M. J., and C. Werner. 1985. Relinquishment of control and the type A behavior pattern. *Journal of Personality and Social Psychology* 48: 688–701.

Su, R., J. Rounds, and P. I. Armstrong. 2009. Men and things, women and People: A meta-analysis of sex differences in interests. *Psychological Bulletin* 135(6): 859–884.

Sullivan, M. 2004. Cambodia's new king ascends the throne. *All Things Considered*, October 29. http://www.npr.orgtemplatesstorystory.php?storyId4133660 (accessed December 18, 2007).

Sutton, R. I. 2010. *Good boss, bad boss: How to be the best...and learn from the worst.* New York: Business Plus.

Suutari, V. 2002. Global leader development: An emerging research agenda. *Career Development Journal* 7: 218–233.

Swan, K. 2000. Difference is power. *Fast Company*, July, 258–266.

Sweeney P. 2007. Organizational Chaos and Relative Powerlessness: Breeding Ground for Bullies? *Academy of Management Perspectives* 21(2): 77–78.

Swinburn, P. 2012. Why do teams fail? *Fast Company,* October 24. http://www.fastcompany. com/3012311/30-second-mba/peter-swinburn-why-do-teams-fail (accessed July 22, 2013).

Szilagyi, A. D., and H. P. Sims. 1974. An exploration of the path-goal theory of leadership in a health care environment. *Academy of Management Journal* 17: 622–634.

Taggar, S., and R. Ellis. 2007. The role of leaders in shaping formal team norms. *The Leadership Quarterly* 18: 105–120.

Taggar, S., and M. J. A. Neubert. 2008. A cognitive (attributions)-emotion model of observer reaction to free-riding poor performers. *Journal of Business Psychology* 22: 167–177.

Tannen, D., ed. 1993. *Gender and conversational interaction.* Oxford: Oxford University Press.

Tannenbaum, A. S., and R. A. Cooke. 1974. Control and participation. *Journal of Contemporary Business* 3(4): 35–46.

Taylor, A., III. 2009. *Fixing up Ford.* May 12. http://money.cnn.com/2009/05/11/news/companies/mulally_ford.fortune/index.htm?postversion=2009051212 (accessed April 21, 2010).

Taylor, P., and R. Morin. 2009. Forty years after Woodstock: A gentler generation gap. *Pew Research Center: Social and Demographic Trends.* http://pewsocialtrends.org/pubs/739/woodstock-gentler-generation-gap-music-by-age (accessed February 21, 2010).

Teagarden, M. B., M. C. Butler, and M. A. Von Glinow. 1992. Mexico's Maquiladora industry: Where strategic human resource management makes a difference. *Organizational Dynamics* 20(3): 34–47.

Tepper, B. J, C. A. Henle, L. S. Lambert, R. A. Giacalone, and M. K. Duffy. 2008. Abusive supervision and subordinates' organization deviance. *Journal of Applied Psychology* 93(4): 721–732.

Tepper, B. J., J. C. Carr, D. M. Breaux, S. Geider, C. Hu, and W. Hua. 2009. Abusive supervision, intention to quit, and employees' workplace deviance: A power/dependence analysis. *Organizational Behavior and Human Decision Processes* 109: 156–167.

Thach, E. C. 2002. The impact of executive coaching and 360 feedback on leadership effectiveness. *Leadership and Organization Development Journal* 23: 205–214.

Thomas, A. B. 1988. Does leadership make a difference to organizational performance? *Administrative Science Quarterly* 33: 388–400.

Thomas, K. M. 2001. The truth about mentoring minorities: Race matters. *Harvard Business Review* 79: 98–112.

Thomson, A. M., and J. L. Perry. 2010. Collaboration processes: Inside the black box. In *The Jossey-Bass Reader on nonprofit and public leadership*, ed. J. L. Perry, 150–176. San Francisco: Jossey-Bass.

Thoroughgood, C. N., A. Padilla, S. T. Hunter, and B. W. Tate. 2012. The susceptible circle: A taxonomy of followers associated with destructive leadership. *The Leadership Quarterly* 23(5): 897–917.

Three fundamentals of successful change. 2012. *Track Change Research*, July 24. http://www.changetracking.com/insights/file/8-insight-0508-successfulchange (accessed August 3, 2013).

Thurm, S. 2013. "Pay for performance" no longer a punchline. *The Wall Street Journal*, March 20. http://online.wsj.com/article/SB10001424127887324373204578372444079319544.html (accessed July 20, 2013).

Tierney, T. J. 2006. *The non-profit sector's leadership deficit*. The Bridespan Group. http://www.bridgespangroup.org/kno_articles_leadershipdeficit.html (accessed July 26, 2007).

Tims, M., A. B. Bakker, and D. Xanthopoulou. 2011. Do transformational leaders enhance their followers' daily work engagement? *The Leadership Quarterly* 22: 121–131.

Ting, S., and E. W. Hart. 2004. Formal coaching. In *The Center for Creative Leadership: Handbook of leadership development*. 2nd ed. Ed. C. D. McCauley and E. Van Velsor, 116–150. San Francisco: Jossey-Bass.

Tipu, S. A. A., J. C. Ryan, and K. A. Fantazy. 2012. Transformational leadership in Pakistan: An examination of the relationship of transformational leadership to organizational culture and innovation propensity. *Journal of Management and Organization* 18(4): 461–480.

Tischler, L. 2002. Monica Luechtefeld makes the net click. *Fast Company*, November, 122–128.

_____. 2004. IBM's management makeover. *Fast Company*, November, 112–113.

Tjan, A. K. 2012. How leader become self-aware. *Harvard Business Review,* July 19. http://blogs.hbr.org/tjan/2012/07/how-leaders-become-self-aware.html (accessed August 5, 2013).

Tjosvold, D., W. C. Wedley, and R. H. G. Field. 1986. Constructive controversy: The Vroom-Yetton model and managerial decision making. *Journal of Occupational Behavior* 7: 125–138.

Tomlinson, R. 2000. Europe's new business elite. *Fortune*, April 3, 177–184.

_____. 2004. The new king of beers. *Fortune*, October 18, 233–238.

Top 10 crooked CEOs. 2009. *Time*. http://www.time.com/time/specials/packages/article/0,28804,1903155_1903156_1903152,00.html (accessed March 24, 2010).

Tornow, W. W., and M. London, eds. 1998. *Maximizing the value of 360 degree feedback: A process for successful individual and organizational development*. San Francisco: Jossey-Bass.

Townsend, J., J. S. Phillips, and T. J. Elkins. 2000. Employee retaliation: The neglected consequence of poor leader-member exchange relations. *Journal of Occupational Health Psychology* 5(4): 457–463.

Triandis, H. C. 1995. *Individualism and collectivism*. Boulder, CO: Westview Press.

_____. 2004. The many dimensions of culture. *Academy of Management Executive* 18(1): 88–93.

Triandis, H. C., P. Carnevale, M. Gelfand, C. Robert, S. A. Wasti, T. Probst, E. S. Kashima, et al. 2001. Culture and deception in business negotiations: A multilevel analysis. *International Journal of Cross-Cultural Management* 1(1): 73–90.

Trice, H. M., and J. M. Beyer. 1993. *The cultures of work organizations*. Upper Saddle River, NJ: Prentice Hall.

Trompenaars, A., and C. Hampden-Turner. 2012. *Riding the waves of culture: Understanding culture and diversity in business*. New York: McGraw-Hill.

Trucco, T. 2007. Meetings; rope climbing? Passé. Treasure hunts? Cool. *New York Times*, April 16. http://select.nytimes.com/search/restricted/article?es=F10813FC3A5B0C758D-DDAD0894DF404482 (accessed September 13, 2007).

Tsurumi, R. 1982. American origins of Japanese productivity: The Hawthorne experiment rejected. *Pacific Basin Quarterly* 7(Spring–Summer): 14–15.

Tuggle, K. 2007. Marathon man. *Fast Company*, February, 54.

Turnley, W. H., and M. C. Bolino. 2001. Achieving desired images while avoiding undesired images: Exploring the role of self-monitoring in impression management. *Journal of Applied Psychology* 86(2): 351–360.

Tyabji, H. 1997. What it means to lead. *Fast Company*, February–March, 98.

Uhl-Bien, M., and M. K. Carsten. 2007. Being ethical when the boss is not. *Organizational Dynamics* 36(2): 187–201.

Uhl-Bien, M., R. Marion, and B. McKelvey. 2007. Complexity leadership theory: Shifting leadership from the industrial age to knowledge era. *The Leadership Quarterly* 18: 298–318.

Useem, J. 2001. It's all yours Jeff. Now what? *Fortune*, September 17, 64–68.

Valerio, A. M. 2009. What companies need to develop women leaders. *Business Week*, October 16. http://www.businessweek.com/managing/content/oct2009/ca20091016_485645.htm (accessed January 18, 2010).

Vanderkam, L. 2012. Can introverts succeed in business. *CNN Money,* February 2. http://management.fortune.cnn.com/2012/02/02/can-introverts-succeed-in-business/ (accessed October 11, 2013). Producer Scott Rudin takes out NY Times ad and retaliates at NY Times writer.

van der Pool, L. 2012. Boston Beer company ties Yuenling for bragging rights. *Boston Business Journal*, February 27. http://boston.cbslocal.com/2012/02/27/boston-beer-company-tied-for-bragging-rights/ (accessed June 1, 2013).

van Dierendonck, D. 2011. Servant leadership: A review and synthesis. *Journal of Management* 37(4): 1228–1261.

Van der Vegt, G. S., J. S. Bunderson, and A. Oosterhof. 2006. Expertness diversity and interpersonal helping in teams: Why those who need the most help end up getting the least. *Academy of Management Journal* 49: 877–893.

VanSandt, C. V., and C. P. Neck. 2003. Bridging ethics and self-leadership: Overcoming ethical discrepancies between employee and organizational standards. *Journal of Business Ethics* 43: 363–388.

Vashdi, D. R., Vigoda-Gadot, E., and D. Shlomi. 2013. Assessing performance: The impact of organizational climate and politics on public schools' performance. *Public Administration* 91(1): 135–158.

Vecchio, R. P. 1983. Assessing the validity of Fiedler's contingency model of leadership effectiveness: A closer look at Strube and Garcia. *Psychological Bulletin* 93: 404–408.

Vidal, B. J., and M. Möller. 2007. When should leaders share information with their subordinates? *Journal of Economics and Management Strategy* 16: 251–283.

Villa, J. R., J. P. Howell, P. Dorfman, and D. L. Daniel. 2003. Problems with detecting moderators in leadership research using moderated multiple regression. *The Leadership Quarterly* 14: 3–23.

Vise, T. 2011. Business adVise: Emotional intelligence has effect on workplace. *North Jefferson News,* August 2011. http://www.njeffersonnews.com/business/x850291446/Business-AdVISE-Emotional-intelligence-has-effect-on-workplace/print (accessed October 12, 2013).

Voelcker, J. 2010. Five questions: Nancy Gioia., Ford Global Electrification director. *GreenCarReports.com* January 27. http://www.greencarreports.com/blog/1042040_five-questions-nancy-gioia-ford-global-electrification-director (accessed April 12, 2010).

Volmer, J., Spurk, D., and C. Niessen. 2012. Leader-member exchange (LMX), job autonomy, and creative work involvement. *The Leadership Quarterly* 23(3): 456–465.

Vroom, V. H. 1964. *Work and motivation*. New York: John Wiley.

Vroom, V. H., and A. G. Jago. 1988. *The new leadership: Managing participation in organizations.* Upper Saddle River, NJ: Prentice Hall.

Vroom, V. H., and P. W. Yetton. 1973. *Leadership and decision making*. Pittsburgh, PA: University of Pittsburgh Press.

Wakabayashi, M., G. B. Graen, M. R. Graen, and M. C. Graen. 1988. Japanese management progress: Mobility into middle management. *Journal of Applied Psychology* 73: 217–227.

Walker, M. C. 2006. Morality, self-interest, and leaders in international affairs. *The Leadership Quarterly* 17: 138–145.

Wallace, D. 2003. The soul of a sports machine. *Fast Company* 75(October): 100–104.

Walsh, J. 2012. Medtronic takes hunt for new technology to ends of the earth. *Star Tribune—Business.* September 23. http://www.startribune.com/business/170759356.html (accessed May 30, 2013).

Walsh, T. 1996. CEOs: Greenspan by a landslide. *Fortune* 133(5): 43.

Walters, J. 2006. Across the board innovator. *Governing*, November, 42.

Walumbwa, F. O., R. Cropanzano, and B. M. Goldman. 2011. How leader-member exchange influences effective work behaviors: Social exchange and internal efficacy perspectives. *Personnel Psychology* 64(3): 739–770.

Walumbwa, F. O., and J. J. Lawler. 2003. Building effective organization: Transformational leadership, collectivist orientation, work-related attitudes, and withdrawal behavior in three emerging economies. *International Journal of Human Resource Management* 14: 1083–1101.

Walumbwa, F. O., J. J. Lawler, and B. J. Avolio. 2007. Leadership, individual differences, and work-related attitudes: A cross-cultural investigation. *Applied Psychology* 56: 212–230.

Walumbwa, F. O., P. Wang, H. Wang, J. Schaubroeck, and B. J. Avolio. 2010. Psychological processes linking authentic leadership to follower behaviors. *The Leadership Quarterly* 21: 901–914.

Wang, G., I. S. Oh, S. H. Courtright, and A. E. Colbert. 2011. Transformational leadership and performance across criteria and levels: A meta-analytic review of 25 years of research. *Group and Organizational Management* 36(2): 223–270.

Warrior, P. 2010. Cisco's CTO's tips for a top career. *Fortune-Postcards,* March 8. http://postcards.blogs.fortune.cnn.com/2010/03/08/cisco-ctos-tips-for-a-top-career/ (accessed April 4, 2010).

Watson, W. E. 2006. Type A personality characteristics and the effect on individual and team academic performance. *Journal of Applied Social Psychology* 36: 1110–1128.

Wayne, S. J., M. Shore, and R. C. Liden. 1997. Perceived organizational support and leader-member exchange: A social exchange perspective. *Academy of Management Journal* 40(1): 82–111.

Weidner, C. K., and Y. S. Purohit. 2009. When power has leaders: Some indicator of power addiction among organizational leaders. *Journal Organizational Culture, Communication and Conflict* 13(1): 83–99.

Weil, E. 1998. Every leader tells a story. *Fast Company* (June–July), 38–40.

Weiner, N., and T. A. Mahoney. 1981. A model of corporate performance as a function of environment, organization, and leadership influences. *Academy of Management Journal* 24: 453–470.

Weiss, H. M., and S. Adler. 1984. Personality in organizational research. In *Research in organizational behavior*, Vol. 6, ed. B. Staw and L. Cummings, 1–50. Greenwich, CT: JAI Press.

Weiss, R. M., and V. W. Gantt. 2004. *Knowledge and skill development in non-profit organizations.* Peosta, IA: Eddie Bowers Publishing.

Welch, J., and S. Welch. 2007. When to talk, when to balk. *Business Week*, April 30, 102.

Wellner, A. S. 2004. Managing: Who can you trust? *Inc.*, October, 39–40.

⸺. 2007. Eye on the prize. *Inc.*, January, 40–41.

Why I left Goldman Sachs. 2012. *USA Today,* October 22. http://www.usatoday.com/story/money/business/2012/10/22/greg-smith-goldman-sachs/1649643/ (accessed June 22, 2013).

Williams, R. 2010. Why change management fails in organizations. *Psychology Today.* September 28. http://www.psychologytoday.com/blog/wired-success/201009/why-change-management-fails-in-organizations (accessed August 3, 2013).

Wilson, D. C. 2006. When equal opportunity knocks. *Gallup Management Journal*, April 13.

Wilson, M. S., E. Van Velsor, N. A. Chandrasekar, and C. Criswell. 2011. *Grooming top leaders: Cultural perspectives from China, India, Singapore and the United States.* Center for Creative Leadership. http://www.ccl.org/leadership/pdf/research/GroomingTopLeaders.pdf (accessed August 5, 2013).

Winston, A. 2012. 3M's sustainability innovation machine. *Harvard Business Review,* May 15. http://blogs.hbr.org/winston/2012/05/3ms-sustainability-innovation.html (accessed August 1, 2013).

Wiscombe, J. 2007. What's behind the wheel at Toyota. *Workforce Management,* January. http://www.workforce.com/archive/feature/24/62/58/246260.php?ht=toyota%20toyota (accessed July 6, 2007).

Women CEOs in the Fortune 1000. 2013. *Catalyst—knowledge center,* June 18. http://www.catalyst.org/knowledge/women-ceos-fortune-1000 (accessed June 19, 2013).

Women in the Labor Force. 2010. *United States Department of Labor.* http://www.dol.gov/wb/factsheets/Qf-laborforce-10.htm (accessed October 6, 2013).

Women in the labor force: A databook. 2013. *Bureau of Labor Statistics,* February. http://www.bls.gov/cps/wlf-databook-2012.pdf (accessed June 24, 2013).

Woolley, A., and T. Malone. 2011. What makes a team smarter. *Harvard Business Review,* June.

World Fact Book: Malaysia. 2013. https://www.cia.gov/library/publications/the-world-factbook/geos/my.html (accessed May 30, 2013).

World Fact Book: Singapore. 2013. https://www.cia.gov/library/publications/the-world-factbook/geos/sn.html (accessed May 30, 2013).

WorldBlu list of most democratic places to work. 2007. http://www.worldblu.com/scorecard/list2007.php (accessed July 11, 2007).

Worley, C. G., and E. E. Lawler., III. 2006. Designing organizations that are built to change. *Sloan Management Review* 48(1): 19–23.

Wylie, I. 2003. Can Philips learn to walk the talk? *Fast Company*, January, 44–45.

———. 2004. Please, displease me. *Fast Company*, December, 90–91.

Xin, J. 2010. How to motive people working in teams. *International Journal of Business and Management* 5(10): 223–229.

Yammarino, F. J., A. J. Dubinsky, L. B. Comer, and M. A. Jolson. 1997. Women and transformational and contingency reward leadership: A multiple-levels-of-analysis perspective. *Academy of Management Journal* 40: 205–222.

Yasai-Ardekani, M. 1986. Structural adaptations to environments. *Academy of Management Review* 11: 9–21.

———. 1989. Effects of environmental scarcity and munificence on the relationship of context to organizational structure. *Academy of Management Journal* 32: 131–156.

Yglesias, M. 2013. Jeff Bezos explains Amazon's strategy for world domination. *Slate.com,* April 12. http://www.slate.com/blogs/moneybox/2013/04/12/amazon_as_corporate_charity_jeff_bezos_says_there_s_a_method_to_the_madness.html (accessed October 12, 2013).

Yitshaki, R. 2012. How do entrepreneurs' emotional intelligence and transformational leadership orientation impact new ventures' growth. *Journal of Small Business and Entrepreneurship* 25(3): 357–374.

Yoshida Group. 2007. http://www.yoshidagroup.com/index (accessed June 22, 2007).

Youssef, C. M., and F. Luthans. 2012. Positive global leadership. *Journal of World Business* 47: 539–547.

Youssef-Morgan, C. M., and F. Luthans. 2013. Positive leadership: Meaning and application across cultures. *Organizational Dynamics* 42(3): 198–208.

Yuengling, D. 2007. *Message from the president.* http:www.yuengling.commessage.htm#more (accessed June 22, 2007).

Yukl, G. 1999. An evaluation of conceptual weaknesses in transformational and charismatic leadership theories. *The Leadership Quarterly* 10(2): 285–305.

Yukl, G., and C. M. Falbe. 1990. Influence tactics in upward, downward, and lateral influence attempts. *Journal of Applied Psychology* 75: 132–140.

———. 1991. The importance of different power sources in downward and lateral relations. *Journal of Applied Psychology* 76: 416–423.

Zaccaro, S. J. 2007. Trait-based perspectives of leadership. *American Psychologist* 62: 6–16.

Zaccaro, S. J., and D. Banks. 2004. Leader visioning and adaptability: Bridging the gap between research and practice on developing the ability to manage change. *Human Resource Management* 43: 367–380.

Zaleznik, A. 1990. The leadership gap. *Academy of Management Executive* 4(1): 7–22.

Zander, A. 1983. The value of belonging to a group in Japan. *Small Group Behavior* 14: 7–8.

Zhang, A., R. Ilies, and R. D. Arvey. 2009. Beyond genetic explanations for leadership: The moderating role of the social environment. *Organizational Behavior and Human Decision Processes* 110: 118–128.

Zhou, J., and J. M. George. 2001. When job dissatisfaction leads to creativity: Encouraging the expression of voice. *Academy of Management Journal* 44(4): 682–696.

_____. 2003. Awakening employee creativity: The role of leader emotional intelligence. *The Leadership Quarterly* 14: 545–568.

Zhu, W., B. J. Avolio, R. E. Riggio, and J. J. Sosik. 2011. The effect of authentic transformational leadership on follower and group ethics. *The Leadership Quarterly* 22: 801–817.

Ziad, S. 2012. Culture and consumer ethics. *Journal of Business Ethics* 108(2): 201–213.

Zingerman's. 2013. About us. http://www.zingermanscommunity.com/about-us/ (accessed July 14, 2013).

图书在版编目(CIP)数据

领导学：领导的艺术与科学：第 7 版/纳哈雯蒂著；刘永强，程德俊译. —北京：中国人民大学出版社，2016.7

（工商管理经典译丛）

ISBN 978-7-300-22758-0

Ⅰ.①领… Ⅱ.①纳…②刘…③程… Ⅲ.①领导学-高等学校-教材 Ⅳ.①C933

中国版本图书馆 CIP 数据核字（2016）第 073010 号

工商管理经典译丛

领导学——领导的艺术与科学（第 7 版）

安弗莎妮·纳哈雯蒂　著

刘永强　程德俊　译

Lingdaoxue：Lingdao de Yishu yu Kexue

出版发行	中国人民大学出版社				
社　址	北京中关村大街 31 号		**邮政编码**	100080	
电　话	010 - 62511242（总编室）		010 - 62511770（质管部）		
	010 - 82501766（邮购部）		010 - 62514148（门市部）		
	010 - 62515195（发行公司）		010 - 62515275（盗版举报）		
网　址	http://www.crup.com.cn				
经　销	新华书店				
印　刷	涿州市星河印刷有限公司				
规　格	185 mm×260 mm　16 开本		**版　次**	2016 年 7 月第 1 版	
印　张	21.5 插页 2		**印　次**	2023 年 1 月第 8 次印刷	
字　数	460 000		**定　价**	75.00 元	

Pearson

尊敬的老师：

您好！

为了确保您及时有效地申请培生整体教学资源，请您务必完整填写如下表格，加盖学院的公章后传真给我们，我们将会在 2～3 个工作日内为您处理。

请填写所需教辅的开课信息：

采用教材				□ 中文版　□ 英文版　□ 双语版
作　者		出版社		
版　次		ISBN		
课程时间	始于　　年　月　日	学生人数		
	止于　　年　月　日	学生年级		□ 专科　　　□ 本科 1/2 年级 □ 研究生　□ 本科 3/4 年级

请填写您的个人信息：

学　校	
院系/专业	

姓　名		职　称	□ 助教 □ 讲师 □ 副教授 □ 教授
通信地址/邮编			
手　机		电　话	
传　真			
official email（必填） (eg：×××@ruc. edu. cn)		email (eg：×××@163. com)	
是否愿意接受我们定期的新书讯息通知：　　□ 是　　□ 否			

系/院主任：＿＿＿＿＿＿＿（签字）

（系／院办公室章）

＿＿年＿＿月＿＿日

资源介绍：

——教材、常规教辅（PPT、教师手册、题库等）资源：请访问 www. pearsonhighered. com/educator。 （免费）

——MyLabs/Mastering 系列在线平台：适合老师和学生共同使用；访问需要 Access Code。 （付费）

100013　北京市东城区北三环东路 36 号环球贸易中心 D 座 1208 室

电话：(8610) 57355003　　传真：(8610) 58257961

Please send this form to：elt. copub @ pearson. com

Website：www. pearson. com

中国人民大学出版社　管理分社

教师教学服务说明

　　中国人民大学出版社管理分社以出版经典、高品质的工商管理、统计、市场营销、人力资源管理、运营管理、物流管理、旅游管理等领域的各层次教材为宗旨。

　　为了更好地为一线教师服务，近年来管理分社着力建设了一批数字化、立体化的网络教学资源。教师可以通过以下方式获得免费下载教学资源的权限：

★ 在中国人民大学出版社网站 www.crup.com.cn 进行注册，注册后进入"会员中心"，在左侧点击"我的教师认证"，填写相关信息，提交后等待审核。我们将在一个工作日内为您开通相关资源的下载权限。

★ 如您急需教学资源或需要其他帮助，请加入教师 QQ 群或在工作时间与我们联络。

中国人民大学出版社　管理分社

🔔 **教师 QQ 群：**648333426（仅限教师加入）

☎ **联系电话：**010-82501048，62515782，62515735

✉ **电子邮箱：**glcbfs@crup.com.cn

📍 **通讯地址：**北京市海淀区中关村大街甲 59 号文化大厦 1501 室（100872）